铁路风沙防治工程

理论·技术·案例

孙明智　程建军　唐广辉　编著
丁录胜　蒋富强　纪文利

中国铁道出版社有限公司
2021年·北京

内容简介

本书基于风沙防治工程实践活动长期的经验总结，结合防沙科学研究成果和大量野外观测及试验测试结论，总结了铁路风沙野外调查方法、风沙流运动规律、铁路风沙灾害特征以及铁路风沙灾害研究的方法和手段，系统揭示了风沙防治工程的基本原理，提出了科学合理的设计原则，并选取了包兰铁路、青藏铁路、库格铁路、和若铁路、临策铁路、哈罗铁路等6个典型风沙防治工程案例，全面厘清我国现阶段铁路沿线的各种防沙工程的机理以及防沙工程单体沙障适用性等理论与技术问题。

本书依次从理论、技术、案例展开论述，内容丰富、立论有据，反映了新时期我国铁路建设工程的防沙成果和研究水平，可供从事铁路风沙防治的工程技术人员、科研人员以及高等院校师生参考。

图书在版编目（CIP）数据

铁路风沙防治工程：理论·技术·案例/孙明智等编著．—北京：中国铁道出版社有限公司，2021.3
ISBN 978-7-113-27184-8

Ⅰ.①铁…　Ⅱ.①孙…　Ⅲ.铁路工程-风沙防护　Ⅳ.①U2

中国版本图书馆CIP数据核字(2020)第273221号

书　　名：铁路风沙防治工程：理论·技术·案例
作　　者：孙明智　程建军　唐广辉　丁录胜　蒋富强　纪文利

责任编辑：金　锋　　**电话：**(010)51873125　　**电子信箱：**13001939241@163.com
封面设计：郑春鹏
责任校对：焦桂荣
责任印制：樊启鹏

出版发行：中国铁道出版社有限公司（100054，北京市西城区右安门西街8号）
印　　刷：北京建宏印刷有限公司
版　　次：2021年3月第1版　2021年3月第1次印刷
开　　本：787 mm×1 092 mm 1/16　**印张：**22.25　**字数：**530千
书　　号：ISBN 978-7-113-27184-8
定　　价：188.00元

序

中国是世界上沙漠面积较大、分布广泛、沙漠化危害严重的国家之一。中国沙漠化土地主要分布在新疆、内蒙古、宁夏等地区，西部铁路的风沙防治一直是铁路建设和运营的重点。

近年来，随着西部大开发战略的实施，兰新高铁、南疆铁路、库尔勒至格尔木铁路、和田至若羌铁路、喀什至和田铁路、哈密至罗布泊铁路、临河至策克铁路、额济纳至哈密铁路等一大批重大铁路工程陆续建成投产。在铁路建设和运营过程中，铁路人不等不靠、迎难而上，坚决与沙害做斗争，形成了一整套的铁路风沙防治技术。

本书系统梳理回顾了新中国成立70多年来治沙经验和技术成果，梳理了中国沙漠的分布情况和主要特征，总结了沙漠铁路风沙要素调查及分析方法，全面分析了风沙运动规律、铁路风沙灾害类型及表现形式、风沙防治研究手段及方案，系统论述了铁路工程风沙防治设计原理与方法。

本书选择了包兰铁路、青藏铁路、库格铁路、和若铁路、临策铁路、哈罗铁路等6个具有代表性的铁路风沙防治工程案例进行了剖析。这些铁路部分或全部通过沙漠和戈壁地区，建设者们不断进行创新探索，建立了行之有效的风沙防护体系，保障了铁路的畅通。6个案例所述内容全面展现了我国铁路治沙的复杂性、多样性和艰巨性。

本书内容新颖、图文并茂，既有深入的理论研究和复杂的现场试验，又有丰富的案例作为支撑，不仅对专业技术人员具有重要的参考价值，而且对广大铁路干部职工也是很好的科普读物。随着中国“一带一路”倡议和铁路“走出去”战略的推进，“一带一路”沿线国家的铁路设施将进入大发展阶段，这些地区的自然条件和中国西部较为相似，干旱少雨、风沙肆虐是常态。本书的出版对促进铁路“走出去”会起到积极作用。

本书的作者来自铁路工程建设的勘察设计、科研和建设管理单位一线，是铁路风沙防治的亲历者和参与者。他们与风沙为伴，长期从事铁路风沙防治相关工作，掌握最新的治沙技术和发展动态。相信本书的出版会对推进铁路风沙治理能力提升发挥重要作用。

中国工程院院士 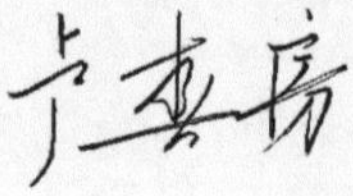

2020年11月

前言

我国有八大沙漠和四大沙地，主要分布在新疆、内蒙古、甘肃、宁夏等省（自治区）。

新中国成立以来，我国陆续在西部地区修建了包兰铁路、兰新铁路等长大干线，由于风沙活动频繁，铁路的运输秩序常常遭受到风沙的影响。

近 20 年来，我国铁路事业发展迅猛。随着国家“西部大开发”和“一带一路”倡议的实施，西部铁路建设步入了快车道，一大批重点铁路建设项目陆续建成：兰新高铁构成了北京直达乌鲁木齐的高速客运通道的重要组成部分；哈额铁路、临策铁路共同构成了出疆铁路第二通道，库格铁路形成了出疆铁路第三通道，边疆与内地的联系更加紧密；南疆铁路、喀和铁路、和若铁路、格库铁路将塔克拉玛干沙漠紧紧围绕，南疆地区的路网更加灵活；南疆之星——“天鹅号”动车组的运行，将彻底改变新疆南部落后的交通面貌。

针对全国以及各地铁路规划修编的情况，下一步中西部铁路以及城际铁路、市域铁路将是铁路建设发展的重点。中西部铁路仍存在很多短板，一批重大铁路建设项目已经启动，包头至银川铁路、西宁至成都铁路已于 2020 年上半年开工建设，川藏铁路、滇藏铁路都将加快建设步伐。

铁路不断向沙漠腹地推进，风沙成为铁路建设和运营的巨大阻碍，虽然铁路部门投入了大量的建设和维护资金，风沙防治的形势依然严峻。本书编写的目的，就是要系统总结、回顾我国铁路治沙的经验和科研成果，将铁路防风治沙过程中面对的形势、出现的问题和采取的行之有效的工程措施全面介绍给广大读者，作为参考和借鉴。

本书广泛收集了相关资料，对沙漠的形成和特征、风沙流运动规律、风洞试验研究、数值模拟、铁路勘察要点、选线原则、沙害防治设计等方面进行了比较全面系统的论述。阐明了各种防护方式的原理、计算方法、加固效果以及存在的不足，力求在内容上体现先进性和实用性。为便于理解，对包兰铁路早期技术资料补充了示意图。

全书共分七章：第一章介绍了中国沙漠及沙漠铁路概况，第二章阐述了沙漠铁路风沙要素调查及分析方法，第三章阐述了风沙运动规律，第四章阐述了铁路风沙灾害，第五章阐述了风沙防治研究手段及方法，第六章阐述了风沙防治工程设计原理与方法，第七章介绍了铁路风沙防治工程案例。

本书由中国国家铁路集团有限公司工程管理中心孙明智、石河子大学程建军、中国国家铁路集团有限公司工程管理中心唐广辉、新疆铁道勘察设计院有限公司丁录胜、中交铁道设计研究院有限公司蒋富强、中铁工程设计咨询集团有限公司纪文利合作完成，由中国工程院卢春房院士审阅。其中，孙明智负责全书文稿内容的总体策划；第一、二章由丁录胜、程建军、唐广辉编写；第三、六章由程建军编写；第四章、第五章由唐广辉编写；第七章前3个案例由程建军、蒋富强编写，后3个案例由纪文利编写；书稿校对由程建军、唐广辉完成。

本书在编写过程中，中国铁路青藏集团有限公司教授级高级工程师王进昌、中国铁路呼和浩特局集团有限公司教授级高级工程师郝才元，临策铁路有限责任公司总经理李铁柱、中国铁路兰州局集团有限公司教授级高级工程师王润心、中国铁路设计集团有限公司教授级高级工程师隋孝珉、中铁第一勘察设计院集团有限公司教授级高级工程师姚宏乐给予了大力支持并提供了珍贵资料，在此一并致以诚挚的谢意。

虽然铁路治沙积累了大量经验，取得了很多成果，但与经济社会所取得的长足进步相比，尚显不足，在全社会进入智能化、信息化的今天，防沙工程措施单一，大部分施工仍依靠人力，效率低下，距离机械化尚有很大的差距。编写本书，既是对治沙理论和实践的总结，对新技术的展望，也希望引起社会各界人士对这一领域的支持和关注，积极加入治沙行列，实现全社会治沙能力的整体提升。

本书的出版获得了兵团中青年科技创新领军人才计划项目（2019CB023）的资助。

由于作者水平有限，书中存在的不足之处，恳请读者批评指正。

作者

2020年7月

目录

1　中国沙漠及沙漠铁路概况

中国是世界上沙漠面积较大、分布广泛、沙漠化危害程度严重的国家之一，广义上的沙漠包括沙漠、戈壁以及沙漠化土地等类型。随着我国铁路交通建设的迅猛发展，在沙漠地区修建了大量铁路干线，这些铁路的修建对巩固国防、改善沙漠地区民生条件以及合理开发沙漠地区自然资源起到了重要作用。但是，沙漠地区由于地表裸露，在风力的作用下易形成风沙流，对途经该区的列车造成危害，随着铁路向沙漠腹地纵深发展，所遭遇的风沙问题更加突出，对铁路风沙防治工程的设计、施工、后期管养也提出了更高的要求。

1.1　中国沙漠分布概况

中国沙漠化土地主要分布在新疆、内蒙古、青海、甘肃、宁夏、陕西、辽宁、吉林及黑龙江等九省（自治区）。据统计，中国沙漠总面积约为 168.9 万 km^2，约占全国土地面积的 17.6%，其中沙漠（包括沙地）为 59.3 万 km^2，沙漠化土地约 52.7 万 km^2，戈壁约 56.9 万 km^2。

1.1.1　沙漠分布

中国沙漠大部分在内陆巨大盆地中，如塔里木盆地中的塔克拉玛干沙漠、准噶尔盆地中的古尔班通古特沙漠、柴达木盆地中的柴达木沙漠等；一部分分布在海拔 1 000 m 以上的内陆高原上，如海拔 1 200～1 800 m 的阿拉善高原上的巴丹吉林沙漠、腾格里沙漠和乌兰布和沙漠，海拔 1 200～1 500 m 的鄂尔多斯高原上的库布齐沙漠和毛乌素沙地，沙漠的分布所在地最高海拔可达 4 000 m 以上，如新疆东部高山河谷中的沙丘、青藏高原上的沙丘等；还有一小部分分布在第四纪冲积及湖积平原上，如内蒙古东部的浑善达克沙地及辽宁、吉林、黑龙江西部的科尔沁沙地及呼伦贝尔沙地；此外，在黄河下游还分布有一些沙地。中国沙漠，西起新疆喀什噶尔，东讫东北平原西部，横跨经度约 50°，分属于不同的自然带。例如，塔里木盆地中的塔克拉玛干沙漠系暖温带干旱荒漠，准噶尔盆地中的古尔班通古特沙漠为温带干旱荒漠，柴达木盆地中的沙漠系青藏高原上的高寒干旱荒漠，鄂尔多斯地区的沙地西部属于温带荒漠草原、东部为温带半干旱地区的干草原地带，内蒙古东部和东北平原西部的一些沙地则分布于温带半干旱地区的干草原地带，而科尔沁沙地东部的沙地属于温带半湿润地区的草原地带。正因如此，我国各个沙漠地区的自然特征也就有着显著的差异。

1.1.2 沙漠化土地分布

中国的沙漠化土地，根据其地理分布和发生特点不同可以概括为以下三种不同类型：

（1）发生在草原与荒漠草原地带，人为因素起主导作用。如农、牧业的过度利用与樵采等活动造成的生态系统失去平衡，一般表现为地表风蚀、片状积沙及密集的沙丘等不同自然景观。较为集中地分布在贺兰山以东、长城以北的广大地区。

（2）发生在干旱荒漠地带河流下游的绿洲附近，主要与河流变迁、水资源利用有关，或受灌溉水源变化的影响，或因河流携带大量泥沙使下游河床改道，或因地下水资源过度利用造成潜水位剧烈下降，都能造成绿洲的荒漠化蜕变。此外，风力作用下沙漠边缘沙丘的前移入侵也属于这一类型。一般呈现半固定的吹扬灌丛沙堆特色，并进一步发展到灌丛沙堆与流动沙丘相间的自然景观。贺兰山、乌鞘岭以西大部属于这种类型。

（3）发生在半湿润地区（如图 1.1 所示），地面组成物质以沙质沉积物为主，而干旱季节又有大风出现的地方，或系河流古泛道洪流的沙质沉积物，或系河流的冲积沙层，一般呈斑点状零散分布在平原上（如豫东平原等地），或沿河床故道成带状分布呈现出低矮的新月形沙丘、沙丘链或波状沙地的特色。

图 1.1 沙漠化土地

1.1.3 戈壁分布

在中国沙漠的边缘分布着大面积的戈壁，根据地基岩层的不同可分为两类：

1. 剥蚀戈壁

剥蚀戈壁，又称岩漠，由基岩经过长期的剥蚀风化而成，地表波状起伏、光秃裸露，组成物质主要为碎石、砂砾以及基岩等，碎石直径一般为 5～10 cm，也有 10～20 cm 的，碎石、砂砾层很薄，多在 1 m 以内。这类戈壁有两个显著特点：一是表面有一层油黑色的漆皮；二是风棱石相当普遍且多呈三棱形。主要分布在河西走廊西北部的马鬃山和北山地区、东疆地区、准噶尔盆地的东部以及内蒙古阴山以北地区。

2. 堆积戈壁

堆积戈壁，通常称为砾漠，分布在大型盆地（如准噶尔、塔里木和柴达木盆地周边）及一些山系的山麓地带（如阿尔金山和祁连山北麓）。这类戈壁是山地风化作用破坏的产物，经河流搬运至山前地带堆积（洪积或冲积）而成，大多是古代或现代的洪积扇。地表较平缓，一般为 5°～15°，越近山麓坡度越大。组成物质以砾石为主，夹杂有砂粒，砾径为 1～5 cm，也有大到 10 cm 的，如图 1.2 所示，由山麓到盆地中心粒径逐渐变细。

图 1.2 戈壁

1.2 中国主要沙漠自然条件概况

沙漠，指地表完全被沙粒所覆盖、植被稀少、降水匮乏、空气干燥的荒芜地区。中国沙漠自西而东，分布在不同的自然地带，各个沙漠特征呈现出明显的地域差异。

1.2.1 塔里木盆地的沙漠

新疆南部的塔里木盆地是中国最大的内陆盆地，被昆仑山、天山、阿尔金山等山系所包围。盆地东面有宽约 70 km 的缺口与河西走廊相连，成为内地进入新疆的主要通道。塔里木盆地东西长达 1 300 km，南北宽达 520 km，面积达 33 万 km^2。地势自西南向东北倾斜，海拔由 1 400 m 降至 800 m。塔克拉玛干沙漠位于盆地中心，是中国面积最大的沙漠，亦是世界第二大流动沙漠。由于盆地为大型封闭性山间盆地，故气候极端干旱，东北风和西北风盛行，沙漠内风积和风蚀地貌极为发育，其主要特征为：

（1）流动沙丘占绝对优势。受东北、西北两大风系作用，在塔克拉玛干沙漠中的沙丘主要朝向昆仑山北麓的山前平原移动，故盆地北缘风沙危害较轻，盆地南缘特别是叶城至若羌间沙害最为严重。除中南部的北民丰高地、西部的麻扎塔格、罗斯塔格诸山和深入沙漠内部的一些河流沿岸，其他均被沙丘所覆盖，其中流动沙丘约占整个沙漠面积的 85%，而沙漠边缘、山前平原前缘和深入沙漠的河流两岸以红柳、梭梭为主的固定和半固定灌丛沙堆仅占整个沙漠面积的 15%。

(2) 沙丘高大，形态复杂。塔克拉玛干沙漠内部主要为高大流动沙丘，沙丘高度一般为 100～150 m，少数流动沙丘甚至高达 200～300 m，其中高度在 50 m 以上的流动沙丘占沙漠总流动沙丘的面积达 80%。流动沙丘多为形态复杂的巨大沙丘复合体，其中不少沙丘类型为国内其他沙漠所没有的特殊形态沙丘，诸如分布在盆地南部于田至民丰间的金字塔沙丘、盆地北部的穹状沙丘以及西北部的鱼鳞状沙丘等三种典型沙丘。

(3) 塔里木盆地内虽以流动沙丘为主，但在深入沙漠内部的河谷地带、沙漠边缘的河流两岸及洪积—冲积扇前缘因水分条件较好，生长有成片的胡杨林、红柳灌丛，成为沙漠中的“天然绿洲”，如塔里木河中下游、叶尔羌河下游、车尔臣河下游和深入沙漠腹地的和田河、克里雅河和安迪尔河等地区都是此类情况。

1.2.2 库木塔格沙漠

中国西部有两个库木塔格沙漠，一个位于新疆吐鲁番盆地东缘，鄯善县城南（简称鄯善库木塔格沙漠，东西长 62 km，南北宽 40 km，总面积 1 880 km^2），另一个位于新疆东南部和甘肃省西部交界处（简称甘新库木塔格沙漠）。甘新库木塔格沙漠深居内陆中心，年平均降水量在 30 mm 以下，气候极为干旱，几乎寸草不生，沙丘全系流沙。沙丘分布受下伏沟谷切割的山坡地形影响，沙漠被南北走向的沟谷所分割，相对高度在 100～200 m，也有高达 300 m 以上者。沙丘主要分布在沟间梁状山坡上，受山地局部气流影响，丘顶多为金字塔状。而在山前地带，受东北风系影响，沙丘与前者截然不同，主要表现为沙垄，呈东北—西南方向顺山坡向上延伸，但沙垄之间被低矮沙梗所分割，形成独特的羽毛状沙丘，高度一般在 10～20 m。库木塔格沙漠虽流沙分布较多，起伏较大，但在沙漠东部一些南北走向的沟谷源头上游泉水溢流，植被丰茂，成为沙漠中为数不多的绿洲。

1.2.3 准噶尔盆地的沙漠

准噶尔盆地位于我国新疆北部地区，是中国第二大内陆盆地，地处天山与阿尔泰山之间，西侧为准噶尔西部山地，东至北塔山。盆地呈不规则三角形，东西长约 850 km，南北最宽为 380 km，海拔 500～900 m，由东南向西北微微倾斜。第四纪时期盆地中平原分布面广，河、湖相沉积物提供了大量的沙物质来源。该盆地是我国沙漠分布最多的地区之一。准噶尔盆地虽地处干旱荒漠带，但较南疆塔里木盆地气候稍湿润些，固定和半固定沙丘占绝对优势。属于本地区的沙漠主要有古尔班通古特沙漠、乌苏沙漠和布尔津—哈巴河—吉木乃沙漠，各沙漠特征如下：

1. 古尔班通古特沙漠

古尔班通古特沙漠位于准噶尔盆地中央，是中国第二大沙漠，亦是我国面积最大的固定、半固定沙漠。沙漠内部绝大部分由固定或半固定沙丘组成，沙丘面积占沙漠总面积的 97%。湿润的西风从盆地西部和西北部的多个山口涌入盆地内部，为沙漠带来了丰富的降水，年降水量可达 70～150 mm，冬季有积雪。正因如此，沙漠内部植被生长较好，固定沙丘上植被覆盖率可达 40%～50%，半固定沙丘上植被覆盖率为 15%～25%。

2. 乌苏沙漠

乌苏沙漠位于准噶尔盆地西南部古尔图河与奎屯河之间，实为艾比湖洼地的东南部分。该地古河流沙质冲积物丰富，在西风的吹拂下形成与风向大致垂直的横向沙垄，沙垄高度一般在 1.5～15 m 之间。沙垄迎风坡和垄间洼地分布有梭梭、白蒿、地衣等植物，沙垄背风坡则以短命植物为主。

3. 布尔津—哈巴河—吉木乃沙漠

布尔津—哈巴河—吉木乃沙漠以盆地内少见的流动沙丘为主，断续分布在盆地西北部的额尔齐斯河南北两侧。因该地地势较高，且位于萨乌尔山和阿尔泰山之间的河谷地带，冬季大风长驱直入，积雪较少，使得灌木和短命植物难以生存。故而形成大面积裸露流动沙丘，沙丘形态多为新月形沙丘和沙丘链，高度在 10～100 m 之间不等。

1.2.4 柴达木盆地沙漠

柴达木盆地位于青海省西北部，地处青藏高原东北部，东西长 850 km，南北最宽 250 km，地势由西北向东南倾斜，海拔 2 600～3 400 m。柴达木盆地属于陆地极干旱高原气候，降雨稀少，干旱多风且盛行西北风。盆地东部主要为荒漠草原，盆地西北部则以戈壁、风蚀地和沙漠为主，沙漠中交错分布着盐湖和盐湖沼泽。由于盆地内沙源丰富程度一般，沙丘多呈零星分布，且集中分布于盆地的西南部，其主要特征为：

（1）风蚀地貌广泛发育，主要分布在盆地西北部，东起马海、南八仙一带西至茫崖地区。区内第三纪含盐的泥岩、砂岩和粉砂岩质地疏松，软硬互层，且多断崖与节理。在地质构造方向与风向相近似的情况下，偏西风作用下的强烈风蚀和机械风化作用形成了一系列与构造一致、平行主风向的垄岗状风蚀残丘和风蚀劣地，高度约在 10～50 m 不等，长度约在 10～200 m 不等。在风蚀低地中常有新月形沙丘发育，移动速度很快，对该地区的交通工程产生不利影响。

（2）风积地貌多与戈壁交错，分布于山前冲洪积平原，集中分布在盆地西南部的祁曼塔格山、沙松乌拉山北麓，大致呈西北—东南走向的一条断续分布沙带。这是由于盆地全年受高空西风带的影响，加之南部昆仑山绵延耸立，更加强了西风环流系统。在大风的吹扬作用下，来源于盆地西北部的第四纪洪积——冲积物和第三纪疏松的泥岩、砂岩风化物，沿着昆仑山山麓地带搬运和堆积形成新月形沙丘和沙丘链，沙丘一般高 5～10 m，也有高达 20～50 m 的复合型沙丘链分布，且完全处于流动状态。固定、半固定沙丘主要分布在昆仑山北麓山前平原，沙丘以灌丛沙堆为主，常见植物为红柳、梭梭，沙丘高度一般为 3～5 m，高度为 5～10 m 的沙丘也时有分布。风积地貌除见于柴达木盆地中部以外，在盆地东部边缘的山地河谷和西南边缘的山间盆地也有分布，以新月形沙丘和沙丘链形式呈现，如疏勒河上游、党河上游和榆林河上游等河谷中的沙丘。

1.2.5 阿拉善地区的沙漠

阿拉善位于内蒙古高原的西部，西起马鬃山、东到贺兰山，南至北山，北抵蒙古人民共和国。阿拉善高原地势由南向北倾斜，高原上分布有一些由古老岩系构成的剥蚀低山，把高原分隔成若干低地，一些大沙漠位于低地内。如北东—南西走向的雅布赖山把阿拉善南部的沙漠分隔为巴丹吉林沙漠与腾格里沙漠，北东—南西走向的狼山把阿拉善东北部的沙漠分隔为乌兰布和沙漠和亚玛雷克沙漠。这些沙漠的特征如下：

1. 巴丹吉林沙漠

巴丹吉林沙漠位于额济纳河、古日乃湖以东宗乃山和雅布赖山以西，拐子湖以南，北大山以北地区，沙漠面积约 4.7 万 km^2。受蒙古高气压带的控制，巴丹吉林沙漠呈现出典型的大陆性气候，冬季干燥，夏季炎热，气候极为干燥，年降水量约在 40～120 mm 之间。降水稀少导致沙漠中植被较少，仅在沙漠边缘分布有低矮的沙丘链及灌丛沙堆，而沙漠内部全属高大密集的复合型沙山，一般高约 200～300 m，也有高达 500 m 者。巴丹吉林沙漠虽以流沙为主，但沙丘和沙山上仍生长有稀疏的植被，植物种类在沙漠东西部存在差异，东部主要以籽蒿和沙竹为主，西部主要有沙拐枣、籽蒿、花棒、麻黄等。

2. 腾格里沙漠

腾格里沙漠位于阿拉善高原的东南部。南越长城，东抵贺兰山，西至雅布赖山。南北长约 240 km，东西宽约 160 km，总面积约 4.3 万 km^2。沙漠内部的地貌有沙丘、湖盆、山地、平地等类型。沙丘地貌占腾格里沙漠总面积的 70%左右，而其中流动沙丘又占主导地位。沙漠内部沙丘形态较为简单，主要为格状沙丘和新月形沙丘链，一般高 10～20 m。沙漠内部和东北部还分布有复合型沙山，高达 50～100 m。占沙漠总面积 30%的其他地貌（诸如湖盆、草滩、山地、戈壁）与沙丘交错分布。据统计，其中有大小湖盆 400 个左右，它与巴丹吉林沙漠中的湖盆不同，大部分为无积水或积水很浅的草湖，它们是在原有剥蚀残山分割的古代湖盆基础上逐渐干涸形成的，少数属于古代洪积平原的前缘洼地。沙漠中南部湖盆分布规则，呈南北走向平行排列，面积一般在 40～50 km^2。沙漠西部及南部湖盆呈不规则分布，面积多为 50～100 km^2。沙漠东北地区湖盆面积较小，大多位于东北—西南走向的复合型沙丘链之间的洼地中，排列规则。

3. 乌兰布和沙漠

乌兰布和沙漠位于阿拉善高原的东北部，东近黄河，西达吉兰泰盐池，北至狼山，南临贺兰山北麓。南北最长为 170 km，东西最宽为 110 km，总面积约 10 000 km^2，海拔在 1 028～1 054 m 之间，地势由南偏西倾斜。气候终年受西风环流控制，盛行西南风，风势强劲，降水稀少。沙漠内部各种类型沙丘均有分布且比例相差不大，固定沙丘约占 30%，半固定沙丘约占 31%，流动沙丘约占 39%。从分布上看，三种类型沙丘存在明显的区域差异：沙漠东南部以流动沙丘为主，东部沙丘高度一般在 5～20 m，南部沙丘高度可达 50～80 m。

1.2.6 鄂尔多斯高原的沙漠

鄂尔多斯高原位于黄河大湾以南，其西、北、东三面为黄河环绕，南以长城与黄土高原相隔。西北部地势略高，向东南缓缓倾斜，地表起伏不大。境内广泛分布着第四纪沉积层和现代河湖沉积物，为该地区提供丰富的沙物质来源，呈现出流沙、固定和半固定沙丘交错分布的景观特征。在自然地带上，该区处于温带干草原和荒漠的过渡地带，表现在沙漠的自然特征上具有东西向的区域差异，即流动沙丘自西向东逐渐减少，而固定、半固定沙丘逐渐增加。全年在盛行的西北风和较活跃的东南风的交替吹扬下，沙丘呈往复前进式移动。

1. 库布齐沙漠

库布齐沙漠位于鄂尔多斯高原北部，俯临黄河南岸，东西长约 400 km，南北宽约 50 km，面积为 1.39 万 km^2。在沙漠内部流动沙丘占整个沙漠面积的 80%，主要以新月形沙丘和格状沙丘形式呈现，沙丘一般高为 10～15 m，也有高达 50 m 者。而固定、半固定沙丘仅存在于沙漠南部边缘，常见植被有籽蒿、沙米、柠条、白刺和沙竹等。

2. 毛乌素沙地

毛乌素沙地位于陕西省榆林地区和内蒙古鄂尔多斯之间，地势西北部稍高，东南部稍低。沙地东南部年平均降水量可达 450 mm 左右，向西北逐渐递减为 250 mm 左右。由于降水较多，地表水和地下水都较丰富，普遍生长有油蒿、臭柏和禾本科草类，受益于优越的水分条件，大部分沙丘已呈固定或半固定状态，但干燥多风的气候条件以及广泛分布的疏松沙层，为流沙现象的发生创造了可能条件。

1.2.7 内蒙古东部及东北西部的沙地

内蒙古东部及东北西部的沙地位于半干旱草原地带，其中一小部分还位于半湿润的草原地带。这些地区降水丰富，年降水量为 200～500 mm，植被生长良好，绝大部分为固定和半固定沙丘。属于该地区的沙地主要有浑善达克沙地、科尔沁沙地、呼伦贝尔沙地。

1. 浑善达克沙地

浑善达克沙地位于内蒙古中部锡林郭勒草原南部，地势西南高、东北低，东西长约 450 km。浑善达克沙地属中温带大陆性气候，降水较多，气候温和。受益于良好的气候条件，该地区植被生长良好，植被覆盖率一般为 30%～50%，所以沙丘多以固定和半固定形式呈现。由于沙地降水量存在自东向西逐渐递减的规律，固定和半固定沙丘在地域分布上存在差异，在沙地西部以半固定沙丘为主，并伴有流动的新月形沙丘及沙丘链分布其间，而在东部则以固定沙丘为主，生长有较多的草本和乔灌木等植物，如山丁子、山樱桃、欧李和绣线菊等。

2. 科尔沁沙地

科尔沁沙地位于内蒙古赤峰市东北部，地势南北高、中部低，西部高、东部低。沙地主体位于半干旱区，年均降水量可达 300～400 mm，沙地东南部临近半湿润区，降水量相对更高。受蒙古冷高压和太平洋暖低压的消长影响，当地冬春季以西北风和偏北风为主，夏季以东南风为主。地貌最显著的特点是沙层覆盖广泛，丘间平地开阔，形成了坨甸相间的地形组合，当地人称它为“坨甸地”。沙丘多是西北—东南走向的垄岗状，在沙岗上广泛分布着沙地榆树疏林。

3. 呼伦贝尔沙地

呼伦贝尔沙地位于内蒙古呼伦贝尔高平原，东部为大兴安岭西麓丘陵漫岗，西对达赉湖和克鲁伦河，南与蒙古国相连，北达海拉尔河北岸。该区东西长约 270 km，南北宽约 170 km，地势由东向西逐渐降低，且南部高于北部。呼伦贝尔沙地的气候具有半湿润、半干旱的过渡特点，沙地境内的河流、湖泊、沼泽较多，水分条件优越，年平均气温较低，年降水量多集中于夏秋季节。土壤中含沙量较大，一般多为中、细沙，但在西南部出现砾面化现象。风沙土主要分布在沙带及其外围的沙质平原上，在固定风沙土中，发育着有机质含量较高的黑沙土。在河泛地及湖泊周围有草甸土、碱土及盐土等。沿海拉尔河北岸和南部地区有成片的条状沙地，沙丘大部分覆盖在冲积平原上，多属固定的梁窝状及蜂窝状沙丘，高达 5～15 m，植被覆盖率达 30%以上，少数达到 50%左右，以榆、樟子松为主，是中国唯一天然生长樟子松的沙区。

1.3 中国沙漠铁路概况

20 世纪 50 年代我国铁路工程技术人员在腾格里沙漠南缘修建了国内第一条沙漠铁路即包兰铁路的中卫—甘塘段，并于 1954 年初建立了我国第一个沙漠铁路风沙监测站，持续获取的风沙监测资料为后续的铁路风沙防治工程的设计与实施提供了依据与参考。

1956 年我国将包兰铁路中卫段的铁路防沙工作列为国家重点研究专题，并由原铁道部科学院、铁一院等单位参与组织研究，铁路科研人员在沙坡头地区的包兰铁路中卫段建立了我国最早的试验站。包兰铁路中卫段采取的各种防沙措施和手段是我国铁路风沙防治工程实施的开端，在长期的防沙实践探索之后，针对包兰铁路的风沙防治工程逐渐形成了“五带一体”等较为成熟的铁路防沙技术体系。

1962 年兰新铁路建成通车，兰新铁路百里风区沿线的风沙灾害肆虐，百里风区的风沙灾害以积沙漫道、风携沙击碎车窗、横风吹翻列车、风沙弥漫降低列车通视距离等为主要表现形式，严重影响了铁路的正常运营。铁路沙害再次引起了我国广大科研人员的关注，铁路部门也开启了专门的铁路沙害防治研究工作。

1984 年，青藏铁路西宁—格尔木段防沙工程的实施和开展，形成了多种防沙措施共存的综合防沙模式，为后续的铁路风沙防治工程体系建立提供了参考。

进入 20 世纪后，我国铁路迎来大发展，铁路部门在新疆、内蒙古、青海、甘肃、宁夏、陕西、辽宁、吉林及黑龙江等多个省（自治区）先后修建了多条穿越沙漠的铁路干线。典型线路如下：

（1）兰新高速铁路，也称兰新铁路第二双线，由兰州西站至乌鲁木齐站，全长 1 775.779 km，设 22 个车站，设计的最高时速为 250 km，全线铺设无砟轨道，是北京至乌鲁木齐高速客运专线的重要组成部分。

（2）总长超过4 000 km的环塔克拉玛干沙漠铁路，其中库尔勒—喀什—和田—若羌—库尔勒形成的环形铁路网总长达 2 891 km，包括：

①南疆铁路，东起兰新铁路上的吐鲁番站，向西穿越天山山脉经库尔勒、阿克苏、阿图什到达我国新疆喀什市，全长 1 446 km。其中库尔勒至喀什段 1 112 km 处于塔克拉玛干沙漠北缘，1999 年全线开通运营。

②喀和铁路，在喀什站与南疆铁路接轨，经喀什、疏勒、阿克陶、英吉沙、莎车、泽普、叶城、皮山、昆玉、墨玉、和田等县市，东接和若铁路，主要处于塔克拉玛干沙漠西缘，全长 485 km，于 2010 年 12 月开通运行。

③库格铁路，库尔勒至格尔木正线全长 1 215 km，是一条重要的出疆通道（出疆铁路第三通道），其中库尔勒至若羌段位于塔克拉玛干沙漠的东缘，于 2020 年底开通运营。

④和若铁路，为喀和铁路的东延工程，处于塔克拉玛干沙漠南缘，线路全长878 km，起自喀和铁路和田站，终点接入库格铁路的若羌站，计划2022年全线开通。和若铁路构成了环塔克拉玛干铁路网的最后一环，将在南疆塔里木盆地形成一条环形铁路线，和田群众出疆可通过若羌经青海直通内地城市，出疆路程缩短1 000 km以上。

上述四条铁路干线呈合围之势，把我国面积最大的沙漠、亦是世界第二大流动沙漠的塔克拉玛干沙漠（东西长达1 300 km，南北宽达520 km，面积达33万km^2）完整的包围起来，构成了我国西部铁路网最长、最重要的环形运输通路。

（3）青藏铁路（格尔木至拉萨段），起于格尔木市、经昆仑山口、沱沱河沿，翻越唐古拉山口，进入西藏自治区安多、那曲、当雄、羊八井、拉萨，全长1 142 km，是重要的进藏路线，被誉为“天路”。2006年7月1日建成通车运营。青藏铁路延伸线拉日铁路（拉萨至日喀则），全长253 km，于2014年8月16日全线竣工运营。起自拉萨的另一铁路干线，总长433 km的拉林铁路（拉萨至林芝）计划于2021年开通运营，拉林铁路也是川藏铁路的重要组成部分。拉林铁路所遭遇的高原河谷型风沙俗称“飞漠”，与平原沙漠有着本质不同，积沙分布在高山上，给隧道和路堑开挖带来极大困难。

（4）敦格铁路，连接甘肃省与青海省两省。线路北起敦煌站，南至青海省的格尔木站，全长617 km，2019年12月19日全线开通。

（5）哈罗铁路，北起哈密南站，直接挺进有着“死亡之海”之称的罗布泊，正线全长373.8 km，2012年11月29日正式通车。

（6）临策铁路，东起包兰铁路临河站，西至中蒙边境策克口岸，线路全长768 km，穿越了乌兰布和、亚玛雷克、巴丹吉林三大沙漠，于2010年5月9日开通。

（7）哈额铁路，西起新疆维吾尔自治区哈密，东至内蒙古自治区额济纳，线路全长644 km，2015年开通运营，该铁路构成了出疆铁路第二通道（第一通道为1962年建成通车的兰新铁路）。

（8）酒额铁路，起于兰新铁路酒泉站，经酒泉市肃州区、金塔县、酒泉卫星发射中心，至内蒙古自治区额济纳旗，与临哈铁路川地托站相接，线路全长395 km，目前酒泉至东风航天城段已开工建设，计划于2022年开通。

（9）太中银铁路，东起太原南站，西达包兰线中卫地区迎水桥编组站（支线至银川站），线路全长944 km，全线已于2011年1月11日正式通车运营。

（10）集通铁路，是内蒙古自治区的重要铁路干线，西起集（宁）至二（连浩特）铁路的贲红站，东接通（辽）至霍（林河）铁路的通辽北站，途经内蒙古4个盟市、13个旗县，是连接我国东北、华北、西北地区的重要铁路干线，也是“蒙煤东运”的重要能源通道。全长943 km，全线（单线）已于1995年12月正式通车运营。该项目的扩能改造和电气化改造已于2020年开工建设，计划2024年建成使用。

（11）锡二铁路，自锡乌线海彦呼都格站引出，终至集二线西里站，线路全长375 km，2016年10月25日年全线通车。

（12）包西铁路，北起包头站南至西安铁路枢纽张桥站，全长801 km，于2010年12月28日建成通车。

迄今为止，中国既有的沙漠铁路有25条，如表1.1所示，中国沙漠分布与沙漠铁路如图 1.3 所示。上述铁路的防沙工程种类齐全，各具特色，卓有成效，串联在一起就是一部中国铁路治沙史册。

表 1.1　中国主要沙漠铁路表

序号	项目名称	通过沙漠（沙地）名称	备注
1	包兰铁路	腾格里沙漠	中国第一条沙漠铁路
2	某专用铁路	巴丹吉林沙漠	全线位于沙漠中
3	干武铁路	腾格里沙漠	联络包兰、兰新两大干线
4	兰新铁路	河西走廊沙地	通过百里风区
5	兰新高速铁路（也称兰新第二双线）	河西走廊沙地	通过百里风区
6	吉兰泰铁路	乌兰布和沙漠	
7	京通铁路	科尔沁沙地	
8	包神铁路	毛乌素和库布齐沙漠	
9	南疆铁路（环塔克拉玛干沙漠铁路）	塔克拉玛干沙漠	吐鲁番至喀什
10	喀和铁路	塔克拉玛干沙漠	喀什至和田
11	和若铁路	塔克拉玛干沙漠	和田至若羌
12	库格铁路	塔克拉玛干沙漠，库木塔格沙漠	库尔勒至格尔木
13	平齐铁路	科尔沁沙地	
14	青藏铁路	柴达木沙漠	世界海拔最高的铁路
15	拉林铁路	雅鲁藏布江河谷飞漠	
16	拉日铁路	拉萨河谷、年楚河谷	
17	临策铁路	乌兰布和、巴丹吉林沙漠	首次采用了防沙明洞
18	额哈铁路	乌兰布和、亚马雷克沙漠	
19	酒额铁路	巴丹吉林沙漠	
20	包西铁路	毛乌素沙漠	
21	集二铁路	浑善达克沙地	
22	集通铁路	浑善达克沙地	
23	太中银铁路	毛乌素沙漠	
24	乌准铁路	古尔班通古特沙漠	
25	敦格铁路	库姆塔格、柴达木沙漠	

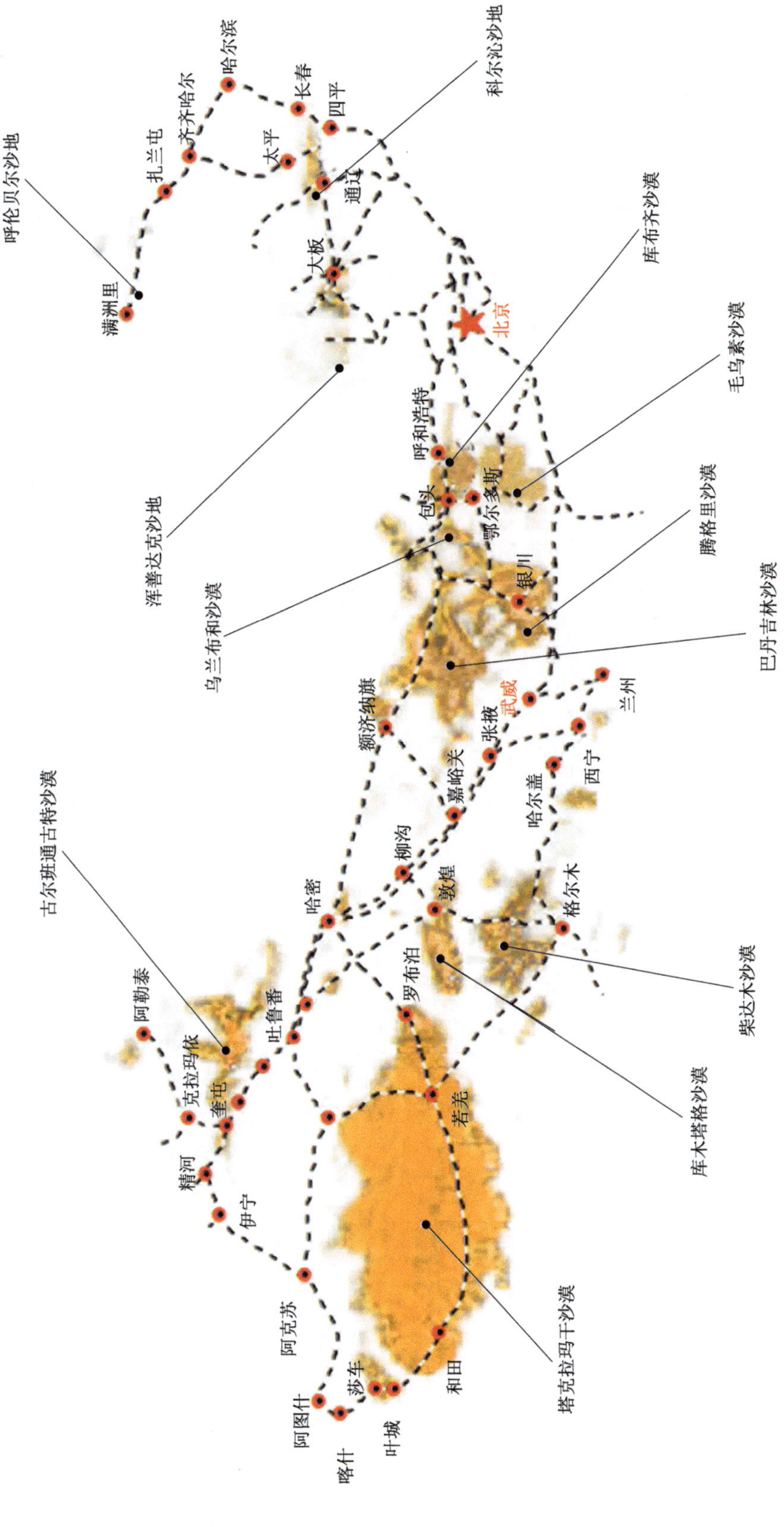

○ 图 1.3 中国沙漠分布与沙漠铁路

2　沙漠铁路风沙要素调查及分析方法

在沙漠地区进行铁路风沙防治工程实践活动，首先需要掌握线路所处地区的风沙运动规律，通过调查该地区的各项风沙要素指标，并进行科学、合理的要素指标计算分析，能够揭示该地区的风沙运动规律，进而指导铁路风沙防治工程实践活动。风沙要素调查往往针对一个较大的区域或地貌单元，而沙漠铁路外业勘察则是在区域风沙要素调查的基础上进行更为具体的、为铁路工程建设服务的风沙调查活动。

2.1　沙漠铁路风沙要素调查

2.1.1　风沙要素调查的工程意义

在沙漠、戈壁地区进行的各种人类工程活动颇受风沙运动的危害，风沙灾害除了对工业、农林业产生影响，同时也是我国风沙地区铁路、公路通行所遭遇的最主要障碍问题，其中又以我国中西部地区的铁路风沙灾害尤为严重，这些地区的铁道安全与线路维护问题十分突出。针对风沙灾害的防治首先从风沙地区的风沙要素调查开始，在全面掌握风沙要素前提的条件下，或对工程活动范围内的沙漠进行改造，或参考该地区风沙运动规律进行沙害防治工程实践，两者都要对风沙地区的风沙要素展开详尽的调查，也只有掌握了沙漠的成因、来源以及变化发展规律才能够顺利进行下一步的改造和沙害防治工作。以往铁路沿线的风沙防治工程实践证明，大量风沙防治工程失败的直接原因就是对铁路沿线风沙要素情况掌握不够，造成大量防沙工程或在短时间内失效或没有发挥防沙功效造成工程浪费。因此，风沙要素调查的工程意义就是为防沙工程设计、实施提供量化参考与设计依据。

2.1.2　风沙要素的基本概念

风沙要素是指描述形成及产生风沙现象必要条件的要素指标，包括风况数据资料以及表达沙源分布、风沙地貌以及沙丘移动规律的各种要素指标。风沙要素的调查实际上是对各种风沙要素进行野外采集，因此风沙要素的野外采集就是针对沙源的调查、风沙地貌成因的调查以及风沙移动规律的调查。

地球上的空气总是处于不断运动的状态，这种运动既包含空气的水平运动也包括竖直运动。空气的水平运动分量通常称为风，量化描述风的运动状态主要从风的大小以及方向两个方面进行。风的大小即风速，风的方向即风向，风况数据资料即记录和描述风速以及风向的数据资料。

确定沙漠地区沙物质的来源，是风沙野外调查的主要任务之一。要改造和治理沙漠，首先必须弄清楚沙物质的来源及沙源的分布，解决沙物质的来源不仅能够指导防沙治沙工作的开展，在科学研究上也具有重要的理论意义。沙源分布的调查既包括与沙漠沙具有直接联系的岩层分布调查（主要包括第四纪地质调查），也包括沙漠的古地理、地层、自然地理、矿物分析等内容。

风沙地貌也称为风成地貌，分为风蚀地貌和风积地貌。风沙地貌的形成是大风对疏松的沙质地表的沙颗粒作用之后形成的侵蚀、搬运、堆积现象的结果。因此风沙地貌成因的调查也就是对于风沙流现象结果的调查。

2.1.3 风沙要素调查的基本任务

针对一个特定地区的风沙灾害工程防治实践首先要进行野外风沙要素调查，而风沙要素调查的基本任务就是要查明该地区沙漠的成因类型、风沙地貌的形成机理以及沙丘在复杂风况条件下的移动规律，只有通过风沙要素调查全面掌握沙漠成因、风沙地貌形成机理才能为沙漠改造提供科学依据，同时只有针对风沙要素的系统分析才能判断和推演沙丘的长期移动规律以便为风沙防治工程的实施提供设计依据，完成风沙要素调查的基本任务要从解决以下科学问题开始。

1. 沙漠沙的来源

沙漠沙的来源问题是进行风沙防治工程实施首先要解决的问题，对风沙防治工程设计具有实践指导意义，只有掌握了一个地区沙的来源信息，才能有针对性地进行阻沙、输沙工程实践活动。宁夏—陕西—内蒙古地区的毛乌素沙地面积约 4.22 万 km^2，精准判断其沙源究竟是就地起沙还是风沙流携带而来才能够对其进行有效的治理。若其沙源是由风沙流携带而来，那么主要的风沙防治工程措施就应当考虑针对性地布设在沙漠边缘以及峡谷风口地带，如图 2.1 所示，若为就地起沙，即其沙源为第四纪的河流以及湖泊沙质沉积物，或由于当地植被的破坏导致土地沙化进而被风力吹扬，那么防风固沙的措施则既要考虑到在流动沙丘地区采取植物与工程措施相结合的治沙方式，采用植树种草的方式固定沙丘、开渠引水的方法冲沙整地，还要考虑到在该沙丘

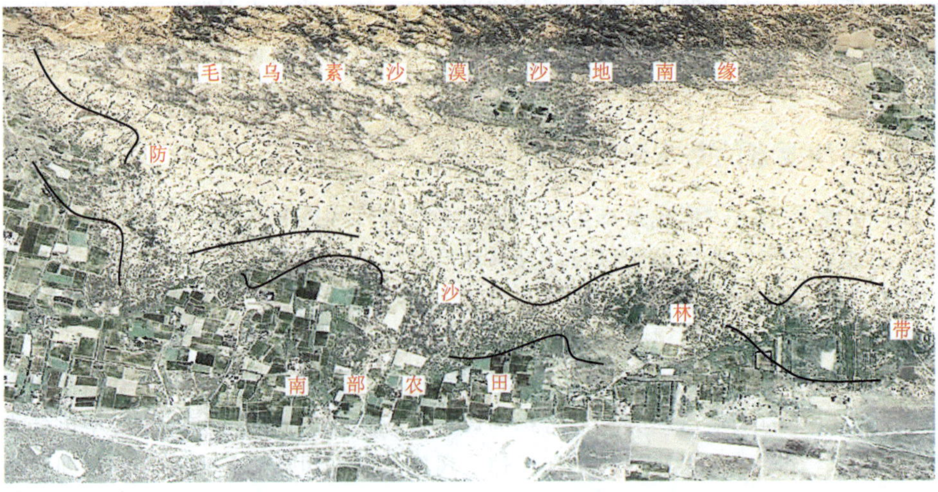

图 2.1 毛乌素沙地及其南部农田交界处的防风林带

地带的南侧布设阻沙工程措施，阻止流沙侵入农业地带。因此，根据风沙要素调查数据准确判断沙漠沙来源直接决定了风沙防治工程措施布设的位置、方式及组合模式。

2. 风沙地貌的形成机理与沙丘移动规律

沙丘是一种典型的风沙地貌类型。通过风沙要素的调查分析，掌握沙丘的形成机理及其移动规律能有效开展风沙防治工程的设计、实施。例如，由两个反向风力作用下形成的沙丘链以及由于一个主向风作用形成的新月形沙丘包括新月形沙丘形成初期的圆形或椭圆形沙丘，其所对应的风沙防治工程措施各不相同。目前广泛采用的各类沙障，对于这两种类型的沙丘均具有不同的布置方式，对于沙丘链，沙障宜与主向风向大致垂直而稍有偏斜，从而减缓风力作用同时保证有效输沙；对于新月形沙丘形成之初的椭圆形沙丘，沙障则适宜采用环形布置。另一方面掌握沙丘的移动规律能为风沙防治工程措施的后期补强加固提供依据，沙丘的迁移速度则是风沙防护林的规划设计、固沙植被的选择以及种植时间的确定的依据。

3. 沙丘地貌改造利用条件评价

针对不同类型的沙丘进行改造利用，因其地貌及其自然环境不同所采取的方案亦不同，准确评价沙丘改造利用条件是风沙防治工程设计、实施的依据。例如，分布在荒漠边缘及干草原地带的新月形沙丘往往下伏着古代河湖相沉积物，这一类沙丘地下水位较高，且濒临河岸具备引灌条件，其体量不大，绿化改造难度较小。沙丘地貌及其所依赖的自然环境条件在一定程度上决定着固沙植物树种的选择以及工程固沙措施的确定，同时还可以初步判定沙丘地貌改造利用的可行性。

2.1.4 风沙要素调查的方法

在了解风沙要素调查的工程意义、理解风沙要素的基本含义、熟悉风沙要素调查基本任务的基础上展开风沙要素调查。风沙要素调查的目的是为沙漠地貌改造利用方案的编制与风沙防治工程的设计实施提供依据。风沙要素调查的方法包括野外考察、定位观测与室内试验分析。野外考察及定位观测获取了大量调查数据，在此基础上对调查工点的沙样进行室内试验分析，能为风沙要素的调查分析提供系统的理论支持。

野外考察的工作内容主要包括：确定考察线路、调查工点，从而掌握各类典型地区的详细风沙资料并结合航空拍摄或卫星拍摄的各种图像资料确定各种沙丘类型的具体分布特点以及其发展演化规律。

定位观测的主要内容是在不同类型的沙漠地区选取相应数量的观测工点并对其进行定位/半定位观测，工点数量根据需要的精度确定。在各工点对沙丘的形成变化过程以及风沙流特征与沙丘的移动方向、速度、移动方式进行观测分析，最终确定风沙运动的变化发展规律。

室内试验分析研究主要包括风洞试验、对沙漠沙颗粒的矿物成分分析，包括对矿物成分更深层次的化学元素分析。通过矿物成分分析参考比对沙源地区的调查观测、采样工点的沙颗粒矿物成分初步判断沙的来源。通过风洞试验模拟风沙流运动现象，研究沙丘移动演化过程。依据空气动力学原理分析风况数据并结合沙漠沙的矿物成分分析综合判断沙的来源，继而在微观层面了解沙颗粒的化学元素组成以及沙颗粒的粒度、剥蚀面、颜色等指标，判断沙源地质年代以及沙源原岩状况。

2.1.5 风沙要素调查的内容

2.1.5.1 沙源分布的调查

沙源的调查工作主要包括野外调查采样与室内试验分析。根据野外布设工点的沙源采样、拍摄及相关沙源区地貌图的绘制，并参考沙源地周围的风况数据，外业工作人员对沙源的迁移和分布进行初步判定，进一步将野外采集的沙样进行室内试验分析，确定其沙粒与其他调查工点沙粒在矿物成分、物理性质及化学成分上的一致性，在确定了二者之间关系之后依据空气动力学原理进行沙丘迁移以及岩层风蚀的演化推理，还原验证沙源初判的可靠性。

在调查分析沙源的过程中，往往还需要确定沙丘的形成时间，确定不同地区沙丘以及沙源的形成年龄，有利于确定沙丘的变迁过程以及形成变化规律，关于沙源的形成时间前期往往存在一个错觉，即风成沙均形成于第四纪。但其实并不完全如此，费道罗维奇曾证明，在亚洲中部有许多风成沙是在第三纪上新世甚至中新世末期形成，而法国部分学者也认为撒哈拉沙漠的风成沙的起点是在中新世和上新世年代。

针对沙源分布的调查结论应经得起推敲，并能从多方面得到验证，无法从多方面同时验证时，所得到的关于沙源分布及变迁规律的判断往往也存在错误。对于沙源的调查分析，不能仅根据某些具体现象就直接作出判断，而应该全面地从环境调查、试验分析甚至数值模拟等各个方面进行综合分析之后，再与具体的环境条件相结合作出判断。而对于沙源的调查分析主要从野外调查和室内试验两方面进行。

对沙源分布的调查是风沙要素调查的主要内容之一，而野外调查是沙源调查最基本的方法之一。通过野外调查不仅能够获取风况资料还可以获取解决沙源问题所必需的第四纪地质、地貌、古地理、自然地理等实地资料，同时室内测试分析，所使用的沙样标本以及风洞试验使用的沙样也来自野外调查中的采集工作。若脱离野外调查直接进行的室内试验分析则具有极大的局限性，难以正确判断沙源的分布和来源。野外调查的具体任务分为自然条件的调查分析、沙漠地区古地理的调查分析、沙漠地区下伏地貌以及下伏基岩的分析。

沙漠地区的自然条件包括气候条件、水文条件、地表结构与地貌条件。要对沙源进行调查则首先要明确沙漠地区所处的自然地理位置。风成沙不仅只形成于干旱荒漠地带，同时也广泛存在于草原甚至森林草原等地，在部分河流以及沿海地带也存在大体量的积沙。这些地区的沙漠形成原因各不相同，发育特征也各不相同，在进行沙源调查时，必须对于各地区的自然条件也进行相应区分。通过确定沙漠地区的自然条件可以比对不同地区沙漠所处的环境条件，沙源调查最终必须落脚到针对这些方面资料的调查采集。

气候条件的调查分析主要包括沙漠地区的风况资料、气温变化、降水情况等三方面资料。

风是引起风成沙的根本原因，也是风沙流运动的能量来源。因此要探究风成沙的生成机制则必须对沙漠地区的风况资料进行详细的调查采集。对风的分析除了要对该地区风向、风速变化进行研究，还必须对风速变化频率进行统计分析，在对风况资料进行一般性统计分析之后，针对风沙防治工程的布设尚需要进行统计分析风速大于起沙风速的出现季节、强度以及风速脉动等特征。同时，对沙漠地区风的形成性质进行描述，说明这些地区的风形成的原因是由于大气环流还是地形突变或其他产生原因。只有对沙漠地区的风况数据进行详尽分析之后，才能够准确判断形成沙丘的主向风，并通过这些主向风探索沙的来源，推演风力搬运、吹蚀以及沙粒的堆积过程。

一个地区的气温变化与该地区沙源的分布有一定的关系，气温变化与原岩的风化程度直接相关，岩石的风化程度决定着风蚀现象产生的难易程度，而岩石的风化程度又受到其所处的温度环境的影响，日温差与年温差的幅度对于岩石中的水分变化以及风化性质有着显著的影响。干旱地区的气温变化幅度大，往往引起岩石的物理风化速度加快，而岩石经物理风化后的产物很可能成为附近沙漠的沙源之一。另一方面气温的大小往往决定着当地蒸发量的大小，蒸发量大的地区由于地表沙颗粒的含水率低，往往更易被大风携带。而蒸发量的减小则会增大沙粒中的含水率从而使沙粒在风作用下的迁移更加困难。因此，调查沙漠地区的气温信息便于是判断沙源迁移与分布的辅助信息，结合风况资料能够判断该地区的沙粒可能发生的移动距离。

沙漠的分布不仅局限于干旱、半干旱地区，在全球范围的很多河流流域以及沿海地区也都存在沙漠化土地。沙粒是否在风力作用下发生运动很大程度上取决于沙粒的含水率，含水率大的沙粒不仅质量更大，沙粒与沙粒之间的作用力也更强，因此容易形成以沙粒为基础的团簇。另外沙粒中的水分也在一定程度上影响着沙粒的堆积。沙粒中的水分主要是来自当地降水，因此在研究沙源分布的过程中，调查该地区的降水情况显得尤为必要。

水文条件的调查则主要针对当地河流、湖泊以及地下水进行，其中沙漠研究中的水文条件调查主要针对前两者，一方面是由于沙漠地区的地下水对于沙丘的迁移以及地表沙颗粒的运动产生的影响较小，另一方面沙漠地区的地下水补给主要来源并不是大气降水，而是来自地下暗河，因此沙源的调查研究并不针对地下水进行开展。

当地河流产生的水流携带的沙粒往往成为风成沙的主要沙粒来源，因此沙源调查必须进行河湖水系的调查。水系调查主要从河流湖泊的分布特征、密度以及水量、河水的含沙量等方面展开。而沙漠地区的地面径流水源往往来源于冰雪融水，而这一部分河流往往是间歇性河流，因此在枯水季节河床中的沙粒在风力作用下则很容易成为风成沙的沙粒来源，例如塔里木河中游流动沙丘的产生就与塔里木河干涸的河床中的沙质沉积物有关。

在研究沙源分布发展的过程中，第四纪时期以来的古地理资料具有非常重要的指导意义。大部分沙漠的形成在第四纪或更早的新生代期间就已经形成。但仍有部分荒漠以及沙地是由于人类活动造成了植被破坏、沙地裸露引起的。要了解目前存在的沙漠其沙源分布均需要对沙漠地区的古地理资料进行研究。

古地理资料，主要指与现代风成沙有关的新生代，尤其是第四纪以来的古地理资料。为了获得这些古地理资料，需要采用第四纪地质调查法、地貌调查法、考古法以及其他自然地理研究法。另外在野外考察过程中必须对沉积物剖面进行详尽的调查，尤其是第四纪沉积物的剖面尽量采用天然剖面。对野外沉积物的剖面进行分层描述需要从宏观以及微观两个方面分别进行，如不同层位的颜色、粒度、成分、结构以及剥蚀面等。

沙丘下伏地貌情况调查以及沙漠地区下伏地貌的调查，即掌握地表的起伏情况以及下伏地貌的成因类型。有些地区的老沙丘之上覆盖着新发育的沙丘，而这些老沙丘在风力作用下一定程度上为部分新发育的沙丘提供沙源，另外还有一部分沙丘覆盖在河流冲积物之上，因此可以推测现代河流冲积物是沙丘沙粒的主要来源。最后还有部分沙丘直接覆盖在风蚀低山之上，但这些地区产生的坚硬岩石构成的剥蚀低山留下的残积物不可能在原地堆积成沙丘，沙源必定为外来沙源。

对沙丘下伏地貌与下伏基岩，一般采用天然剖面法进行调查分析，并结合钻探手段获取深部岩性分布信息，最终获得第四纪沉积物的岩性及成因类型图。此外，还需要关注第四纪之前的地层，这部分地层是很多地区沙丘的重要沙源。

通过上述内容的野外调查获取详细的数据资料，在此基础上对沙源的来源与分布特征进行初步判别，进一步的利用室内试验对沙样的矿物成分进行测试分析，是确定沙源分布发展的重要工作环节。若脱离室内试验仅仅依靠野外调查得出结论是具有一定的认知局限性。室内试验分析的内容较广，基于不同的试验目的，具体包括物理分析以及化学分析。

1. 物理分析

为了进行沙源分布的调查分析，野外取沙样进行室内测试分析首先对沙粒的各项物理性质进行测试分析，包括沙粒的级配特征、表观特征以及其他物理力学性质。级配特征分析的主要目的是，确定沙样中各级粒组所占的百分比，通过对同一地区不同区域的沙粒级配进行分析，结合当地风况资料，就可以了解沙粒随风运动的风沙流结构特征。粒径越大的颗粒越难以搬运，粒径越小的颗粒则更易被风所携带，因此沙源往往更接近粗粒所在位置。风力作用在各种风化物以及沉积物的过程中，往往将细粒吹走形成黄土，而将粗粒留下形成沙丘。若分析的标本粒组单一，且多为细粒，则说明这些沙颗粒可能是经过风力长途搬运而来。但存在一种情况，即风积沙与沙源相距不远，则风积沙与沙源沙丘之间的颗粒在矿物组成以及颗粒形态上基本一致，仅仅沙粒粒径分布上有所差异，其原因主要是由于风力的搬运，将沙源处的细粒带走，这种情况下沙源处的沙丘细粒有所减少仅留下粗粒集中分布。因此在对沙源分布的调查分析过程中，对于沙丘沙物质的物理性质分析资料可以作为追溯沙粒来源的有力佐证。

另一方面，由于地表空气流动受地形起伏影响，亦受地表粗糙度的控制，因此在不同的地形位置上沙粒级配的分布特征也各不相同（见表 2.1）。实际调查发现，在沙丘迎风坡的沙粒要比背风坡的沙粒粒径更大，并且在同一侧的不同高度处的沙粒粒径分布也存在差异，一般随高度的增大沙粒粒径逐渐递减，这是由于细粒更容易被风力吹起，因此在对沙粒的物理性质进行调查分析时，需要对不同位置采集的沙洋进行分别测试分析，而不能统一定论。

除了对沙漠地区沙粒的物理性质进行测试分析之外，对其表观结构也需要进行观察分析。将沙样放在显微镜下观察，往往可以通过其外形特征了解到一些关于沙粒的形成以及搬运过程，从而间接成为寻找沙源的线索。沙粒的形态特征往往与其所受到的外力作用方式密切相关。例如，风成沙一般外表圆润，而流水所携带的沙粒则外表带有更多棱角，这是由于风成沙粒之间往往接触摩擦更多，甚至还会与其他物体进行摩擦以及撞击，但水流所携带的沙粒却由于水膜的缓冲使沙粒直接受力概率减小。相反，沙粒在外力作用下运动时间越长，则产生撞击以及摩擦的次数与概率也就相对越大，其表观结构圆度较大。

表 2.1　沙粒粒径分布表

地形部位		迎风坡		背风坡	
		下部	上部	下部	上部
粒径（mm）	2～0.25	85.0%	74.0%	81.4%	69.9%
	0.25～0.1	7.6%	12.0%	4.8%	15.9%
	<0.1	7.4%	14.0%	13.8%	14.2%

通过对沙粒的表观结构进行观察并且对两个地区的沙粒进行对比之后，便可以探索出他们之间的内在联系。但是需要注意的是，这种方法往往具有一定的局限性，只适用于初成沙的沙源调查分析。对于部分古老的冲积层，再次受到风力作用之后形成的沙丘，其沙粒表观结构成因复杂，往往不能仅仅通过表观结构的观察就直接得到结论，而需要结合各种资料相互佐证分析。

2. 化学分析

沙源的化学测试分析的主要包括沙料矿物成分分析，这是最有效的探索沙源的方法之一。基岩在风力作用下受到侵蚀的过程仅仅是一个物理破坏过程，其矿物成分一般不发生变化。基岩破坏产生的碎屑经过风力搬运，最终堆积形成大小不同的堆积物甚至体量更大的沙丘，我们只需要对这些沙丘以及附近地区的基岩样本进行矿物质分析，就很容易得到其沙源位置。沙粒在风力作用下的运动往往不会对沙粒的矿物成分产生影响，大多数的矿物质以及晶体一般只有在高温高压下甚至其他活跃元素的影响下才会发生化学反应，一般也伴随着物理变化。

矿物分析过程中选取指示矿物是一项重要工作。地质学研究显示，石英以及长石是沙丘矿物的主要组成成分，在各地沙漠都是一样，将其作为指示矿物区别度不大，一般选取其他重要矿物作为指示矿物。为了正确有效地进行上述研究，沙样的采集则显得尤为必要，野外采样的方法大致分为方格法和计划法。方格法，即根据研究精度以及采样区域的大小在地图上绘制一定尺寸的方格，然后在每一个方格内进行采样，一般适用于定位观察的工作站范围使用。计划法则为有目的性的采样，例如沿河沿风采集。无论哪种方法，其采集的沙样必须达到能够说明沙源位置的目的。

2.1.5.2　地表结构与地貌情况调查

沙漠地区周围的地表结构调查涵盖的内容多样，形式复杂。例如沙漠周围的地形是开敞型还是封闭型，若四周分布着高山，需考虑高山之间的相对高度变化、排列方式，甚至山地当中存在的缺口可能成为沙漠地区的主要进风入口以及沙源入口，因此对于沙源的调查必须掌握每一个沙漠在其所在地区的地表结构单元中所处的位置特点，从而为沙源的追溯提供理论依据，而避免对于处于盆地中的沙漠却在很远的地区去寻找沙源。

对沙漠地区的沙源进行调查分析的过程中，仅仅调查分析地表结构特点还不能为沙源分布及变化规律分析提供全面信息，还需要对沙漠周围的地貌条件进行调查研究。只知道沙漠地区的地表结构，却对该地区在地貌发育过程中所处的阶段以及组成岩石的岩性了解甚少，很难对沙漠地区周边山地与沙源的关系进行阐明。例如沙漠周边是由于冰雪作用侵蚀的高山，山体较大，组成山体的物质主要为砂岩、花岗岩、片麻岩等则有可能从山体带出较多的沙粒到低洼地带，成为风成沙的主要来源。若沙漠周围主要为其他类型的堆积地貌，则利用其表现出来的地貌特征等也能够判断出这些堆积地貌与风成沙之间的关系。

2.1.5.3 风沙地貌成因调查

沙漠地区风沙地貌主要是大风对于沙质地表进行吹扬、搬运、堆积的结果。因此在大气环流作用下地表呈现出复杂多样的风沙地貌类型，一个地区的风沙地貌类型反映了该地区的大气运动规律及特点。研究一个地区的风沙地貌成因必须先了解该地区的大气环流特征。例如，国内外很多学者认为蒙古高气压在河西走廊的西部向南移动的过程中，遇到青藏高原的阻挡，气流则分为两支，一支向东南吹向阿拉善、鄂尔多斯、黄土高原，而另一支则顺高原的边缘转向塔里木盆地（如图 2.2 中所示）因此塔克拉玛干沙漠的陡坡则大部分向西或西南（如图 2.3 所示），而东部地区的沙丘陡坡大部分向东或东南（如图 2.4 所示）。由于各地在自然地理条件上均存在较大差异，在不同的影响因素综合作用下，一个地区随着地表起伏地形的变化，风向会发生一定的改变，表现出宏观上一致而局部出现差异的特征。因此，在一个地区进行风沙防治工程的布设应参考具体位置的风况来实施，不能简单地参考该地区的大气环流特征进行工程活动。

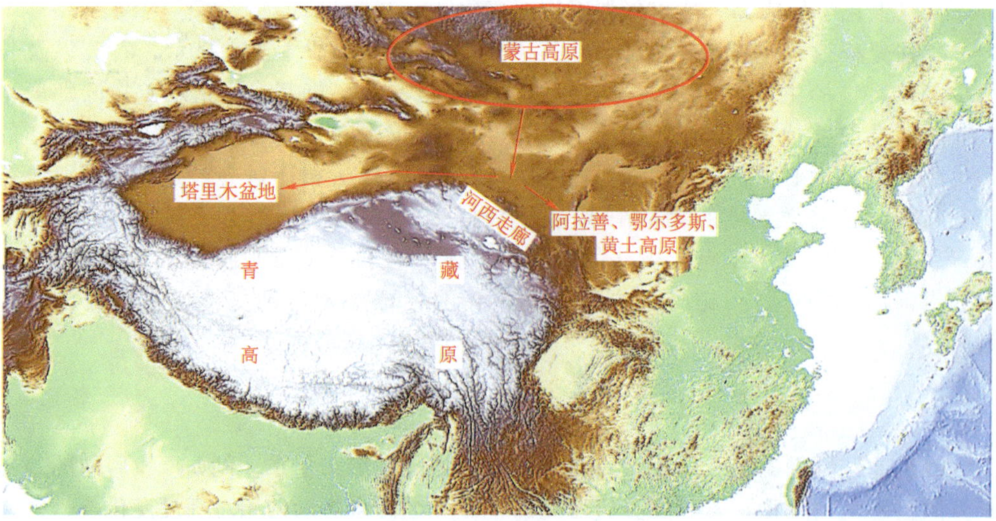

图 2.2 蒙古高原大气环流运动规律

风况数据中的风向数据资料是风沙地貌调查的关键内容，尤其是大于起沙风的风向资料，是复杂风沙地貌成因分析的重要依据。另一方面，大风的作用为不同风沙地貌的塑造提供能量，但其产生过程中又受到地表组成物质以及当地自然条件的影响。

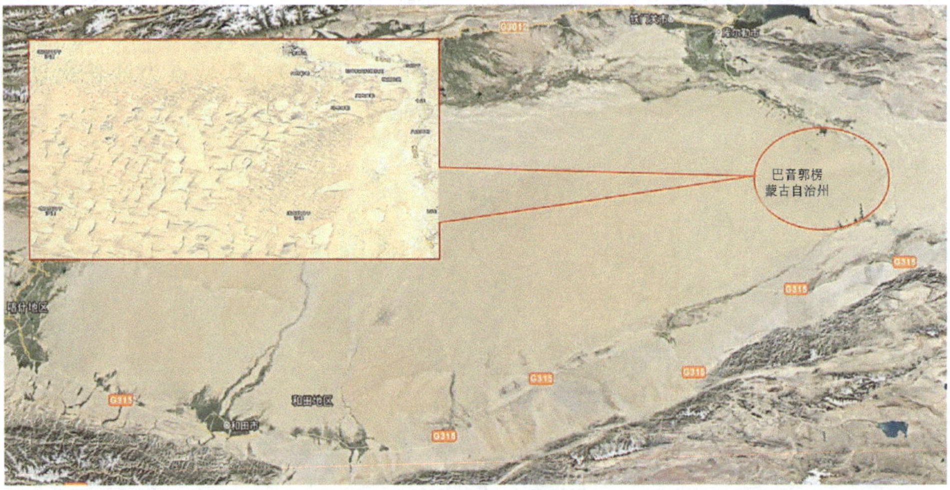

图 2.3 塔克拉玛干沙漠东部进口沙丘地貌

图 2.4 河西走廊至阿拉善地区沙漠入口处沙丘地貌

1. 地表组成物质与风沙地貌特征之间的关系

沙漠地貌的地表形成大致包括风积、冲积、湖积、冲洪积、残积、坡积等多种成因类型。不同的成因类型其基岩岩性与地层结构也各不相同，其在大风作用下的表现形态也各不相同。例如，山区沙漠地表的组成物质大多为坡积、残积、洪积成因形成的碎散颗粒物，这一类物质往往颗粒较大，夹杂着砾石碎屑等物质。风沙地貌的形成必须有长期大于起沙风的风况条件存在。根据风洞试验结果显示，5 m/s 的风速只能将粒径小于 0.4 mm 的沙粒吹起，而 11.5 m/s 的风速才能够将 1 mm 的沙粒吹到空中。沙漠地表碎散颗粒物质经过风力作用后，表面的细粒被风携带离开，地表留下的是粒径较大的砾石及碎屑，砾石及碎屑覆盖下的沙粒难以再被大风吹起，但在罕遇的强风作用下地表砾石及碎屑发生扰动，砾石及碎屑下的沙粒仍然可以成为新的沙源。

洪积作用形成的洪积扇上的堆积物粒级自冲积扇上部向下逐渐减小，到洪积扇前端变为沙粒堆积物，因此风力作用效应的强弱也由上向下逐渐明显，并开始形成典型的风成地貌——沙丘。如昆仑山北部喀什市叶城附近以及民丰县与且末县之间的冲积扇前端就可见到发育不久的沙丘（如图 2.5 及图 2.6 所示），其特点为沙丘高度均不大，且分布零散。

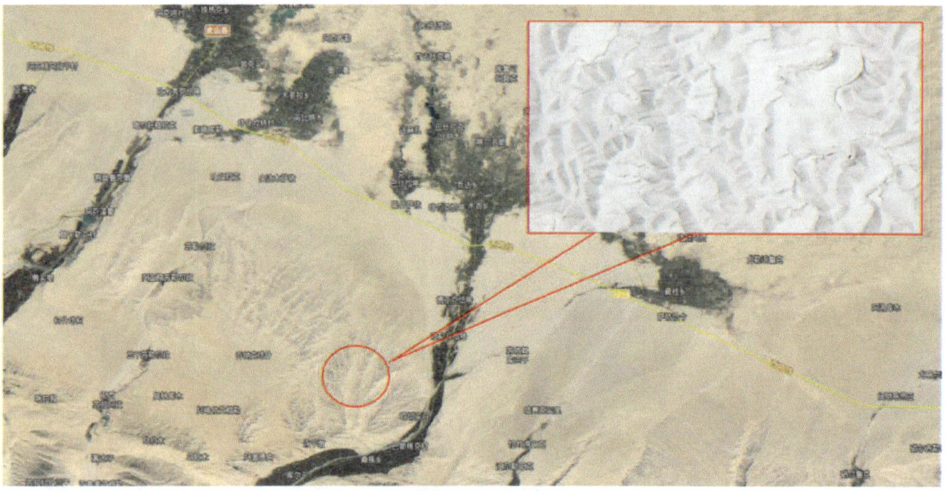

图 2.5　叶城东南部的冲积扇前端的沙丘

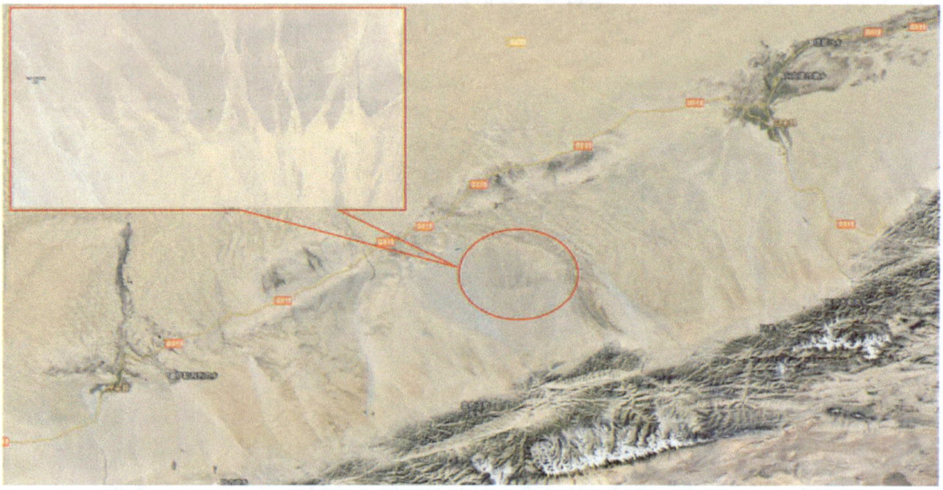

图 2.6　民丰县与且末县之间的冲积扇前端的沙丘

沙漠地表的湖积物质地带由于沙源丰富且沉积物颗粒细小、结构均匀疏松，因此很容易受到风力搬运形成高度较大的沙丘。但若是在岩性不同的沙、黏土、砾石互层地区，由于大风的吹蚀，往往出现蚀洼地貌顺风向延伸分布。在年代久远的湖积平原或冲积层地区，往往表现为黏土及沙的互层，由于沙粒胶结不紧，风的吹蚀往往沿着最弱的部位（例如裂隙以及流水刻蚀的痕迹）进行，以线状吹蚀为准。产生吹蚀槽地貌，塔里木盆地的罗布泊最为明显，其吹蚀槽深度较大，长度由数十米到数百米不等，走向与主风向一致，如图 2.7 所示。

图 2.7　塔里木盆地的吹蚀槽地貌

2. 气流含沙量与风沙地貌特征之间的关系

沙漠地表碎散沉积物成因不同时，地表沙物质在风力作用下的吹扬、迁移、堆积形式也各不相同，造成了各地气流中的含沙量分布不一。风携沙运动形成风沙流，运动气流中的含沙量受到风力大小的影响，同时也与沙源的供给条件有关，沙源丰富的地区以及沙源沙粒粒径较细的地区，气流中的含沙量也相对较大。一个地区的气流含沙量的不同也在一定程度上控制着该地区的风沙地貌类型。例如，面积广阔而且冲积沙层较厚的平原地区，沙源沙粒丰富，在大风作用下就会形成高大密集的沙丘地貌。

当气流中含沙量不高且地貌平坦时，往往形成稀疏的沙陇或单个的新月形沙丘，这种沙丘高度较小。但若气流中含沙量较大时，所形成的众多新月形沙丘移动变化过后，沙丘会相互连接形成规模较大的沙丘链。沙丘链走向一般与风向垂直，高达一百米，长至几千米，且沙丘两侧为一侧陡而短，迎风面缓而长。部分迎风坡上还会进一步发展形成小的新月形沙丘及沙丘链，成为综合性新月形沙丘链。这种类型的沙丘链结构较为复杂，在其迎风坡面前方分布着密集的纵向沙陇，迎风坡上则分布着密集的小型沙丘链。

3. 地表植被与风沙地貌特征之间的关系

地表植被在风沙地貌的塑造过程中起着重要的作用。植被之所以能够抑制沙丘的流动，一方面是由于植被增大地表粗糙度对风能起到消减作用，植物的消能作用导致风力减小，风对于沙粒的搬运能力也大幅度下降，并且地表植被覆盖在地表之上，从而阻隔了风力直接作用于沙质地面；另一方面由于植被的覆盖以及根系的保水作用导致沙质地表水分较多，沙颗粒之间的团聚能力增强，进而加大了风力搬运沙粒的难度。除此之外，由于植物产生的残留物（例如枯枝、树叶）的堆积促使沙质地面逐渐向土质地面演化，最终改变了地表土层结构。

植被对风沙地貌的这种作用使其成为主要的防风固沙措施之一。植被不仅能够固定沙丘，还能够阻挡含沙气流，使气流中的沙粒掉落在植物附近形成灌丛沙堆，这种沙堆的高度受到植物规模的影响，例如白茨沙堆的高度就小于柽柳沙堆。

4. 大气环流、局部气流、地貌条件与风沙地貌特征之间的关系

风沙地貌的形成除了受到上述各项因素的影响之外，还受大气环流以及局部气流的影响，地貌条件对气流的作用间接影响着风沙地貌的形成。具体表现在风向的转换影响着主风向下的新月形沙丘的形态变化。例如在主风向作用下形成的新月形沙丘，其走向往往与主风向垂直，但若同时存在另一个偏向风的长期作用，则可能导致新月形沙丘的一侧向偏向风的方向延伸，最终形成沙陇，导致其走向甚至于主风向平行，称之为纵向新月形沙丘。另一方面，在稳定的主风向作用下，产生的沙丘多为相互平行，但当气流扰动较大而又有近似偏向风的作用时，往往产生形态不规则的前后互接的新月形沙丘链。当气流作用于沙质地面时，一般顺着沙陇的主向呈螺旋式位移，上升气流将沙粒从底部吹起堆积在沙陇顶部，从而形成了顺风方向延伸的凹地，凹地两侧为同一方向延伸起来的巨大沙陇。若除主风向以外还包含了次要风向的作用，则会形成分隔陇间低地的小沙埂，从而将这些条状低地分隔成一个一个小沙窝。

地貌条件影响了地表气流的运动，而气流的运动又作用于沙粒，沙粒的迁移变化重新塑造了沙漠地貌形态，综合各种因素导致了沙丘形态的多样化。

5. 水文条件与风沙地貌形成之间的关系

沙源地区地表环境干燥，沙粒含水量小则相互作用力小，为风携沙迁移运动创造了条件，沙源区的水文条件直接影响着沙质地面的沙粒干湿状况甚至地表植被状况，因此在水文条件良好的地区植被茂密，对风力作用削弱较明显，风力减小且地表起沙难度增大，减缓了风沙地貌的塑造过程。

综上所述，风沙地貌的塑造、形成过程受多种因素的影响和控制，沙漠地区地貌形态多样且成因复杂，因此对沙漠地貌成因的调查必定需要针对性地进行各种资料的收集。为了能够掌握沙漠地区的地貌成因及其变化规律，就必须在野外进行定位观察与线路考察的过程中进行地貌形态测量，采用定量与定性相结合的方式来描述各地区沙丘的分布以及发展特点。若能够结合卫星摄影或航空拍摄，则能够更加快速精确直观地刻画出该地区风沙地貌发展的轨迹与历程，同时能够针对风沙地貌的演化规律推求其未来发展趋势从而针对性地进行沙漠治理和风沙防治工程建设。

2.1.5.4 风沙移动规律调查

地表运动的空气流通常称为风。当风掠过含沙质地表，地表沙粒受到气流的上升力，当上升力大于沙粒的自重时，沙粒被风携裹进入运动的空气流中形成风沙流。当风中携沙量不断增加导致风速降低或运动的风沙流遇到前方障碍物时，风沙流中的沙相发生沉积，风携沙运动过程中的吹扬、迁移、堆积塑造了沙漠地表，进而形成以沙丘为代表性的各种风沙地貌形态。因此，风沙流运动是塑造风沙地貌的必要条件，进行风沙移动规律的调查首先从野外风沙流结构的监测开始。

风沙流结构的研究常需使用集沙仪，最早的集沙仪是苏联科学家兹纳门斯基所设计的一种扁平的金属盒。金属盒内按每 10 cm 的高度分成 10 格，按 45°倾斜排列的长方形细管，细管直径为 1 cm，细管尾部分别由橡皮管连接有小铝盒。使用时将集沙仪置于沙质地面，每一个小管离地表的高度依次为 0～1 cm、1～2 cm、2～3 cm、3～4 cm、…、9～10 cm。管口面向气流方向。在其旁边离地表 2 m 高处安装风速仪测定风速。当风沙流吹过仪器时，则不同高度处的沙粒进入相应的铝盒内，而气流则从旁边的小孔溢出，经过一定的采集时间，取出集沙盒分别称量其中的沙粒质量，并计算其占总质量的百分比，则可以获得在某一单位时间内的某一风速下不同高度的每1 cm^3 风沙流含沙量，如图 2.8 所示。若将该设备置于不同类型沙丘的不同位置则可以看出气流中的含沙量的空间分布状况，以及其受到周围环境的影响变化情况。

地表的粗糙度也会影响气流中的含沙量。观测试验结果显示，在细沙质地区的地表以上 10 cm 范围内，当地表以上 2 m 处风速为 7 m/s 时，10 cm^3 体积气流中的含沙量为 7.6 g/min；在同一位置当在地表铺设条带状细砾之后，仍为同一风速，10 cm^3 体积气流中的含沙量减至 4.3 g/min，同时由于地表粗糙度的增大近地表风速降至 5.5 m/s。在沙丘表面设置机械沙障的目的便是为了增大地表的粗糙度，降低风速，截留过境风沙流，从而减缓风沙对下风侧工程的侵害。

通过分析集沙仪采集的沙样，还能够发现各个高度的沙粒表观状况也大不一样，往往离地表越高的沙粒越细，而在近地表处的沙粒往往是粗粒细粒混合状态。

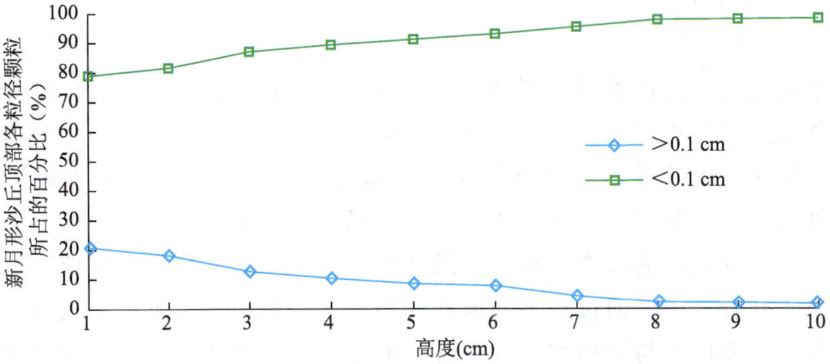

○ 图 2.8　不同高度风沙流中沙粒粒径分布

根据实验观测，沙粒在风力作用下的运动形式以蠕移、跃移为主，在离地之初往往向上跳跃，而在下落时却由于风速作用沿一个平缓的轨迹倾斜向下降落至地表。粒径较大的颗粒由于其重量较大，因此难以被上升力带到空中，因此仅能够在地表做短距离的蠕移，相反，粒径更小的颗粒甚至能够由于风力作用带到空中随风力向前运动而不掉落至地面，即悬移。但这种运动形式只存在于近地面。气流中的含沙量随高度变化的同时也随风速大小而改变。来流风速不同时，风沙流中的含沙量也不同，即随着风速的增大，风携沙的能力随着提高。在不同风速条件下，在同一位置进行集沙观测能够得到风沙流中含沙量随风速的变化规律。图 2.9 为某一新月形沙丘顶部的观测结果。

为了调查沙丘的移动规律，对沙丘地表进行相应的风速观测显得尤为必要，一般采用的观察方法为在各种类型沙丘的不同位置上（例如迎风坡的前端沿迎风坡至沙丘脊部再沿背风坡至背风坡尾部），每隔 2～3 m 设置一个测点，并在每一测点设置不同高度的风速观测仪，从而记录沙丘各个部位的风速变化及分布规律。

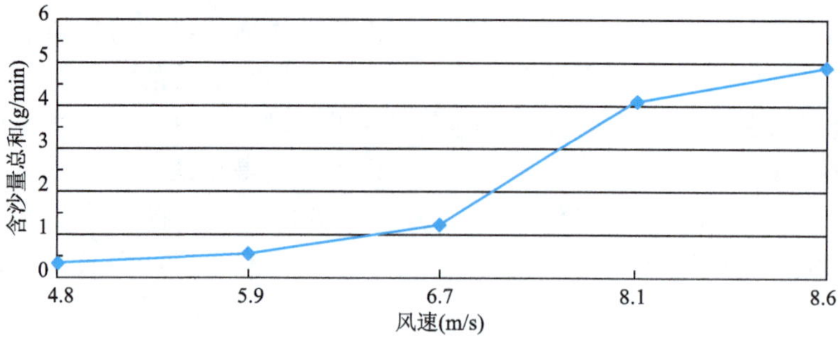

图 2.9 离地表 0～10 cm 高度内 10 cm^3 气流中的含沙量总和

针对新月形沙丘表面的风速调查除了进行这种纵坡面的采集之外，还应当在新月形沙丘两翼进行采集。其原因在于主风向一般与新月形沙丘垂直，当其到达沙丘时，气流绕过沙丘在背风坡处形成涡流并且发生气流的压力差。这种现象可以通过伯努利定律来进行解释：

$$\frac{\rho v_1^2}{2}+P_1=\frac{\rho v_2^2}{2}+P_2=\text{常数} \tag{2.1}$$

式中 ρ——气流密度；

v——气流速度；

P——静压力。

气流中流速越大的位置压力则越小，而新月形沙丘气流速度最大的位置在沙丘的最高点，气流速度最小的位置在沙丘背风坡附近。沙丘顶部气压最小，气流速度最小的位置气压最大，在沙丘顶部以及背风坡坡脚处则存在压力差，由于该压力差的作用，坡脚处的气流顺背风坡向沙丘顶部移动，从而在沙丘背风面形成涡流。

针对风沙移动规律的调查，在野外最常用的仪器为集沙仪和风速仪，两者可以单独使用，也可联合使用。通过对不同风沙地貌地表进行风沙监测，对风沙监测数据进行分析后可以获取以下与风沙移动规律有关的信息：沙粒运动和风速以及其本身粒径之间的相关关系；靠近地表气流层中沙粒的运动方式；靠近地表气流层中沙粒移动的方向和数量；风沙流在沙丘表面运动时的时空变化规律。这些资料都能够成为风沙防治工程设计、实施的依据。风沙地貌形态始终是在不断发展变化的，其能量主要由风力提供，风速越大则地貌变化也越快速。另外，沙丘的移动速度也受到其本身的规模限制，规模越大的沙丘移动速度也越缓慢。

沙丘的移动除了受到来流风力以及其自身体量的影响之外，还受到沙丘本身水文条件、地表植被、下伏基岩地貌形态的影响，其具体作用机理已经有大量文献资料进行阐述，这里不再赘述。

通过上述分析，在防沙、治沙工作中需要获取的沙丘移动调查资料主要包括：沙丘的移动速度、方向、方式和风向、风速的关系，沙丘移动和地表性质的关系（包括下伏地貌、植被、水分条件等情况），沙丘移动和其本身体积的关系。

为了获得这些资料则必须针对性地进行以下工作：

1. 风向、风速资料分析

对一个地区风向、风速进行研究。常用的方法为风向频率图法（玫瑰图法）以及动力风向图法。动力风向图是沿每一方位角把一年中各相同风向的频率与平均风速平方的乘积按照一定比例绘制而成的。

实际上某一地区的风况资料往往比较复杂，短期的观测并不能获得规律性的数据资料，因此对于短期的数据采用的平均数值也不易看出风的详细变化特征，然而要研究沙丘的移动规律势必要取得精确详细的风况资料，常用的补充资料即为风向、风速向量曲线图。在编制该图时，首先用十字线表示方向，然后根据该地每天大于起沙风的风向、风速资料绘制而成的连续的曲线。图中线条的长度代表风速，线条方向代表沙丘移动方向。由此按每日依次进行绘制成风向风速矢量曲线图。

2. 重复多次的形态测量

在流动沙丘地区首先确定布置测点的沙丘类型，然后按照前述在该沙丘布置测点，按照每季一次或每月一次进行重复测量，同时通过对不同时间的沙区地貌进行对比研究，就可以得出沙丘移动的方向以及移动速度，再与采集的风速、风向资料进行对照则可以反映出它们之间的相互关系。图 2.10 就体现了罗布泊某水域附近的沙丘在 2002～2019 年间的移动规律。

沙丘间的低地部分等高线向四周扩展，其原因在于低凹位置气压较高，易发生局部气流，局部气流方向由中心向四周运动将沙吹向高处。不仅如此，等高线的变化又受到当地风的状况以及周围地表起伏而异。

空旷平坦的沙地，等高线呈环状向前延伸，如图 2.10 所示，其西北位于高沙丘的背风坡，因此移动缓慢，沙丘前缘属于平坦沙地，因此移动速度更快。

舌形沙丘及其相邻的低地，等高线呈现前伸后退状态。沙舌向前移动为正地形，低地沙粒则被吹扬成负地形，则表现为等高线既向前伸又向后退。

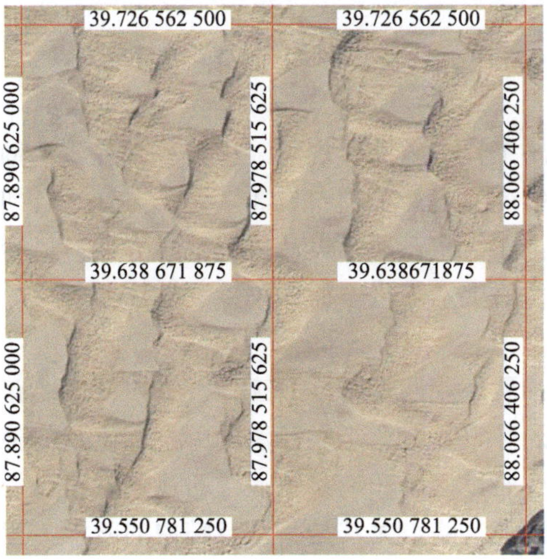

2002 年

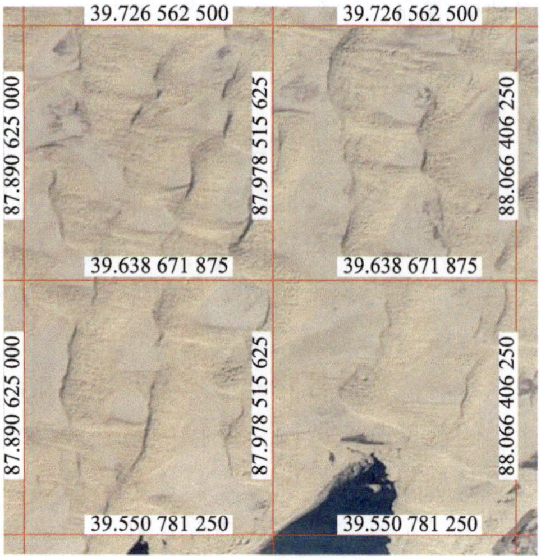

2009 年

图 2.10

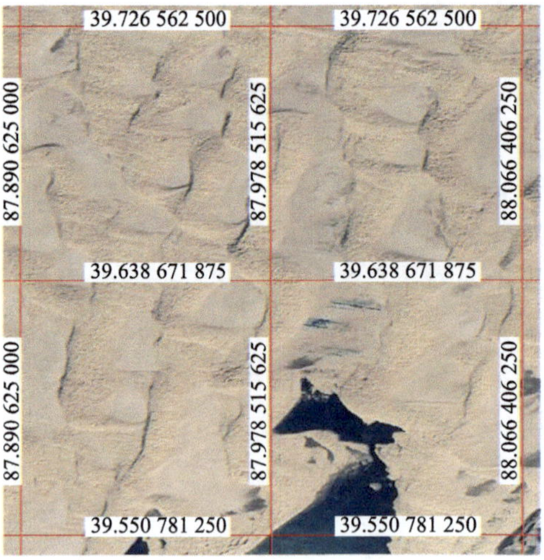

2013 年

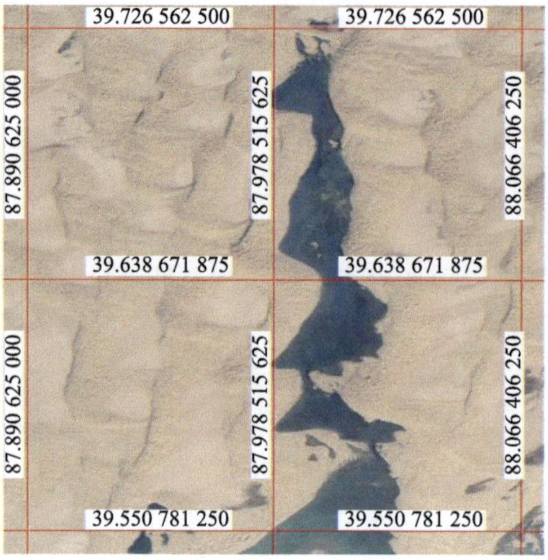

2019 年

图 2.10 2002～2019 年罗布泊某水域周围沙丘移动变化图

3. 标记

此法仅进行沙丘剖面调查分析，操作较简单。具体操作方法为：在不同类型沙丘的各个部位设置标识，并在一段时间内反复测量测点到沙丘某一部分的距离，即可得到沙丘移动的速度和方向。标识的设计，需要考虑到沙丘的形态特征，例如新月形沙丘链应当设置在迎风坡坡脚、坡腰、沙丘顶部、背风坡上部、坡脚以及沙丘链两端；而对于单独的新月形沙丘标识的设置地点除了迎风面坡脚、坡腰、沙丘顶部以及背风面坡脚还需要在沙丘两翼部分设置，并且其主要断面的布置应当与沙丘走向相垂直。

此外，除了以上提到的几种方法，进行调查访问也是搜集有关沙区移动资料的方法之一，尤其是对于需要进行防风治沙的绿洲边缘位置的考察，访问当地居民，了解当地的风沙危害以及房屋建筑，铁路交通构筑物等被风沙掩埋的情况就可以确定沙丘移动的情况。

2.1.6 沙漠铁路外业勘察

在风沙地区进行铁路建设，要依据《铁路工程地质勘察规范》进行各常规要素勘察，还要根据沙漠地区的风沙特点及拟进行的各项防沙工程布设要求，重点针对后期进行风沙防治工程建设的风沙地质相关勘测工作。主要涉及风沙工程地质方面、风沙气象条件方面、风沙防护材料方面、植物及植物生态环境方面。

1. 风沙工程地质方面

针对风沙地带的地形地貌及地质概况，开展外业调查与勘测工作。查明铁道线路途经的沙漠分布范围，直接关系到线路位置的确定，究竟走在沙漠的哪一部位及何种地貌类型为宜。在确定了具体的线路之后，要通过调研和勘察掌握线路途经各线段的沙源情况及风沙流活动情况。沙物质来源对沙漠筑路，尤其是路基范畴内的防沙工程建设具有很大的实践意义：如果沙源是当地沙质沉积物经风力吹扬而起，应着重固定当地流沙，特别应保护现有地表及植被，以免成为新的沙源地；如果通过调查发现风沙运动中所携带的沙来自迎风侧的远方，则要通过各种防沙工程措施切断主风与外来沙源的联系。为了更深入有效地进行具体风沙防治工程的布设以及线路迎风侧防沙工程体系的建立，应该通过调查和勘测，摸清线路途经区以及线路的迎风侧沙源所在地沙漠的形成条件，并从下列方面进行：(1) 分析沙漠周围的自然条件，如气候特征、地表结构、地下水量和水质调查；(2) 查明沙丘下伏地貌、下伏基岩的成因类型及岩性；(3) 取样进行室内分析，包括粒径分析、矿物分析和沙粒表面特征的观察。

沙漠地区风沙地质的调查与勘察，还需要针对线路上风侧风积和风蚀地貌进行量测与调查统计，在调查的基础上判断铁路沿线的风沙活动特征和工程难易程度。为了研究沙丘的发生、演化发展和铁路路基修筑的关系，需要在勘测工作中详细展开如下测量工作：(1) 沙丘的高度（最大、最小、平均值）；(2) 沙丘的间距（最大、最小、平均值）；(3) 沙丘迎风坡、背风坡的坡度和长度；(4) 沙丘的走向和长度。随着科技的发展，小型便携式无人机作为先进技术手段能够从高空对沙丘进行调查与测量，通过无人机航拍图片，借助各种图像处理软件能够精准完成沙丘调查与测量工作。

2. 风沙气象条件方面

气象要素包括风况、气温、湿度、降水、蒸发、能见度等。在勘测过程中，要详细收集各个气象要素，包括它们的均值、极值、频率和变率等。这其中最重要的气象要素当属风况情况，具体包括风向、风速、风频以及全年起沙风况。风况要素的变化涉及铁路路基迎风侧风沙防治工程措施设置以及后期线路维修养护作业，要全面掌握铁路沿线主风向、风速及其季节变化，起沙风频率和持续时间。风是一种向量，其特征用方向和速度来表示，对这两个量的数值，可分别绘出动力风向图和风向风速玫瑰图。由于沙的搬运量与风速的立方成正比，为了研究沙的搬运条件，可参照风沙数据统计方法绘制动力风向图。为了更进一步了解风向的季节性变化，以便于分析线路上风侧沙丘移动的规律，还可绘制矢量风向图。即根据当地逐日逐月的等于和大于起沙风速的风向和风速的统计资料，用线条方向表示与风向相反的沙丘移动方向，线条长度表示风速大小，以此按比例绘制成连续折线，由此可求出全年起沙风的合成风向和合成风速。

3. 风沙防护材料方面

在沙漠地区进行铁路筑路工程实践，不仅铁路路基本体建设需要大量的工程建材，配套的风沙防治工程也需要诸如卵砾石、碎石、黏性土以及麦草、芦苇等植物防沙材料。因此，在沙漠地区铁路外业勘察中，需要详细查明沿线防护材料的种类以及材料的产地、规格、数量、单价及运输条件，尽量做到就地取材，减少远运，以节约工程投资和加速筑路进度。

4. 植物及植物生态环境方面

在沙漠铁路外业勘察过程中，要详细调查沿线植物分布特征和林带生长情况，为后期风沙防护工程建设尤其采用植物固沙提供工程建设依据和咨询。对于沿线的植物调查重点是划分沿线植物群丛，而对于生态环境（林业）的调查，目的是了解造林树种的生物学特征和总结当地固沙造林的经验，调查内容包括：(1) 适宜的树种；(2) 水源供应；(3) 林带的设计和生长状况；(4) 各项营林技术措施和林带的更新管理；(5) 林带的防风固沙效果；(6) 种子、苗木来源和劳力情况；(7) 单价。

2.2 风沙数据分析方法

2.2.1 风沙地貌资料的处理及整合

在完成前述各项风沙要素调查工作之后，即可获得大量的风沙数据资料。对这些数据进行统计、归纳分析，能够揭示调查地区的沙源发展分布规律、风沙地貌的成因及其影响因素、风沙地貌的移动变迁规律。因此，调查工作结束后需要着手进行风沙数据的统计、归纳以及理论分析，而这一部分工作的重点便是风沙地貌的分类与风沙地貌图绘制。沙漠地区风沙地貌的分类首先要确定分类原则，确定好分类原则后进行风沙地貌图的绘制。关于沙漠地貌的分类，学者们研究较多，他们依据大气环流与风沙地貌形成关系的映射原则，进行了较为详细、系统的分类。这种分类理论依据主要是风沙地貌形成的空气动力学原理。

我国的风沙地貌的分类问题，过去很少有学者进行研究，近年来卫星遥感拍摄以及航拍技术发展促使部分学者针对风沙地貌分类进行了探索研究。早期的分类研究根据沙丘区域的范围、生成环境以及沙粒大小等因素将沙丘分成了四种类型：基干沙、内沙、沙丘丛、河岸沙。进一步的又根据沙丘形态分为新月形沙丘以及条形沙丘两种，还有部分学者将其划分为新月形、沙梁、方格状沙丘三种。

总结前人大量的野外调查研究，沙漠的风沙地貌类型划分可以根据五种基本原则进行，如表 2.2 所示，这五种基本原则主要以沙漠的改造以及利用为目的，对铁路风沙防治工程的设计和实施亦有一定的指导意义。

表 2.2 风沙地貌类型划分原则及其分类（风积沙地貌）

沙源类型	下伏的原生地貌	活跃程度	地貌形态	地貌的成因形态	地貌形态的测量特征
近代河流冲积物	近代冲积平原 古代冲积平原	裸露沙地（流动沙）	简单的基本形态	新月形沙丘 平行新月形沙丘链	很稠密的沙丘
古代河流冲积物	古代三角洲平原 古代冲积湖积平原	具有斑点状植被分布的裸露沙地（半流动沙）		互接新月形沙丘链 纵向沙陇 横向沙陇	稠密沙丘
古代河湖相沉积物	山前冲积洪积平原	斜坡具有植被，但岭脊处裸露的沙地（半固定沙）		纵向新月形沙丘 梁窝状沙丘 综合新月形沙丘（复合型沙山）	中等稠密沙丘
山前冲积洪积物	冲积平原绿洲		由简单的基本形态组合而成的综合体	具有迭置沙链的复合式沙陇 具有沙陇迭置沙丘链的巨大复合型沙丘 金字塔沙丘	稀疏沙丘
近代湖相沉积物	风蚀丘陵以及斜坡	沙丘表面大部已被植被覆盖（固定沙）		沙陇蜂窝状沙丘	很稀疏的沙丘
基岩的残积坡积物	波状起伏风蚀地面			蜂窝状沙丘 格状沙丘	

以上确定的分类方法以及标准主要适用于以风力堆积为主的风积地貌。风沙地貌中除了大量风积地貌外，还有以风蚀为主的地貌类型，即风蚀地貌。风蚀地貌的产生与岩石的破坏作用以及风的吹扬有着密切联系，尤其在流水侵蚀的基础上，组成物质的矿物成分、层理特点、裂隙的方向以及切割的程度都影响着其形态的发展。因此，以形态为分类指标，将风蚀地貌分为以下几类：

（1）疏松的沉积物地区，包括吹蚀地、雅丹地貌（包括吹蚀槽以及吹蚀残积墩台相间的地貌类型）。

（2）基岩地区，包括风蚀壁龛、风蚀菌形石、风蚀丘、风成地貌。

除了进行所述的各个项目的地面考察和定位观察外，还可以考虑利用航空摄影以及卫星摄影图像判读的方法来进行沙漠地区风沙地貌类型图的编制。

在利用航空摄影图片来进行风沙地貌类型图的编制应当考虑到大部分风沙地貌的形状，只能在大于 1：100 000 的地形图才能够看出真实的地貌形态，如图 2.11 所示。而在较小的比例时，风沙地貌只有利用简化图的方法才能表示出来，但是需要尽力在图上比较完善的体现出其沙丘本身的特点，至于沙丘形态的表示，一般采用晕点法，该法能够表现出沙丘平面图形的外貌及其倾斜对比关系、不对称性，平缓的斜坡一般用细小稀疏的点进行描绘，陡峭的斜坡则采用大而密集的点。

图 2.11 横向沙陇航空摄影

2.2.2 风况数据分析

风况数据是风沙要素之一。风况（也称风信）指风的活动状况（信息），包括风速、风向、风的脉动频率以及持续时间。风况数据多来自一个地区的气象部门或以风沙防治工程实施为目的而设置的短期气象监测站，因此风况数据作为风沙要素之一，并不需要进行野外调查，通过以上途径获取的风况数据需要单独或结合流沙数据进行分析。风是产生风沙流运动的直接原因，仅仅存在沙源却没有风提供沙粒运动的动能则沙源不会发生迁移变化，沙漠地区也不会发生扩张或移动，防沙、治沙的工作也将仅仅以治理沙漠为主，而不需要进行为保护某工程为目标的阻沙、固沙或输沙工程实践活动。另一方面，要想掌握风沙流运动的规律，首先要摸清空气流自身的运动规律与特点。对风况数据进行统计分析是科学合理使用风况数据的前提，对风况数据进行整理、统计分析后，能够获得当地主要风向从而初步判定风沙移动方向和沙丘的迁移方向。了解一个地区的风速大小分布变化规律，能间接判断沙漠地区的主要沙害形式以及沙害程度。根据所得的结论可以指导实际工程中的防沙、治沙措施的选择。

针对风况数据的整理统计分析主要有起沙风速统计、风向统计、风速统计等内容。

2.2.2.1 起沙风速

运动的空气流简称风。风是一个矢量，由风速和风向来描述，风速的常用单位是 m/s，1 m/s＝3.6 km/h，通常的风况采集仪器记录风速取一位小数。风速大小也可用风力表示，描述风力的大小通用的方法是蒲福风力分级，见表 2.3。

表 2.3 蒲福风力分级表

风力等级	名称	距地面 10 cm 处风速范围（m/s）	陆地地物象征
0	静风	0.0～0.2	静，烟直上
1	软风	0.3～1.5	烟能表示风向，树叶略有摇动
2	软风	1.6～3.3	人迎面感觉有风，树叶有微响，旗帜开始飘动，高的草和庄稼开始飘动
3	微风	3.4～5.4	树叶及小枝摇动不息，旗帜展开，高的草和庄稼摇动不息
4	和风	5.5～7.9	能吹起地面灰尘和纸张，树枝摇动，高的草和庄稼波浪起伏
5	清静风	8.0～10.7	有叶的小树摇动，内陆的水面有小波，高的草和庄稼波浪起伏明显
6	强风	10.8～13.8	大树枝摇动，电线呼呼有声，撑伞困难，高的草和庄稼不时倾于地
7	疾风	13.9～17.1	全树摇动，大树枝弯曲，迎风步行感觉不便
8	大风	17.2～20.7	可折断小树枝，人迎风而行感觉阻力甚大
9	烈风	20.8～24.4	草房遭受破坏房瓦被掀起，大树枝可被折断
10	狂风	24.5～28.4	树木可被吹断，一般建筑物遭受破坏
11	暴风	28.5～32.6	大树可被吹断，一般建筑物遭受严重破坏
12	飓风	＞32.6	陆上少见，摧毁力极大

在进行风沙运动规律研究时，更关注起沙风速的统计分析。所谓起沙风速又被称为临界风速，即能够使地面的沙粒产生移动的风速，大于起沙风速的风叫起沙风。在起沙风的作用下，沙粒随气流向前移动。风沙地区产生风沙流的关键因素就是起沙风

速的存在。根据我国长期的气象资料调查统计之后发现，各地普遍的起沙风速在距离地面 2 m 处均为 4.5～5.0 m/s，可利用以下公式计算：

$$v_t = 5.75 v_* \lg Z/K \tag{2.2}$$

式中　v_t——起沙风速，m/s；

v_*——摩阻风速（常数），m/s；

Z——距地表高度，m；

K——摩擦系数，与下垫面粗糙度有关，地面粗糙度越大，K 就越大。

计算所得在摩擦系数 K 为 0.004～0.031 cm 的地表起沙风速约为 $v_t \approx 5$ m/s，与统计结果十分接近（式中 v_* 取 0.192 m/s），因此常用的起沙风速一般为 5 m/s。需要注意的是起沙风速的观测为距离地面 2 m 高处的风速，因此在进行起沙风速的统计时不能与其他高度的风速资料相混淆，不同高度处风速与 2 m 高处风速之间的换算可以参考以下公式：

$$v_1 = v_2 + 5.75 v_* \lg \frac{Z_1}{Z_2} \tag{2.3}$$

式中　v_1——高度为 Z_1 处的风速，m/s；

v_2——高度为 Z_2 处的风速，m/s。

此公式为一种针对 2 m 高度处的风速向目标高度处的风速换算的计算公式。当在已经获得任意高度的风速资料希望得到另一指定高度的风速时，就需要了解风速梯度规律。气流的速度在地球表面沿高度方向的分布并不是简单的线性分布，经过长期的风速资料观测统计发现气流的运动速度在地表沿高度方向的分布接近对数分布，经过拟合计算，当已知某高度风速 v_z，要求任意高度的风速 v_i 可通过下式计算：

$$v_i = \left(\frac{\lg Z_i - \lg K_0}{\lg Z - \lg K_0} \right) v_z \tag{2.4}$$

式中　Z_i——任意高度，m；

Z——已知的某高度，m；

K_0——下垫面粗糙度（见表 2.4）。

起沙风速的计算还可以根据 R. A. 拜格洛提出的公式进行计算：假设沙颗粒形状为球形，地面为水平地面，在不考虑周围颗粒对它影响的前提下，起动风速为

$$v_t = 5.75 A \sqrt{\frac{\rho - \rho_0}{\rho_0} g d} \lg \frac{Z}{K_0} \tag{2.5}$$

式中　v_t——颗粒起动风速，m/s；

ρ——沙的密度，一般采用 2 650 kg/m^3；

ρ_0——空气密度，常采用 1.2255 kg/m^3；

d——颗粒粒径，m，混合沙可以采用粒径中值乘形状系数（0.75）；

g——自由落体加速度，采用 9.8 m/s^2；

Z——计算高度，m；

A——系数，取 0.1～0.08。

表 2.4 粗糙度 K_0 值

下垫面性质		K_0（cm）	下垫面性质	K_0（cm）
流沙面	无沙流	0.007	芦苇地	0.330
	有沙流	0.010	裸露硬地	1.000
高 3 m 活动沙丘顶部		0.160	新 1 m× 1 m 草方格沙障（30%植被）	1.888
盐碱地		0.112	旧 2 m× 2 m 草方格沙障（30%植被）	2.398
风蚀地、微起伏沙地		0.243	植物覆盖 0～3 cm 高	1.000
矮草平沙地		1.330	植物覆盖 4～5 cm 高	2.000
盐壳地	光滑	0.061	植物覆盖 6～10 cm 高	3.000
	龟裂翻皮	0.550		
砾石平台		0.410	植物覆盖 11～20 cm 高	4.000
卵石戈壁		0.475	植物覆盖 21～30 cm 高	5.000

当地面存在一定倾斜时，计算的起沙风速较为复杂，可以采用以下公式：

$$v_t=\sqrt{\frac{8.37gdf(\rho-\rho_0)(\cos\beta\pm\sin\beta)}{\rho_0[4.8+3.14f(\cos\beta\pm\sin\beta)]}}\lg\frac{Z}{K_0} \tag{2.6}$$

式中 f——颗粒与地面滚动时的摩擦系数；

β——地面倾斜角度；

其他符号意义同前。

$\cos\beta\pm\sin\beta$ 中，当风从下坡吹向上坡时，采用“+”号，吹向下坡时，采用“−”号。

2.2.2.2 风向

风向即风运动的方向，风向以 10°作为一个单位，用电码 01，02，…，36 来表示，以正北 N 为基准，顺时针方向旋转。当风向仪器精度较低时，一般用 16 个方位表示，用英文缩写符号记录（如图 2.12 所示），每个方位间隔为 22.5°，当正北 N 为基准 0°时，N 向所表示的范围是 384.76°～11.25°，其他方位的度数范围依次类推。

2.2.2.3 风向、风速统计

风向统计与风速统计常常同时进行，利用风速风向频率表、风向频率玫瑰图以及动力风向图、风向风速矢量曲线图进行统计，其中后三者已经在前文有所叙述。

风速风向频率表，将每天观测的风况数据中风速大于或等于起沙风的数据筛选出来，然后按照 16 个方位角依次统计每一个方位角起沙风的风向频率以及风速平均值，最终得到某一地区全年或更长周期内的起沙风向频率分布以及起沙风速平均值，作为判断该地区风沙现象主风向的理论依据。风速风向频率表的统计除了可以以方位作为统计目标，将统计周期内的风速风向资料平均值计算出来作为各个方位起沙风的风向

频率以及风速平均值在空间上的分布外，还可以以月份或季度作为统计目标，将统计周期内的风速风向资料的平均值计算出来作为各个月份起沙风的风向频率及风速平均值在时间上的分布。

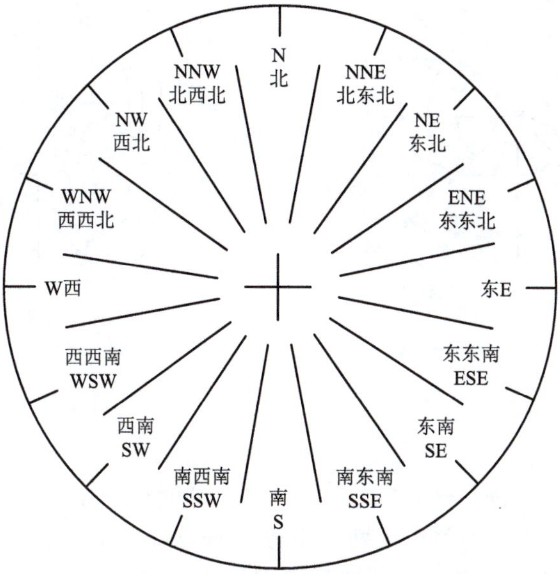

图 2.12 按 16 方位表示风向示意图

风向频率玫瑰图是气象工作常用的统计图表，用于统计某一地区一段时间内的风向风速发生频率，因此又可细分为风向玫瑰图以及风速玫瑰图，如图 2.13 所示。风向频率玫瑰图为直接沿各个方位确定出相应的风向频率长度，然后将这些长度的线端直接连接起来，形成封闭图形。风向频率根据以下公式计算：

$$g_n = \frac{f_n}{C + \sum_{n=1}^{16} f_n} \tag{2.7}$$

式中 g_n——n 方向上的风向频率；

f_n——在所统计周期内，n 方向观测到的风速出现次数；

C——所统计周期内观测到的静风次数。

风速平均值的计算公式为

$$\overline{v}_n = \sum_{i=1}^{f_n} \frac{v_{ni}}{f_n} \tag{2.8}$$

式中 $\overline{v}_n$——n 方向的平均风速；

f_n——在所统计时间段内，n 方向风观测到的次数；

v_{ni}——在所统计时间段内 n 向观测到的第 i 次风的风速。

动力风向图以一年中各方位平均风速的平方与该向频率的乘积按照比例绘出，如图 2.14 所示，表达了在这个方向上的输沙潜在可能。

风向风速矢量图在前文已进行详细阐述，故不再进行过多赘述。

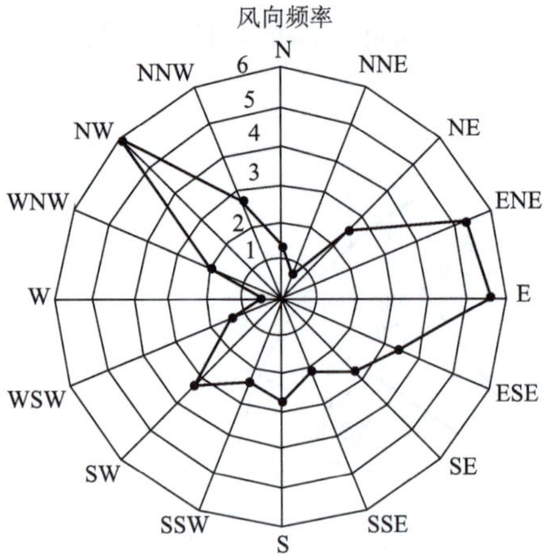

图 2.13 风向频率玫瑰图

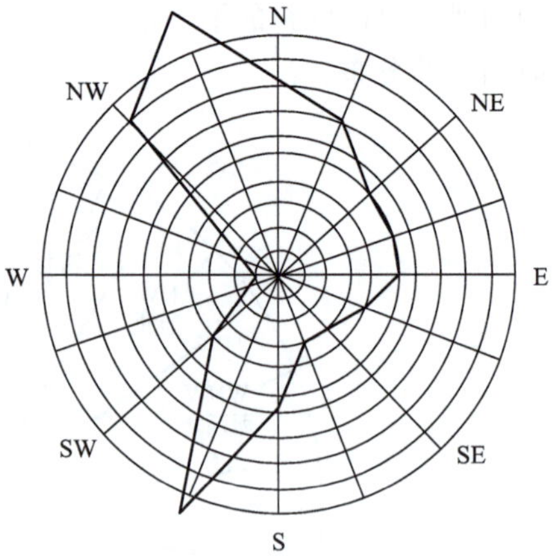

图 2.14 动力风向图

2.2.2.4 输沙势

所谓输沙势（drift potential，DP）又称输沙风能，反映风速统计中某一方位风向在一定时间内的搬运沙的能力，数值上以矢量单位表示（VU）。输沙势计算与统计编制风速、风向频率玫瑰图一样都是研究风沙运动的常用方法之一，利用 S. G. Fryberger（1979）提出的输沙势计算方法能够得到输沙玫瑰图。S. G. Fryberger 选用的计算方程如下：

$$q=v^2(v-v_t)t \tag{2.9}$$

式中 q——潜在输沙率，即输沙势（矢量单位，VU）；

v——风速，m/s；

v_t——起沙风速，m/s；

t——刮风时间（次数），在统计表中以频率（%）表示。

将起沙风速统计中逐月各方位的风向频率和平均风速代入式（2.9），能得到有关输沙势的数值。可以看出，以上各种以风况数据（风速大小、方向、频率）为基础的评价方法，公式（2.9）实际上都是定性地对风在一定时间段内输沙能力的评估。

如果将小于起沙风的风速值带入公式（2.9），输沙势为负值，虽然从理论上也合乎逻辑，即风速达不到起沙风，自然不存在输沙的可能，但输沙势计算为负值也说明输沙势计算存在不严谨性，程建军等人对公式（1.9）进行了完善，完善后的公式如下：

$$q=\max\{0,q=v^2(v-v_t)t\} \tag{2.10}$$

输沙势是采用理论计算方法评价一个地区潜在的输沙可能，对大于起沙风的每个方位上的输沙势进行计算后，还要进行合成输沙势（RDP）和合成输沙方向（RDD）计算，合成输沙势是对各个方向的输沙势进行矢量合成，合成输沙方向是合成输沙势的方向。图 2.15 是结合兰新铁路沿线各测风点的风况绘制的输沙势及合成输沙势矢量图，图 2.16 是输沙势与合成输沙势的量化对比。

输沙势和输沙方向能够清楚地反映一个地区的风沙活动强度以及沙物质被搬运的方向。通常高合成输沙势地区有较高的风能，表现为风向较单一或风沙活动强度较大，而低合成输沙势地区表现为多风向或风沙活动强度较小。

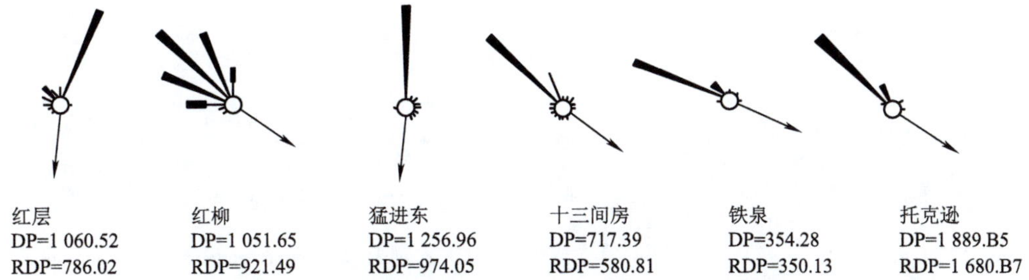

图 2.15 新疆兰新铁路沿线典型测风点的输沙势矢量图

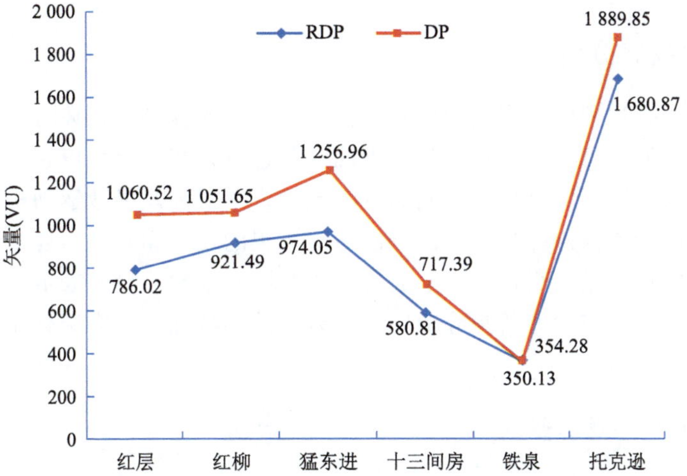

图 2.16 兰新铁路各测风站 DP 与 RDP 特征图

另外，方向变率指数指合成输沙势与输沙势的比率，即 RDP/DP，其取值范围为 0～1，趋向于 0 时表征多风向，趋向于 1 时表征风向单一。起沙风的方向变率越大，与此相关的 RDP/DP 却越小，图 2.17 以兰新铁路沿线的方向变率作为示例。

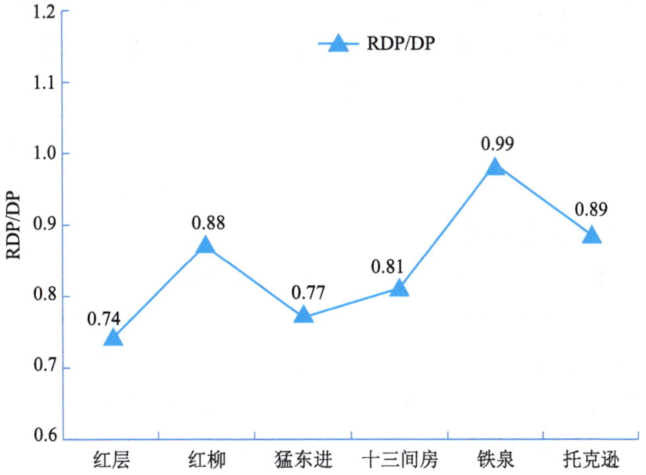

图 2.17 兰新铁路各测风站方 RDP/DP 特征

输沙势是风沙移动的地面风能的尺度，利用 Fryberger 祖 classification 按照年平均输沙势对风能环境进行分组，见表 2.5。

表 2.5　利用输沙势对风环境进行分类

输沙势（DP）	风环境分类
<27	低等风能环境（Low-energy environment）
27～54	中等风能环境（Inermediate-energy environment）
>54	高等风能环境（Higt-energy environment）

2.2.3　流沙数据分析

风沙要素调查过程中最直接的调查对象是流沙。流沙是指在风力作用下发生过迁移的地表积沙。流沙可以从风沙地貌的不同部位进行采集，也可以在沙漠地表的特定位置布设集沙仪获取不同点位、不同高度的流沙。一般涉及风沙运动机理的研究需要对不同高度的流沙数据进行分析，而风沙防治工程的设计和实施需要掌握某个风向上在单位宽度内的输沙量大小，工程上通常采用输沙率或输沙量来表示。另一方面，针对风沙运动机理的研究，尤其是分析风沙流时空结构特征时，需结合流沙颗粒的物理性质进行分析。

2.2.3.1　沙颗粒的物理性质

研究沙颗粒物理性质的主要任务就是确定沙颗粒的大小与形状两个主要特征。沙颗粒的大小一般采用粒径进行衡量。形状规则的物质，其粒径显而易见，例如球体颗粒的粒径即球体直径，立方体的粒径即立方体的边长，然而沙颗粒的形状往往复杂多变，并不是简单的规则颗粒。沙颗粒粒径的确认最常用的方法是进行筛分试验，通过沙粒能够穿过的筛孔尺寸确定沙粒的粒径。这种方法虽然简单易行，但却是具有较大的误差，筛分法确定的为大多数颗粒的最小尺度，即颗粒不同方向尺度的最小值。更加准确的衡量方法是使用当量直径来进行界定，即对于球形颗粒之外的颗粒物质规定其特征尺寸为具有相同体积的球体的直径 d，即

$$d=3\sqrt{\frac{6V}{\pi}} \tag{2.11}$$

式中　V——非球形颗粒的体积。

由于沙颗粒的体积普遍较小，同时风携带的沙粒数量较多，因此这种计算方法是可信的。但仅确定单个颗粒的粒径大小对于风沙研究是不足以得到有效结论的，在此基础上需要更加深入地分析沙物质沙粒粒径分布特点以及某粒径范围内的颗粒含量。确定沙颗粒不同粒径颗粒含量的方法有很多，前文提到的筛分法是最简单常用的一种方法，对于风沙研究，这种方法适用的粒径范围为 0.063～5 mm 之间，筛分法获得的实验结果仅知道沙粒的粒径介于上下两层筛孔尺寸之间，因此仅能够近似的进行算

数平均 [$d=1/2(d_1+d_2)$]、几何平均 ($d=\sqrt{d_1d_2}$)、算数几何平均 [$d=1/3(d_1+d_2+\sqrt{d_1d_2})$] 来初步断定某一级沙颗粒尺寸，然后乘以一个形状系数进行修正，风沙研究中该系数一般取值为 0.75。

对于粒径在 5 mm 以上的颗粒，一般可以直接采用量具（如游标卡尺或千分尺）进行测量，测量方法一般为取三个有代表性的相互两两正交的方向测量其尺度，并求出其平均值，作为该颗粒的特征尺寸。

对于粒径小于 0.063 mm 的微小颗粒，一般通过测量其沉降速度并利用雷诺数值间接推算其直径。

测量沙粒的粒径仅仅是沙颗粒物理性质分析的前期准备工作或者数据的采集工作，当完成沙粒粒径的测量计算之后，需要对这些沙粒的粒径进行粒度分级。沙粒的粒度分级工作是将沙粒的尺度分析从单个颗粒上升至沙粒群组的层面，考虑沙颗粒物质中不同粒径的颗粒含量以及其级配特征。对于沙颗粒粒级的划分主要采用粒径的对数表示，而另一种采用其原值即粒径真值进行绘图的方法由于其各个粒径之间的变化较大，不便于绘图而不常采用。

对数绘图中采用的对数值主要是：

$$\Phi=-\log_2 d=-\frac{\ln d}{\ln 2}=-1.443\ln d=-3.322\lg d \tag{2.12}$$

式中 d——颗粒直径。

由于流沙沙粒粒度分析采用的大多为粒径 1 mm 以下的颗粒，因此在进行上述变换之后的 Φ 均为正值，且与粒径成反比。

关于沙粒的分级，各国标准不一，主要体现在其标准中定义的沙粒径上下限，我国的分级标准最为细致，见表 2.6。

表 2.6 我国土壤机械组成分级标准

颗粒名称	颗粒粒径（mm）	颗粒名称	颗粒粒径（mm）
砾石	>2.00	细沙	0.25～0.10
极粗沙	2.00～1.00	极细沙	0.10～0.05
粗沙	1.00～0.50	粉沙	0.05～0.01
中沙	0.50～0.25	黏粒	＜0.01

沙粒的尺度是研究沙粒表观结构的重要部分，另一个重要的组成为沙粒的颗粒形态，沙粒的颗粒形态主要体现在颗粒形状以及颗粒的磨圆度，部分研究人员还将沙粒的表面刻痕、凸起等纳入沙颗粒的形态分析中，但由于风沙研究中沙粒的刻痕以及凸起对于风沙流运动规律产生的影响极小，同时由于其尺度较小，产生原因复杂，因此在进行风沙流的分析过程中并没有进行微观的表面组成分析，仅通过沙粒的磨圆度来表现沙粒的形态结构。

沙粒的形状主要指沙颗粒的几何形态。风成沙主要包括两种形态，即经过多次碰撞、摩擦过后的圆度较高的沙粒和刚脱离沙源被风带起不久的不规则带有明显棱角的沙粒。沙粒在气流中运动时，往往经历大量的碰撞摩擦，因此其圆度会逐渐增大，尺寸会逐渐减小。如图 2.18 所示，图中由上至下圆度增加，由左至右圆度增加。H. Wadell 利用球度表示颗粒的形状，球度计算公式如下：

图 2.18　不同圆度的颗粒外形

$$A = A'/A \tag{2.13}$$

式中　A——颗粒球度；

A'——与颗粒同体积的球体的表面积；

A——颗粒表面积。

由于沙颗粒的表面积不易测量，因此球度计算也可采用以下公式：

$$A = d/d_s \tag{2.14}$$

式中　d——沙颗粒当量直径；

d_s——沙颗粒外接球直径，即沙颗粒最大直径。

沙粒的磨圆度也称为沙粒圆度，是衡量沙颗粒棱角尖锐程度的参数。常用的沙粒磨圆度计算公式如下：

$$\Pi = \frac{\sum_N \frac{r}{R}}{N} = \frac{\sum_N r}{NR} \tag{2.15}$$

式中　Π——圆度参数，也称为沃德尔圆度参数，即沙粒的磨圆程度；

R——颗粒最大投影面上量得的最大内切圆半径；

r——在同一平面上各棱角的曲率半径；

N——颗粒棱角数。

若各个棱角的平均曲率半径近于内切圆的半径，则圆度数值则接近于 1，表示圆度的数值介于 0 到 1 之间，数值越大则磨圆度越高。W. C. Kfumbhlin 将沙粒根据磨圆度进行了分级，从棱角状沙粒到圆球形沙粒一共分为 5 级，分别为棱角状、次棱角状、次圆、圆、极圆。

2.2.3.2 输沙率与输沙量

单位时间内通过垂直于气流方向的单位面积/宽度的沙量称为输沙率。影响输沙率大小的因素有风速、沙源和沙粒粒径，同时还与地表地形以及下垫面性质有关，除此之外，影响输沙率的因素繁多、变化复杂，因此输沙率的计算一般采用半经验公式。而这些半经验公式往往是根据具体所在地区总结的，只能代表某一局部地区的输沙率。实际工作中常用的方法是利用集沙仪进行输沙量的测试观察，然后根据所得数据建立当地的输沙量计算公式。常用的半经验或理论公式可参考河村龙马与拜格诺的输沙量计算公式。

河村龙马输沙量计算公式：

$$q=K_4\frac{\rho}{g}(v_*-v_{*t})(v_*+v_{*t})^2 \tag{2.16}$$

式中 K_4——系数，通过试验确定，河村龙马通过试验确定的对于粒径为 0.25 mm 的沙，K_4 为 2.78；

ρ——沙的密度；

v_*——剪切速度；

v_{*t}——始动速度。

当 $v_*=v_{*t}$时，输沙量为 0。

拜格诺输沙率计算公式：

$$q=\frac{1.0\times10^{-4}}{\lg(100Z)^3}t(v_x-16)^3 \tag{2.17}$$

式中 q——输沙率，即风在单位时间每米宽所携带的沙物质吨数，t/(m·h)；

v_x——某一高度 Z（一般 $Z=10$ m）的实际风速，km/h；

t——风速下的持续时间，h。

我国铁路风沙防治工程技术人员经过长期的野外调查与监测研究，总结了沙漠、戈壁不同地表情况下的输沙率计算公式，为铁路的风沙防治工程初步设计提供了借鉴。

对于沙漠边缘地区我国铁路风沙防治人员推荐采用如下公式计算输沙率：

$$q=\xi\times3.2\times10^{-4}(v-5.5)^3 \tag{2.18}$$

式中 q——输沙率，t/(m·h)；

ξ——与沙源砂的粒径有关的系数：粒径中值<0.1 mm，ξ 为 1.25；粒径中值 0.1～0.2 mm，ξ 为 1.1～1.2；粒径中值>0.2 mm，ξ 为 1.05；

v——10 m 高的 10 min 平均风速，m/s。

采用该公式进行计算的过程中需要注意公式适用于沙源丰富以及为活动沙地或沙丘的地区，同时应用该公式计算的地区应当地形平坦，无小型沙丘、陡坎、植物等障碍物，且下垫面的输沙能力大于流沙面，如比较平坦的粗沙或砾石地表等。当计算位置距离沙源较远（>2 km）时，根据具体情况，应当对输沙率进行相应的折减。

对于戈壁风沙流地区的输沙率，沙源不丰富，沙颗粒级配为大于 0.25 mm 的颗粒占 3.4%；粒径介于 0.25～0.1 mm 的颗粒占 80.7%；小于 0.1 mm 的颗粒占 15.9%。下垫面为粗沙以及砾石。

$$q=2.69\times10^{-4}(v-v_{\mathrm{t}})^{2} \tag{2.19}$$

式中 v_{t}——起动风速（一般采用 5 m/s）。

当沙砾填充在卵砾石之间，而风速大于 14 m/s 时才会有沙砾发生起动，此时的沙粒级配为大于 2 mm 的粒径数量占 50.24%，粒径介于 1～2 mm 之间的颗粒数量占 3.26%，颗粒粒径介于 0.5～1 mm 的颗粒数量占比为 9.14%，粒径介于 0.25～0.5 mm 之间的颗粒数量占比为 12.95%，颗粒粒径介于 0.1～0.25 mm 之间的颗粒数量占比为 21.09%，颗粒粒径小于 0.1 mm 的颗粒数量占比为 3.32%。此时的输沙率计算公式为

$$q=3.78\times10^{-3}(v-14)^{3} \tag{2.20}$$

对于大风地区的输沙率计算，由于风速相对于前两者较强，大风地区的输沙率计算与风速之间服从 e 的指数规律，风速大于 20 m/s 时开始起沙，风速大于 28 m/s 时输沙率计算公式为

$$q=0.01192\mathrm{e}^{0.31(v-v_{\mathrm{t}})} \tag{2.21}$$

某一时段通过单位宽度的沙量一般以一年计算，即

$$Q=\int_{0}^{T}q\cdot\mathrm{d}t=\sum_{i=1}^{n}q_{i}\Delta T_{i} \tag{2.22}$$

式中 Q——一年的输沙量，t/m；

q_i——某一风速的输沙率，t/(m·h)；

ΔT_i——某一风速出现的累计小时数，通过将不同的风速分级，例如 6 m/s（包括 5.5～6.5 m/s）、7 m/s 等。

另一方面，由于影响输沙量的因素较多，难以用数学表达式进行表达，因此为了得到当地的输沙量最恰当的方式为展开长期的调查，查清当地已有建筑物或地形地物等突变点的积沙情况，作为利用经验公式计算得到的输沙量的参考依据。

3　风沙运动规律

风沙运动属于一种自然现象，风是空气流运动的俗称，风携沙运动符合流体力学原理。由于人类的工程活动都在近地表，因此进行风沙防治工程实践活动，更关注空气流运动在近地表形成的风沙效应，即关注大气边界层内近地表的风沙运动。掌握风沙运动规律首先需要熟悉来流的风速廓线形式，进而掌握风携沙运动过程中的风沙流结构特征，在此基础上进行风沙防治工程的设计、实施，风沙与沙障的相互作用亦符合物体边界层理论，即风携沙运动受到沙障的阻碍作用后，发生流沙卸载、堆积、搬运与边界层的转化、分离等现象有关，以上都归属于风沙运动规律的理论范畴。

3.1　边界层

边界层概念是德国著名流体力学科学家普朗特 1904 年在海德尔堡第三届国际数学家学会上宣读的《关于摩擦极小的流体运动》的论文中首先提出的。他根据长期理论研究和实验观测，证实了对于空气和水等黏性系数很小的流体，在大雷诺数下绕物体流动时，黏性对流动的影响仅限于紧贴物体壁面的薄层中，而在这一薄层外黏性的影响很小，完全可以忽略不计。普朗特把这薄层称为边界层，并随之创建了边界层理论，将边界层理论推广至任何具有黏性流动的流体运动。

边界层理论在风沙运动规律研究中尤为重要，大量涉及风沙规律研究的内容诸如风速廓线理论、风携沙运动机制、阻沙固沙沙障优化原理都与边界层理论的运用密切相关。除此之外，在风洞测试试验、室内数值模拟计算等针对风沙输运规律的研究当中，也需要准确把握边界层理论的内涵。以风沙运动规律研究内容为出发点，对边界层理论的阐述可以从大气边界层和物体边界层两方面展开，大气边界层主要为后续的风速廓线理论、风沙流结构等内容的研究奠定基础，物体边界层为风洞测试实验过程中的沙障模型设计、布置以及测试提供理论依据。

3.1.1　大气边界层

地球大气层内的空气总是处于不断运动的状态当中，其运动形式大致可分为水平运动和垂直运动。太阳光照射在地表促使地表温度升高，而空气受热不均是空气产生垂直运动的根本原因。同时，空气的垂直运动又使得同一水平面存在气压梯度力，直接导致空气发生水平运动，空气的水平运动就是通常所指的风。另外，风的形成还受到水平地球偏转力、惯性离心力和地面摩擦力等因素的影响。这些力之间相克相济，共同促成了风这一自然现象。风吹过地球表面，受地球表面各种粗糙元（诸如沙地、草地、庄稼、森林、建筑物）的阻碍作用，近地表风速降低。这种影响随着离地高度增加而减弱，直至达到某一高度后消失。在此，我们将受地球表面各种粗糙元影响的近地表大气层称为大气边界层。

地球大气层在地球引力作用下，聚集在地球周围数千千米厚的气体圈层。大气层内的气体密度随高度的增加而愈加稀薄，根据高度不同，地球大气层可分为对流层、平流层、中间层、暖层和散逸层。对流层作为贴近地表的最底层，是与人类生产活动最为密切的一层，常见的各种自然天气现象大多发生在此层之中。对流层的厚度会随纬度和季节的变化而变化，在赤道地区，对流层的厚度在18～19 km，而极地地区仅为8～10 km，且夏季较厚而冬季较薄。

大气边界层与对流层内最贴近地表的大气层区域相对应，其厚度随地表粗糙度、气象条件和地形变化而变化，高度约在0.1～3.0 km之间。因大气边界层内空气运动明显受地表摩擦作用的影响，又称摩擦层。一般而言，行星和行星大气之间都存在因行星大气和行星表面摩擦而引起的这种边界层，故又称星边界层。大气边界层内的空气微团所受的作用力随高度变化呈现出不同特征，根据厚度不同可划分为黏滞副层、近地层（常通量层）和Ekman层（上部摩擦层）三层，各层主要特征如下：

1. 黏滞副层

黏滞副层是紧贴地面的一个薄层，其内部的分子黏滞力远大于湍流切应力，分子扩散过程占支配地位。该层典型厚度一般在数厘米之内，因此对于绝大多数实际问题而言，其影响较小。

2. 近地层（常通量层）

近地层是指从黏滞副层以上50～100 m的大气层，层内空气运动呈现出明显的湍流特性，湍流摩擦力和气压梯度力起主要作用，科氏力可以忽略不计，湍流输送占主导地位。近地层内风速随高度的增加而增大，但风向几乎不随高度变化；物理量通量的垂直输送几乎不随高度变化，因此也被称为常通量层。

3. Ekman层（上部摩擦层）

Ekman层（上部摩擦层）是指近地层以上1～1.5 km的大气层，层内湍流黏滞力、科氏力和气压梯度力同等重要，各物理量垂直梯度远大于水平梯度，层内风向和风速随高度的变化遵循Ekman螺线规律。

3.1.2 大气边界层内风的特性

1. 风的湍流特性

根据流体力学理论可知，流体的运动形式可分为层流和湍流两种，其判别依据是雷诺数Re的大小。

$$Re=\frac{\rho L v}{\mu} \tag{3.1}$$

式中 ρ——流体的密度；

L——特征长度；

v——流体的流速；

μ——黏滞系数。

空气作为自然界中最常见的一种流体，对人类生产、生活有直接的影响，表 3.1 为标准大气压下空气的密度和动力黏滞系数。

表 3.1　标准大气压下空气的密度和动力黏滞系数

温度 T(℃)	空气密度 ρ(kg/m³)	动力黏滞系数 μ(10^{-5}Pa·s)
0	1.293	2.16
10	1.247	2.18
20	1.205	2.28
30	1.165	2.36

由表 3.1 可知，空气的密度和动力黏滞系数较小，一般当雷诺数超过 1 400 时，层流便会过渡成湍流。布伦特(D. Brunt)估算，在室外大气环境下，当 L 取值为地面和对流层上限之间的任意高度时，若风速超过 1 m/s，则空气必然是湍流，无论其如何平稳地吹过。因此，大气边界层内的气流始终具有湍流特征。湍流运动是一种大雷诺数、非线性的三维非定常流动，具有随机性、扩散性、耗散性和有旋性等特点，运动复杂而随机。一般通过统计规律来研究湍流运动，可通过湍流强度、湍流尺度、湍流动能和湍动因素等进行描述。

(1)湍流强度

湍流强度是描述风速随时间和空间变化的程度，用来反映脉动风速的相对强度，通常用脉动速度均方根与平均速度的比值 ε 来表示，即：

$$\varepsilon=\sqrt{\frac{\frac{1}{T}\int_0^T\frac{1}{3}(v'^2_x+v'^2_y+v'^2_z)\mathrm{d}t}{v_x^2+v_y^2+v_z^1}}\times 100\% \tag{3.2}$$

式中，v_x、v_y、v_z 分别为 x、y、z 方向的风速。

在风洞中，湍流基本上为各向同性，即 $v'^2_x \approx v'^2_y \approx v'^2_z$，所以湍流强度也可表示为：

$$\varepsilon=\frac{1}{v_x}\sqrt{\frac{1}{T}\int_0^T v'^2_x\mathrm{d}t}\times 100\% \tag{3.3}$$

(2) 湍动尺度

湍动尺度是指起主导作用的湍涡的大小，可以表示为：

$$l_\sigma=\int_0^\infty R(\xi)\mathrm{d}\xi \tag{3.4}$$

$$R(\xi)=\frac{\overline{v}'_x(x)\cdot\overline{v}'_x(x+\xi)}{\overline{v}'^2_x} \tag{3.5}$$

式中　$\overline{v}'_x(x)$和$\overline{v}'_x(x+\xi)$——纵向湍流脉动各自在 x 和 $x+\xi$ 位置的同时瞬时值，它们上面的符号“—”表示多个瞬时测量值乘积的时均值。

2. 风的阵性

在气象学中，阵性是指风向变化不定、风速忽高忽低的现象。其原因是气流裹挟一些大小不等的涡旋使局部气流加强、减弱或改变方向所致。湍流运动是大气边界层内风产生阵性的根本原因。风的阵性可用阵性度来表示：

$$\eta=\frac{v_{\max}-v_{\min}}{\bar{v}} \tag{3.6}$$

式中 $v_{\max}$和$v_{\min}$——某一时间段内的最大风速和最小风速；

$\bar{v}$——该时间段内的平均风速。

阵性度越大，表明风的脉动越强烈，风压也越大。根据风的阵性特点，阵风的定义为：在规定时间间隔内（10 min）内，风速偏离其平均值的一个正的或负的偏距，其持续时间不超过 2 min 者。

3. 风向脉动

在近地面层中，由于湍流与地面起伏的共同作用，使得空气在运动过程中发生速度脉动的同时，风向也会发生显著的脉动。由于动力与热力因素所引起的湍流运动对风向脉动的影响是有差异的。史密斯（Smith）建议应用风向变率作为湍流阵性度分类的依据。由此，大气运动可分为以下四种类型：

①A 型，1 h 内风向变化超过 90°，风速微弱。主要是由热力湍流所造成。

②B 型，1 h 内风向变化在 15°～90°，起伏很不规则（无一定的平均方向），反映了热力与动力湍流的混合作用。

③C 型，风向脉动频率很大，1 h 内风向变化在 15°～90°，平均方向可以分辨出来，这是以动力作用为主的湍流运动。

④D 型，湍流减弱到最低限度，1 h 内风向脉动在 0°～15°，热力稳定度抑制动力湍流的发展。

以上四种类型，在一般气象台（站）的瞬时风向记录纸上分辨并不难，可根据风向的变化判别当时的大气稳定状况。

4. 空气的密度

空气密度是指在一定温度和压力下，单位体积空气所具有的质量。在标准条件下（0℃，1 个标准大气压），空气的密度约为 1.29 kg/m³。在大气边界层内，不同高度具有不同的大气压力和温度，所以空气密度会因高度的变化而变化（见表 3.2）。在常温条件下，空气密度随高度呈负指数规律变化，即：

$$\rho=\rho_0 e^{-\frac{gz}{RT}} \tag{3.7}$$

式中 ρ_0——地表空气密度；

g——重力加速度；

z——铅直高度；

R——气体常数，其值约为 $2.876\times10^2\ \mathrm{m^2/s^2}$；

T——绝对温度，K。

表 3.2　空气密度表

绝对压力(MPa)	空气温度(℃)	空气密度(kg/m^3)	绝对压力(MPa)	空气温度(℃)	空气密度(kg/m^3)
0.1	25	1.1691	1.4	25	16.367
0.2	25	2.3381	1.5	25	17.537
0.3	25	3.5073	1.6	25	18.706
0.4	25	4.6764	1.7	25	19.875
0.5	25	5.8456	1.8	25	21.044
0.6	25	7.0146	1.9	25	22.213
0.7	25	8.1837	2.0	25	23.382
0.8	25	9.3528	2.1	25	24.551
0.9	25	10.522	2.2	25	25.720
1.0	25	11.691	2.3	25	26.889
1.1	25	12.860	2.4	25	28.058
1.2	25	14.029	2.5	25	29.288
1.3	25	15.198			

5. 空气的温度

空气温度也就是气温，是表示空气冷热程度的物理量，是空气重要的热力学特性之一，也是影响气流运动的主要因素之一。空气中的热量主要来源于太阳辐射。太阳辐射到达地面后，一部分被反射，另一部分被地面吸收，地面受热后又通过辐射、传导和对流将热量传给空气，这是空气中热量的主要来源，而太阳辐射直接作用于空气使其温度升高的幅度极小，仅能使温度升高 0.015～0.02 ℃。

由于地表受太阳辐射升温后将热量传递给空气，所以不同高度处空气温度存在差异，一般情况下，对流层内的空气温度随高度的升高而降低，其递减速率约为 0.65 ℃/100 m。空气温度随高度增加而降低的程度称之为气温递减率，其公式为：

$$\beta=-\frac{\Delta T}{\Delta Z}=-\frac{T_2-T_1}{Z_2-Z_1}\quad(℃/100\ \mathrm{m})\tag{3.8}$$

式中　Z_1、Z_2——不同高度，则 $\Delta Z=Z_2-Z_1$ 为高度差；

T_1、T_2——分别为 Z_1、Z_2 高度处的气温，则 $\Delta T=T_2-T_1$ 为温度差。

一般情况下，当 $\beta>0$ 时，表示气温随高度的增加而降低，即 $\Delta T=T_2-T_1$ 为对流层；当气温递减率 $\beta=0$ 时，表示气温不随高度变化，即为等温层；当 $\beta<0$ 时，表示气温随高度的增加而升高，即为逆温层。

3.1.3 边界层内平均风剖面

1. 对数律

对数律最早来自德国物理学家普朗特从平板湍流边界层中的推导，而后经研究发现，未经修改的对数律适用于近地大气边界层，并可由多种途径导出，下面将通过量纲分析法推导对数律，过程如下。

假定边界层内的平均风速 $\overline{U}$ 是下列变量的函数：

(1)距地面高度 Z。

(2)地表施加给流体单位面积上的阻力，即表面剪应力 τ_0。

(3)空气密度 ρ_a。

在近地环境中，可以忽略地球自转的影响，同时由于湍流的作用，分子的黏性也可以忽略不计。将流体的剪应力与以上变量相结合可得气流剪力的无量纲形式，即摩擦速度 v_*，其计算公式如下：

$$\frac{dv}{dz}\frac{Z}{v_*}=\text{常数}\left(\text{如}\frac{1}{K}\right) \tag{3.9}$$

对上式积分可得

$$\overline{U}_{(Z)}=\frac{v_*}{K}(\ln Z-\ln Z_0)=\frac{v_*}{K}\ln\frac{Z}{Z_0} \tag{3.10}$$

式中 $\overline{v}_Z$——Z 高度处的平均风速；

Z_0——积分常数，具有长度量纲，也称为粗糙长度。

公式（3.10）为对数律的一般表达式，其中 k 为卡门常数，通过试验测得其值为 0.4；粗糙长度 Z_0 是地表粗糙程度的一种度量。另一种衡量地表粗糙程度的量是表面阻力系数 η，为无量纲的表面剪应力，定义如下：

$$\eta=\frac{\tau_0}{\rho\overline{v}_{10}^2}=\frac{v_*^2}{\overline{v}_{10}^2} \tag{3.11}$$

式中 $\overline{v}_{10}$——10 m 高度处的平均风速；

τ_0——表面剪应力。

自然界中，地表粗糙程度因地表条件不同而存在差异，相对而言，城市和森林地区地表较粗糙，公式（3.11）中的高度 Z 通常要替换为有效高度（$Z-Z_h$），其中，Z_h 为零位移平面，一般取屋顶高度的 3/4 处，因此

$$\overline{v}_Z=\frac{v_*}{k}\ln\frac{Z-Z_h}{Z_0} \tag{3.12}$$

上式将不同高度处的平均风速联系起来，即

$$\frac{\overline{v}_{Z_1}}{\overline{v}_{Z_2}}=\frac{\ln\dfrac{Z_1-Z_h}{Z_0}}{\ln\dfrac{Z_2-Z_h}{Z_0}} \tag{3.13}$$

在运用公式（3.11）时，10 m参考高度应取零位移平面以上10 m处的高度，或取实际地面以上$10+Z_h$处的高度。当Z等于10 m时，结合式（3.11）和式（3.12）可得到表面阻力系数与粗糙长度之间的关系，即

$$\eta=\left[\frac{K}{\ln(10/Z_0)}\right]^2 \tag{3.14}$$

尽管对数律对于单一地貌下充分发展的气流有着严格的理论基础，但在实际应用中这些理想条件很少能够得到满足，并且对数律的数学特征会导致如下问题：首先，由于不存在负数的对数，所以对数律不能计算Z小于零位移平面Z_h时的风速，如果$Z-Z_h$小于Z_0，则会得到负风速；其次，对数律不容易进行积分。为避免上述问题，在实际应用过程中倾向于采用幂函数律。

2. 指数律

在早期研究中，对于水平均匀地形的平均风速廓线一直采用Hellman在1916年提出的指数律，后来达文波特根据多次观测资料整理出不同场地条件下的风剖面，并提出平均风速沿高度变化的规律可用指数函数予以描述，即

$$\frac{\overline{v}_Z}{\overline{v}_b}=\left(\frac{Z_h}{Z_b}\right)^{\alpha} \tag{3.15}$$

式中　Z_b和$\overline{v}_b$——分别为标准参考高度及此高度的平均风速；

Z_h和$\overline{v}_Z$——分别为任一高度和该高度处的平均风速；

α——地表粗糙度指数。

公式（3.15）中的指数律假定地表粗糙度指数α在梯度风高度Z_G处仅为指数α的函数，该假定实际上是对边界层厚度做了工程简化。日本学者武藤清和加拿大学者达文波特均提出了一系列建议的α值和Z_G值。

在土木工程结构抗风设计中，一般均采用指数律，其比对数律计算更为简便，且二者结果较为接近，差别较小。不同国家的规范针对本国的实际地面粗糙度类别规定了α和Z_G的取值，同时也规定了标准地面粗糙度和标准参考高度。当已知标准地面粗糙度类别在标准参考高度处的平均风速$\overline{v}_b$后，由式（3.15）可确定在任一地面粗糙度类别下任一高度处的平均风速。

3. 幂函数律

幂函数律虽然缺乏理论基础，但在高度上容易积分，在计算高层建筑或高耸结构的基底弯矩时较为简便。为了建立任意高度Z处的平均风速和10 m高度处平均风速的关系，幂函数律可写成如下形式：

$$\overline{v}_Z=\overline{v}_{10}\left(\frac{Z}{10}\right)^{\alpha} \tag{3.16}$$

式中，指数α随地表粗糙程度的变化而变化，当用于拟合对数律剖面时，α也随高度的变化而变化，α与粗糙度长度Z_0的关系如下：

$$\alpha=\frac{1}{\ln\dfrac{Z_{ref}}{Z_0}} \tag{3.17}$$

式中，Z_{ref}为参考高度，在该高度处对数律和幂指数律给出的风速相同，可以取需要拟合的高度范围内平均值或中值。

3.1.4 物体边界层

自然界中的各种流体都具有黏滞力，在流体黏滞切应力的作用下，流体流经任何固体表面都存在边界层问题。各种风沙地貌的地表是大气边界层的下限，同样在自然界和工程实际中，也存在大量流体绕流具体物体表面的流动问题，即物体边界层问题。飞机在大气中飞行、空气流过挡风墙、空气作用在移动的列车表面都存在边界层问题。被流体流过的物体表面呈现边界层效应，黏滞力对流体的影响仅在贴近物体表面的边界层内，边界层外的流动不再受流体黏滞力的影响。

1. 流体黏滞力

与风沙运动相关的流体运动问题都是黏滞流体运动问题。风沙流场中各流动因素受流体间的黏滞性影响。如果相邻流体微元间存在速度梯度，受分子附着力和内聚力或层间动量交换的作用，就会产生剪切力。剪切力的大小与速度梯度有关，其比例系数即为流体的黏滞系数或黏度。流体单位面积上的剪切力叫作剪切应力或称黏滞力，速度梯度大时，黏滞力也大，此时的流场称为黏滞流场，可用纳维—斯托克斯方程式求解；速度梯度很小时，黏滞力可以忽略，此时的流场称为非黏滞流场，可以按理想流体来处理，采用欧拉方程求解可使问题大大简化。

无论是流体流过物体，还是物体在流体中运动，由于流体的附着作用，在物体表面总有一层与之直接接触的薄层流体附在上面，它与相邻的另一层流体之间存在着速度梯度，从而使两层流体之间产生黏滞力。

2. 物体边界层的形成

物体和流体之间产生相对运动时，流体总会产生附着作用，从而使靠近物体表面的相邻流体薄层存在速度梯度，进而形成物体边界层。流场中流动参数的变化、绕流物体的形状等都会影响边界层的形成和发展。风沙防治工程中的大量实际工程与气流之间的相互作用都会形成物体边界层，气流分为透过沙障与绕过沙障的两部分流体，此时沙障透隙、立柱表面的边界层特性可以抽象为渐缩管、渐扩管以及圆柱绕流等典型流动现象，其本质如下所述：

(1) 渐缩管中的流动

图 3.1 所示为一渐缩管中的流动。流体在进入收缩管道 CD 前的 AB 段内，边界层已有相当发展，具有一定厚度，进入收缩管道 CD 段后，流体加速而压力逐渐降低，由于主流速度逐渐增高，对边界层流体的能量供应加强，而使边界层速度梯度增大，边界层逐渐减薄至。进入直管段 EF 后，边界层又沿管长增厚，直至发展到管中心。因此在整个流道中边界层是逐步发展的。

(2) 渐扩管中的流动

图 3.2 所示为渐扩管中的流动。由于管道截面逐渐增大，主流区中压力不断增高，流体便需要消耗动能来补充压力能，但是在边界层中由于黏滞摩擦力的影响而损失的动能较主流区大，因此其动能不足以补充压力能的增高，且主流为增压减速运动，对边界层流体能量供应减弱，致使边界层中流体的流速最终降为零，甚至出现倒

流（流速为负值）。

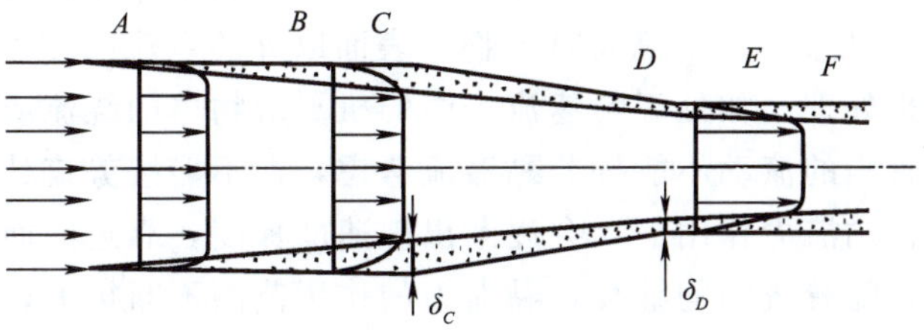

图 3.1 渐缩管中的流动

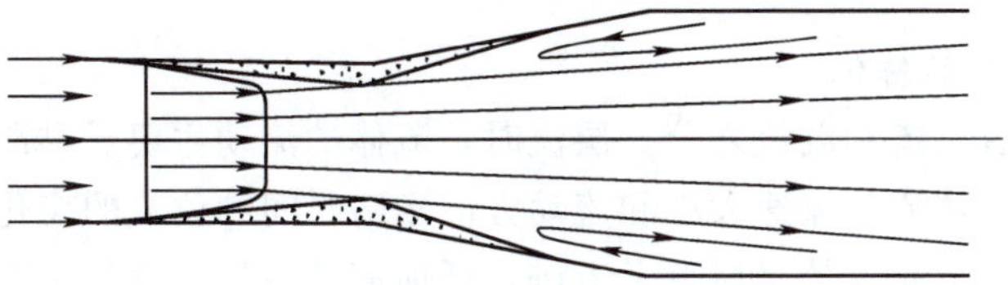

图 3.2 渐扩管中的运动

（3）绕过圆柱的流动

图 3.3 表示流体绕过圆柱体时的流动状态。在流体接触柱体表面后，前端 *BAC* 区域内边界层逐渐形成并发展，此时流体沿柱面做增速降压流动，不会出现边界层脱离现象。流体进入后端 *BDC* 区域后，流体做减速增压流动，靠近柱体表面的边界层中，流体因克服黏滞摩擦而损失大量动能，进而无法补充足够的压力能来平衡主流压力，在 *BD* 区间内流经一段距离就会耗尽全部动能，其中一部分转化为压能，一部分克服摩擦阻力做功，于是在 *BD* 区间内壁面上的某点速度为零（*S* 点）。边界层便从 *S* 点开始脱离，形成旋涡状尾迹，并向下游发展，直至几倍圆柱直径的距离后消失，将 *S* 点称为分离点，分离点下游流体发生倒流，形成旋涡区。离开柱体表面较远的区域以及尾迹后的主流区则可视为非黏性流。绕圆柱的黏滞流动不仅存在摩擦阻力，还存在压差阻力，压差阻力是由于边界层分离后压强不平衡造成的，但本质上仍然是由于黏滞力造成的。

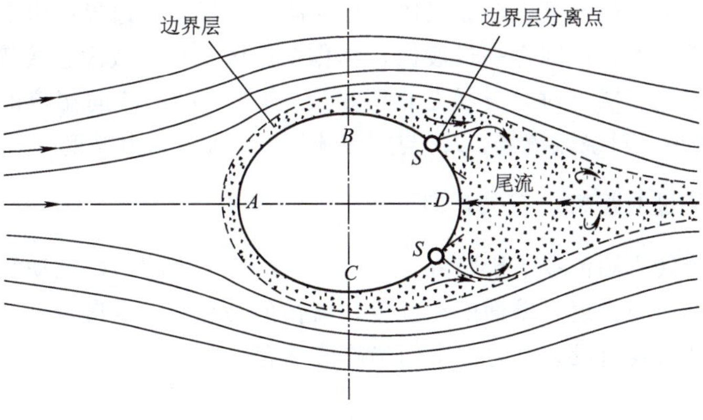

图 3.3 绕过圆柱的流动

由此可见，流体流过物体表面时，黏滞流的边界层可能充分发展，也可能出现脱离。因此不能认为除去靠近物体表面的区域外，都属于非黏滞流区域。只有当雷诺数（Re）很高，且边界层不脱离时，物体表面以外的主流区才可认为是属于非黏滞流，可按势流来处理，如处于匀速流场中的机翼形物体的绕流或平板绕流等。值得注意的是，直管内的流动不能按非黏滞流考虑，即不能按势流计算，因为流体均速流进直管时，在黏滞力作用下，会逐渐出现速度梯度，靠近壁面处流速降低，形成一薄层边界层，随着流动的继续，黏滞力的作用范围不断扩大，直至发展到整个截面，此时管道中心处流速最大，壁面处流速为零，速度梯度最大的区域仍在壁面附近，但是黏滞力的作用范围最终达到了整个截面，这与平板绕流或曲面绕流的情况不同。

3. 物体边界层的转化

物体边界层有层流和湍流之分。层流时，流体的流动主要受黏滞力影响，流速场平行于流道壁面。湍流的流速大小和流动方向则随时间和位置的变化而变化，其速度场是指平均流速的分布。从严格意义上讲，任何流场中的流速都是实时变化的，当流速变动十分微小，接近于其时均值时，即属于层流。变动大时，即为湍流。由层流转入湍流的机理，可以认为与流场中的微小扰动及其扩大发展有关。两层流速不同的流体之间，由于速度差而出现微小旋涡。这些旋涡可以在黏滞力作用下，由于存在减缓速度梯度的效应而衰减；也可以在惯性力作用下，由于存在维持速度梯度的效应而扩大。如果旋涡扰动逐渐衰减，流动就恢复为层流状态。如果旋涡扰动逐渐扩大，就发展为湍流状态。

在绕流流场中，边界层的流动同样也存在由层流转入湍流的现象。如图 3.4 所示为处在均速主流流场中的流线型锐端平板。来流刚接触板端时，流速 v 是均匀的。进入平板后，由于黏滞作用，在壁面上便出现一层极薄的边界层。沿平板壁面向上，边界层内流速逐渐增大，通常将壁面外某速度为流体速度 v 的 0.99 倍的点，即 $v_x=0.99v$ 的点定义为边界层的外边界，边界层外边界至固体壁面的距离称为边界层的厚度 δ。因为边界层厚度极小，通常将流速扰动在其中不易发展，所以此时边界层中的流动是层流，称为层流边界层，受黏滞力的控制。

当流体沿平板继续流动，边界层逐渐增厚，扰动便会发展起来，边界层中的流动变成湍流，此时边界层厚度 δ 增加很快，称为湍流边界层。边界层由层流向湍流转变时，不是突然发生的，中间有一过渡区，称作变流区。在与板面直接接触的地方，还有一层极薄的层流底层（对光滑板尤其明显）。边界层由层流向湍流的转变，取决于雷诺数 Re 的大小。对绕流流场，Re 与主流流速 v、流体动力黏度 μ、流体运动黏度 ν 和自板端向后流过的距离 x 有关，即 $Re=\frac{vx}{\nu}=\frac{vx\rho}{\mu}$。

是否由层流转入湍流取决于临界雷诺数 Re_{cr}，而主流的初始扰动程度、板面的几何形状、流场的压力梯度、壁面的粗糙度、流体的马赫数、温度等都会影响临界雷诺数 Re_{cr}。对于光滑表面没有压力梯度的绝热流动有：

$$Re_{cr}=\frac{vx_{cr}\rho}{\mu}=3\times10^5 \tag{3.18}$$

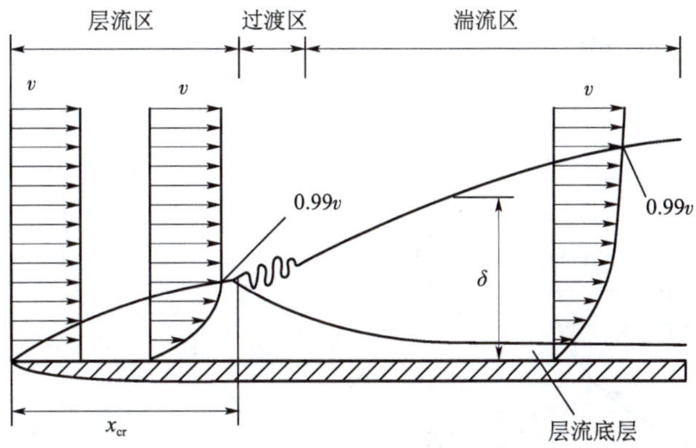

图 3.4 流体绕过流线型锐端平板

当主流扰动非常小时，Re_{cr}可达到 3×10^6。湍流时绕流物体在流场中的阻力比层流时大，故在设计时应尽量避免湍流。当主流速度一定时，只要使 $x<x_{cr}$，就可避开湍流边界层。在边界层计算中，必须先确定 x_{cr}，然后再对层流区和湍流区分别计算。

对于层流边界层，根据黏滞流的剪切应力公式 $\tau=\mu\dfrac{dv_x}{dy}$就可以进行精确计算。虽然对于不同的几何形体，求解十分复杂，但它能够用解析法来计算。而对于湍流，由于没有具体的物理模型，所以无法进行定量计算，只能结合试验结果进行近似计算，以满足工程需要。至于变流区，情形更为复杂，在计算中往往近似地把它看成是层流和湍流的重叠区，或者全部按湍流来计算。

不管是层流边界层或湍流边界层，在分析计算时，若 $Re>10^4$，则可认为边界层厚度和物体的尺寸或流动距离 x 相比属于微量，从而对边界层的计算进行简化。边界层以外的主流区则按非黏滞流考虑。

4. 边界层的分离

边界层分离的根本原因是流体黏滞性的存在，分离的条件是逆压梯度。仅有黏滞的阻滞作用而无逆压梯度，不会分离。因为无反推力使边界层流体进入到外流区。所以，零压梯度和顺压梯度的流动不可能发生边界层分离；只有逆压梯度而无黏滞的剪切作用，同样也不会发生分离现象，因为无阻滞作用，运动流体不可能消耗动能而滞止下来。层流边界层与湍流边界层都会发生分离，但是在相同的逆压梯度下，层流边界层比湍流边界层更容易发生分离。

根据边界层方程，在物体壁面上存在：

$$\frac{\partial^2 v}{\partial y^2}=\frac{1}{\mu}\frac{\partial p}{\partial x}=-\frac{v_e}{\nu}\frac{\partial v_e}{\partial x}$$

(1) 顺压梯度

顺压梯度的特点是压力沿程减小，速度沿程增加。在壁面处，速度 v 关于高度 y 是凸曲线：$\left.\dfrac{\partial v}{\partial y}\right|_{y=0}>0$，$\left.\dfrac{\partial^2 v}{\partial y^2}\right|_{y=0}<0$，在边界层的外边界上有$\left.\dfrac{\partial v}{\partial y}\right|_{y=\delta}\approx0$，$\left.\dfrac{\partial^2 v}{\partial y^2}\right|_{y=\delta}<0$，则

边界层内的速度沿 y 方向单调增加，分布曲线无拐点，是一条向外凸的光滑曲线，流动是稳定的，如图 3.5 所示。

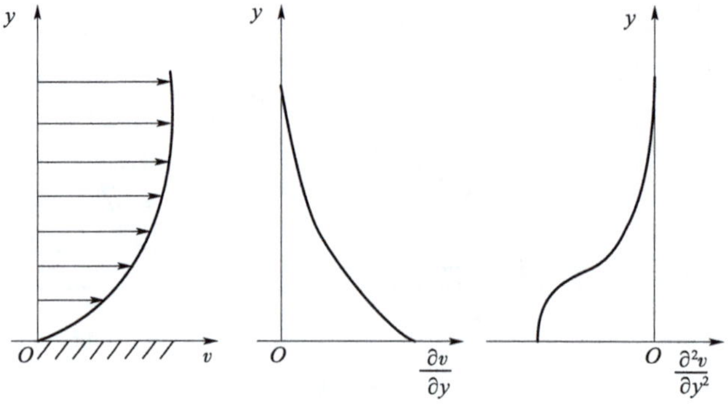

图 3.5 顺压梯度分布曲线

（2）零压梯度

零压梯度的特点是速度沿程增加，压力沿程减小。在壁面某处速度达到最大，压强达最小，此后流动将逆压而行。在最小压强点有$\frac{\partial v}{\partial x}=0$，$\left.\frac{\partial^2 v}{\partial y^2}\right|_{y=0}=0$，说明物面是速度分布的拐点，在边界层的外边界上仍然有$\left.\frac{\partial u}{\partial y}\right|_{y=\delta}=0$，$\left.\frac{\partial^2 u}{\partial y^2}\right|_{y=\delta}<0$。与顺压区速度分布相比，速度分布开始变尖瘦，如图 3.6 所示。

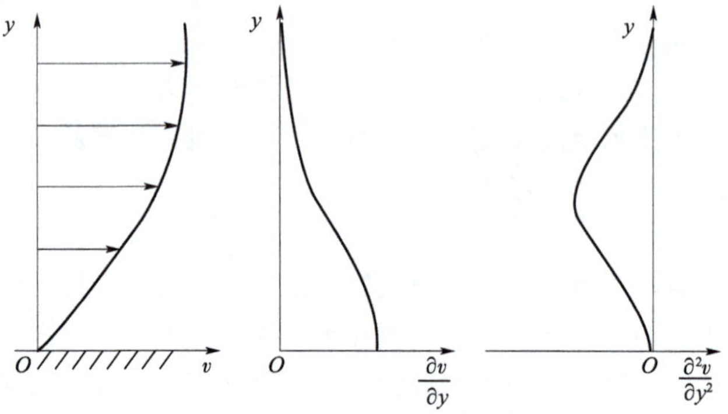

图 3.6 零压梯度分布曲线

（3）逆压梯度

逆压梯度的特点是压力沿程增加，速度沿程减小。在壁面处，有$\left.\frac{\partial v}{\partial y}\right|_{y=0}>0$，$\left.\frac{\partial^2 v}{\partial y^2}\right|_{y=0}>0$，另一方面，在边界层的外边界上，仍然有，$\left.\frac{\partial v}{\partial y}\right|_{y=\delta}=0$，$\left.\frac{\partial^2 v}{\partial y^2}\right|_{y=\delta}<0$，于是在边界层内 $0<y<\delta$，速度分布曲率从正变为负，在某点处必然有$\left.\frac{\partial^2 v}{\partial y^2}\right|_{y=y_0}=0$。这是速度分布的拐点。拐点的出现改变了速度分布的形状，在拐点以上为外凸型，在拐点以下为外凹型，存在拐点的速度分布型是不稳定的。可见随着流体质点向下

游流动从零压梯度点进入逆压区，拐点从物面上向外边界移动，物面近区的速度分布愈来愈瘦小（壁面速度梯度 $\mathrm{d}v/\mathrm{d}y$ 逐步降低）。当拐点移动到空间某点时物面处出现：$\left.\frac{\partial v}{\partial y}\right|_{y=0}=0$，$\left.\frac{\partial^2 v}{\partial y^2}\right|_{y=0}>0$，该点称为分离点。其速度及其梯度分布曲线如图 3.7 所示。

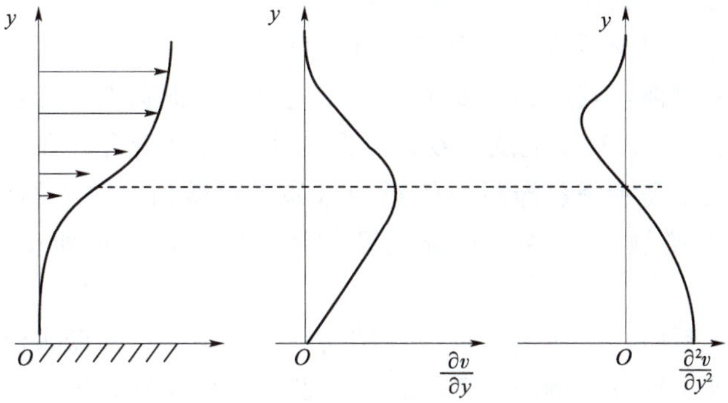

图 3.7　逆压梯度分布曲线

边界层分离后将产生旋涡，并不断被主流带走，在物体后面形成尾涡区。尾涡区内的流体由于旋涡的存在，产生很大的摩擦损失，消耗能量，所以边界层分离产生很大的阻力损失。边界层的分离是形成形状阻力的主要原因，一般比摩擦阻力大得多。对于有尖角的物体，流动在尖角处分离。愈是流线型物体，分离点愈靠后。

5. 流场中的物体受力

流体绕流物体表面时，物体表面受到的表面力有切应力和压强。切应力在物体表面上的合力称为黏滞阻力，压强在物体表面上的合力称为压差阻力。黏滞阻力和压差阻力构成了物体所受的阻力。分别对两种阻力进行介绍：

(1) 黏滞阻力

牛顿在 1687 年做了著名的黏滞流动实验：设两块板的面积均为 ΔS，相互间距为 h，上板以速度 u 运动，下板静止不动，板间的流体运动为层流。牛顿通过实验测定板所受到黏滞阻力的大小。实验结果是：阻力 f 的大小与物体的截面积 ΔS、流体的黏滞系数 η、流体的速度梯度（$\mathrm{d}v/\mathrm{d}y$）存在线性关系。黏滞阻力为：

$$f=\eta\Delta S\,\frac{\mathrm{d}v}{\mathrm{d}y} \tag{3.19}$$

牛顿发现几乎所有的普通流体，如气流和水流等，其阻力与流速梯度成线形关系，具有这一性质的流体统称为牛顿流体。

当流体缓慢流过静止的物体或者物体在流体中运动时，流体内各部分流动的速度不同，存在黏滞阻力。黏滞阻力的大小与物体的运动速度成正比，在空气中运动速度较慢的物体，受到的阻力主要是黏滞阻力。

(2) 压差阻力

当流体绕流物体时，流体会被物体分开，从物体的侧面流过。如果流体具有一定的黏滞性，靠近物体表面的部分流体在黏滞力作用下，速度逐渐衰减；在物体的后方形成压力较小的区域，离物体较远处的流体在压差的作用下将向这一区域补充，出现湍流。此时，物体前后两部分流体内单位体积分子数不同，前后面受到流体的压力不同，使得物体受到流体的阻力，这种阻力称为压差阻力。

产生压差阻力的机制与黏滞阻力不同。黏滞阻力是物体表面与流体相互作用的结果；压差阻力是物体前后面出现压力差的结果。从本质上讲，压差阻力也是由黏滞阻力引起的。因为流体与物体之间存在黏滞阻力，才使得从物体侧面流过的流体不能立刻到达物体的后方，出现后方的“涡流”，产生压力差。

对于非流线型物体，其阻力主要来源于压差阻力，而黏滞阻力占物体所受总阻力的比例通常不超过5%。对于流线型物体，黏滞阻力占比上升，在相关研究中若对阻力有严格要求，通常需考虑黏滞阻力的影响（如飞行器和船舶等的设计和制造）。一般而言，在工程中接触的大多是非流线型物体，因此，物体所受阻力主要是压差阻力。

在风沙防治工程中，大多数防风阻沙结构物主要是通过降低来流速度、卸载风沙流中的沙粒来实现保护下风侧的工程目标。因此，组成风沙防治工程的各类沙障，其设计初衷便是对风沙流形成一定阻力，通过几十年的不断摸索和实践，发现这类结构物适当的增大透隙率，让一部分风沙流能够透过孔隙结构，防风效果更好，能够更加有效的阻滞沙粒。戈壁大风区的挡风墙，当其主体结构为实体，即不具有孔隙结构时，确实能够在挡风墙迎风面和背风面形成强大的压力差，对气流的阻挡作用达到最强，但这也带来了新的问题：挡风墙背风侧由于强大的压差阻力而形成涡流区，在涡流区反向气流的作用下，会将列车吸向挡风墙，而这违背了挡风墙的设计初衷，即防止大风影响列车运营甚至吹翻列车。

通过增加透隙率，虽然降低了压差阻力，但却提高了挡风沙结构物的防护效果：对于挡风结构物而言，这既能消减气流运动风能，又能抑制背风侧涡流区的形成，降低了列车的逆风向力矩；对于阻沙结构物而言，增加适当透隙率不但能够减缓自身被沙丘压埋的速度，还能抑制背风侧反向气流的掏蚀作用，提高了沙障自身的稳定性，防止发生倒伏。值得一提的是，对于具有较大孔隙尺寸的沙障而言，普遍认为其最佳透隙率为30%～40%，透隙率过大或过小都会削弱其阻沙效果，但PE网式沙障的透隙率一般超过了40%，甚至达到50%以上，其阻沙效果却异常优越。这主要与其特殊的网式结构具有较大的黏滞阻力有关。由前所述，黏滞阻力的形成与贴近物体表面边界层内的各层气流之间存在速度梯度有关，在透隙率不变的情况下，缩小了孔隙尺寸，势必会增加孔隙与气流的接触面积，从而能够借助边界层内低速气流的作用达到阻滞风沙流的效果。

3.1.5 风速特征分析

风是一个表征气流运动的物理量，是空气流的水平运动分量。风作为一个矢量具有大小和方向，其大小称为速率，其方向就是风向。风是风沙流运动的驱动力，只有风速大于起沙风时，风沙运动现象才会出现。因此对风速特征进行分析，不仅是研究风沙流运动的首要条件，也是各类抗风、控沙工程措施设计的依据条件。进行风速特征分析之前，首先要根据前述章节的风沙要素调查方法进行一个地区的风况数据（风速、风向）统计记录，获取大量风况数据后进行最大风速、风速概率及相关性等方面的计算分析。

3.1.5.1　风速统计计算

铁路风沙防治工程实践所需要的风况数据资料，可从以下几方面获取：铁路沿线的气象观测站、铁路系统建立的大风监测站以及铁路工程设计、科研、施工等单位建立的梯度测风站。各种大风监测及短期梯度风监测站的风速风况数据采集依据《地面气象观测规范》中的技术规定，频率为 1 s，计算 3 s、1 min、2 min、10 min 的滑动平均值。3 s 的平均滑动风速值为瞬时风速值。最大风速分别从 2 min、10 min 平均风速值中选取，最大瞬时风速均从瞬时值中选取。

风向、风速采用滑动平均方法，计算公式为：

$$\overline{Y}_n = k(Y_n - \overline{Y}_{n-1}) + \overline{Y}_{n-1} \tag{3.20}$$

$$k = 1 - \exp\left(-\frac{t}{\tau}\right) \tag{3.21}$$

式中　$\overline{Y}_n$——n 个样本值的平均值；

$\overline{Y}_{n-1}$——$n-1$ 个样本值的平均值；

Y_n——第 n 个样本值；

k——系数；

t——采样间隔，s；

τ——装置的平均时间常数，当 $\tau > t$ 时，$k = t/\tau$。

3.1.5.2　基本风速要素

1. 大风重现期

设年最大风速为 v，T 年遭遇 1 次，则 T 称为风速 v 的重现期。重现期为 T 的风速，在任一年中超越该风速一次的概率为 $1/T$，不超过该风速的概率称为保证率，公式为：

$$p_s = 1 - \frac{1}{T} \tag{3.22}$$

2. 平均风时距

对于平均风的时距在气象和建筑结构规范里都有规定，我国建筑规范取值为 10 min 。平均时距的含义如图 3.8 所示，由图可知：

$$\overline{v} = \frac{1}{\tau}\int_{t_0+\frac{\tau}{2}}^{t_0+\frac{\tau}{2}} v(t)\,\mathrm{d}t \tag{3.23}$$

式中，平均风速 $\overline{v}$ 与所取某一中心时刻 t_0 附近的时距 τ 有关，随着所取平均风时距的缩短，对应于这一时距的最大风速将增大，在较小的 τ 内集中反映了较大的波峰影响，较小波峰未能得以反映。

3. 风速样本

一个地区的风速时刻在发生着变化，针对铁路风沙防治工程实践的需求，选用什

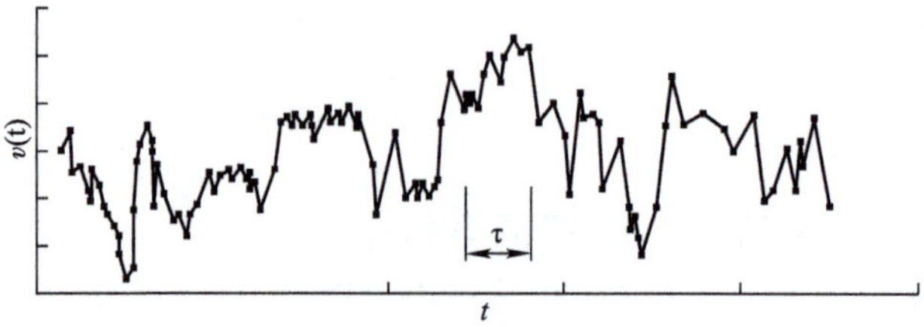

图 3.8 平均风时距样本

么样的风速样本进行统计关系到风沙防治工程设计的科学性和合理性。一般采用年最大风速作为基本风速的统计样本，采用一年中所有平均时距内平均风速的统计最大值作为样本。利用年最大风速作为样本进行最大年输沙量、风沙工程承受风沙堆积等方面的工程设计与计算。

3.1.5.3 风速概率分析

在分析风况数据时，更关心最大风速的时空变化规律。最大风速往往表征了一个地区风沙活动的剧烈程度以及特大风区列车通行所遭遇的风灾事件发生的可能性。风速是一个随着地点、时间等因素发生变化的量，难以用精确的数学模型确定逐年最大风速之间的确切关系。只能将其看作随机变量，采用数理统计概率模型对其进行长期趋势分析计算。风速的概率统计更多是为结构的抗风设计服务，对于年最大风速的概率统计通常有三种概率模型函数，即极值Ⅰ型分布、极值Ⅱ型分布和韦布尔分布。

1. 极值Ⅰ型分布

极值Ⅰ型分布又称耿贝尔（Gumbel）分布，其表达式为

$$F_{\mathrm{I}}(x)=\exp\{-\exp[-(x-\mu)/\sigma]\} \tag{3.24}$$

式中，μ 和 σ 分别称为位置参数和尺度参数，它们可由如下两式获得：

$$E(x)=\mu+0.577\,2\sigma \tag{3.25a}$$

$$\sigma_x=\frac{\pi}{\sqrt{6}}\sigma \tag{3.25b}$$

式中，$E(x)$ 和 σ_x 分别为风速样本的数学期望和根方差，是已知的。实际上，风速资料的数学期望就是年最大风速 x_1 的数学平均值，用 $\overline{x}$ 表示，这样，由风速资料可得风速的平均值和根方差：

$$\overline{x}=E(x)=\frac{1}{n}\sum_{i=1}^{n}x_1 \tag{3.26a}$$

$$\sigma_x=\left[\frac{\sum_{i=1}^{n}(x_1-\overline{x})^2}{(n-1)}\right]^{\frac{1}{2}} \tag{3.26b}$$

将式（3.26）中的 $E(x)$ 和 σ_x 代回到式（3.25）之后，便可求得参数 μ 和 σ，则极值Ⅰ型的概率分布函数 $F_{\mathrm{I}}(x)$ 就确定了。

2. 极值Ⅱ型分布

极值Ⅱ型分布又称为广义费来却德分布，其表达式如下：

$$F_{\mathrm{II}}(x)=\exp\{-[(x-\mu)/\sigma]^{-r}\} \tag{3.27}$$

式（3.27）中的 μ，σ 与式（3.24）相同，r 称为形状参数（或尾部长度）。当 $\mu=0$ 时，式（3.27）为费来却德分布。可以证明，若式（3.26）中的 r 趋近于无穷大，则极值Ⅱ型分布将趋于极值Ⅰ型分布。

3. 韦布尔分布

韦布尔概率分布函数为：

$$F(x)=1-\exp\left[-\left(\frac{x-\mu}{\sigma}\right)^{r}\right] \tag{3.28}$$

式（3.28）中变量 $\frac{x-\mu}{\sigma}$ 的数学期望和根方差分别为：

$$E(x)=\Gamma\left(1+\frac{1}{r}\right) \tag{3.29a}$$

$$\sigma_x=\left\{\Gamma\left(1+\frac{2}{r}\right)-\left[\Gamma\left(1+\frac{1}{r}\right)\right]^2\right\}^{\frac{1}{2}} \tag{3.29b}$$

式（3.30）中，Γ 为 r 的函数。按式（3.28），不同 r（形状参数）对应的期望值和根方差列于表 3.3。

表 3.3 不同 r（形状参数）对应的期望值和根方差

r	1.2	1.6	2.0	2.2	2.6	3.0	3.2	3.6	4.0	6.0
$E(x)$	0.940 7	0.896 6	0.886 2	0.885 6	0.888 2	0.893 0	0.895 7	0.901 1	0.906 4	0.926 4
σ_x	0.787 2	0.463 7	0.463 2	0.424 9	0.367 0	0.324 5	0.307 2	0.278 0	0.254 3	0.185 0

当 $r=2$ 时，韦布尔分布一般称作瑞雷分布；当 $r=3.6$ 时，韦布尔分布的形状类似于正态分布。

采用以上概率模型对风速进行统计分析，其分析步骤是从统计理论上确定年极大风速应该服从的概率线型，然后利用实际资料确定其参数，或从经验概率上确定年极大风速分布型，然后依据实际资料确定其参数。

3.1.5.4 风速相关分析

铁路部门进行风沙防治，风速数据不可或缺。风速数据以从铁路沿线附近的气象站获取为主，根据气象站距离铁路沿线所在地的距离以及二者在地形地貌和地理环境确定该气象站的最大风速的代表性。如果气象站在铁路沿线，且与该线路所在地的地理环境条件基本一致，则其风速资料可以直接使用。对于气象站位于铁路沿线或周围及地形地貌、地理环境与气象站地形差异很大的特殊路段（风口、垭口、沟壑、山谷、河谷、峡谷等），建立短期观测站和梯度风监测，与气象站平行观测，进行铁路沿线气象站与铁路沿线大风监测站场次大风资料相关分析。得到相关性关系后，气象站的风况资料可以长期为铁路部门服务。

以处于风沙地区的南疆铁路某段为例，该段铁路线路的上风侧是克尔碱风口，下风侧 50 km 处是托克逊气象站，在地理位置上存在相关条件。为了充分利用气象站的最大风速数据，在铁路线路上建立临时测风站，进行为期 2 年的大风监测（图 3.9），然后分析临时测风站和气象站之间相关关系。在 2 年内，将两地每次同一场大风的最大值作为子样值列入表 3.4。

表 3.4 同一场大风不同地点最大风速样本值（m/s）

临时测风站所测风速值 v_s	31	27	27	40	25	28	31
托克逊气象站所测风速值 v_t	18	17.7	17	24	18.7	15	18

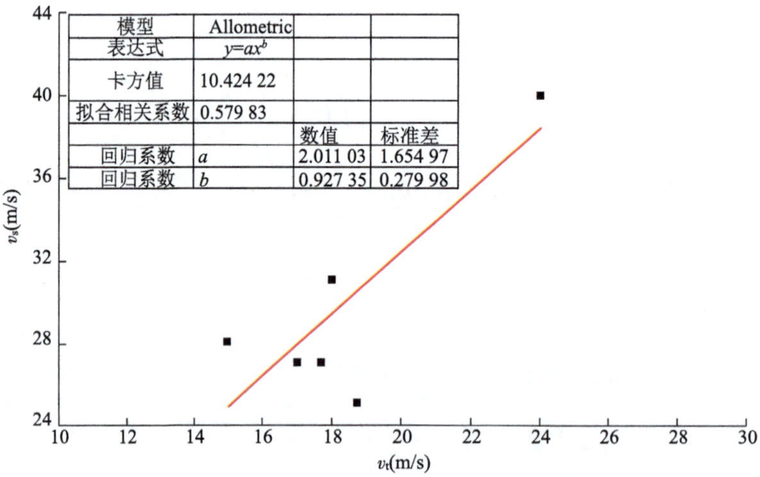

图 3.9 同一场大风不同地点最大风速样本值（m/s）

采用 Allometric 模型对两组数据进行相关性分析，相关性公式：

$$y=2.011x^{0.927} \tag{3.30}$$

相关分析可知，相关系数 $R=0.579$，两地风速相差很大，一个位于天山风口附近，另一个在吐鲁番盆地腹地，这种差别理所应当，但两地的同向速度增长趋势相同。

3.2 风沙流运动的时空规律

风沙流指携裹沙颗粒的运动气流。风沙流的变化受控于风、沙物质以及下垫面等方面的影响因素。涉及风沙流研究的具体内容很多，在微观上有诸如沙粒起动机制、起动风速、沙粒运动轨迹等内容，这些研究促进了揭示风沙运动机理的进程，但考虑为风沙防治工程的设计与实施服务时，则更关注风沙流宏观方面的研究，诸如风沙流结构特征、沙丘移动规律等方面的研究。

3.2.1 风沙流运动微观特征

风沙流运动规律的研究包括微观特征方面和宏观方面，其中微观特征方面包括沙粒起动机制、起沙风速、颗粒的运动轨迹等几方面的研究。

1. 沙粒起动机制

关于沙粒起动机制的研究至今仍是众说纷纭，主流观点有以下几方面：

(1) 冲击起动，离开地表的飞行沙颗粒受风推力而具有能量，它们下落地表时将能量传递给下一个颗粒，或由于携带能量而造成的地面反弹跃起。

(2) 斜面飞升，风力推动沙粒滚动，翻越斜面后，顺势跃入空中。

(3) 湍流起动，风速达到一定强度后形成的湍流的垂直分量，迫使颗粒向空中飞跃。

(4) 振动起跃，风力达到起沙风速时，颗粒的往复摆动加剧，振动频率加强，超过振动临界点后，沙颗粒跃起。

(5) 升力起动，沙颗粒受到风力发生高速旋转，当旋转产生的升力大于颗粒的自重时，颗粒发生跃起。

时至今日，关于沙粒的起动机制尚未得到圆满解答，但这并不影响从宏观角度进行风沙防治工程相关研究的进程。

2. 沙粒起动风速

沙粒开始起动的临界风速称为起动风速。起动风速与沙粒粒径、地表性质等多种因素有关，同时也与观测风速的高度有关，见表 3.5。不同粒径起沙风速不同，粒径增大一倍，起沙风速平均增大 32%，所有大于起动风速的风，都称为起沙风。

表 3.5 沙粒粒径与起动风速的关系（距地面 2 m 高处风速）

沙粒粒径(mm)	起动风速(2 m 高处风速，m/s)	沙粒粒径(mm)	起动风速(2 m 高处风速，m/s)
0.1～0.25	4	1.25～2.50	15.2
0.25～0.50	5.6	2.50～5.00	20.3
0.50～1.00	6.7	5.00～10.00	25.4
1.00～1.25	7.1	10.00～20.00	33.0

注：按地带，沙漠区的松散浮沙 4.0 m/s，山地积沙 6～6.5 m/s，半固定沙丘 6～7.0 m/s，夹沙较多的砾石戈壁 7.0 m/s，夹沙较少的砾石戈壁 12.5～14.5 m/s。

3. 沙粒的运动轨迹

沙粒的运动轨迹即沙粒的运动形式。沙粒的运动受风力大小、下垫面性质等方面的控制。观测发现，在沙漠地区，沙颗粒粒径大于 0.5 mm 的颗粒大部分都是滚动的，而小于 0.05 的粉沙呈悬浮运动状态。在大风地区，粗颗粒与砾石也可跳跃前进。沙粒的跃移高度与风速、粒径及下垫面有关：在土质地表，沙粒跃移高度小于 30 cm，沙质地表 70%的沙粒跃移高度低于 9 cm，在卵石地表沙粒跃移高度达 60 cm，在戈壁大风区，跃移高度可达 2～3 m。拜格诺（Bagnold）研究了风沙流中沙粒的运动状况，将沙粒运动划分为以下最普遍的三种形式，即悬移、跃移、蠕移。

悬移是沙颗粒物质长时间悬浮于空中，随着运动气流的风向流动，不与地面接触的一种运动形式。颗粒要悬浮于空中，其粒径必然较小，才能保证其极限沉降速度与气流湍动产生的垂直脉动速度相当。因此，悬移颗粒的粒径小于 0.05 mm，拜格诺指出风沙运动过程中悬移形式输送的沙量约占总输沙量的 5%左右。

跃移是指沙颗粒不断与气流发生关系，首先受风力作用，沙颗粒弹射入气流中，在气流中获取能量后，运行过程中，能量消耗，溅落地表，获得能量后继续跳跃。观测表明，粒径在 0.1～0.15 mm 的沙粒易发生跃移，随着风速的增大，气流中跃移颗粒增多，跃移量占总输沙量的 70%左右。

蠕移是指沙粒沿着地表滚动或滑动的运动形式。一般风速条件下，沙粒粒径在 0.5～2.0 mm 之间的沙粒都可能发生表层蠕移。拜格诺研究发现，以蠕移形式运动的沙粒占总输沙量的 25%左右。

可见，从风沙运动的形式上来看，沙粒运动主要以跃移形式为最大的输沙层，一方面跃移输沙在量上占到了总输沙量的主体部分，另一方面，上空悬移及地表蠕移都与跃移息息相关。从风沙防治角度来看，高立式沙障的设置高度与跃移高度有关，高立式沙障的设置形成足够的风沙流场降速范围，不仅表现在距离上，也要考虑在高度上，在有效拦截跃移高度上的沙粒时，也要有一定的宽度延伸范围容纳积沙。低立式固沙沙障则针对蠕移沙粒进行阻滞，而悬移部分的颗粒无法通过沙障进行有效拦截。

3.2.2 风沙流结构

探索风沙运动规律是风沙防治的理论基础。风沙流结构是风沙两相流运动的核心理论部分，在全面摸清铁路沿线一个地段的风沙流结构后，才能有的放矢地进行具体风沙防治工程设计与实施。另一方面探索具有普遍意义的风沙流结构理论对揭示沙粒的起动机制、起动风速及沙粒运动轨迹都具有直接或间接的科学贡献。

3.2.2.1 风沙流结构的含义及影响因素

1. 风沙流结构的含义

风沙流结构广义上是指风沙流运动中涉及的所有反映风、沙运动特性的物理量，包括运动的风沙流场中的气流速度、沙速度、沙浓度、风沙流强度、输沙通量等沿高度的分布，都在风沙流结构概念范畴内。而通常狭义的风沙流结构概念指运动的气流所携带沙在风沙层内随着高度的分布特征。

2. 风沙流结构影响因素

风沙流结构的影响因素诸多，其中来流风、沙及下垫面是最重要的三个因素。这些影响因素相互作用形成了风沙流结构。首先沙粒在风速、风力达到临界值时才能脱离地面进入气流形成风沙两相流，风沙流形成后，不断有沙粒进入气流中，亦不断有沙粒从气流中卸载，下垫面消耗风沙运动能量，致使大量气流中的沙堆积，三者的相互作用体现在风蚀、搬运、堆积的整个过程中。

风或者更严谨的称之为气流是风沙流结构中最重要的影响因素。气流是风沙流形成的动力源泉，在气流内部的气体之间黏滞力以及地表与气流之间的摩擦作用之下，形成风速梯度，形成风速梯度的过程，也是气流与地表沙物质的相互作用的过程，此时气流与沙粒之间力学关系复杂，其作用过程的力学效应就是迫使沙粒脱离原位置发生滚动蠕移、跃移、悬移。

风沙流运动就是贴近地表气流对沙的输运过程，因此了解近地表风的特性至关重要。野外观测发现，气流贴近地表运动，当气流中不含沙颗粒时，其风速廓线的梯度变化规律明显，遵循对数律，即

$$\frac{v(z)}{v_*}=\frac{1}{k}\ln\left(\frac{Z}{K_0}\right) \tag{3.31}$$

式中 $v(z)$ 是 z 高度上的风速，v_* 是摩阻速度，k 是卡门常数，K_0 是床面粗糙度，它与床面沙粒粒径 D 之间有如下关系：

$$K_0=\frac{D}{30} \tag{3.32}$$

式（3.32）是气流中不含沙的风速梯度表达式，当气流中含有沙时，风沙两相流的风速廓线较为复杂。大量学者认为，气流含沙后，风速廓线仍然呈对数分布，但涉及含沙风速廓线的表达式目前尚未统一。实际上对于风沙防治工程设计，掌握含沙风速廓线显得十分重要，它关系到各种沙障具体设计参数的确定。

沙颗粒是形成风沙流的必要条件，沙粒本身的性质影响到风沙流结构。沙粒比重大小，沙粒含水率都会影响到气流对沙的作用，比重大、含水率大，所需起动风速大，输沙率就小。另一方面风沙流运动是动态的气流与沙的相互作用，沙物质充沛与否，形成的风速廓线形式不同。

地表粗糙度（K_0）是指风速梯度或风速廓线向地面逐渐减小至风速为零时的地表高度，反之理解，风沙流过程中，地表上不同高度上都有一定的风速梯度，风速梯度从地表至高空，高程越高，风速越大，而越接近地表，风速越低，风速为零的地表几何高度称之为地表粗糙度。地表粗糙度综合表征了地面组成物质、覆盖物质与气流相互作用的特征。地表粗糙度可用拉依赫曼公式进行计算：

$$K_0=\exp\left(\frac{\ln Z_2-\frac{v_2}{v_1}\ln Z_1}{1-\frac{v_2}{v_1}}\right) \tag{3.33}$$

式中，v_2，v_1 分别为 Z_2 和 Z_1 两个高度的风速平均值。

3.2.2.2 风沙流结构特征

野外监测及试验验证，风沙流运动过程中 70%～90%的输沙量在地表以上 10 cm 高度范围内，国内外大量学者以地表 0～10 cm 高度范围内风沙输运为研究对象，研究 0～10 cm 高度层内的风沙流结构。

学者兹门斯基提出了风沙流结构数指标概念，公式表示如下：

$$S=\frac{Q_{max}}{Q} \tag{3.34}$$

式中 Q_{max}——0～1 cm 层内的含沙量；

Q——0～10 cm 高度内的每 1 cm 层的平均沙量。

兹门斯基观测发现，对于粗糙表面，当 S 值为 2.6 时，风沙流运动状态呈现为非堆积搬运状态，S 值增加到 3.8 时，风沙流运动呈现部分沙物质卸载；当 S 值超过 4 时，风沙流运动呈现堆积状态。从公式表述上也可直观看出，S 值大，表明 0～1 cm 内的沙量大，风沙流状态趋向堆积状态，S 值小，则说明 0～1 cm 风沙层内沙量少，风沙状态趋向于搬运状态。

我国学者吴正等人提出了风沙流结构特征值 λ 判断分类方法，其公式表达如下：

$$\lambda=\frac{Q_{2\sim10}}{Q_{0\sim1}} \tag{3.35}$$

应用此特征值判别风沙流运动状态：当 $\lambda<1$ 时，风沙流处于过饱和状态趋向于堆积，当 $\lambda>1$ 时，风沙流处于非饱和状态趋向于风蚀或搬运；$\lambda=1$ 时风沙流处于饱和风沙流临界状态，为非蚀积搬运状态。

马世威进一步将 10 cm 高度范围内的风沙流结构细分为下层（0～1 cm）、中层（1～2 cm）、上层（2～10 cm）三个风沙层。通过试验观测系统研究了风速变化条件下结构层输沙量的变化、风速不变供沙量增加时结构层内的输沙量变化以及下垫面对风沙流结构的影响，得到了较为全面的认识。

张克存等人通过风洞测试研究得到了戈壁和流沙地表的风沙流结构特征（如图 3.10 所示），并指出戈壁地表的输沙率呈现出独特的“象鼻效应”。从图 3.10 可见，蠕移层范围内戈壁地表输沙率小于流沙地表，跃移层范围内，戈壁地表输沙率大于流沙地表，这与戈壁地表特殊的下垫面性质以及沙源供给条件密切相关。

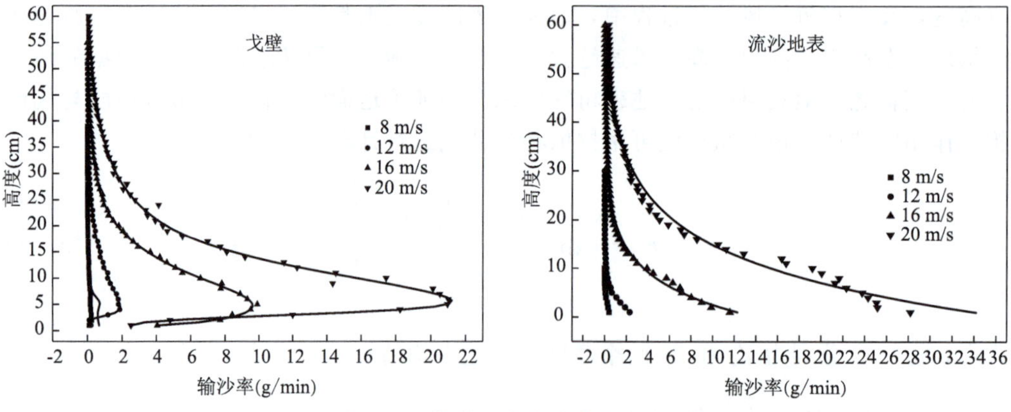

图 3.10 戈壁、流沙地表风沙流结构

铁路科研部门从铁路防沙工程角度出发，不断深化风沙流结构的理论及应用。蒋富强等人通过野外风沙测试，基于先进集沙仪采集与风况同步采集系统，提出了风沙流强度（密度）概念，风沙流强度是在传统输沙率的基础上进一步针对风沙防治工程需求提出的，指单位体积运动的气流中所含沙的质量，单位是 kg/m^3。其计算公式如下：

$$Q_h = \sum \rho_i A v_i T \tag{3.36}$$

式中 Q_h——输沙强度观测系统某一高度处的集沙总质量，kg；

ρ_i——在大于起沙风速情况下某一风速所对应的风沙流密度，kg/m^3；

A——输沙强度观测系统的集沙器进沙口面积，m^2；

v_i——风沙流密度所对应的风速，m/s；

T——在取样时间内起沙风所持续的时间，s。

对于风沙流密度计算公式，需要将不同高度处的集沙数据与对应的风速数据代入，利用数学规划求解手段，联立多元方程求解。基于该原理，针对新疆戈壁铁路沿线的风沙流结构成果如图 3.11 所示。

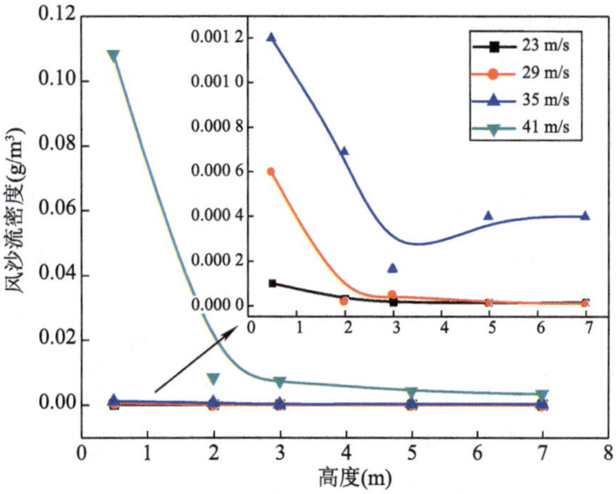

图 3.11 戈壁铁路沿线风沙流密度随风速变化

从图 3.12 中可以看到，戈壁地表风沙流具有携沙高度大、沙源不充沛等特点，3 m 以上风沙流密度急剧减小。戈壁地区风力强劲，携沙对构筑物的风蚀力度大。沿线调查发现，构筑物垂直主风向的面风蚀破坏严重，风蚀高度达 3 m 以上，说明戈壁地区风沙流中所携带的能有效破坏构筑物的粗颗粒物质能够达到 3 m 以上。

图 3.12 戈壁铁路沿线构筑物风蚀破坏

3.2.2.3 风沙饱和路径长度

风沙饱和路径长度是一个有关风沙流运动的概念。该概念提出后，并未得到有效拓展。近些年，随着风沙防治工程对风沙运动理论的迫切需求，此概念对风沙防治工程中，尤其是阻沙、固沙措施的实施有一定的理论指导意义。

风沙流运动即风携沙运动，运动的过程就是风蚀、搬运、堆积的相互转化过程，从风蚀到完全堆积是一个蚀积周期。这个周期过程也是风沙流从不饱和状态向饱和状态转化的过程，风沙流达到饱和状态后，继续运动则会因能量的消耗而发生堆积，自风蚀到发生堆积所经历的距离称之为饱和路径长度。饱和路径长度（L）取决于地表粗糙度（K_0）和速度（v），对于过境风沙流，增大粗糙度能缩短饱和路径长度，风速增大则延长了饱和路径长度。风蚀、搬运、堆积所形成的一个完整周期长度是饱和路径长度，这个长度是个变量。在风沙防治工程实践当中，各种沙障的作用是迅速增大地表粗糙度，降低来流风速，结束前一个饱和路径长度。在下一个饱和路径长度开始后，大面积的固沙沙障的作用是尽量延长饱和路径长度，使过境风沙流在一定的长度上得不到沙源的补给，形成不了风蚀，沙无法搬运，自然也无法堆积。

3.2.3　沙丘移动规律

风沙流运动经历一个饱和路径长度后，发生沙粒堆积，形成沙堆。地面沙堆形成后成为风沙流贴地运动的障碍，气流在沙堆背部边界层发生分离，形成具有水平轴的涡旋，速度消减后，漩涡内便成为积沙区，沙堆背风侧积沙不断增多，背风坡坡度逐渐变陡，当坡面达到沙的休止角（34°）后，一部分沙体受自身重力作用，沿着倾斜（小于休止角）剪切面发生崩塌破坏，在沙堆背风侧出现小落沙坡，形成新月形沙丘的雏形，如图 3.13 所示。之后随着沙堆不断增高，对气流的阻滞作用增强，其背风侧的落沙坡逐渐扩大而发展为典型的新月形沙丘。

典型的新月形沙丘从其剖面来看，在其移动的过程中沙丘不同部位具有明显的分带性，可分为以下四个带（如图 3.14 所示）：

（1）吹蚀地带，位于迎风坡下部，约占迎风坡宽度的 1/3，在主导风作用下发生吹蚀，沙层逐渐分散，在反向风作用下影响微小。

图 3.13　新月形沙丘形成过程示意

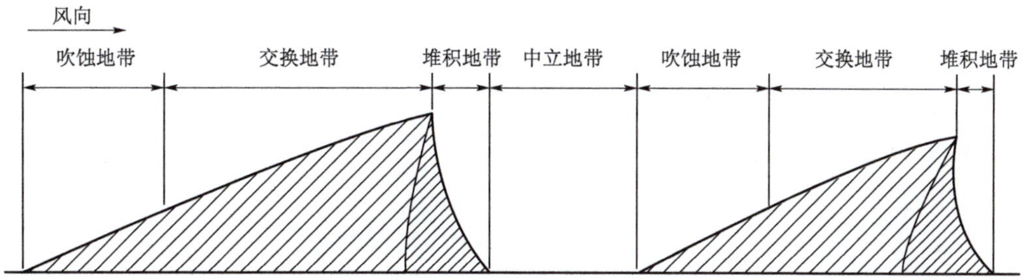

图 3.14 新月形沙丘移动的分带示意

(2) 交换地带，位于迎风坡上部，约占迎风坡宽度的 2/3，交换地带表面上原有沙粒被吹蚀搬运，同时也接受风沙流中沙粒的暂时堆积，在反向风作用下成为临时的堆积带，交换地带的微地形变化无常。

(3) 堆积地带，占整个背风坡，接受风沙流中所携带的沙的卸载。在主导风作用下堆积地带内发生堆积，在反向风作用下坡顶部分发生暂时吹蚀现象。

(4) 中立地带，指沙丘间的低凹地带，在此带内吹蚀和堆积作用都不能充分发展，地面沙层较为稳定。

一个地区的常年风况规律和地质环境决定了此地区的沙丘移动形式。根据铁路沿线的风况特征，一般总结可有信风型风、对流型风和季风型风，与之对应的沙丘移动形式有前进式、往返式以及往返前进式。当对流型风或季风型风受局地微地形地貌影响控制，运动方向呈复杂变化，沙丘移动缓慢或原地摆动，这种移动形式也称为迂回式移动。

总结沙丘移动规律可知，只有风速大于起沙风后，沙丘才会获取移动的动力。沙丘移动的最终方向与起沙风的年合成风向大致上相近，移动的形式视风型而定。起沙风频率值大，风速大，沙丘动态变化大。沙丘移动距离与其高度成反比，沙丘相对高，移动相对慢，沙丘相对较低，移动相对较快。沙丘表面含水率高时，沙丘移动较含水率低时慢。裸露沙丘移动速度快，沙丘表面有覆盖时移动速度慢。

从工程治沙角度出发，从稳定程度进行分类，沙丘可分为固定沙丘、半固定沙丘、流动沙丘。固定沙丘是指采用工程固沙措施或植被进行沙丘表面覆盖，当覆盖率超过 40%以上时，沙丘移动停止。半固定沙丘是指沙丘表面覆盖率不足，低于 40%时，沙丘表面仍有显著的风沙活动。流动沙丘指沙丘覆盖率极低，沙丘表面风沙活动剧烈。

我国幅员辽阔，地形地貌单元复杂多变，沙丘受地形、地面物质组成、水文、植被等多种因素的影响，形态多样，除了最普通常见的新月形沙丘外，尚有格状沙丘、抛物线形沙丘、蜂窝状沙丘、金字塔沙丘、穹状沙丘等多种沙丘形态分布。随着铁路线路向沙漠纵深延伸建设，更多的针对沙丘治理的工程问题不断凸显，需要科技人员全面认识各种沙丘的移动规律，对症下药，科学治理。

4　铁路风沙灾害

铁道线路通过风沙活动区时，移动沙丘和过境风沙流对铁路造成危害，其危害结果是危及行车安全，造成列车途停、脱线甚至倾覆。由于过境风沙流的反复漫道，加速了线路上钢轨、扣件等设备磨损，当风成沙含盐碱成分时对钢轨的腐蚀程度加剧，同时造成钢轨接头胶垫破损加剧，风沙上道后道床板结而失去弹性。在风沙流的作用下，路基、路肩遭受强烈风蚀，造成路肩宽度不足，影响线路质量，小桥涵入口处被流沙堵塞，涵洞泄洪能力下降，形成水害隐患。另一方面风沙流对列车行车作业产生干扰，站点的道岔积沙影响接发列车作业，干扰机车作业人员尤其是工务段的正常作业秩序，如图 4.1 所示。

图 4.1　铁路道岔与站点沙害

4.1　铁路沙害程度与类型

4.1.1　铁路沙害程度分级

铁路的风沙灾害受铁路沿线的沙源、沙丘活动程度、风沙流输沙强度等几方面风沙活动要素控制与影响。根据风沙对铁路危害的严重程度，一般把铁路途径的风沙地区分为严重风沙地区、一般风沙地区、轻微风沙地区。严重风沙地区是指既存在沙丘移动危害又存在风沙流危害的铁路沿线每米单宽输沙量大于 15 m^3 的地区。一般风沙地区是指以风沙流危害为主的铁路沿线每米单宽输沙量在 5～15 m^3 的地区。轻微风沙地区是指铁路沿线无沙丘危害，沙源在线路上风侧远方，沿线出现风沙流病害的频率较低，沿线每米单宽输沙量小于 5 m^3。铁路沙害的程度主要根据路基不同部位及铁路小桥涵积沙给铁路运营造成的危害大小进行划分，可分为极严重沙害、严重沙害、一般沙害与轻微沙害。极严重沙害是指路基积沙超过轨道面，列车已经无法安全通过，积沙不清理，列车存在脱轨危险，路基涵洞净空被积沙埋堵，雨季出现洪水漫道。严重沙害与极严重沙害类似，仅是危害程度略微降低。一般沙害是指线路路基上积沙掩埋枕木和扣件，间接影响行车，涵洞洞口附近出现积沙。轻微沙害指积沙上道，道心和道床坡脚有积沙现象，随着积沙的增大会对上部结构造成损害。

根据积沙程度和危害情况，可将沙害分为四级：

（1）特级沙害——积沙超过轨面，直接影响行车安全，如不立即清除，列车存在脱轨风险。

（2）一级沙害——积沙与轨面齐平，一遇大风，就有掩埋轨道的风险，对列车威胁很大，需及时清理。

（3）二级沙害——积沙掩埋轨枕及扣件，对线路上部建筑损坏严重，间接影响行车，应及时整治。

（4）三级沙害——线路积沙较轻，使轨道不洁，但未埋没轨枕及扣件，需定期维修。

铁路沙害程度与风沙严重程度地区并不一定呈对应关系，严重风沙地区，沙害治理得当，铁路沙害轻微。轻微沙害地段不及时治理，沙害累积，最终也会形成严重铁路沙害。

4.1.2 铁路沙害类型

风沙对铁路的危害类型大致可以分为路基风蚀和线路积沙两种。当风速达到起沙风且作用于路基时，地表沙物质受风力吹拂上扬形成风沙流，产生风蚀。风蚀过程中形成的风沙流又不断撞击地表卷起新的沙物质，纳入运动的气流中，使风蚀过程逐渐加剧。另外，路基本身也是阻碍风沙流运动的障碍物，导致风沙流运动风能降低，气流携沙能力下降，气流中的沙粒沉积在线路上，产生线路积沙。

4.1.2.1 风蚀病害

风沙地区修建铁路路基时，如果仅采用松散、黏结力差的砂石料为原料，而未加采取任何防护措施时，在风沙流的不断撞击和磨蚀下，极易遭受风蚀。大风地区修筑铁路路基同样面临风蚀危害，更应该加强路基防护。根据铁路路基类型，路基风蚀可分为路堤风蚀和路堑风蚀。

路堤的风蚀从作用机理上可分为吹蚀、磨蚀和掏蚀三种情况。吹蚀是风力直接带走路堤填料颗粒，使路基遭到破坏，风速越大，发生吹蚀的可能性越大，在极大风速条件下易发生骤发性风蚀。磨蚀是气流中携带的沙粒不断冲击路堤表面，路基表面颗粒被迫产生移动与磨损。掏蚀是路堤坡面不平整，在风沙流的作用下，薄弱处形成坑洼，在路堤背风侧掏蚀现象频发。

从路堤断面结构上来看，风蚀发生部位大致在坡脚、坡面和路肩三部分，在风沙流吹蚀下呈现出不同的破坏形式。路肩遭受风蚀最为严重，坡面次之，坡脚一般不受风蚀，反而有沙粒堆积。在风蚀路基上形成明显的上部风蚀带、中部过渡带和下部堆积带三个部分。这是由于路堤迎风坡路肩处风速最大，风沙吹蚀作用最为明显；而风沙流经过坡脚时会损失部分运动风能，易导致沙粒堆积进而逐渐发展；坡面在二者之间起着过渡作用，受风蚀影响较小而又不易积沙。另外，背风坡坡面产生风蚀主要是由于路堤背风侧涡流掏蚀所致。

遭受风蚀的路堤明显区别于正常路基：迎风侧路肩棱角呈浑圆状，路肩宽度变小，坡面出现风蚀槽痕，边坡变缓；背风侧坡面受涡流掏蚀出现凹槽和小坑，路肩上部相继松动滑落而使路肩宽度减小，枕木外露，危及行车安全。因路基遭受风蚀而造成路肩宽度不足，每年需调运大量土方对路基进行修补，工程量巨大。

在路基断面类型表现为路堑的情况下，作用与堑顶及路堑两端的风力往往较大，加上堑壁容易风化。在大风的吹蚀作用下堑顶形成浑圆状或不规则状。当大风蚀区堑壁松散的夹岩层，如卵石、砾石及胶结不紧密的第三纪红层时，在堑壁上形成风蚀壁龛，常常造成塌方现象。

4.1.2.2 积沙病害

铁道线路积沙是铁路风沙病害的主要形式之一。过境风沙流在路基结构的阻碍作用下风速消减，致使沙粒在路基不同部位沉积，最终形成线路积沙，压埋道床。

线路积沙从积沙形态上可分为舌状积沙、片状积沙和堆状积沙。

舌状积沙主要发生在线路横切沙丘走向、路堑两端有斜向风吹入的风口地带，路边有灌丛沙堆和防沙措施局部损毁等地方。风沙流顺着风向或风口掠过路基时，沉积的沙粒以前低后高的舌状形式向线路延伸，压埋道床和钢轨，长度在数米至数十米不等，可高出轨面几厘米甚至至几十厘米。遇大风天气时，舌状积沙往往在 20～30 min 内就能埋没钢轨。因此，在大风天气铁路工务人员应加强巡线，发现问题时应及时预警，并主动封闭线路，并组织清沙工作。

片状积沙是铁路沙害中最为普遍的一种形式，由于风沙流运动受线路及附近微地形影响，气流中裹挟的沙粒遇阻沉积在道床上，形成大面积较均匀的片状积沙。当路基断面为路堤时，片状积沙初期并不会对铁路运营造成实质性威胁，随着时间推移，线路附近及轨间积沙逐渐增多，特别是线路两侧的流沙逐渐沿坡面上移，继而覆盖路肩及掩埋钢轨，威胁铁路安全运营。当路基段面为路堑时，风沙流会在路堑内形成涡旋，气流携沙能力降低，其中裹挟的大量沙粒无法逃逸出路堑，加之堑顶积沙在风力作用下倾泻至堑底，从而在堑底形成大量积沙。这种沙害往往延绵数百米甚至十多千米，轻则导致道床不洁，重则掩埋钢轨。

片状积沙不仅出现在沙丘地段，往往也出现在无流动沙丘分布的风沙流地区，这种沙害初期对铁路运营影响不大，但给铁路维护造成困扰，应及时予以清除，避免后期掩埋道床影响列车通行。

堆状积沙常发生在流动沙丘和半流动沙丘前移地段，积沙呈堆状掩埋线路，厚度可达 1～2 m 及以上，积沙量大，清沙工程十分艰巨。

4.2 铁路沙害表现形式

在风沙地区，风沙对铁路运营、养护、附属设施及站区环境等都有很大影响，其主要表现为列车脱轨、停运及运缓、钢轨磨耗严重、阻塞桥涵，引发次生灾害。

4.2.1 危及行车安全

当道床积沙厚度超过轨面时，易使车轮爬越钢轨造成列车车轮脱轨。一般情况下，当轨面积沙厚度超过 20 cm，积沙长度超过 2 m，就可能导致列车引导轮脱轨，特别是在弯道处脱轨更容易发生。一旦列车脱轨，在列车巨大的惯性作用下，即使列车采取紧急制动措施也要滑行数百米才能安全停止，线路受到严重损坏，甚至导致翻车事故发生。另外，沙粒部分掩埋钢轨导致列车难以通行时，列车不得不减缓运行速度，甚至停止运营。大风天气也会减缓列车运行速度，特别是在极端大风天气下，列车停运也时有发生。这种现象在风沙地区的铁路运营中较为常见。

道床积沙后，松散细小的沙粒沿道床孔隙向下渗落，逐渐聚集在道床底部，将道砟挤向道床表面，轨枕和钢轨逐渐被抬高，引发线路拱道病害。通常可抬高几毫米甚至数十毫米。由于抬高数值不一，轨面不平，容易导致行车不稳，严重时造成断钩甚至脱轨事故发生。

道床积沙后，细沙沿道床孔隙下渗，增加道砟含沙量，在清除积沙的过程中不可避免地会带走一部分道砟，且影响道砟之间的密实度。在钢轨接头处，车轮对钢轨的冲击力较大，使接头处下沉，引发低接头现象。由于轨面不平，当列车经过时车厢摇晃严重，有断钩风险。当风沙流强度较大时，不仅对钢轨及扣件产生腐蚀，还会掏蚀轨枕间的碎石，钢轨稳定层失效，风沙流形成的风沙荷载打磨沿线线路标志，间接造成行车隐患，如图 4.2 所示。

图 4.2 风蚀作用下的钢轨和扣件腐蚀及线路标志损坏

4.2.2 损坏轨道结构

在风沙灾害地区，列车运行时沙粒夹杂在车轮和轨面之间，增加了钢轨垂直磨耗。据调查，在戈壁风沙流地区，无沙害线路 14～15 年左右的钢轨磨耗仅 1 mm，而沙害线路可达 4～9 mm，同时轨面加宽至 85～91 mm（标准轨面宽度为 70 mm），造成飞边现象。

4.2.3 路基桥涵功能降低或丧失

风沙频发地区的桥梁和涵洞，往往被流沙堵塞，如图 4.3 所示，一旦发生洪涝灾害，极易冲毁线路。此外，路基附近排水不畅，容易导致翻浆及冻害。

图 4.3 铁路路基过水涵洞积沙

4.2.4 铁路风沙灾害特点

铁路由于自身路基结构的特点，其形成的沙害与其他工程沙害有显著的区别。铁路沙害的性质与沙害程度与铁路路基结构形式有关（如图 4.3～图 4.5 所示），更与铁道轨枕的特点有关。无论是线路铺设在路堤上、路堑中甚至是半填半挖路段都存在不同程度的沙害。

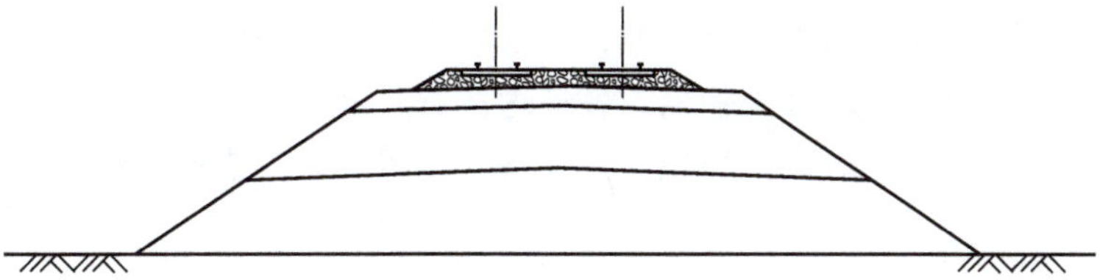

图 4.3 路堤

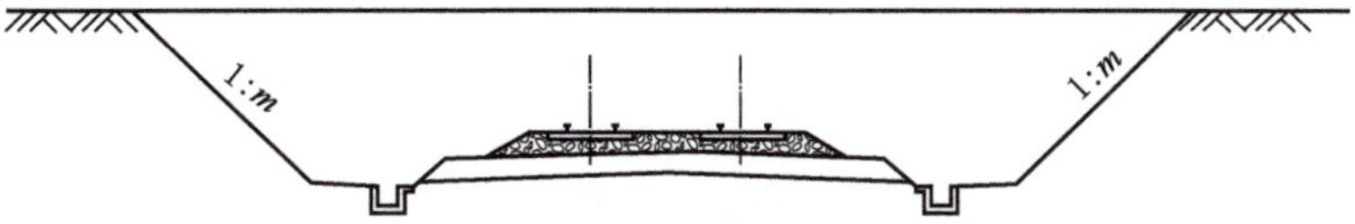

图 4.4 路堑

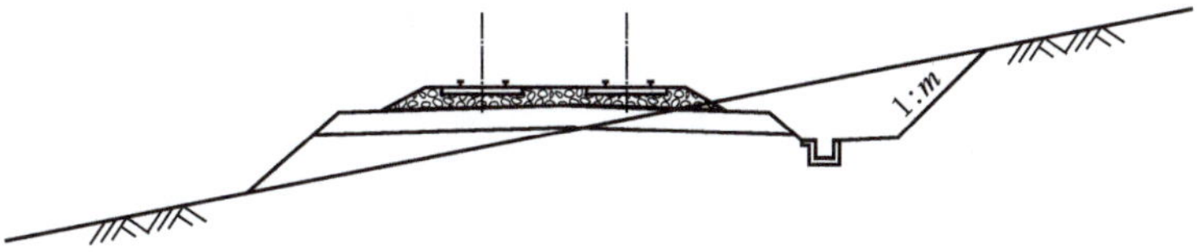

图 4.5 半填半挖式

除了铁路外，长距离的沙害问题就属公路沙害问题了，但公路沙害与铁路沙害又有显著的不同之处，公路路面光滑，属于过沙断面，如果公路迎风侧的沙源不充足，而风速大小交替变化，路面积沙较少。而铁路无论迎风侧沙源是否充足、来流风况如何，其道砟和轨枕结构都是阻沙结构，对过境风沙流具有截留作用，并且随着积沙的积累，越积越多。铁路路基范畴沙害程度最大的地段，是不填不挖段（零断面）、低路堤及浅路堑段，如图 4.6 中所示。因此，《铁路工程不良地质勘察规程》规定，风沙地区的铁路路基尽量避免以零断面、半填半挖路堑断面。铁路路基沙害形式一般都是以舌形沙堆为主，积沙面积及体积的大小受风力、风向以及风力持续时间的影响。风沙上道后，过境风沙流沉落在道床上以及钢轨旁，先堆积在股道的两侧，如果风力持续超过起沙风速，轨道则整体被掩埋，在线路的局部段落处，沙堆覆盖轨道。

图 4.6 浅路堑轨道积沙及风沙掩埋轨道

铁路作为国民经济建设中最主要的交通形式之一，铁路既有路基结构还涉及列车供电接触网、输电设备等线路通行保障部件，当线路沙害形成后，危害较大，尤其是对于通行的列车，与公路交通相比，铁路无法绕行，通行的列车发现路前方出现沙害后，列车制动距离较大，易造成脱轨等行车事故。另外过境风沙流是一种带电的运动体，对铁路轨道、道岔、车体及输电设备等均造成一定的影响，会造成各种各样的问题，减少各种设备的服役时间，缩短各种设备的使用寿命，造成经济损失。

5　风沙防治研究手段及方法

针对具体工程沙害防治的主要研究方法有现场监测及测试、风洞试验与流体动力学数值模拟计算三种。现场监测主要是在工程场址诸如沙漠地区铁路、公路沿线布设监测仪器，进行风况监测和风沙流强度监测，对风况及风沙流强度的监测一般在工程建设初期的试验段工程，其目的是为配套的风沙防治工程提供设计与实施依据，当已经服役的铁路、公路线路出现沙害问题，也会针对性地进行风况及风沙流强度监测，其目的是为风沙防治工程的补强加固提供设计依据。现场监测一般采用单套风况与风沙流监测仪器，有时为了评价已经实施的风沙防治工程体系的阻沙、固沙效果，也进行多种类、多套仪器的联合测试，测试的目的是揭示沙障周围的风沙流场动态演化特征。随着三维地形激光扫描技术的发展，利用三维地形扫描仪对铁路沿线的风沙地貌形态、风沙防治工程体系内的风沙蚀积状态进行适时测试，也能从宏观角度揭示其风沙运动的动态演化趋势并做出定性评价。风洞试验主要针对具体的沙障结构模型，优化各种沙障模型的透隙及体型参数。数值模拟计算则能进一步对各种沙障的优劣进行遴选，同时结合现场监测获取的大量实测数据能够反演及预测沙害的发生及演化。

以上三种方法在风沙防治研究中不可或缺，现场监测及测试手段所获取的数据资料能为风沙防治工程设计提供最符合实际的基础数据资料，诸如一个地区的年风况变化、输沙率等。但在评价沙障结构控沙性能方面不及风洞试验手段，在风洞试验过程中可以精确控制风速从而量化评价沙障的控沙性能，但野外自然风况条件变化无常导致现场测试沙障控沙性能难度较大。数值模拟手段在典型地形概化、路基结构、沙障类型等方面的风沙流场计算中凸显出优越性，数值模拟无耗材、快捷且能够反复试算，是现场测试及风洞试验研究风沙防治的有益补充手段。

5.1　现场监测及测试

针对风沙防治工程设计、实施进行的野外现场监测及测试主要包括风况监测、风沙流结构及输沙率监测、风沙防治工程体系内的流场测试、流沙蚀积状态变化测试以及风沙地貌形态演化测试。

5.1.1　风况监测

5.1.1.1　风况监测仪器的原理及选择

当风沙地区铁路沿线无法从附近气象监测机构获取风况资料时，需要针对铁路沿线具体的沙害发生地段进行风况监测以获取风沙防治工程设计、实施所需的一手风况数据资料。铁路沿线一般采用小型气象站或便携式气象站进行风况监测，或根据实际工程目的利用多套风向标与风速计元件组装成形式多样的梯度测风站，气象站或测风站的核心部件是风向测试部件与风速测试部件。

风向标是风况数据监测仪器中测风向的部件，由尾翼、平衡锤、指向杆、转动轴四部分组成（如图 5.1 所示）。尾翼能感受风力大小，在风力的作用下产生旋转力矩，使指向杆不断调整取向，与风向保持一致。平衡锤装在指向杆上，以使整个风向标对支点（旋转主轴）保持重力矩平衡。指向杆指示风的来向，转动轴是风向标的转动中心，通过它带动一些传感元件使风向标指示的度数传送到储存记录元件上。

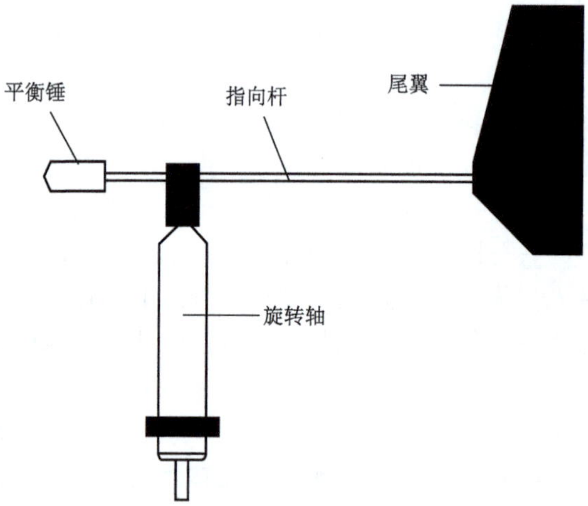

图 5.1　风向标构造示意图

当风的来向与风向标成某一交角时，风对风向标产生压力，这个力可以分解成平行和垂直于风向标的两个风力。由于风向标头部受风面积比较小，尾翼受风面积比较大，因而感受的风压不相等，垂直于尾翼的风压产生风压力矩，使风向标绕垂直轴旋转，直至风向标头部正好对风的来向时，由于翼板两边受力平衡，风向标就稳定在来流的方位上，这就是风向标的工作原理。

在铁路沿线进行风况监测时，对选用风向标的启动性能要求不高，能达到对小于 0.3 m/s 的风速有反应变动即可，但对其风向跟踪性要求高，即要求其具有良好的动态特性，即能迅速准确地跟踪外界的风向变化。具有取向功能的风向标尾翼除了在风况监测中发挥作用外，也用在监测风沙流的旋转集沙仪上。在旋转集沙仪上的风向标尾翼也是利用风压原理将集沙桶迎风口稳定在来流方向上，从而保证集沙仪采集线路一侧的最大集沙量，旋转集沙仪上的风向标部件带动集沙桶随风向转动过程中，对其启动性要求比进行风况监测更低，但对风向标的稳定性要求高，若风向标过于灵敏，其集沙效率降低，为了使风向标稳定，则需要适当减小集沙桶与风向标的重量，减小转动半径和增大受风面积，或可以改进风标尾翼部分的形状。

风况监测仪器中针对风速测量的部件是风速计，比较常见的风速计有风杯式风速计、风车风速计和螺旋桨式风速计，其中在铁路沿线风况测量中使用较多的是风杯式和螺旋桨式风速计（图 5.2 与图 5.3），在一般风沙地区采用风杯式速度计，在类似兰新铁路百里风区地段风力强劲、风沙流破坏强度大的地区宜采用螺旋桨式速度计。当风杯式风速计的风杯转动时，带动同轴的多齿截光盘或磁棒转动，通过电路得到与风杯转速成正比的脉冲信号，该脉冲信号由计数器计数，经换算后就能得出实际风速值。对准气流的螺旋桨叶片系统受到风压的作用，产生一定的扭力矩使叶片系统旋转，旋转的叶片系统连接电感系统，由电感系统换算成风速值。风杯式风速计和螺旋桨式风速计都属于旋转式风速计，缺点是其在阵性风里指示的风速值偏高，称之为过高效应（产生的平均误差约为 10%），其原因是风速减小时，由于惯性影响，旋转式风速计的叶片转速却不能立即下降。超声测风是进行风况监测的新型仪器，超声测速是利用声波在空气中的传播速度与风速之间的函数关系测量风速的，能避免旋转式风速计的过高效应缺点，近年来在风沙防治的相关研究中逐渐推广使用。

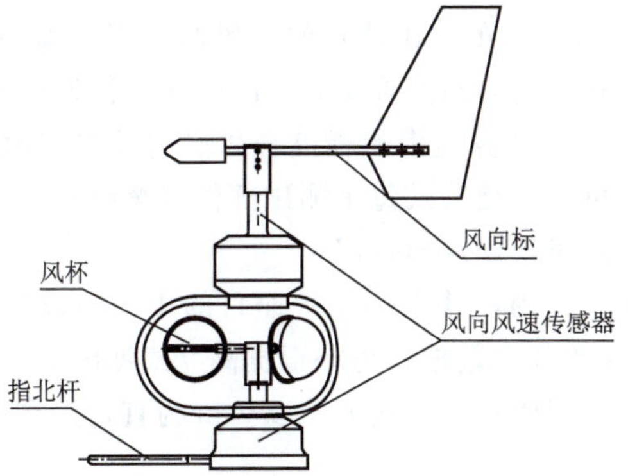

图 5.2　风杯式风速风向监测元件

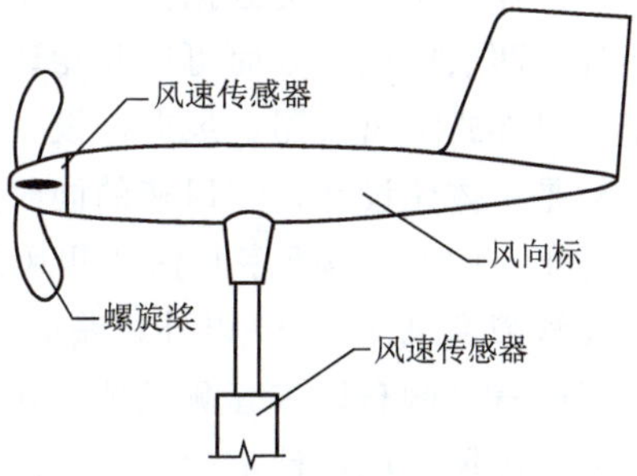

图 5.3　螺旋桨式风速风向监测元件

5.1.1.2　风况监测仪器的安装注意事项

根据不同观测目的，对风况监测仪器的安装要求也不同。气象台站观测，主要是提供天气预报和气候资料，一般测风仪器在正确安装和配置情况下，大多能满足其准确度的要求。但针对风沙防治工程的风况监测是为具体目的而进行的观测，其精度要求高一些，因此对仪器的安装要求也不同。在近地面几十米以内，风向随高度的变化比起风速的变化来要小得多，因此对测定风向的仪器安装没有更高的要求，只要求适当地高，避免地面突出障碍物的影响就可以了，但对测定风速仪器的安装，则需要注意以下几点：

（1）安装高度，为了准确测量铁路一侧自然来流状态，根据风速随高度的变化情况以及为了观测和维护的方便，同时不受铁路沿线微地形地物的影响，测风仪器的安装高度最好能大于 2 m，取 10 m 最佳。

（2）安装地点，测风仪器安装的地点要求尽量开阔空旷，远离障碍物，使之不受气流涡旋的影响。因为凹地、山谷等地形作用会使气流产生涡流、辐合、辐散，使风的资料只有小气候方面的意义，而缺少代表性。

(3) 对安装支架的要求，测风仪器必须垂直安装，安装测风仪器的杆不能太粗，否则会改变气流的自然状况，仪器应安装在杆的顶端，如果需要安装在杆的中间，则应使用一定长度的横臂，以使风速仪器远离杆柱。

5.1.1.3 铁路沿线风况监测与测试

在铁路沿线进行风况监测与测试主要针对如下几个目的：

(1) 在沙漠地区进行铁路建设的可行性研究阶段获取进行风沙防治工程设计需要的风况参数。

(2) 对铁路沿线已经施工完成的风沙防治试验段工程进行工程体系内的流场监测与测试，评价防沙工程体系内的阻沙、固沙沙障的高度、距离以及相互排列组合是否合理。

(3) 对铁路沿线的沙丘地貌或路基周围微地形进行地表风况监测；评估沙丘的稳定状态以及路基结构断面的设计是否合理。

对于目的1，一般在拟建铁路线路的迎风侧选平坦、无地表障碍物的地点进行测试，如果已有部分试验段的阻沙沙障，则测风站布设在沙障的迎风侧距离沙障 50 m 以外，以保证所测风况数据为自然来流状态。测风站上在 2 m 和 10 m 高程处设两层风速计，两层风速一方面可以互相印证，也为计算地表粗糙度提供必需的多层数据，如果是风杯式测风仪器，风向标设一层即可，螺旋桨式每个测试部件其螺旋桨叶片和风向标是一体化设计，测风速的同时亦可同时得到风向数据。

对于目的2，需要多套梯度测风站联合使用，其中一套按照目的1的布设原则，布设在沙障迎风侧 50 m 以外，获取自然来流风况数据，另外根据高立式沙障的道数，在沙障的背风侧布设多套测风站，在防沙工程体系内的测风站以 2 m 为宜，并在 2 m 以下分层测风，风速计不少于3层。

对于目的3，一般采用 10～20 cm 高的地表自动测风仪，采用 10～20 个测风仪顺风向沿沙丘断面或路基断面依次进行布置，地表自动测风仪通过设置，可以实现地表风的多点同步测试。

5.1.2 流沙监测及测试

为风沙防治而进行的风况监测与测试，其最终目的还是为了摸清风沙流的运动规律。在此基础上有针对性地对过境风沙流进行有效的阻挡，对就地起沙的沙源地进行固定，对半固定及流动沙丘进行科学的治理以减少其对铁路的潜在危害。一般在铁路沿线先进行风况监测，后进行流沙监测，主要原因是在有了基本风况数据后，布设集沙仪就可以有的放矢。在铁路沿线的风沙防治试验段工程中也可以采用风况监测与流沙监测同步的方式，同步布置的优点是能综合利用风况与流沙的数据进行风沙流密度和强度计算，所得结论不仅能指导工程实践，对风沙流运动的机理研究也有科学价值。

5.1.2.1 流沙监测仪器原理及选择

针对流沙监测的集沙仪形式多样，其功能及用途各不相同，以下对风沙防治在野外现场常用的几种集沙仪进行逐个介绍。

1. 全方位流沙采集仪

全方位流沙采集仪是由中科院寒旱所赵爱国等人设计研制的（如图 5.4 所示），也是目前比较常用的一种便携式集沙仪。该设备由单片机数据采集仪、沙粒蠕移收集器、风速风向传感器以及部分导线构成，其中单片机数据采集仪通过导线分别与沙粒蠕移收集器内的质量传感器以及风速风向传感器相连接。地表流沙监测过程中，跃移沙粒对地面颗粒进行冲击之后，地面颗粒会向前滚动（蠕移）进入环形隔槽，并通过隔槽进入集沙筒，集沙筒内安装了质量传感器，从而可以测得不同方位的蠕移沙粒质量。这种集沙仪主要针对低高度的蠕移式沙粒的收集，若需要观测跃移沙粒的数量则需要将设备采集单元增多从而增高设备采集范围。

该仪器可以获得风沙流中不同方位输沙量从而确定蠕移输沙量、风速、风向之间的相关关系，具有质量轻、结构简单、携带方便等优点，但受采集高度的限制，一般用在针对风沙地貌演化的风沙运动研究中，在铁路沿线的风沙防治中很少被采用。

图 5.4　全方位流沙采集仪

2. 高梯度分层旋转集沙仪

高梯度分层旋转集沙仪由中铁西北科学研究院杨印海等人设计研制，如图 5.5 所示。集沙仪包含竖直主杆、水平连杆（水平连杆可以上下调节）以及安装在水平连杆上的多个集沙桶，集沙桶按照风向标设计原理，在集沙桶尾部设有导向尾翼，利用风压原理将集沙仪的迎风采集口固定在来流方向上。集沙筒上设置排气孔，用于将气流溢出，进沙口为圆形，集沙桶底部为取样口，集沙桶最大可采集沙样 20 kg。

高梯度分层旋转集沙仪的前身是定向集沙仪（图 5.6 所示）。定向集沙仪的缺点是采集口固定，对铁路一侧的流沙采集率过低，对铁道线路构成危害的是垂直于线路走向一侧接近 180°范围的过境流沙，高梯度分层旋转集沙仪利用风向标尾翼取向原理，能够实现对铁路一侧最大输沙量的采集。

图 5.5 高梯度分层旋转立式集沙仪

图 5.6 野外定向集沙仪

3. 全自动风沙收集仪

全自动风沙收集仪由兰州交通大学设计院设计研制，如图 5.7 所示，已用于格尔木至库尔勒（青海段）沿线的输沙量监测。全自动风沙收集仪包括风沙收集装置、旋转装置、风沙传送装置、重量感应装置、信号处理单元以及供电单元。该仪器性能优良、先进，但实践发现，采集流沙效率偏低，主要原因是仪器自身迎风面过大，对风沙流场的扰动过大，应在此基础上进行基于流体力学原理的仪器外形优化提升，但其自动化采集、数据分析处理的综合设计思路是未来铁路防沙工程实践的方向所在。其工作原理如图 5.8 所示。

图 5.7 全自动风沙收集仪

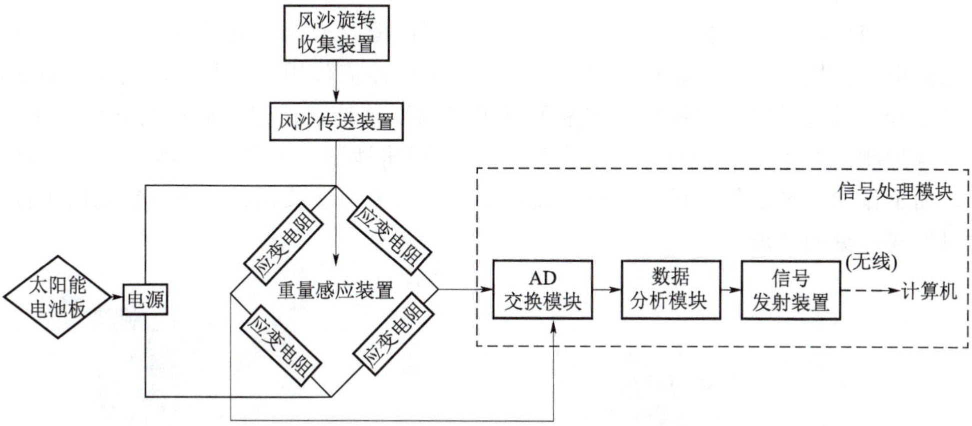

图 5.8 全自动风沙收集仪工作原理示意图

4. 阶梯式集沙仪

阶梯式集沙仪是早期比较常用的一类集沙仪，为一种扁平的盒状集沙仪，金属盒内沿高度方向每隔 1 cm 安装着 45°倾斜排列的长方形细管，细管口径为 1 cm×1 cm，各细管尾部通过一橡皮管连接有一个试管，使用时将集沙仪置于地面，则 10 个小管离地的高度分别为 0～1 cm、1～2 cm、2～3 cm、3～4 cm、4～5 cm、5～6 cm、6～7 cm、7～8 cm、8～9 cm、9～10 cm。经过改进之后加大了进沙口的尺寸，可以监测地表以上 20 cm 高度范围内的输沙量，阶梯式集沙仪每一级进沙口向后退缩 2 cm，形成了阶梯状的分布，如图 5.9、图 5.10 所示，将进沙管尾部连接的试管向下弯曲，使沙粒落入试管而不会在进沙管尾部堆积。目前铁路沿线的风沙防治实践中仍然采用此种集沙仪。阶梯式集沙仪可以在野外或风洞试验中使用，在风洞内使用时，尺寸要缩小，在野外则配合其他类的集沙仪共同对风沙流运动进行监测。

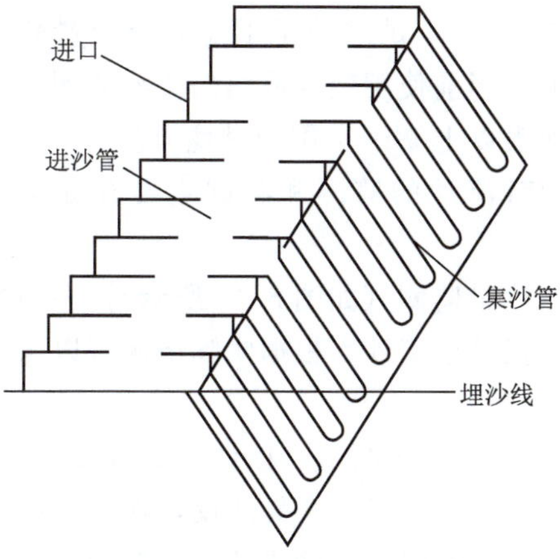

图 5.9 阶梯式集沙仪原理

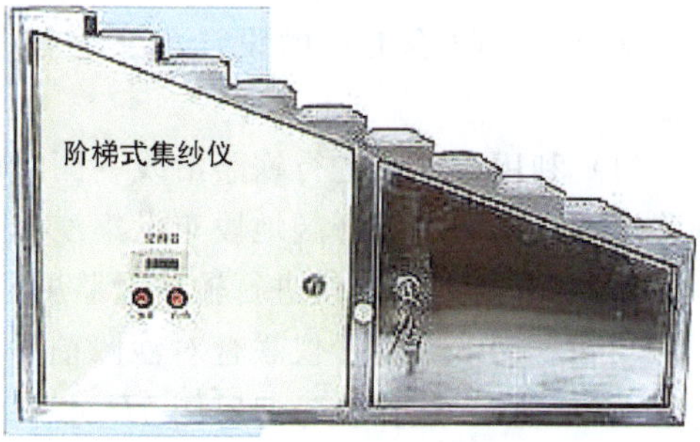

图 5.10 阶梯式集沙仪实物图

5. 测沙板

在铁路防沙治沙研究中还有一种粗略监测输沙量的构造物，称为测沙板，如图 5.11、图 5.12 所示。它利用高度为 2 m 的模板立在沙质地面上，形成一方开口的矩形结构，边长约为 2 m×2 m 不定，开口朝向来风方向。当风沙流吹过测沙板时沙粒被木板挡住落在测沙板底部，气流从木板之间的缝隙或测沙板顶部排走，在测沙板的正面设置标尺，用于测量集沙厚度。在长期的风沙流作用下，测沙板底部逐渐积累大量流沙，通过量测这些流沙的体量可以粗略判断该地区的风沙强度与输沙量大小。由于这种测沙板的测量精度偏低，只能大致预测输沙率，只作为风沙研究的定性参考，而不作为一种定量的研究手段。而且测沙板主要用于长期的观测，短期的风沙流难以形成可见的沙堆。

图 5.11　测沙板迎风侧

图 5.12　测沙板被风测

5.1.2.2　铁路沿线流沙监测与风沙流场测试

早期的铁路工务技术人员在铁路沿线从事沙害防治工程实践，为了评估沙害的严重程度和半定量测量铁路沿线的输沙量，防沙人员在铁路沿线迎风侧一定距离外开挖截沙沟、截沙坑，定期量测截沙沟和截沙坑内的积沙量，根据积沙量的多少来衡量和评估沙害的严重程度。时至今日，这种由一线工务技术人员发明的流沙监测手段仍不失为一种有效评价沙害严重程度的方法。这种方法的不足之处是不能完全定量化评价，且对发生跃移和悬移的过境风沙流无法监测，当前使用较为成熟的流沙监测手段是高梯度分层旋转集沙仪，能够采集自地表至地表以上 9 m 范围的过境流沙。

结合风沙防治工程的设计与实施需求，针对流沙的监测和测试主要有如下几方面：

(1) 利用集沙仪进行铁路沿线一侧的最大输沙量监测（如图 5.13 所示），一般在铁路沿线迎风侧上沿开阔地段布设集沙仪，集沙仪分层集沙，根据实际情况可以采用 5 m 或 10 m 高的集沙仪进行输沙量监测。

(2) 利用多套集沙仪联合对沙障前后的风沙流场进行测试，以沙障高度 H 为度量基本单位，一般在沙障迎风侧 $5H$ 水平距离内布设不少于 2 套集沙仪，在沙障的背风侧布设不少于 3 套集沙仪，同时结合针对目的 1 进行最大输沙量监测的集沙仪，协同进行沙障周围的风沙流场测试（如图 5.14 所示）。

(3) 针对风沙防治工程设计、实施与风沙流时空结构科学研究的需要，由高梯度分层旋转集沙仪和螺旋桨式风速计组配成风沙流监测系统（如图 5.15 所示），旋转集沙仪的分层高度为 0 m、0.5 m、1 m、2 m、3 m、5 m、7 m、9 m 共 8 个高度，利用适时采集的风况数据和集沙数据进行综合分析，并利用式（3.36）进行规划求解，能够揭示该地区的风沙流结构的时空规律。

图 5.13 输沙量监测

图 5.14 沙障周围风沙流场联合测试

(a) 全貌

(b) 局部

图 5.15 铁路沿线风沙流密度监测系统

5.1.2.3 地表流沙蚀积状态的三维激光扫描技术

三维激光扫描技术又被称为实景复制技术，是测绘领域继 GPS 技术之后的一次技术革命。它主要运用了激光测距的原理，即通过对被测物体表面大量点的三维坐标、纹理、反射率等信息的采集，来对其线面体和三维模型等数据进行重建。三维激光扫描仪突破了传统的单点测量方法，具有高效率、高精度的独特优势。三维激光扫描技术通过高速激光扫描测量的方法，大面积高分辨率地快速获取被测对象表面的三维坐标数据。可以快速、大量的采集空间点位信息，为快速建立物体的三维影像模型提供了一种全新的技术手段。具有快速性、不接触性、实时、动态、主动性、高密度、高精度、数字化、自动化等特性。近年来，三维激光扫描技术被引入到风沙防治研究中来，利用三维激光扫描技术可以实现沙漠地表或风沙防治工程体系内的流沙地表蚀积演化过程（如图 5.16 所示），该仪器（如图 5.17 所示）操作简单，针对流沙地表在不同时段进行多次测量，对比分析可以得到流沙地表的蚀积演化以及风积沙的迁移变化过程，为风沙防治工程的优化以及后期补强加固提供依据。

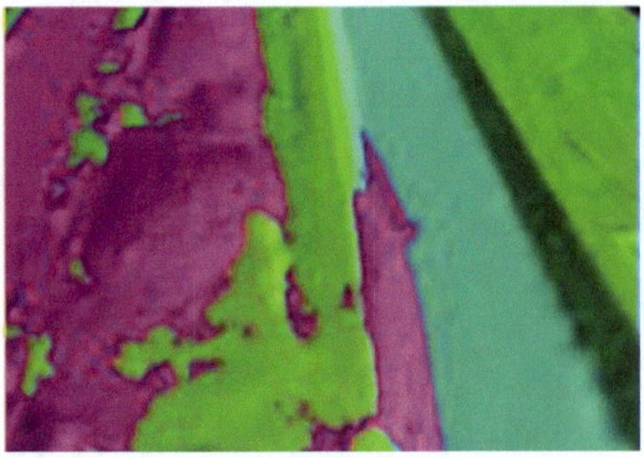

图 5.16　三维激光扫描地形成像

图 5.17　三维激光扫描仪

5.2　风洞试验

风洞（wind tunnel）是以人工的方式产生并控制气流，用以模拟空气流运动过程中的流场情况，并可度量空气流对工程模型的作用效果以及观测风沙物理现象的一种洞状设备仪器，故称之为风洞。风洞试验在航空航天技术、交通运输、房屋建筑及风能利用等领域的研究和发展中起着重要作用。在风沙运动科学的发展历程中，风洞试验同样起着不可或缺的作用。风沙运动科学中许多规律和公式都是在风洞试验的基础上发现和总结提出的，风洞试验是风沙研究重要的室内研究手段。

世界上公认的第一个风洞是英国人韦纳姆（E. Mariotte）于 1869～1871 年建成，并测量了物体与空气相对运动时受到的阻力。它是一个两端开口的木箱，截面 45.7 cm×45.7 cm，长 3.05 m。美国的莱特兄弟在他们成功地进行世界上第一次动力飞行之前，于 1900 年建造了一个风洞，截面 40.6 cm×40.6 cm，长 1.8 m，气流速度 40～56.3 km/h。1901 年莱特兄弟又建造了风速 12 m/s 的风洞，为他们的飞机进行有关的实验测试。随后，大量风洞集中出现在 20 世纪中叶，逐步应用在各个领域的研究及发展中。

风洞种类繁多，依据划分标准不同，可以分为多种形式。按风洞试验段的气流流速（马赫数 Ma）来划分：可以分为低风速风洞（$Ma \leqslant 0.4$），这时气流密度几乎无变化；亚音速风洞（$0.4 \leqslant Ma \leqslant 0.8$），这时气流被压缩，密度较正常值偏大；跨音速风洞（$0.8 \leqslant Ma \leqslant 1.2$）；超音速风洞（$1.2 \leqslant Ma \leqslant 5$）；高超音速风洞（$Ma \geqslant 5$）。风沙研究中涉及的风洞试验内容就是在低风速风洞中完成的。低风速风洞根据结构形式不同，又可划分为直流式和回流式。直流式风洞的进气口和出气口均与外界大气相连，而回流式自身形成一个闭合空间，为内部气流提供一个连续的闭合回路。相较于直流式风洞而言，回流式因其内部气流不与外界大气连通，故不受阵风、空气湿度影响，温度影响也较小。另外，根据进气方式不同，可分为吸式风洞（如图 5.18 所示）和吹式风洞（如图 5.19 所示）；根据用途不同，可分为二维风洞、三维风洞和阵风风洞等。根据风沙运动科学研究的特点，进行空气流状态下的沙障模型结构优化，工程控沙体系的流场模拟时，以上风洞均可以进行试验，但进行风沙两相流方面的风沙流结构、地表蚀积模拟只能在直流吹式风洞里进行。

图 5.18 吸式风洞（长春气象科研所）

图 5.19 吹式风洞（沙波头野外风洞）

5.2.1 风洞的结构及工作原理

虽然风洞种类繁多，尺寸不一，但风洞的主要组成部分和工作原理基本相同。现以针对风沙运动研究的直流吹式风洞为例（图 5.20），阐述风洞的结构及工作原理。直流吹式风洞的组成包括动力段、整流段、收缩段、试验段和扩散段五部分。

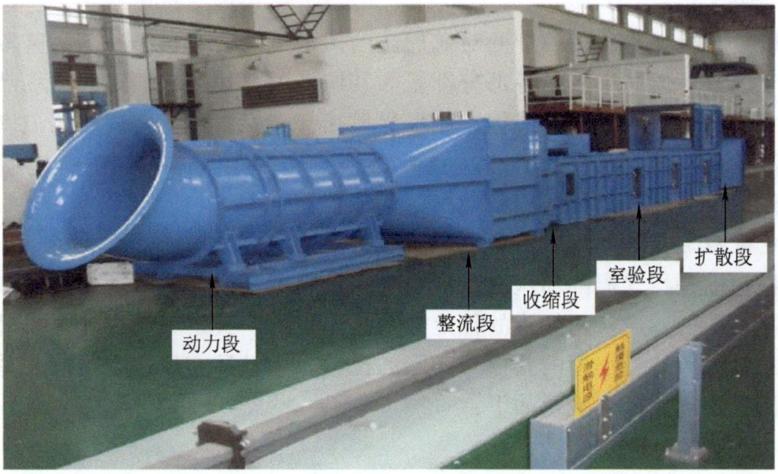

图 5.20 直流式风洞（中国科学院生地所）

1. 动力段

动力段的主要功能是为风洞内流动的气流提供和补充运动能量，以保证实验段内气流以一定流速稳定流动。当气流在风洞管道内流动时，不可避免地会受到管壁摩擦与模型障碍的影响，随着距离的增加，气流动能是有损耗的，这时就需要动力段不停为内部气流补充能量。动力段由可控电机带动的风扇或轴流式压缩机、整流罩、止旋片、导流片和防护网等几部分组成。风扇或压缩机为气流提供压力驱使气流向内部流动，改变风扇的转速或倾角以改变对气流的阻尼，用来调节气流流速；防护网用来阻止外界异物吸入风洞内部。

2. 整流段

整流段的主要功能是使来自动力段紊乱不均匀的气流稳定的流向下方试验段，起着使涡旋衰减、气流速度和方向均匀性提高的重要作用。整流段横截面积大于试验段，气流在其内部流速较低，整流段内配置有相应的整流装置，即蜂窝器和整流网。蜂窝器由许多方形或者六边形的管道组成，蜂窝器起着导向气流的作用，并可使涡旋尺度减小，气流横向和纵向湍流度降低。整流网是由直径很小的金属丝编制而形成的网，网孔较小，一般由数层组合而成。整流网将来流中大尺度的涡旋切分成小尺度的涡旋，从而使实验段内气流的湍流度，特别是轴向湍流度显著降低。另外，增大网孔尺寸和网丝直径，并使其靠近实验段上部，则可提高气流的湍流度，是野外沙风洞中调节气流湍流度较好的手段之一。

3. 收缩段

收缩段位于整流段和实验段之间，是一段平顺过渡的曲线形管道。若收缩段的进口横截面积为 A_1，出口横截面积为 A_2，则 $n=A_1/A_2$ 称为收缩比。收缩段的主要作用是使来自整流段的气流均匀地加速，有助于改善风洞流场品质。收缩段的设计应满足以下要求：气流沿收缩段流动时，流速单调增加，避免气流发生分离；收缩段出口处气流流速分布均匀，方向平直稳定。收缩段能否满足这些要求，主要取决于收缩比和收缩曲线两个方面。在一定的实验段横截面积和速度的条件下，收缩比要尽可能地设计得大些，可使整流段的速度相对降低，使稳定段和整流装置在提高风洞流场品质方面的效果相对更好，减少气流能量损失。

4. 试验段

试验段是布置试验物理模型并对其周围的风沙流场要素进行观测的区段，是整个风洞的核心部分，风洞中其他各部分都是为其服务的。风洞试验段的流场品质是反映风洞气动力设计优劣的控制性指标，流场品质指标包括气流稳定度、湍流度、横向均匀性和风洞壁面边界层性质等，各项指标必须符合一定标准，并进行定期检查和测定。试验段评价流场标准的各项特性指标如下：

(1) 气流稳定度

气流稳定性是指气流的动压或速度随时间脉动的情况。这种脉动是低频的，可用机械传感器感受的。通常用气流的稳定性系数 η 表示，其定义为在规定的时间间隔内瞬时动压的最大值和最小值的差值与其和的比值。由动压与风速之间的关系，经换算后，稳定性系数可用速度表示如下：

$$\eta_t=\frac{v_{\max}^2-v_{\max}^2}{v_{\max}^2+v_{\max}^2} \tag{5.1}$$

式中 $v_{\max}$——在规定的 1 min 采样时间内某测点速度的最大值；

$v_{\min}$——在规定的 1 min 采样时间内某测点速度的最小值。

风洞内气流总体稳定性系数随测试风速的增大而减小，其值若小于 0.01，则说明风机运转平稳，整体设计合理。

(2) 湍流度

湍流度是表示气流脉动的强度的指标，采用风洞试验段内三维流动的三个方向的气流湍流脉动值的均方根与气流平均速度 $\overline{u}$ 之比的百分数来表示湍流程度，用 ε 表示如下：

$$\varepsilon=\frac{\sqrt{\frac{1}{3}(\overline{v}_x'^2+\overline{v}_y'^2+\overline{v}_z'^2)}}{\overline{v}} \tag{5.2}$$

式中 $\overline{v}_x'^2$，$\overline{v}_y'^2$，$\overline{v}_z'^2$——x、y、z 方向的脉动速度。

风洞设计中，采用了蜂窝器和阻尼网等结构都是为了降低气流的湍流度。尤其是蜂窝器的使用有效降低气流在垂直于流动方向上的湍流度，使其低于流动方向上的湍流度。从以轴向方向的湍流度作为风洞气流湍流度控制条件是偏于安全的，在实际测试和计算时可简化为 z 方向的湍流度。则上式可简化为

$$\varepsilon=\frac{\sqrt{\overline{v}_z'^2}}{\overline{v}} \tag{5.3}$$

一般情况下，风洞湍流度要求为 0.3%～3.0%；低湍流度风洞可低至 0.1%。

(3) 横向均匀性

对于风洞试验段的每一个截面，其速度横向均匀性用每一截面内同一纵向高度上各测点的气流速度与平均速度偏差的均方根表示，表征某点气流速度与平均速度偏离的程度，称之为不均匀度，用 σ 表示如下：

$$\sigma=\sqrt{\frac{\sum_{i=1}^{n}\left(\frac{\Delta v}{\overline{v}}\right)^2}{n-1}} \tag{5.4}$$

式中 σ——气流速度的不均匀度，用百分比表示；

Δv——瞬时速度与平均速度的偏差值，即 $v_i-\overline{v}$；

$\overline{v}$——某一水平高度上各个测点速度的平均值，即 $\overline{v}=\frac{1}{n}\sum_{i=1}^{n}v_i$（$n$ 为测点数）。

一般情况下，横向均匀性≤±2.5%时，则可认为风洞横向均匀性合乎要求。

(4) 边界层厚度

空气在固体表面上流动会出现边界层问题，风洞内的气流运动同样会有边界层效应。根据前述章节的介绍，风洞边界层是物体边界层的一类，风洞边界层的性质受风洞试验段侧壁粗糙度的控制，同时布设在试验段的一些测试附属设备诸如移测架、集沙仪等也对风洞试验段的边界层产生影响。

在风洞试验段的大部分试验都需要在边界层厚度范围内进行，因此边界层的厚度决定了试验物理模型的尺寸，即模型高度必须小于边界层厚度。通常一个 1.3 m×1.3 m 横截面的风洞其边界层厚度在 15～20 cm 之间。如果边界层厚度不满足试验的需求，可以通过在试验段前部分布设粗糙元来增加边界层的厚度值。

(5) 流场剖面

在评价风洞流场品质时，需绘制风洞试验段内横纵切面来进行评判。对于横切面而言，若整个流场成为一个较完美的 U 形，除去风洞底面边界层和侧壁边界层范围内的风速之外，其余风速占全部横切面面积范围风速的 90%以上，则风洞品质良好。

对于纵切面而言，试验段内风速变化区域多集中于底面边界层以内，边界层厚度以上至 50 cm 高度内风场均一稳定，则表明风洞品质良好。

5. 扩散段

风洞扩散段的主要目的是把气流的动能转变为压力能，以减少风洞中气流的能量损失，降低风洞工作所需要的功率。因为风洞中气流的能量损失约与速度的 3 次方成

正比，所以降低流速，则能量损失就会减小。

5.2.2 风洞试验的测试仪器及用途

风洞作为研究风沙运动的手段只是提供了风沙流场测试的环境，仅仅只有风洞设备还不具备从事风沙运动研究的全部条件，必须在风洞内配置多种可以测试风速、采集流沙的仪器，才能精准测量风洞内沙障模型周围的风沙流场要素。随着测试技术的发展和先进监测仪器的开发，风洞内的风沙流场要素测量也从单项测量到综合性测量，从静态要素到动态要素，从宏观到微观，从定性分析过渡到定量测量。

在风洞试验中针对沙漠地貌的蚀积规律、沙障周围风沙流场演化以及风携沙运动过程中的沙粒起动机制、跃移轨迹等方面的研究，需具备的测试仪器有以下几种：

1. 皮托管

皮托管又称“空速管”“风速管”，是一种测量气流总压的装置，由 18 世纪的法国工程师亨利·皮托发明。严格地说，皮托管仅测量气流总压，又名总压管；同时测量总压、静压的才称风速管，但习惯上多把风速管称作皮托管。

皮托管是通过测量气流的压力来间接测量气流流速，它由一个圆头的双层套管组成，外套管直径为 D，在圆头中心 O 处开一与内套管相连的总压孔，连接测压计的一头，孔的直径 d 为 $0.3\sim0.6D$。在外套管侧表面距 O 约 $3\sim8D$ 的 B 处沿周向均匀地开一排与外管壁垂直的静压孔，连接测压计另一头，将皮托管安放在欲测速度的定常气流中，使管轴与气流的方向一致，管子前缘对着来流。当气流接近 O 点处，其流速逐渐减低，流至 O 点滞止为零。所以 O 点测出的是总压 p_0。其次，由于管子很细，B 点距 O 点充分远，因此 B 点处的速度和压力已经基本上恢复到同来流速度 v 和压力 P 相等的数值，因而在 B 点测出的是静压（如图 5.21 所示）。对于低速流动（流体可近似地认为是不可压缩的），由伯努利定理得确定流速的公式为：

$$v=\sqrt{\frac{2(p_0-p_j)}{\rho_q}} \tag{5.5}$$

式中 p_0——总压；

p_j——静压；

ρ_q——气体密度。

在风洞里利用皮托管进行流场测试时，可以采用单个皮托管对速度进行测量（如图 5.22 所示），也可以利用多排皮托管构成系统进行流场测量，利用皮托管系统进行测试时，需要将多个皮托管自上向下依次安装在移测架上（如图 5.23 所示）。利用皮托管测试风洞内流场要素时存在如下缺点：

（1）皮托管测试系统和移测架对流场产生的影响不易消除。

（2）皮托管测速的最小值是 0，无法测量负值风速，只能靠后期的数据处理。

随着测试技术的发展，利用粒子图像测试技术、粒子追踪测试技术进行流场测试成为可能，并可以弥补皮托管测试的不足之处，即使如此，皮托管仍然是风洞内流场测试的常规手段之一。

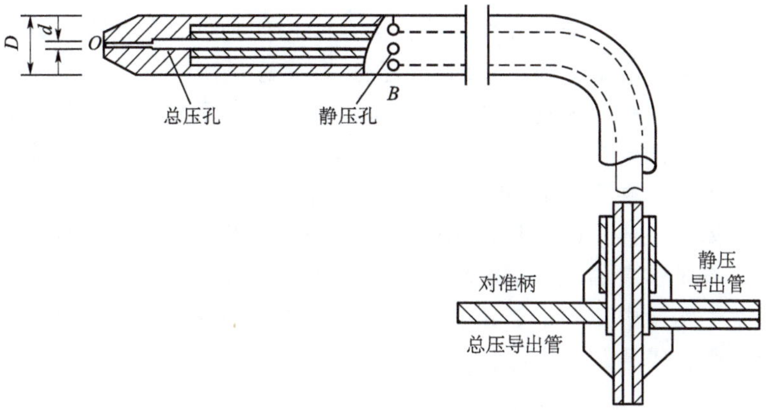

图 5.21 皮托管结构示意图

图 5.22 单个皮托管在风洞中的使用

图 5.23 皮托管测试系统在风洞中的使用

2. 集沙仪

集沙仪是一种在风洞中和野外都会用到的流场测试仪器，受风洞内测试空间的限制，一般在风洞内的集沙仪体型单薄、精巧，以减小对来流的干扰。风洞内的集沙仪可以根据需求设计成形式多样的梯形、矩形以及单个管口形式（如图 5.24、图 5.25 所示）。风洞内的集沙仪集沙口方向固定，也称为单向集沙仪。

单向集沙仪由多个纵向排列的集沙口组成，集沙口通常为 1～2 cm 的方孔，当风沙流沿水平方向进入集沙口后，沿集沙仪内部管道滑落至底部存沙器中，每一集沙口对应特定的存沙器，试验结束后称量各个高度集沙口收集的沙量，从而获得相应的试验数据。一般而言，为了不影响进沙效率，通常在集沙口背风侧设置泄压孔用来平衡大气压。

3. 粒子图像测速技术

粒子图像测速技术（Particle Image Velocimetry，PIV），是 20 世纪 70 年代末发展起来的一种瞬态、多点、无接触式的流场要素测速方法。PIV 技术的特点是能在同一瞬态记录下大量空间点上的速度分布信息，并可提供丰富的流场空间结构及流动特性。

PIV 技术除向流场散布示踪粒子外，所有测量装置并不介入流场，与其他常规测试手段相比，这是 PIV 测试技术的优点所在。另外，PIV 技术具有较高的测量精度。由于PIV技术的上述优点，已成为当今流体力学测量研究中的热门课题，因而日益得到重视。PIV测速方法有多种分类，无论何种形式的PIV，其速度测量都依赖于散布在流场中的示踪粒子，PIV法测速都是通过测量示踪粒子在已知很短时间间隔内的位移来间接地测量流场的瞬态速度分布。若示踪粒子有足够高的流动跟随性，示踪粒子的运动就能够真实地反映流场的运动状态。因此示踪粒子在PIV测速法中非常重要。在PIV测速技术中，高质量的示踪粒子要求为：（1）密度尽可能与实验流体相一致；（2）足够小的尺度；（3）形状要尽可能圆且大小分布尽可能均匀；（4）有足够高的光散射效率。通常在液体实验中使用空心微珠或者金属氧化物颗粒，空气实验中使用烟雾或者粉尘颗粒（超音速测量使用纳米颗粒），微管道实验使用荧光粒子等。

图5.24 风洞内的梯形集沙仪

图5.25 风洞内的矩形集沙仪

4. 粒子追踪测速技术

粒子追踪测速技术（Particle Tracking Velocimetry，PTV），是通过追踪单个粒子的运动轨迹计算其速度，能够实现较高的空间精度。PTV技术可通过两种方式实现：(1) 分析顺序采集的、曝光时间较短的多帧图像数据，匹配同一粒子计算其位移（速度）；(2) 计算较长曝光时间下的粒子光学轨迹长度。尽管后者具有成本低、实时性强、操作简便等特点，但其精度和处理复杂流动的能力尚未得到认可，所以目前的研究实践中大多以第一种方法为主。PTV测速技术的硬件系统由流体通道，示踪剂或分散相注入设备、光源、图像采集设备、通信设备等构成。

5.2.3 风洞试验中的相似准则

风沙环境风洞为低风速风洞。风洞各组成部分除了要满足上述要求外，最重要的一点是要满足流动的相似性。一般情况下，几何相似相对容易满足，在此条件下，只要满足动力相似，则运动相似也就满足了。因此，几何相似是运动相似和动力相似的前提条件和依据；动力相似是两个流体系统实现运动相似的主导因素；而运动相似则是几何相似和动力相似的表现和结果。

1. 相似原理

对于风沙运动而言，为尽可能确保试验结果准确可靠，必须保证风洞内气流流动状态与实际流动状态相似，即满足相似律的要求。两个流场是否满足相似律，可从几何相似、运动相似、动力相似、时间相似、质量相似、温度相似、黏度相似等来描述。但风洞尺寸和动力的限制，在狭小的风洞环境中很难同时满足诸多因素同时相似。在设计实验方案时，往往根据实验需求，有目的性地选择一些影响较大的参数进行试验。对于风沙运动的有关研究来说，风洞试验要尽可能地与野外实际情况相似，此时，需要满足以下三个要求：

（1）几何相似

几何相似就是这两种流体系统中对应点上的每种几何量都有一定的比例，做到这点就使得模型尺寸与原型两个流场的几何形状相似，各部分尺寸成一定比例。若下标 p 为原型，下标 m 为模型，则它们对应的几何量有如下比例关系：

长度比例

$$L_c=\sqrt{\frac{L_p}{L_m}} \tag{5.6}$$

面积比例

$$A_c=\frac{L_p^2}{L_m^2}=L_c^2 \tag{5.7}$$

体积比例

$$V_c=\frac{L_p^3}{L_m^3=L_c^3} \tag{5.8}$$

（2）运动相似

运动相似要求模型与原型的流场成几何相似，即两个流场中对应点的速度、加速度必须各自维持一定的比例关系，使两个流体系统的流线几何相似，从而模型与原型流场中的流体微团经过对应路程所需要的时间也必互成一定比例。

时间比例

$$T_c=\frac{T_p}{T_m} \tag{5.9}$$

速度比例

$$v_c=\frac{v_p}{v_m}=\frac{\dfrac{L_p}{T_p}}{\dfrac{L_m}{T_m}}=L_cT_c^{-1} \tag{5.10}$$

加速度比例

$$a_c=\frac{a_p}{a_m}=L_cT_c^{-2} \tag{5.11}$$

流量比例

$$\frac{Q_p}{Q_m}=\frac{L_p^3T_p^{-1}}{L_m^3T_m^{-1}}=L_cT_c^{-1} \tag{5.12}$$

（3）动力相似

动力相似要求模型与原型的受力成几何相似，即模型与原型的流场所有对应点作用在流体微团上的力方向相同，大小保持一定的比例关系，即它们的动力场相似：

$$F_c=\frac{F_p}{F_m}=\frac{M_p(a_c)_p}{M_m(a_c)_m} \tag{5.13}$$

2. 相似准则

在实际工程中，流体运动过程中常常伴随着许多力的作用，如惯性力、重力、黏滞力、压力、弹性力、表面张力、离心力等等。如果设法让这些力在模型与原型中方向一致、大小成比例，则模型和原型符合完全动力相似。但在实际过程中，这是非常困难的。此外，上述某些力时常不发生作用或者影响甚微，因此，解决实际问题时，可仅考虑惯性力和某一种主要作用力，得出模型与原型间各物理量的相似定律，即特别模型定律，弗汝德模型定律（重力相似定律）、雷诺模型定律（黏滞力相似定律）、欧拉模型定律（压力相似定律）、柯西模型定律（弹性力相似定律）、韦伯模型定律（表面张力相似定律）。在此，仅介绍风沙工程相关研究中常考虑的两种模型定律，即弗汝德模型定律和雷诺模型定律。

（1）弗汝德模型定律（重力相似定律）

在研究某些问题时，若目的是了解重力作用为主的运动现象，则应满足重力相似，此时重力为主要作用力，可将次要影响力忽略，则重力比例为：

$$(F_g)_c=\frac{\gamma_p L_p^3}{\gamma_m L_m^3}=\gamma_c L_c^3 \tag{5.14}$$

根据动力相似条件，惯性力比例与重力比例应相等，则有 $\rho_c L_c T_c^{-2}\gamma^{-1}=1$，故得

$$F_c=\frac{v_r}{\sqrt{g_c L_c}}=1$$

式中，F_c 为重力相似准数，或称 Froude 数，其含义是惯性力与重力之比，由缓流到急流过渡的临界值为 1。

设计模型时，若将重力作为主要作用力，其相似条件是模型与原型的重力相似准数 F_c 必须相等。则重力相似定律为：

时间比例

$$T_c=\sqrt{\frac{L_c}{g_c}}=\sqrt{L_c}\quad (g_c=1) \tag{5.15}$$

流速比例

$$v_c=\sqrt{g_c L_c}=\sqrt{L_e}\quad (g_c=1) \tag{5.16}$$

流量比例

$$Q_c=A_c v_c=L_c^2\sqrt{L_c}=L_c^{\frac{5}{2}} \tag{5.17}$$

力的比例

$$F_c=\rho_c L_c^4 T_c^{-2}=\rho_c L_c^4 L_c^{-1}=\rho_c L_c^3 \tag{5.18}$$

功率比例

$$P_c = \rho_c L_c^{\frac{7}{2}} \tag{5.19}$$

(2) 雷诺模型定律

设两相邻薄层流体垂直间距为 z，当上层流体受作用力 F 时，则上下两层流体将发生角变形，如单位面积上角变形所受到的剪力为 τ，则 $\tau=\mu\dfrac{dv}{dz}$，(式中 μ 为流体的动黏滞率)。

若两相邻薄层流体间的面积为 A，则其间的黏滞力应为：

$$F_u = \tau A = u\frac{dv}{dz}A \tag{5.20}$$

当运动的流体中黏滞力为主要作用力时，则原型与模型间黏滞力的比例为

$$(F_u)_c = v_c\left(\frac{dv}{dz}\right)A_c = v_c L_c^2 T_c^{-1} \tag{5.21}$$

按原型与模型动力相似的必要条件，黏滞力比例与惯性比例相等，即 $\rho_c L_c^4 T_c^{-2} = v_c L_c^2 T_c^{-1}$，可得 $(Re)_c = v_c L_c / v_c = 1$（式中 Re 为雷诺数，表示流体黏滞性运动的参数)。当黏滞力支配运动时，流体运动的相似条件为原型和模型的 Re 必须相等。

由于 ν 为流体的运动黏滞率，且 $\nu=\mu/\rho$，可得黏滞力相似定律：

时间比例

$$T_c = L_c^2 v_c^{-1} = L_c^2 (\text{若 } v_c = 1) \tag{5.22}$$

流速比例

$$v_c = v_c L_c^{-1} = L_c^{-1} (\text{若 } v_c = 1) \tag{5.23}$$

流量比例

$$Q_c = A_c v_c = L_c^2 L_c^{-1} = L_c (\text{若 } v_c = 1) \tag{5.24}$$

力的比例

$$F_c = \rho_c L_c^4 T_c^{-2} = \rho_c L_c^4 L_c^{-4} = \rho_c \tag{5.25}$$

功率比例

$$P_c = \rho_c L_c^{-1} \tag{5.26}$$

5.2.4 风洞试验方案设计

在进行与风沙相关的试验研究时，前期研究和后期试验论证都需要借助风沙环境风洞，它是我们研究沙粒起动、积沙迁移分布以及各种沙障模型参数的重要手段。根据测试研究目的不同，大致可分为流场试验、积沙试验和风蚀试验三种。

1. 流场试验设计

气流中不含有沙粒即为流场试验，属于净风运动问题。需保持模型和原型几何相似、气流运动相似。一般而言，进行流场试验时所需考虑的因素较少，主要是模型的尺寸及材料要合理。

模型尺寸首先要保持与原型几何相似。其次模型自身尺寸要合理。若模型太小，皮托管等测量仪器不便提取风速，过于贴近风洞底面后，受风洞边界层影响，风速与

实际风速会产生较大偏差；模型尺寸也不能太大，一般认为，模型迎风面积不得超过试验段横截面积的5%，即模型在风洞试验段中的阻塞度不得超过5%。总的来说，模型尺寸设计依赖于风洞尺寸，一方面与风洞试验段横截面的总面积有关，也受风洞底面边界层的高度控制。模型材料的选择也要合理，主要为避免模型在风环境下发生弯曲变形、撕裂破损等情况，模型变形会影响周围流场分布，对于精度要求较高的试验而言，测量数据的精度必然会大打折扣，另外模型发生破损，不但会影响试验进程，而且在高风速下，破损物还可能损坏后方皮托管等仪器。

2. 积沙试验设计

当气流中加入沙粒后，模拟气流就变成了风沙流，情况较净风条件复杂得多，主要是由于沙颗粒所引起的几何相似问题。风洞中若使用真实沙，则沙粒尺寸未保持几何相似，当模型比例为1∶20时，相当于沙粒尺寸扩大了20倍。若使用几何相似的模型沙，则会改变沙粒运动性质。因此，积沙试验主要为探究模型周围沙粒分布规律。

在风洞中进行积沙试验，根据供沙方式不同，分为风携沙和风吹沙两种情况。使沙粒从风洞试验段起点顶部开口均匀自由下落，在风力吹拂作用下吹向模型，形成风沙流，这种供沙方式称为风携沙；将沙源在试验段前端平铺至一定厚度，模拟沙质地表，来自收缩段的气流经均匀加速后将沙源吹起，形成风沙流，这种供沙方式称为风吹沙。设计积沙试验时往往需要研究不同风速下的积沙分布规律，而不同风速下的输沙量不同，输沙量随风速的增大而增大。因此，风速较高时，需要的沙量较多。另外，试验过程中需保持风沙流结构不发生变化，换言之，需保持沙源供给充足，避免发生试验后期沙源不足影响试验结果。

3. 风蚀试验设计

风蚀会破坏地表原有结构，造成干旱、半干旱地区土地沙化。风蚀治理方法可分为生物固沙措施、机械固沙措施和化学固沙措施。无论何种固沙措施，其原理都是通过减少地表可蚀性颗粒物或降低地表风速来实现有效控制风蚀。

在运用风洞试验手段进行相关研究时，需根据研究目标合理设计风蚀试验。首先，根据风蚀类型不同，可分为无沙风蚀和有沙风蚀。二者的区别在于造成风蚀的气流中是否含有沙颗粒。一般而言，沙颗粒的存在会明显加剧风蚀程度，因此，需根据研究区地表风蚀特点，风沙流特征及研究目的等确定风洞中的风蚀类别。同时，在设计风蚀沙盘模型时要保证其面积合理、具有一定深度，保证试验过程中沙盘模型不会被掏蚀至底部，从而影响试验结果。另外，在制作各个沙盘模型时，要尽可能保证除研究变量以外的其他影响因素尽可能一致，排除干扰项。

5.3 流体动力学数值计算

流体动力学计算（Computational Fluid Dynamics）基于OpenFOAM、CFX、STAR-CCM+、FLUENT等较为成熟的商业流体计算软件，其中OpenFOAM为开源流体计算软件，要求使用者具备较高的计算机编程基础。FLUENT软件的特点是功能强大，可以对各种复杂的实物、现象进行模拟计算，其计算结果的准确性得到行业广泛公认。本节以FLUENT软件为例对流体数值计算原理、计算模型选择进行阐述，并提供针对纯流场与风沙两相流数值计算的经典案例作为学习参考。

风沙防治工程的数值计算既涉及对各种沙障、路基结构以及微地形环境的流场计算，也涉及风沙气固两相流运动的数值计算。流体动力学数值计算是研究风沙运动的主要手段之一，流体动力学数值计算弥补了现场监测与风洞测试两种主要研究手段的不足之处。尤其是针对风沙防治工程中多种概化沙障模型的流场特性计算，数值计算能够较为精准地捕捉沙障对流场的扰动和控制特征。当只考虑线路周围的微地形、构筑物以及各种风沙防治工程对流场的影响和控制作用时为纯流场模拟计算，此时仅选择合适的湍流计算模型即可进行数值计算，当考虑风沙防治工程的阻截沙效果以及风积、风蚀作用过程时，则要继续选择合适的多相流模型进行后续计算，多相流计算仍然以基本湍流计算模型为基础。

5.3.1 流体动力学计算控制方程

流体流动要受物理守恒定律支配，对于所有流动的数值计算，流体动力学数值计算都要求解质量和动量守恒方程，对于包含传热或可压性流动，还需要增加能量守恒方程，对于有组分混合或者化学反应的流动问题则要增加组分守恒方程。因此，流体动力学计算的主要控制方程包括：质量守恒方程、动量守恒方程、能量守恒方程。

根据质量守恒定律，单位时间个体内因密度变化而减少的质量等于同时间内流出控制体的流体净质量的总和，由此可导出流体流动质量守恒方程的微分形式为：

$$\frac{\partial\rho}{\partial t}+\frac{\partial(\rho v_x)}{\partial x}+\frac{\partial(\rho v_y)}{\partial y}+\frac{\partial(\rho v_z)}{\partial z}=0 \tag{5.27}$$

式中 v_x、v_y、v_z——x、y、z 三个方向的速度分量，m/s；

t——时间，s；

ρ——密度，kg/m^3。

满足牛顿第二定律是动量方程的本质，该定律具体为：对于一给定的流体微元体，其动量对时间的变化率等于外界作用在该微元体上的各种力之和。依据这一定律，可导出 x、y、z 三个方向的动量方程为：

$$\frac{\partial(\rho v_x)}{\partial t}+\nabla\cdot(\rho v_x\vec{v})=-\frac{\partial p}{\partial x}+\frac{\partial\tau_{xx}}{\partial x}+\frac{\partial\tau_{yx}}{\partial y}+\frac{\partial\tau_{zx}}{\partial z}+\rho f_x \tag{5.28}$$

$$\frac{\partial(\rho v_y)}{\partial t}+\nabla\cdot(\rho v_y\vec{v})=-\frac{\partial p}{\partial y}+\frac{\partial\tau_{xy}}{\partial x}+\frac{\partial\tau_{yx}}{\partial y}+\frac{\partial\tau_{zy}}{\partial z}+\rho f_y \tag{5.29}$$

$$\frac{\partial(\rho v_z)}{\partial t}+\nabla\cdot(\rho v_z\vec{v})=-\frac{\partial p}{\partial z}+\frac{\partial\tau_{xz}}{\partial x}+\frac{\partial\tau_{yz}}{\partial y}+\frac{\partial\tau_{zz}}{\partial z}+\rho f_z \tag{5.30}$$

式中 ∇——矢性微分算子；

p——流体微元体上的压强，Pa；

τ_{xx}、τ_{yy}、τ_{zz}——分子黏性作用而产生的作用在微元体表面上的黏性应力的分量，Pa；

f_x、f_y、f_z——三个方向的单位质量力，m/s^2。

流体问题含有热交换时必须满足能量守恒方程其本质是热力学第一定律，即进入微元体的净热流通量加上质量力与表面力对微元体所做的功等于微元体中能量的增加，可得其表达式为：

$$\frac{\partial(\rho E)}{\partial t}+\nabla\cdot[\vec{v}(\rho E+p)]=\nabla\cdot[K_{\mathrm{eff}}\nabla T-\sum_{j}h_jJ_j+(\tau_{\mathrm{eff}}\cdot\vec{v})]+S_{\mathrm{h}} \tag{5.31}$$

式中 E——流体微团的总能，J/kg，包含内能、动能和势能之和，

$$E=h-\frac{p}{\rho}+\frac{v^2}{2};$$

h——焓，J/kg；

h_j——组分 j 的焓，J/kg，其计算公式为：

$$h_j=\int_{T_{\mathrm{eff}}}^{T}C_{p,j}\mathrm{d}T$$

其中 T_{ref}——参考温度，$T_{\mathrm{ref}}=298.15$ K；

K_{eff}——有效热传导系数，W/(m·K)，其计算公式为：

$$K_{\mathrm{eff}}=k+k_{\mathrm{t}}$$

其中 k_{t}——湍流热传导系数，根据所用的湍流模型来确定；

J_j——组分 j 的扩散通量；

S_{h}——包括了化学反应热及其他用户定义的体积热源项。

5.3.2 湍流计算模型

流体动力学数值计算实际上就是对上述流体动力学控制方程诸如质量守恒方程、动量守恒方程以及能量守恒方程进行数值求解，但是由于直接求解上述方程需要较大的计算代价，对计算机的运算能力要求极高，即使是最新的超算计算机也无法实现对各种复杂形状与边界条件下的模型计算。通常采用系综平均化方法进行流体动力学计算，即首先对流体动力学控制方程组进行时均化处理，利用处理后的方程组对流场进行计算，这种方法以雷诺平均模型为代表，雷诺平均模型即通常所说的湍流计算模型。对流体动力学控制方程组进行时均化处理后，质量守恒方程形式不变，动量方程即通常所指的 N-S 方程多出了一项 $-\rho\overline{v_i'v_j'}$ 未知量，将此项称为雷诺应力项，雷诺应力项的出现导致方程组无法封闭，不能直接求解。建立湍流计算模型的目的就是根据流体湍流的性质，建立附加条件，将雷诺应力项用已知量表示，从而使方程组封闭。雷诺平均模型（Reynolds Average Navier-Stokes Equations）是解决这一问题的一系列计算模型的总称，其中直接推导 $-\rho\overline{v_i'v_j'}$ 的输运方程的方法被称为应力方程模型，通过引入涡黏性系数求解的方法称为涡黏性模型，涡黏性模型是一种半经验的理论模型，其基于 Boussinesq 假设，认为雷诺应力项实质上体现了湍动产生的湍动应力，而湍动应力与黏性产生的黏性应力具有比拟性。因此，参考黏性应力的表现形式，将雷诺应力项直接用一个涡黏性系数和时均变形率张量来表示，即：

$$-\rho\overline{v}_i'\ \overline{v}_j'=\mu_t\left(\frac{\partial v_i}{\partial x_j}+\frac{\partial v_j}{\partial x_i}\right)-\frac{2}{3}\rho k\delta_{ij} \tag{5.32}$$

式中 $v_i'v_j'$——时均速度；

δ_{ij}——“Kronecker dela”符号（当 $i=j$ 时为 1，当 $i\neq j$ 时为 0）；

k——湍动能；

μ_t——涡黏性系数。

雷诺应力项作为未知量实际上是该涡黏性系数的不确定。因此，求解涡黏性系数 μ_t 成为解答湍流方程的关键所在，根据求解涡黏性系数的表达式引入未知量个数的不同，涡黏性模型又可分为零方程模型、一方程模型、二方程模型和多方程模型等不同形式，其中应用最为广泛的 $k-\varepsilon$ 方程模型就是属于二方程模型。

5.3.3 多相流模型

风携沙运动是沙颗粒在风场作用下的流动现象，是典型的气固两相流运动。针对风沙流运动进行数值计算，目前在工程中应用较多的是多相流连续介质力学方法，多相流连续介质力学方法中包括的模型主要有：单流体模型、多（双）流体模型、颗粒动力学模型和离散颗粒群轨迹模型。单流体模型是将多相流视为单一混合物的连续介质，对于风沙模拟不适合。多（双）流体模型（Multi-Phase model）是把多相流中的各相都分别看成连续介质，用各相的体积分数描述其分布，导出各相的守恒方程并引入本构关系使方程组封闭，其中对于两相流的情况则称为双流体模型。颗粒动力学模型和离散颗粒群轨迹模型是将由流体（气体或液体）和离散相（液滴、气泡、颗粒）组成的弥散多相流体系中，将流体相视为连续介质，离散相视作离散介质处理，这种模型一般称为离散颗粒群轨迹模型或离散相模型（Discrete Phase Model，DPM）。对拟研究的多相流问题，首先要估算分散相颗粒之间平均距离，进而可以估计颗粒相互作用以及颗粒相与连续相耦合的强弱，并根据各项评估指标选用合适的多相流模型。

定义颗粒含量率（particulate loading）β 为分散相与连续相的质量密度比：

$$\beta=\frac{\alpha_d\rho_d}{\alpha_c\rho_c} \tag{5.33}$$

定义分散相与连续相物质密度比：

$$\gamma=\frac{\rho_d}{\rho_c} \tag{5.34}$$

式中 α_d——离散相体积分数；

α_c——连续相体积分数；

ρ_d——离散相密度；

ρ_c——连续相密度。

由颗粒含量率 β 和物质密度比 γ 可估算分散相颗粒之间的平均距离：

$$\frac{L}{d_d}=\left(\frac{\pi}{6}\frac{1+\kappa}{\kappa}\right)^{\frac{1}{3}} \tag{5.35}$$

$$\kappa=\frac{\beta}{\gamma}=\frac{\alpha_{\mathrm{d}}}{\alpha_{\mathrm{c}}} \tag{5.36}$$

式中 L——平均距离；

d_{d}——颗粒的平均粒径。

当分散相体积分数处于较低水平时，分散相颗粒间平均距离较大，可以忽略分散相颗粒压力和黏性应力，因而可以采用 DPM 模型，当分散相体积分数达到一定的水平则要结合 Stokes 数做进一步判断。

采用 Stokes 数度量颗粒的动量非平衡程度，S_{t} 数定义为颗粒响应时间与系统响应时间之比：

$$S_{\mathrm{t}}=\frac{\tau_{\mathrm{d}}}{\tau_{\mathrm{s}}} \tag{5.37}$$

$$\tau_{\mathrm{d}}=\frac{\rho_{\mathrm{d}}d_{\mathrm{d}}^{2}}{18\mu_{\mathrm{c}}} \tag{5.38}$$

式中 τ_d——颗粒响应时间（也称为松弛时间或弛豫时间），代表颗粒与连续相动量非平衡松弛过程的快慢，在连续相速度为常数以及 Stokes 阻力条件下，颗粒相对于连续相的速度按指数规律衰减；

τ_{s}——系统响应时间，为系统特征长度 L_{s} 与特征速度 v_{s} 之比：

$$\tau_{\mathrm{s}}=\frac{L_{\mathrm{s}}}{v_{\mathrm{s}}} \tag{5.39}$$

当 $S_{\mathrm{t}}\ll 1$ 时，颗粒将紧密跟随连续相，采用 DPM 模型较为合适。当 $S_{\mathrm{t}}>1$ 时，颗粒的运动将独立于连续相，采用欧拉模型（双流体模型）较为合适。当 $S_{\mathrm{t}}\approx 1$，则可以采用 DPM 模型、混合模型以及欧拉模型中的任何一种模型，具体采用何种模型还要考虑相体积分数和计算量的大小。因此对于风沙运移及堆积过程的数值计算采用欧拉模型较为合适，沙障结构周围沙颗粒的运动轨迹方面的数值计算可尝试采用 DPM 模型求解。

5.3.4 流体动力学数值计算示例

5.3.4.1 示例 1：流场要素自保持性计算

针对风沙运动的数值计算，首先要建立物理计算模型，并参照工程实际目标合理设置各项边界条件。边界条件中的入口风速廓线分布、入口湍流分布等条件的设置至关重要。风在自然地表上运动时，其风速廓线分布具有保持性，因此所建数值计算模型的入口风速廓线分布与其在经过一段距离之后的风速廓线分布应该相似，这种分布规律称为自保持分布特性。风速廓线的自保持分布特性保证了数值计算模型的合理性，即数值计算模型的计算域入口处必须选取在湍流充分发展段，此时的速度廓线分布是不会随着流动的进行而变化，从而可以避免因不同的速度廓线分布对计算结果产生影响。

风沙运动数值计算的入口风速条件通常采用由地表沙面摩阻速度和沙面粗糙度表达的对数律风速剖面形式并遵循公式（3.31），湍动能计算采用式（5.40），湍流耗散

率 ε 采用式（5.41）。

$$k(Z)=\sqrt{D_1\ln\left(\frac{Z}{K_0}\right)+D_2} \tag{5.40}$$

$$\varepsilon=C_\mu^{1/2}k(Z)\frac{\partial v_*}{\partial Z} \tag{5.41}$$

式中 D_1、D_2——常数，根据风速数据拟合所得；
C_μ——湍流常数，取值为 0.09；
v_*——地表摩阻风速，取 0.4 m/s；
K_0——地表粗糙度，取 0.001 m。

根据实测风速数据拟合得到模型入口处风速廓线分布以及入口湍动能分布如图 5.26 和 5.27 所示。

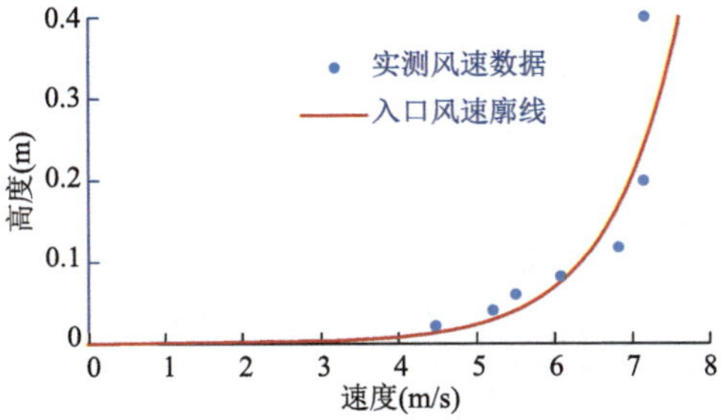

图 5.26 入口拟合风速廓线分布

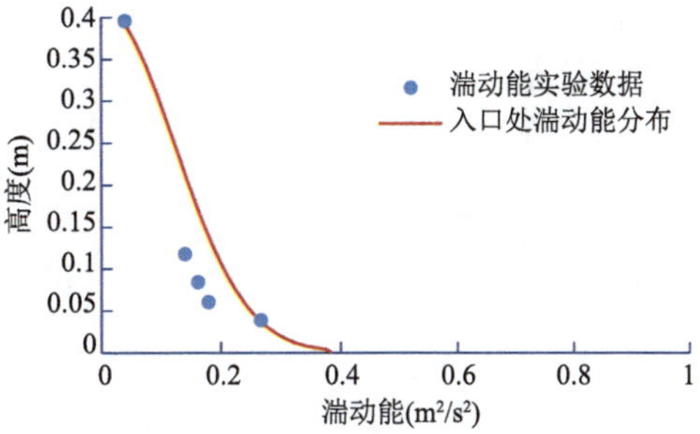

图 5.27 入口处湍动能分布拟合曲线

流体动力学数值计算模型的计算域取 4 m ×0.4 m，计算域中不设置障碍物模型，网格划分采用非均匀结构化网格划分方式。通过 UDF 编程命令调用模型入口边界条件（如图 5.28 所示），湍流计算模型选择标准 $k-\varepsilon$ 两方程模型，模型各项参数指定如图 5.29 所示。为了得到更加精确的计算值，动量方程、湍动能方程以及耗散方程的插值方式采用高阶 QUICK 方式，插值方式也称离散格式，是采用有限体积法对计算域进行离散化的格式，采用高阶 QUICK 格式能产生比二阶迎风格式更为精确的计算结果，参数设置如图 5.30 所示。

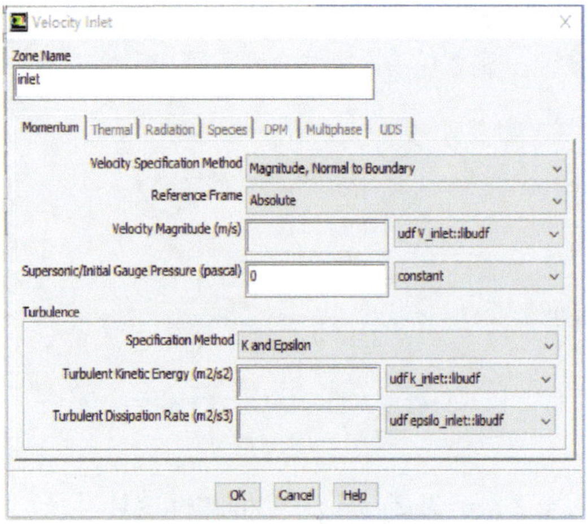

图 5.28 湍动能、耗散率及 UDF 设置

数值计算结果显示，入口与出口处的速度廓线分布基本一致，自保持性良好（如图 5.31 所示），证明采用数值计算对地表风的运动规律进行模拟计算具备科学性，湍动能虽然在流域局部出现误差，但是整体分布的自保持性合理（如图 5.32 所示）。

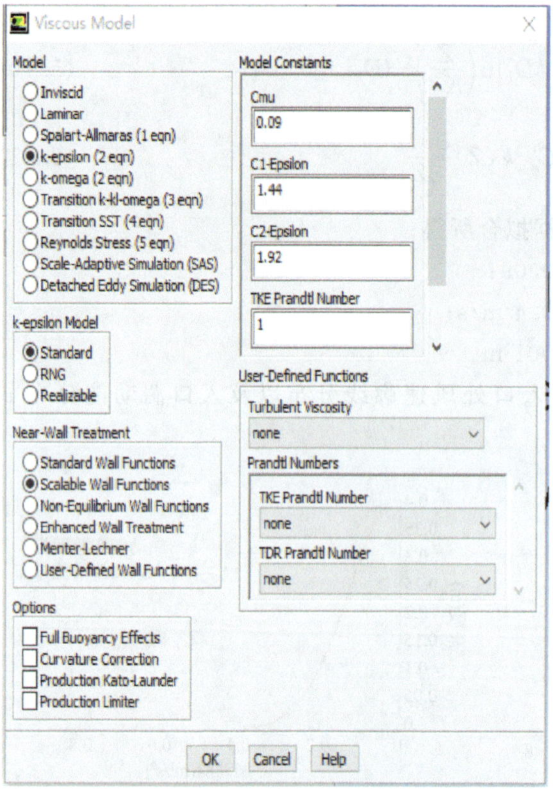

图 5.29　湍流模型及壁面函数设置

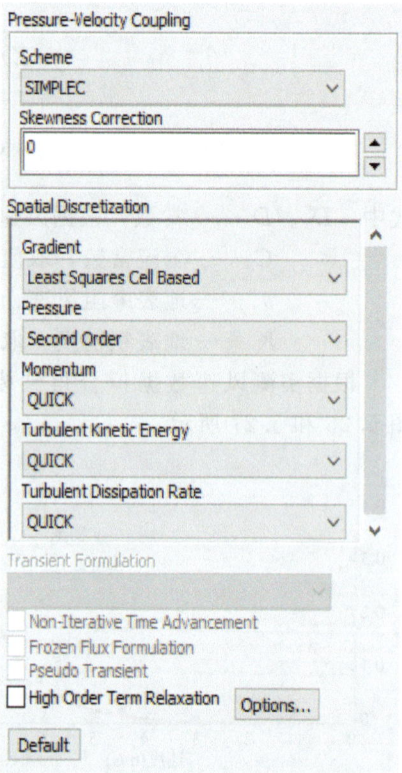

图 5.30　压力速度耦合及高阶离散格式

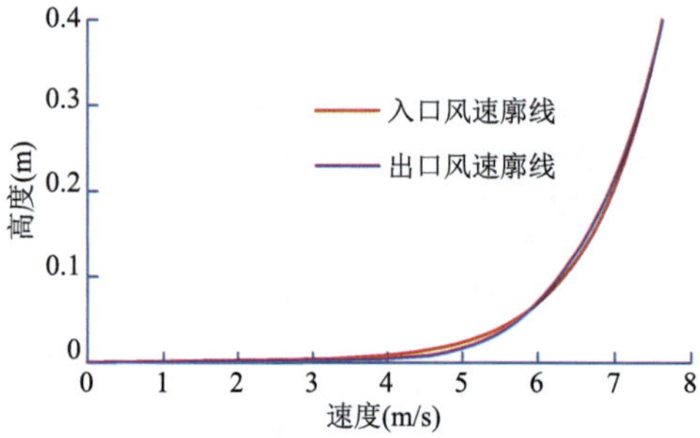

图 5.31　自保持入口与出口速度廓线分布

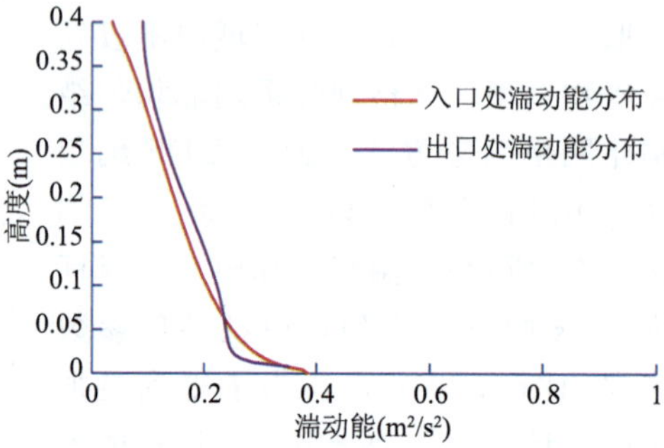

图 5.32　湍动能自保持分布

5.3.4.2　示例 2：风沙两相流输运计算

风沙运动是典型的气固两相流运动。基于 FLUENT 计算软件，建立 2D 计算区域，计算域高 1.0 m、长 2.5 m，其中沙层高度为 20 mm（如图 5.33 所示）。采用多相流模型中的欧拉模型进行建模计算，基于实测风速数据对入口风速廓线分布进行拟合计算（如图 5.34 所示），并采用 UDF 赋值模型入口边界条件。计算域采用不等距网格划分，对高度小于 100 mm 以下范围内的网格进行加密处理，网格高度间距为 1 mm、高度大于 100 mm 时，采用稀疏网格划分方式，网格间距为 5 mm。这样划分的目的是为了增强贴近地表计算域内的计算精度，因为风吹沙运动是贴近地表的两相流运动，风携沙运动主要发生在贴近地表的 100 mm 范围内。

图 5.33 2D 计算域不等距网格划分

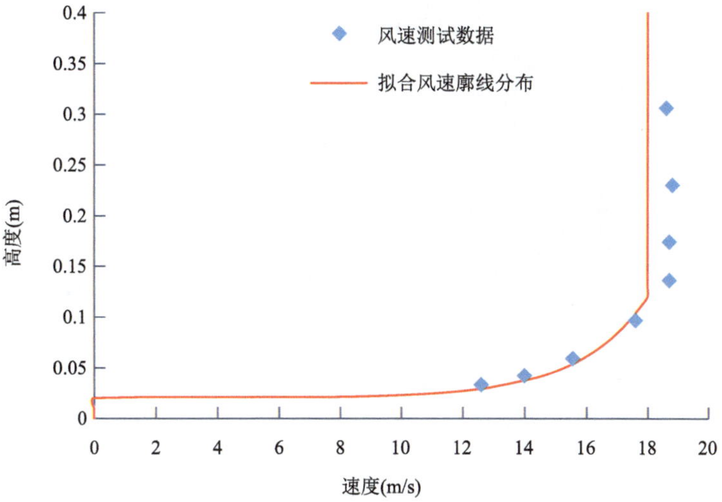

图 5.34 入口风速廓线分布

2D 计算域网格划分完成，进行 FLUENT 计算参数设定，由于沙粒和空气的密度相差较大，在风沙两相流计算过程中需要考虑重力的影响，设置垂向重力加速度值如图 5.35 所示。

然后进行湍流计算模型的选择。选择标准 $k-\varepsilon$ 两方程模型，根据第一层网格厚度以及壁面附近的速度可以算出 $Y^{+}<1.0$。因此，壁面函数选择加强壁面函数（Enhanced Wall Treatment）。风沙两相流计算需要对空气相和沙颗粒相分别进行湍流计算模型设定。空气相湍流计算模型设定如图 5.36 所示。

完成空气相设置后，进行多相流模型的参数设定。在多相流模型设定界面上，选择欧拉模型，相的数量选择 2（如图 5.37 所示），将主相材料设置为空气，将第二相材料设置为沙粒，沙粒直径设定为 0.15 mm（如图 5.38 所示），然后参照空气相设定第二相沙材料的湍流计算模型。

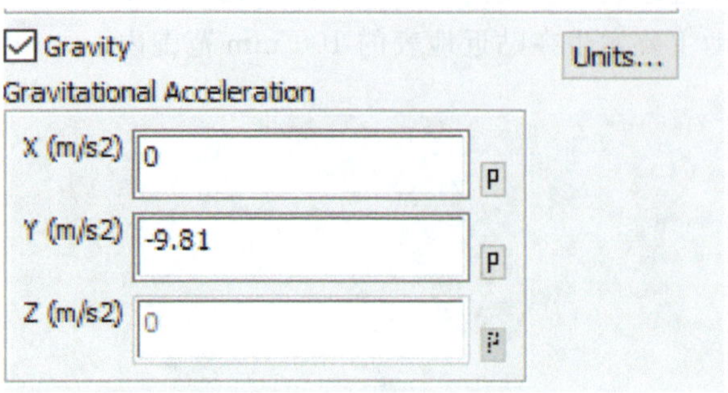

图 5.35　重力加速度设定

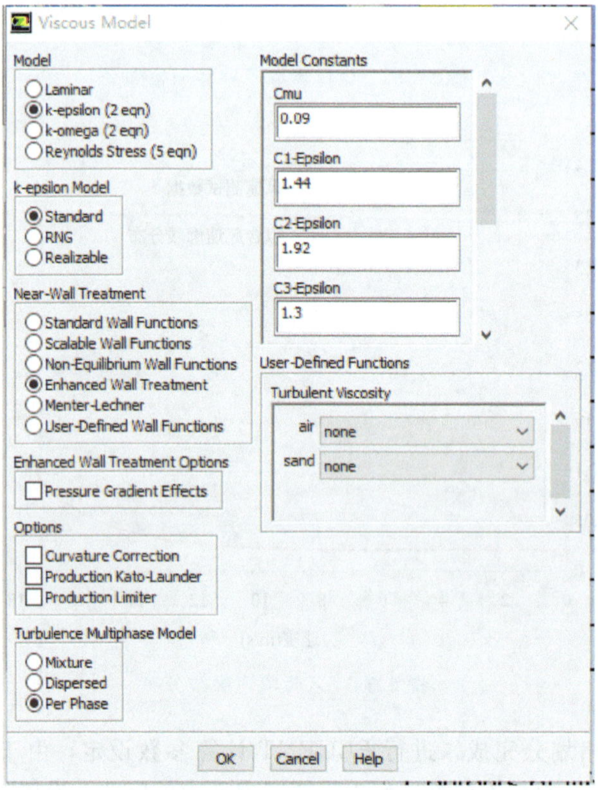

图 5.36　湍流模型及壁面函数

两相流各项参数设定完成，继续迭代计算参数设定（如图 5.39 所示），选择非定常计算，时间步为 2×10^{-3} s，保证大约为一个时间步经过一个网格单位。

数值计算收敛后，得到随高度变化的沙粒体积分数分布如图 5.40 所示，与野外风沙监测得到的输沙率规律相似。风沙输运云图如图 5.41 所示。在风力的作用下，风沙流场的入口至出口逐渐出现扬沙现象，沉积的沙层逐渐向下风侧后移，这与实际沙粒的迁移和沉积规律是相似的。因此，基于欧拉模型可以进行风沙两相流输运规律分析与计算。

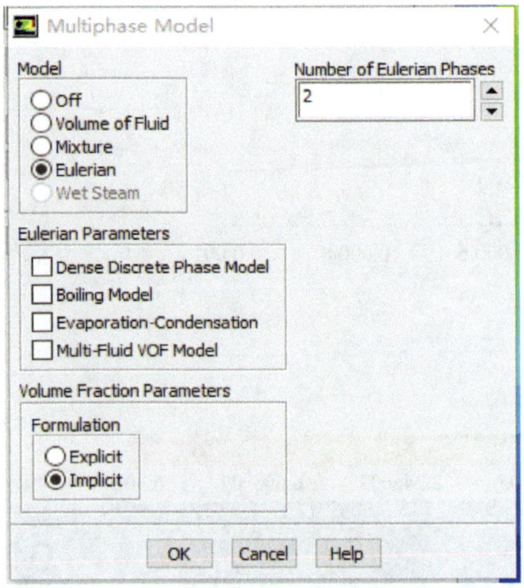

图 5.37 多相流模型设置

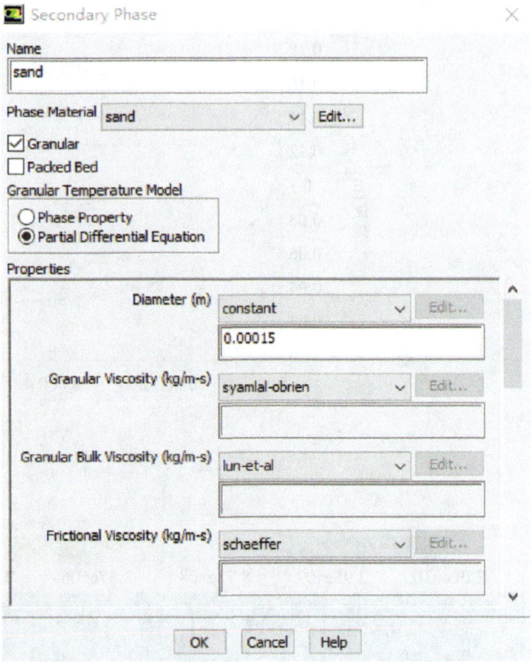

图 5.38 第二相沙颗粒设置

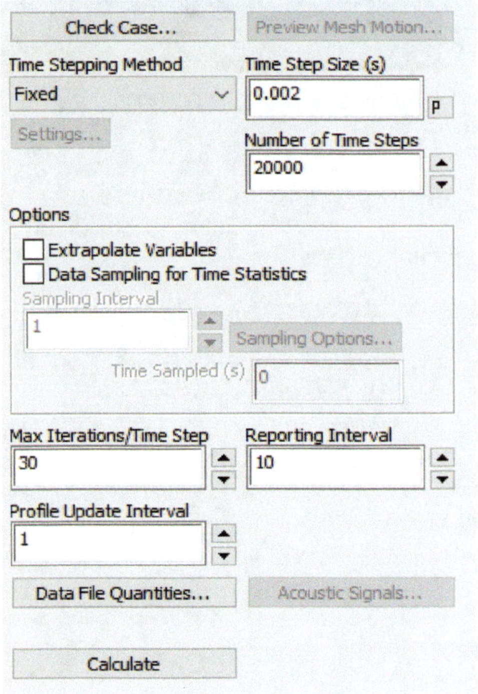

图 5.39 迭代计算设置

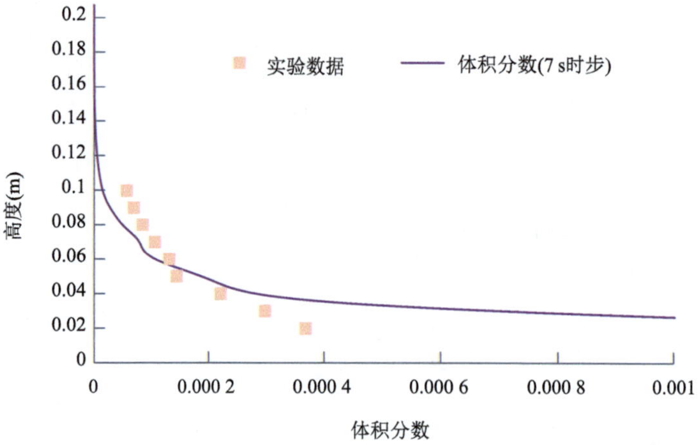

图 5.40　沙颗粒体积分数随着高度分布

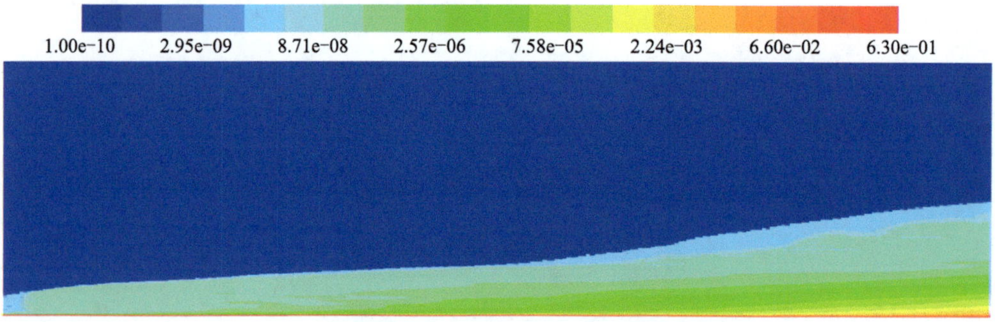

图 5.41　风沙两相流输运云图

6　风沙防治工程设计原理与方法

风沙防治工程包括机械式控沙工程、植物治沙措施和化学固沙措施。铁路途径的沙漠、戈壁地段多为自然条件极其恶劣区，在这些地区机械式控沙工程是风沙防治的主要手段，在自然条件相对不恶劣且能基本获取地下水或其他植物可利用性水源的地区，可尝试采用植物治沙措施。此时机械式控沙工程为植物治沙措施的实施提供前提条件和保障。多年的工程治沙实践证明，机械式控沙工程与植物治沙措施相辅相成、缺一不可，二者发挥着同等重要的地位。化学治沙措施从方法机理上与以上二者有一定的区别，从作用效果上看，固定地表隔断空气与松散沙面的接触，与机械式控沙工程中的平铺式沙障的机理类似。而化学固沙措施仅是一种辅助手段，单独使用效果不佳。因此，首先要厘清各种治沙手段的适用性以及治沙工程设计的影响因素，在风沙防治工程设计总体原则范畴内，全面掌握各种单体沙障的工作原理，并将机械式控沙工程与植物治沙措施有机结合，构建符合工程设计原理的风沙防治工程体系。

6.1　防治工程设计的影响控制因素

影响和控制风沙防治工程设计的主要因素有铁路沿线路基两侧尤其是迎风侧的微地形地貌环境因素、风况因素以及沙源供给条件因素。在风沙防治工程设计之初，首先要通过野外作业对沙漠铁路沿线的风沙要素进行调查，调查内容包括沙源成因、来源与分布情况，其次是利用对获取的风况数据进行统计计算分析。通过调查与统计分析摸清风沙防治工程设计的影响控制因素特征，在此基础上进行风沙防治工程的设计与实施工作。

6.1.1　微地形地貌因素

风沙防治工程的设计与实施布置受多种因素的控制影响，其最重要的影响因素是线路两侧的微地形地貌环境因素。风携沙运动至地形地貌发生变化的地段，风沙流场因近地表边界层内的地形起伏与下垫面性质改变而发生改变，流场出现局部增大、减小亦或发生风沙运行轨迹路线的改变。铁路路基以及线路两侧的各种风沙防治工程都属于人工地貌，各种沙障结构以及基于微地形地貌改变手段的治沙工程与措施都是利用了对来流的影响与控制以达到减少风速、卸载过境风沙流的效果。总结铁路沿线迎风侧的微地形地貌环境类型可概化为如下几类：平坦地形、上坡地形、下坡地形、凸起地形、凹陷地形（如图 6.1～图 6.5 所示）。

风沙地区铁路沿线迎风侧为平坦地形条件，此种情况较为多见，在风沙防治工程也把沿线地形起伏不大的地段都归入平坦地形条件。平坦地形上铁路路基呈现出较为规律的流场分区特征，路基迎风坡为降速区，路堤路肩为加速部分，而路基的背风坡为涡流减速区。

图 6.1 铁路沿线平坦地形与路基流场分区特征

上坡地形条件即在线路迎风侧随着来流逼近路基，地表高程逐渐升高，气流呈现爬坡势态。在上坡地形条件下路基周围的流场分区与平坦地形条件类似，不同之处是，路基迎风侧的降速区及路基被风侧涡流减速区加大，迎风侧路肩处加速效果更显著，亦可把这种条件下的来流称为上坡流。

图 6.2 铁路沿线上坡地形与路基流场分区特征

下坡地形条件即在线路迎风侧随着来流逼近路基，地表高程呈现降低势态，气流顺坡而下。这种下坡地形多为山前地形，路基落在了山体的风影区内，路基范围内的流场与其他地形条件下相比差别较大，此时路基范围都属于来流消减区，路基迎风侧的降速区和路基被风侧的减速区连成一片，迎风侧路肩没有加速区。

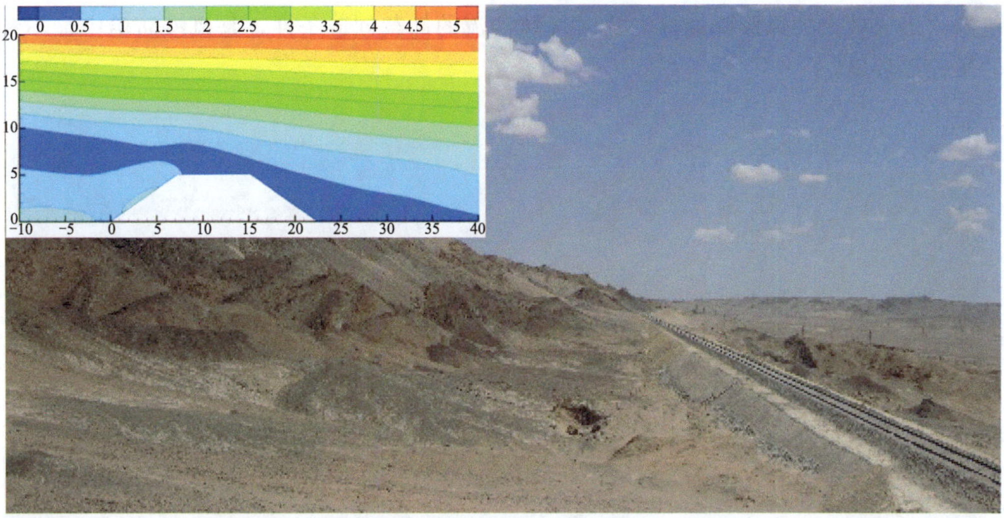

图 6.3　铁路沿线下坡地形与路基流场分区特征

凸起地形条件是指铁路路基迎风侧来流运动至线路附近时，经历了一个爬坡与降坡之后再运动至线路路基附近的地形条件。此种地形条件与平坦地形条件相比，凸起的地形对来流有一个阻挡降速作用，这种情况下路基周围的流场分区规律不变，但路基周围流场内风速呈现整体下降趋势。

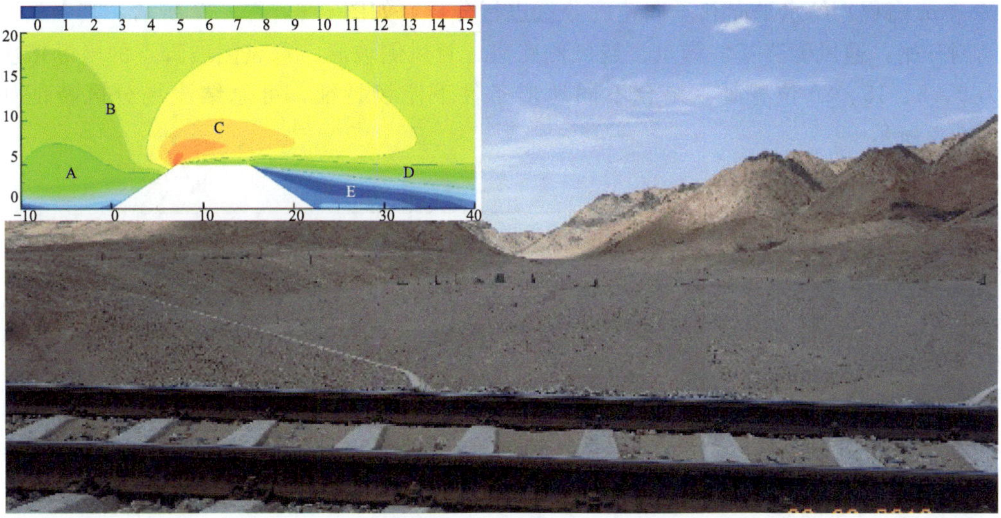

图 6.4　铁路沿线凸起地形与路基流场分区特征

凹陷地形条件是指铁路路基迎风侧来流运动至线路附近时，经历了一个降坡之后，紧接着就是爬坡，即路基迎风侧存在一个凹陷的微地形环境，路基周围流场分区中路基前降速区范围增大，致使凹陷地形内易形成过境风沙流的卸载积沙区。

过境风沙流运动至铁路路基时，在路基自身的路基边坡、路面轨道等人工地形的作用下，风沙流场出现分区特征，其中平坦地形条件下的路基周围流场分区特征主要是由路基本身的边界层效应引起，而其他诸如凹陷、凸起、上坡、下坡地形会加剧、减缓或改变路基周围的流场分区特征。各种地形中，下坡地形形成的下坡流会在路基范围内形成较大的风影降速区，为过境风沙流的卸载创造条件，是风沙防治中最不利的微地形环境。

图 6.5 铁路沿线凹陷地形与路基流场分区特征

为了进一步对比分析不同地形条件下来流在路基地表的流场差异，提取路基表面（0.1 m 高程）的水平向和垂向速度分量进行分析，如图 6.6、图 6.7 所示，其中从迎风侧开始，迎风侧路基坡脚点、迎风侧路肩、背风侧坡肩、背风侧坡脚点的坐标依次为 0、5、15、20 位置处。结合不同地形条件下流场特征，可总结流场分区特征如表 6.1 所示。

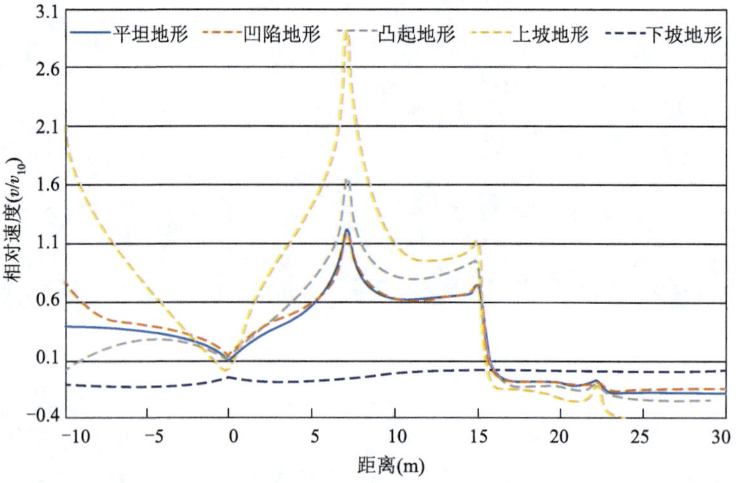

图 6.6 不同地形条件下路基表面水平向速度分量

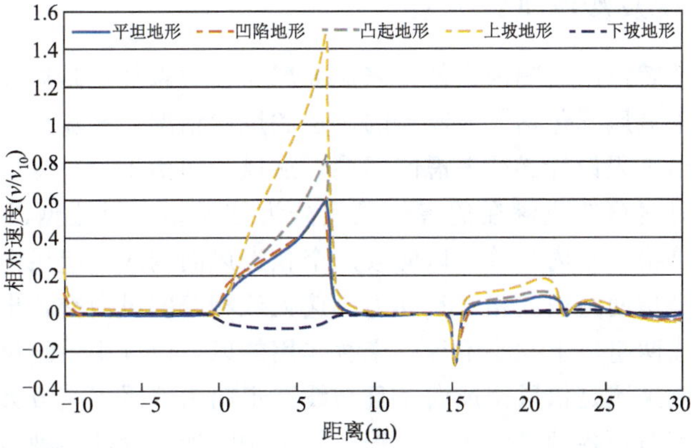

◎ **图 6.7 不同地形条件下路基表面垂向速度分量**

注：v_{10}为远方来流地表以上 10 cm 高度处风速，v 为路基表面 10 cm 高度处的风速。

表 6.1 路基流场分区特征

速度分区	标识	路基对气流的影响		对积沙的影响
		水平方向	竖直方向	
降速区	A	路基对气流产生阻碍作用，随着气流靠近路基，速度逐渐减小，在迎风坡坡脚处达到最小值	路基对气流逐渐产生微弱的抬升作用，气流速度在坡脚附近开始逐渐增大	由于速度的下降，导致携沙能力下降，沙粒容易堆积在该处
加速区	B	路基对气流产生汇聚作用，从坡脚到路肩，速度逐渐增大，在迎风坡路肩处达到最大值	路基对气流产生强烈的抬升作用，从坡脚到路肩，速度急剧增大，在路肩处达到最大值	由于流速增加，即使有沙粒沉积，也会被吹蚀
高速区	C	速度逐渐减小，由于路基的阻碍作用，流速较大	速度逐渐增大，在路基高度出现最小速度，随着高度增加，速度增加	速度很高，沙粒不会沉降，被风携走
恢复区	D	气流逐渐远离路基，路基对气流的扰动作用逐渐减弱，气流速度逐渐恢复到主流区速度	气流逐渐远离路基，路基对气流的扰动作用逐渐减弱，气流速度逐渐恢复到主流区速度	部分沉积
低速回流区	E	速度逐渐减小，上下层气流产生速度差，气流发生分流，形成了较小的逆压梯度，阻碍空气向前运动，出现回流	速度逐渐减小，在背风坡路肩附近处达到极小值，第一次出现下沉气流，形成涡旋流	速度降低且有旋流，沙粒容易沉积在该处

6.1.2 来流风况及沙源供给因素

除了微地形地貌控制影响因素外，来流风况与沙源条件也是风沙防治工程设计的关键控制因素。来流风况包括大于起沙的风速和风向情况，来流风向与铁路走向的相对角度是风沙防治工程设计必须考虑的问题。从风沙防治工程角度出发，并参照铁路的走向，通常把对线路造成潜在危害的风型分为信风型、对流型以及季风型三种类型。所谓信风型是指全年内为单一风向或几个相近风向构成一组风向占绝对优势的风向。对流型风向是指两组彼此相对且动力风速大致相等的风向交替出现的风型。季风型风向是指两组或两组以上大小不等、交替作用的风，但其中一组风力强劲。

如果铁路一侧来流是信风型风向，且与线路走向为近乎正交或大角度相交，则考虑在线路的迎风侧布置各种风沙防治工程，并考虑阻沙、固沙多种治沙手段相结合的防沙体系建立。在满足植物治沙生长环境的条件下，积极进行机械式控沙工程与植物治沙措施相结合的综合防沙体系建立。当来流是信风型风向，但与铁道线路小角度相交或近乎平行时，应考虑在采取阻沙、固沙措施的同时，积极采取输导措施，尤其是侧向输导工程措施。铁道线路的走向与风向的相对角度关系随着线路延伸一直在变化当中，充分利用线路一侧局部有利的地形或线路的桥涵工程，将沙输导至线路的下风侧。当线路两侧的来流为对流型风向时，则要考虑在线路两侧同时布置阻沙、固沙以及植物治沙相结合的综合防沙体系，对流风导致线路两侧防沙体系内的积沙随风向变化来回搬运，除了在控沙过程要考虑对流风的风况特点外，体系内的积沙处理以及线路上清沙都要考虑对流风的特点，不可简单地将线路一侧的积沙搬运至另一侧。对于季风型风况，在风沙防治工程设计中应针对风力强劲的主导风向进行治沙设计，同时兼顾针对非主导风向来流的辅助治沙设计。

沙源供给因素对风沙防治工程设计也起着制约作用。风沙防治工程最难解决的是过境风沙流在路基范围内的卸载积沙，即沙源来自线路迎风侧远方，只要有风，沙源源源不断，此时应考虑采用阻沙工程措施，并尽可能远离线路设置。而对于就地起沙形成的沙害，则以固沙工程措施为主要手段，沙害治理相对较为容易。风沙防治工程实践中发现，线路迎风侧沙源丰富时，则风力往往一般，当某地区风力强劲时，上风侧来流形成的风沙流往往是非饱和风沙流。新疆百里风区铁路线路两侧属于戈壁地表，风力强劲但沙源匮乏，高铁线路积沙问题一直难以解决：一方面是线路迎风侧的沙障采用通常的透隙率设计，透隙率偏大；另一方面，当风力强劲时，风携沙运动跃移高度值大，能够翻越一般高度的挡沙墙，运至线路路基挡风墙时，风速减小，细颗粒物质卸载，堆积在高铁封闭线路内。

6.2 铁路风沙防治工程设计总体原则

在风沙地区修建铁路时，应充分考虑线路周围风沙活动范围、风沙运动特征、沙源、风况、地表沙土质、植被、降水量、水文地质条件和建筑材料等情况，通过科学合理的设计，确定路基合理断面形式，防止路基遭受风蚀或沙埋。风沙地区的铁路修建在可行性研究、初步设计阶段应该遵循的总体原则如下：

（1）在风沙活动频繁地区，线路要尽可能选择靠近河岸、湖沼、潜水溢出等和灌从分布较多的固定和半固定沙丘地带。这一类地区风沙危害相对较小，易于设置防沙措施。线路走向要尽可能与主风向平行，并以路堤通过为宜（高度不小于 1 m），避免路堑通过。

（2）在戈壁风沙流地区和大风区风沙流地区，由于地表沙物质相对较少，气流中沙粒含量较少，沙粒跃移高度大，当风向与线路夹角较大时，又为浅路堑，宜采用展开式路堑。

①风沙流地区的路堑。为了防止少数越过防治工程的沙粒侵入道床以及防止路堑边坡风蚀物落入道床，宜在路堑坡脚设置宽度不小于 2 m 的积沙平台。如为满足清沙作业要求，平台应进一步加大，或采用不设侧沟而将侧沟底与平台连通的方式，既方便平台积沙，也便于清沙机械作业。

②大风区的路堑。当风力较大时才会出现沙害现象，所以浅路堑或者半填半挖路基地段，可以采用大型积沙平台的路堑断面形式，平台宽度可按一次风速较大的暴风（南疆线吐鱼段为 30 年一遇大风）所带来的沙量确定，一般不小于 8 m。

（3）半干旱荒漠带和干旱与极干旱荒漠带的风沙地区，降水稀少，若路基为粉、细沙层，则具有一定的渗水性，路基一般不存在积水问题，可不设路拱，路堤地段也可以不设排水沟。若路基断面全采用卵砾石土平铺 0.2 m 厚，则路基宽度按渗水土路基标准，否则按土质路基标准。

半干旱草原带和半湿润草原带的风沙地区，降水丰富，土层含水量较大，粉、细沙土路基可按土质路基标准。

（4）路堤的路肩和边坡部分为粉、细沙时，应采用卵石、砾石、黏性土（塑性指数 $I_p>7$）或其他不易遭受风沙吹蚀的材料覆面防护。采用粉质黏土填筑的路堤，当塑性指数 $I_p>4$ 时，路肩和坡面宜采用防护措施。大风区和风力较强的风沙流地区，应根据风力情况，对路肩和坡面防护措施适当加强。

粉、细沙路堑边坡和积沙平台均需采用不吹蚀的材料防护；如边坡土层系卵砾石且夹有砂层尖灭体或砂页岩互层，在长期风蚀下，易碎落、坍塌堆积在坡脚处，给积沙造就有利条件，故对其坡面宜采取防护措施。

（5）路基两侧的风沙防治工程，包括设防带与植被防护林带。设防带的防沙工程应按“就地取材、因地制宜”的原则，在平面上形成较为严密的防沙体系。

当地有条件营造防护林带时，宜尽可能采取植物治沙措施，例如在半湿润草原带、半干旱草原带和年平均降水量大于 100 mm，湿沙层含水量大于 2%的半干旱荒漠带以及地下水埋藏较浅或附近有水源分布的地区，应采用植物防沙。防沙林带宜采用“草、灌、乔相结合，先锋树种与后期树种相结合，本土树种与外来树种相结合”的布置原则进行种植。

当地无条件营造防护林带或者防护林带未形成规模前，应采取机械式工程防沙措施，具体如下：

（1）采用工程防沙时，宜区分流动沙丘和戈壁风沙流采取不同的防护措施。流动沙丘地段宜采取阻—固相结合的防沙模式。各防治工程的布设位置、尺寸及范围应根据风沙流特征确定。轻微防风沙地段，迎风侧防护带宽度宜为 100 m，背风侧防护带宽度宜为 50 m，其外布置阻沙措施；在中等风沙地段，迎风侧防护带宽度宜为150～200 m，背风侧防护带宽度宜为 100 m，其外布置阻沙措施；在严重风沙地段，迎风侧防护带宽度宜为 250～300 m，背风侧防护带宽度宜为 100～200 m，其外布置阻沙措施。

对于戈壁风沙流地段的风沙防治以阻沙为主，一般设置多道高立式沙障，因地表无积沙，不需要设置固沙措施。当输沙量较大时，可采取大方格沙障等阻沙能力强的工程措施进行过境流沙拦截。

（2）当风向变化幅度较大时，铁路沿线的防沙工程宜采用封闭式，以防止不同方向的沙源侵袭铁路。当风向变化幅度不大且与线路夹角较小（<30°）时，可结合周边的桥涵工程设置情况，采用输导沙工程因势利导地将积沙输导至线路下风侧，防止迎风侧阻沙工程周围积沙较多，延长其使用年限。

（3）防沙工程跨越沟谷或漫流地区，应注意防止暴雨条件下的水毁灾害，必要时可以采取导流措施，将洪水安全引流至线路另一侧。

（4）采用芦苇秆等易燃的防护材料时，应预防火灾发生，宜在路基坡脚以外 20 m 范围内采用不易吹蚀的土石铺设防火带。

（5）修筑线路形成的弃土堆和取土坑应设在线路背风侧。取土坑距路堤坡脚不小于 5 m，弃土堆距路堑顶边不小于 10 m、取土坑和弃土堆必要时应采取防护措施。另外，线路两侧各 500 m 范围内的植被和地表硬壳均不宜破坏。

（6）涵洞等线路附属构筑物易受沙埋或阻塞，设计中需特别进行细节设计，防止产生水毁等次生灾害。

6.3 沙障设计方法

机械式防沙工程以高立式沙障、低立式沙障和平铺式沙障为代表。由于铁路沿线风况、沙源、地质背景等条件的变化无常，各种沙障的设计只能给出定性的准则，在进行沙障设计时应在以下定性范畴内，根据具体条件进行适度调整。

6.3.1 高立式沙障

高立式沙障，的任务是拦截过境风沙流，通常布设在铁路沿线迎风侧整个风沙防治工程体系的最前沿。拦截过境流沙总容量大小是衡量高立式沙障设计是否合理的标准之一，要将来流所携带的沙拦截下来，需要高立式沙障具有一定的高度，而将积沙有效控制在高立式沙障的前后两侧一定宽度范围内则又需要高立式沙障有适度的透隙率（孔隙率），同时还要考虑与其他治沙措施共同发挥作用。基于此，高立式沙障的设计技术指标涉及沙障迎风板面结构的透隙率、沙障高度、沙障的走向、沙障之间的配置形式。另外，当考虑高立式沙障的抗风稳定性时沙障设计还与沙障材料力学性能有关。

6.3.1.1 沙障透隙率

高立式沙障的透隙率大小、透隙分布形式、沙障高度是高立式单体沙障结构设计最重要的三个参数（如图 6.8 所示）。透隙率大小决定了沙障对风沙流场的影响范围，合适的透隙率能将沙障的控沙功效发挥到极致，不合适的透隙率致使沙障在短时间内就失去了防沙功能。铁路沿线所途径地段确定后，其自然风况也就确定了，在确定的风况条件下，沙障透隙率越大，其沙障背风侧影响的范围越大，直至在较大的透隙率下，障后降速幅度太小而不能促使过境风沙流卸载流沙。研究发现，不透风结构高立式沙障消减风速有效距离为沙障高度的 10～20 倍之间，透风结构高立式沙障消减风速的有效距离是沙障高度的 20～30 倍之间；不透风沙障为两侧积沙，即迎风侧和背风侧都有积沙，迎风侧积沙顺风向延伸宽度范围约为沙障高度的 1 倍左右，背风侧积沙顺风向延伸宽度在 2 倍左右。透风沙障迎风侧很少积沙或不积沙（网式沙障除外，其机理后续章节有介绍），背风侧积沙约为沙障高度的 7 倍以上。透隙率越小，沙障对流场的顺风向延伸宽度影响范围就越小。实体沙障，积沙贴近沙障前后侧，当积沙掩埋沙障，形成以沙障为中心的积沙梁后，沙障控沙功能失效。综上所述，高立式沙障的透隙率初步选择的时候宜在 20%～30%之间（网式除外），再根据具体风况进一步确定。

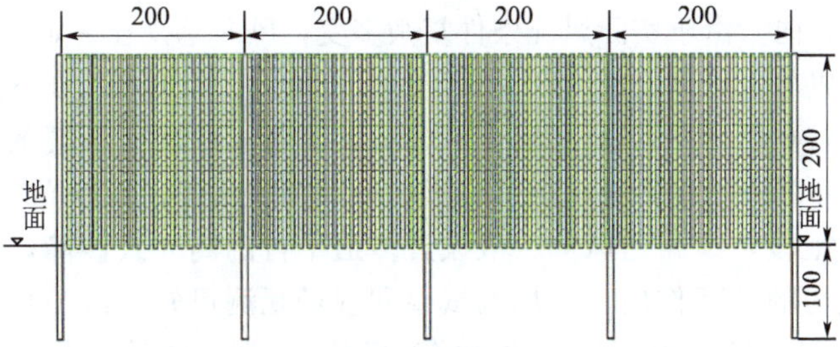

图 6.8 高立式沙障透隙设计结构图（芦苇沙障）（单位：cm）

6.3.1.2 沙障透隙分布形式

沙障的透隙分布形式是近些年来铁路防沙科研工作者逐渐关注的问题之一，其目的是为了进一步优化透隙参数，让沙障的积沙容量发挥到最大。防沙实践中发现，网式沙障防沙功效优良，但其缺点是均匀的透隙分布形式，导致沙障周围的积沙贴近沙障。经过透隙分布的重新设计，将网式沙障底部透隙率加大，其积沙不再贴近网体，积沙功效进一步增大，同理在戈壁铁路沿线进行高立挂板沙障设计时，由于戈壁地表风速大，沙障透隙率相对较大的情况下难以将过境风沙流中的积沙卸载，后经在挂板沙障一侧贴网改造降低透隙率，沙障很快进行积沙，但积沙贴近沙障。以上实践证明，高立式沙障的控沙性能与沙障材质无关，与透隙率大小及分布特征息息相关，如图 6.9 所示。

(a) 网式下部透隙率增大

(b) 挂板式透隙率较小

图 6.9 高立式沙障积沙效果

6.3.1.3 沙障的高度、间距与走向

沙障高度确定依据风沙防治工程中控沙容量工程设计需要而定，同时考虑工程的造价投资，在此基础上综合确定。一般沙漠地区高立式沙障的高度设计为 1.5～2 m，戈壁大风地区沙砾跃移高度大，沙障高度设计为 2～3 m。采用芦苇等植物秸秆材料进行高立式沙障设计时，沙障高度通常设计为 0.8～1.5 m。芦苇沙障高度设计除了因阻挡过境流沙的需要外，也与材料来源有关，设计高度值过大，沙障自身的强度低、耐久性差，积沙未满的情况下已经破损，高度大的沙障稳定性差，在大风吹袭下易倾倒，造价也大幅提高。设计高度过小，短时间内就会因积沙越过沙障而失效，需要多次维护和重建。

沙障的走向是指形成排的每道沙障的方位角，走向宜与迎风侧主导风向垂直，同时还要考虑线路的走向。由于实际风况条件复杂多变，风向总是在一定范围内波动，此时每道沙障可以排成与主导风向成 120°～150°的折线角。在风向多变的风沙地区，沙障走向方位的确定可以在使用中根据观测结果对不适当的部位进行必要的调整。工程实践中，虽然折线形沙障有使用案例，但直线形沙障因费用低廉、积沙均匀而被广泛使用。

在沙害严重地段，线路迎风侧一般设置多道平行的高立式沙障，相邻沙障间距主要考虑沙障对风力的消减作用，由风洞试验和现场观测可知，沙障降速的有效影响范围约为 $15H$～$20H$（H 为地面以上的沙障高度值）。高立式沙障与固沙方格措施之间也需要按照 $15H$～$20H$ 的宽度留出储沙空间，防止高立式沙障拦截下来的积沙将固沙方格措施掩埋。

6.3.1.4 现阶段高立式沙障存在的主要问题

现阶段铁路风沙防治工程中的高立式沙障在设计与实施过程中存在四个不足：

(1) 立柱和防沙网的使用寿命不一致，呈现柱强网弱的特点。立柱多由混凝土材料制作，坚固无比，但防沙网采用 PE 网材质制作，耐久性较差，防沙网的破损会导致整体防护体系的失效。防沙网一方面是由于在恶劣的自然环境中工程服役而发生的老化失效，另一方面是方形混凝土立柱尖锐的边缘切割导致的损坏。

(2) 工程防护体系设计使用年限不清晰。高立式沙障整体失效是因为积沙越来越多，最终积沙越过沙障无法继续拦截过境风沙，导致沙障失效。所以，采用高强度、长耐久性的混凝土制作的部分或全部高立式沙障体系实际意义不大，材料的耐久性应与高立式沙障被积沙掩埋失效时间大体匹配，避免工程材料性能的浪费。

(3) 高立式沙障失效不仅由积沙导致，也有很多是风蚀致使沙障基础部分外露而整体倒伏而失效。积沙掩埋需要至少几年时间，而倒伏却可以在短时间内的几场大风内发生，严重破坏了防沙体系的整体性。

(4) 采用混凝土材料的高立式沙障立柱体积大，浪费圬工，施工困难，急需研发便于施工、可循环使用且造价成本低的新型材料沙障。目前在格库沿线尝试使用的木立柱与加强“芦苇束”高立式沙障正是在这一治沙理念基础上进行工程设计与推广使用的。

6.3.2 低立式沙障设计方法

低立式沙障在风沙防治工程应用的主要目的是用来固定沿线地表、防止就地起

沙。因此，低立式沙障多以大面积方格沙障形式出现。低立式方格沙障以固定地表为主，同时兼顾截留少量前沿高立式沙障未能有效阻挡的过境风沙。

草方格沙障是铁路沿线最早大面积采用的低立式沙障形式，在工程实践中逐渐演化发展到现在出现的PE网、混凝土板、石、黏土等多种形式的方格沙障。各种方格沙障配置可以按照行列式、网格式等形式，具体布置依照当地具体风况和微地形地貌特征选择，风况主要考虑风的强度、频率以及铁路两侧风的危害程度，微地形地貌特征主要考虑沿线路基范围内的微地形以及沙丘地貌类型。草方格沙障使用最早、历时最长，其设计施工方法成熟，已纳入相关铁路标准和规范。以下以草方格沙障设计为例阐述低立式沙障的主要设计参数，其他方格沙障设计方法类似，可参考设计。

6.3.2.1 低立式沙障尺寸与外露高度

低立式沙障的尺寸与外露高度具有相关性，沙障地表外露高度越大，平面尺寸也可以相应加大。最常用的草方格尺寸为1.0 m×1.0 m，外露高度为0.2 m，这种草方格主要是麦草方格，受到麦草材料的力学性能限制，难以达到更大的外露高度。如果采用直立性更好的芦苇，外露高度可以达到0.3 m。随着各种新型土工材料的发展，外露高度已经不受限制，可以在0.3～1.0 m之间任意选择，随着高度的增加，受到风荷载的影响加大，固定网材难度在逐步加大，同时随着网格尺寸加大，可以节省网材的用量。当低立式沙障作为植物治沙的先期保护工程措施时，需要考虑沙障高度对植物种植和养护的影响，不宜过高。

6.3.2.2 低立式沙障平面布置形式

关于低立式沙障的平面布置形式，包兰铁路沙坡头试验段曾实验过三角形、菱形、圆形等多种方式，结论是方格形沙障防沙能力最强。方格形沙障可以阻挡各个方向的沙害，但材料消耗较多，如果风向单一，可以沿着垂直于主导风向的方向布设平行线形式的沙障。当低立式沙障作为植物治沙的先期保护工程措施时，沙障与给水管道存在交叉干扰，应综合考虑施工的便利性进而确定沙障的合理布置形式。

6.3.2.3 低立式沙障施工步骤

在铁路沿线设置草方格沙障（如图6.10所示），其施工应遵循以下步骤：在沙丘的迎风坡先设置主带，后设副带，从迎风坡下部开始，先设置主带，主带与主导风向垂直，并考虑地形因素。其布置流程如图6.11所示。根据经验，在沙丘背风侧，也可先设置副带，再自上而下设置主带（如图6.12、图6.13所示）。

图6.10 铁路沿线草方格沙障现场施工

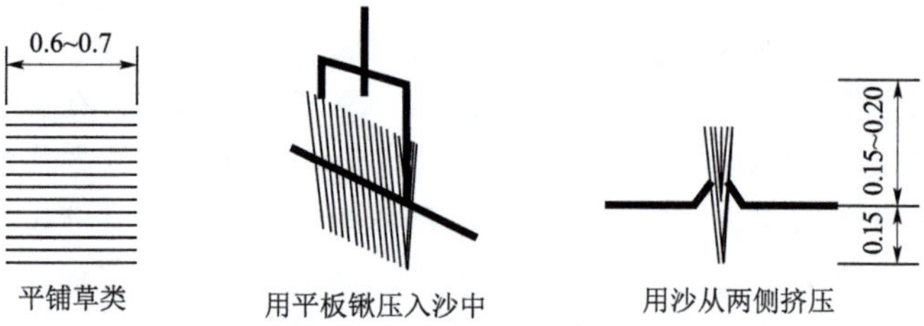

图 6.11　草方格布置流程图（单位：m）

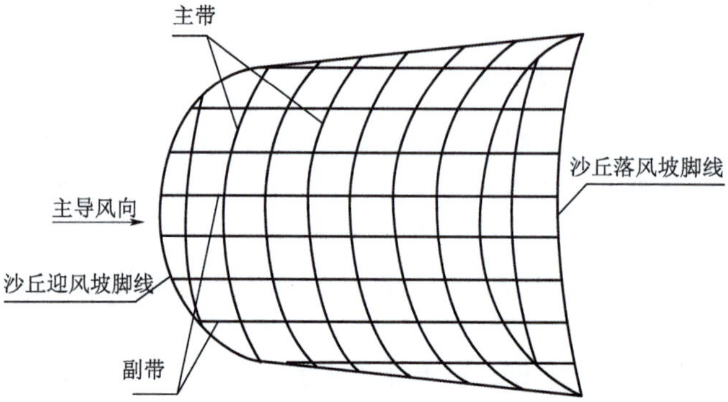

图 6.12　草方格沙障平面布置示意图

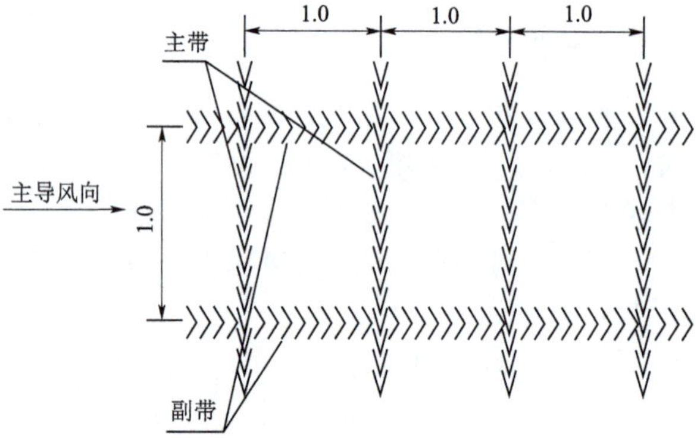

图 6.13　草方格设计大样图（单位：m）

6.4　常用机械式控沙措施及原理分析

6.4.1　机械式沙障控沙原理

机械式沙障种类繁多，各有千秋。各种机械式沙障的设计遵循风沙两相流运动科学原理，则能起到良好的防沙效果并实现控沙目的，但设置不当，可能达不到预期的防沙效果，还会带来一系列工程技术问题。因此，为了有效应对不同地质背景条件下（沙漠、戈壁、荒漠）铁路沿线风沙灾害防治的需求，需要对各种机械式沙障的流场机理、防风阻沙功效进行细致而系统的研究。以下采用沿线现场监测、室内风洞测试以及 CFD 流体动力学数值计算分析等多种手段，全面揭示铁路沿线各种机械式沙障控沙机理。

1. 沙障阻沙原理

阻沙的作用原理就是利用带有一定透隙度的平面沙障结构物来阻滞风沙流，沙障结构物对周围风场施加一定的拖拽力、消减气流动能来降低气流携沙能力，从而迫使沙粒沉积在阻沙工程周围。常见的阻沙工程的力学模型都是平板绕流，但区别在于，真实情况下，地表流场为剪切流而不是均匀流，板面也不全是实体平板，结构形式多样。按使用材料不同分类，阻沙工程措施都是以高立式沙障呈现，而高立式沙障按照透隙开孔及透隙分布特征，可分为纵向开孔类沙障、横向开孔类沙障、均匀开孔类沙障以及非均匀开孔类沙障，其中纵向开孔类沙障有轨枕式挡沙墙、芦苇束式沙障，而横向开孔类沙障则有挂板式、插板式、斜插板式等形式，均匀开孔类沙障则有高立式 PE 网式沙障、金属孔板沙障等类型。从结构特点来看，上述沙障也都符合“平板”这一基本结构，因此，这类阻沙工程周围的流场特征基本相似，均有明显的障前降速区、障后涡流区和沙障上方加速区生成，形成明显的流场分区。究其原因为平板是一种带尖缘的钝体，当气流受板面挤压后在板面迎风侧形成减速区，气流接触板面后沿板面向上流动并在平板上端产生分离，形成强剪切层，绕过板端的气流部分向上流动形成加速区，另一部分气流向下流动形成涡流区。阻沙工程的空气动力学特性和防护效果取决于其几何特征，包括高度、长度、厚度、透隙率、开口尺寸、透隙分布及透隙形状等，大量科学研究和工程实践证明，沙障的高度、透隙率、透隙分布、开口尺寸等沙障物理特征是控制和影响沙障阻沙效果发挥的关键设计参数。

2. 沙障固沙原理

固沙的作用原理就是利用材料固定和保护地表，将易被风沙吹蚀的疏松分散沙层变为固定或半固定地表，固定和半固定地表的力学性质不同。固定地表上的沙土颗粒黏结在一起，形成一光滑的平面，虽然气流仍然能作用于沙粒表面，但受力的不再是单独细小的沙土颗粒，气固两相流的速度之比 $v_{固}/v_{气}$ 趋于零，而密度之比 $\rho_{固}/\rho_{气}$ 趋于无穷大，不符合两相相干的条件。所以，地表不产生沉积波，沙土颗粒不移动，也就不会发生风蚀危害。另外，固定床面光滑且弹性好，过境风沙流阻力小、沙粒弹跳高度大，有利于风沙流输移。这一类固定措施常采用化学类的固沙剂或各类新型固沙材料。对于半固定地表，其力学性质处于固定地表和疏松地表之间。可以认为，在得到充分保护时，其作用效果趋于固定地表，而在保护不足时，其作用效果趋于疏松地表。因此，为了确定其保护程度，可以使用半固定地表的临界起动风速来判定，当临界起动风速不小于该地区常见风速时，可认为其保护是充分的；当临界起动风速低于该地区常见风速时，则认为其保护不足，应当采取补救措施。

3. 沙障输导沙原理

风沙输导原理可分为输和导两部分，即输沙原理和导沙原理。输沙原理即采用输沙工程以减少风沙流运动过程中的沿程阻力，通过工程前后能量的再分配，加强贴地或上扬风沙流的运动能量，克服由于工程曲折和地表不平整引起流体分离而产生的压差阻力和重力。由流体力学和风沙物理学可知，地表阻力主要包括摩擦阻力、压差阻力和活动沙面阻力三个部分。输沙原理则就是分别针对地表阻力的三个组成部分进行消减处理，采用输沙工程尽量减小地表起伏及粗糙程度就是减小地表摩擦阻力的有效方式。压差阻力又称涡漩阻力，是由于地形起伏、工程表面曲折引起流体分离而产生的。采用输沙工程措施时，尽量做到改变地形上的一切不良扰流部分，使流体能不分离地顺利通过。活动沙面阻力指的是，由疏松沙土颗粒组成的表面，在风力作用下地表上的颗粒就会运动起来，从而阻滞过境风沙流的运动。输导工程则采取封闭或者固定风沙流过境的沿程地表面。导沙原理则是利用流体的运动特性，因势利导，不改变风沙流运动的强度，仅改变风沙流的运动路径，消减风沙流对被保护目标的直接破坏。

6.4.2 机械式沙障的类型

机械式沙障的概念是相对于采用植物治沙措施而提出的，采用植物治沙最显著的特点是在增大地表粗糙度和有效消减地表风速的同时，随着地表积沙的增多植物自身也在增长，有效的植物治沙过程属于动态治沙措施。而机械沙障是采用机械的、静态的手段诸如采用柴、枯草、树枝、黏土、卵石、板条以及混凝土、PE 网、波纹金属孔板等工业材料，在地表沙面上设置各种形式的障蔽物，其目的在于控制风沙运动的方向、速度、结构进而改变风蚀状况，针对被保护的工程目标进行防风阻沙、改变风对微地形地貌的作用。机械式沙障是工程治沙的主要措施之一，在自然条件恶劣地区，也是植物治沙的先期保护工程措施和必要条件。多年来中国铁路治沙工程实践的经验表明，机械式沙障和植物治沙是相辅相成、缺一不可的，发挥着同等重要的作用。经过不断改进、创新，并得益于材料、数值模拟和机械设备等多行业的支撑，机械沙障逐步发展成为在铁路、公路、水利、工矿等基础建设中广泛应用的防沙、治沙措施。

机械式沙障种类繁多，依据划分标准不同，可以分为多种形式（如图 6.14 所示）。

按照材料分类，有柴草沙障、黏土沙障、砾石沙障、树枝沙障、PE 网沙障、波纹金属板沙障以及混凝土沙障等沙障类型。

按沙障高度分类，可分为高立式沙障、低立式沙障以及平铺式沙障。按照高度亦可分为高立式沙障、立式沙障、半隐蔽式和隐蔽式沙障。对于隐蔽式沙障大多数文献只是在定义上给出，未明确指明具体是何种形式，铁道科学研究院在针对包兰铁路修筑初步报告里有针对隐蔽式沙障的阐述，指沙障出露地表不大于 20 cm，埋入地表不小于 20 cm 的低立式沙障，而在其他极少文献也有将大面积覆盖沙质地表的防治沙颗粒被空气流带走的覆网、稀泥抹面、粗砾石覆盖、平铺草等措施称作隐蔽式沙障。

按照沙障布设方式，分为固定式沙障与移动式沙障。常见的沙障类型都属于固定式沙障，移动式沙障可拆卸，可根据风沙防治工程需求进行拆卸、移动、再组装。

按照沙障的透隙率，可分为透隙式沙障和不透隙式沙障，其中透隙式沙障又根据透隙率的大小进行详细分类。

若从沙障对过境风沙流的控制作用进行分类，又可以分为阻沙沙障、固沙沙障以及输导沙障。其中，阻沙沙障多用以拦截迎风侧远处风携裹而来的沙。考虑到风沙运动的三种形式，且以蠕移、跃移的沙颗粒为主要组分形成积沙病害特征，阻沙沙障多以高立式为主，其高度通常在 1.5～2.0 m 之间，阻沙沙障对过境风沙流中流沙的卸载作用不能简单地理解为在一个固定高度上的拦截，应该是在阻沙沙障背风侧形成的一个减速范围，这个范围有一定的高度和长度值。固沙沙障是以固定当地地表沙源为主要目的，同时兼顾部分未能被迎风侧阻沙沙障拦截的过境风沙流。固沙沙障都以低立式方格布置呈现，方格的边长在 1 m 左右，高度通常设置为 30 cm，其设置依据参考了野外风沙运动实测结论，即风沙运动过程中 90%以上的跃移颗粒都在地表附近 30 cm 高度范围内。输导沙障是高立式沙障的一种类型。

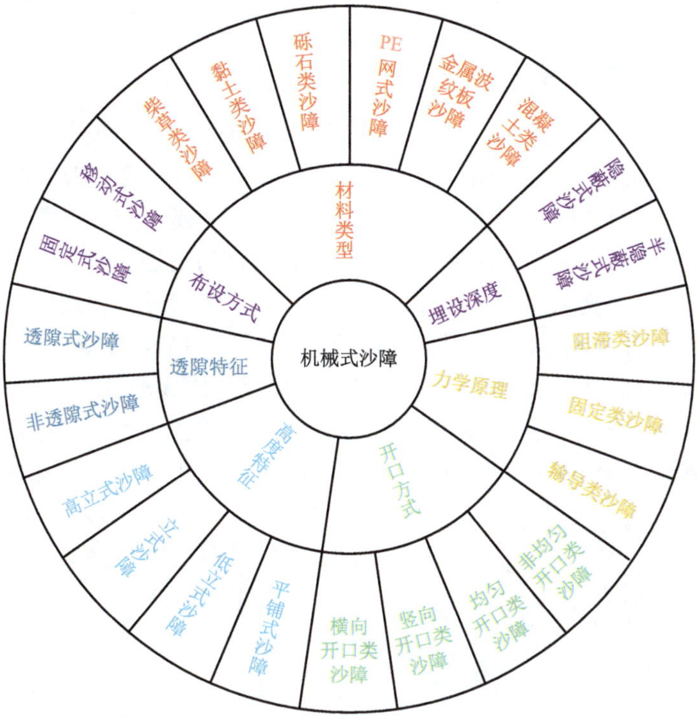

图 6.14　机械式沙障分类

除了侧向输导沙障按照不透实体单元设计以外，其他类型的高立式阻沙沙障多以开孔透隙形式设置，无论透隙分布形式如何，只要透隙率小于临界透隙率值（网式沙障除外），阻沙沙障周围流场都存在几个典型的流场分区，分别为障前降速区、障后涡流区、障后减速影响区以及沙障背风侧斜上方的加速区（如图 6.15 所示），随着风速的改变或沙障透隙率的改变，这几个特定分区会发生移动，但整体规律一致，当沙障透隙率超过临界透隙率值（最优透隙率）后，沙障后涡流区消失，沙障背风侧加速区弱化的同时向下移动，沙障迎风侧降速区弱化，沙障后减速区范围扩大并向后方移动。机械沙障中以高立式阻沙沙障的设置最为关键，且其形式多样、种类繁多，为了厘清各类阻沙沙障的阻沙功效，从各种沙障控制风沙流场的规律并综合考虑沙障的透隙及迎风开孔方式不同，可将机械式沙障中起阻沙作用的高立式沙障概化为如下几类：竖向开孔类沙障、横向开孔类沙障以及均匀开孔和非均匀开孔类沙障。以在我国铁路沿线广泛使用的各类沙障为例，逐类进行分析，情况如下。

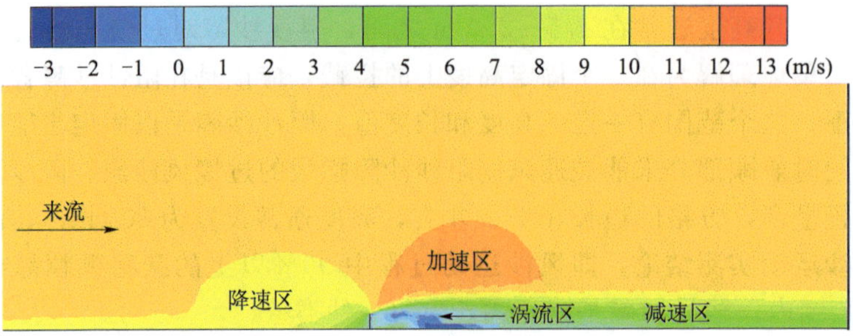

图 6.15 阻沙沙障周围流场分区示意图

6.4.3 竖向开孔类沙障

竖向开孔类沙障的结构特点为，构成沙障主体的条状构件呈竖向排列，构件彼此间保持一定间距以形成一定的透隙率。竖向开孔的显著特点是仅通过改变构件之间的排布间距就可以达到调整沙障透隙率的大小，以适应不同风沙地区的防护需求。当来流风速恒定时，竖向开孔类沙障其沙障周围流场分区的变化随透隙率的变化发生迁移变化。图 6.16 是在迎风侧来流风速为 9 m/s 时，竖向开孔透隙率由 5%逐渐增大至 30%时，沙障前后流场演化发展规律。沙障背风侧流场演化特征明显，即涡流区、减速区规整，减速区包裹着涡流区。随着透隙率增大，涡流区核部范围逐渐较小，涡流区远离沙障。涡流区远离沙障的同时，减速区逐渐增大，且减速区以涡流区为中心对称在涡流区前后出现。当透隙率增加至 30%时，涡流区依然存在，但涡流区的负向回流速度降低。

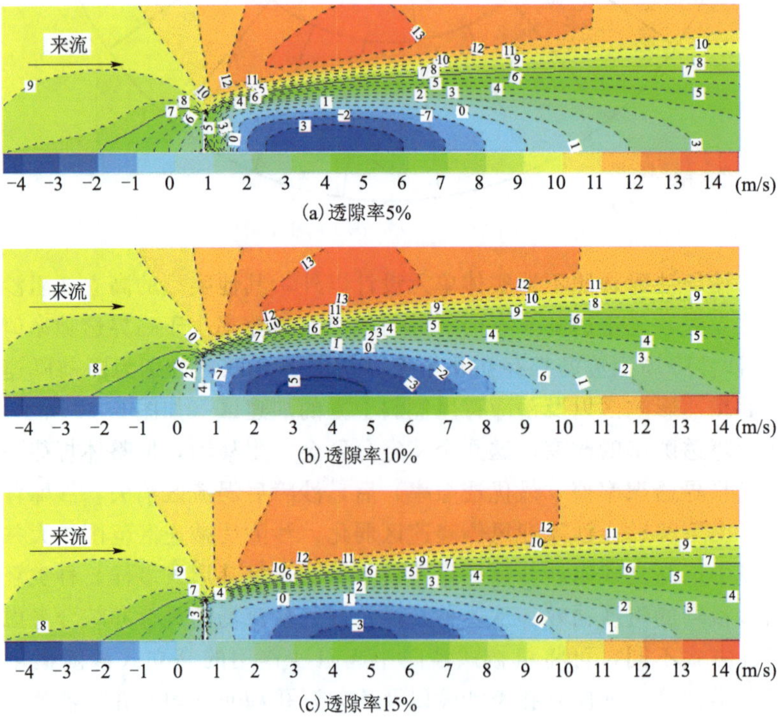

图 6.16

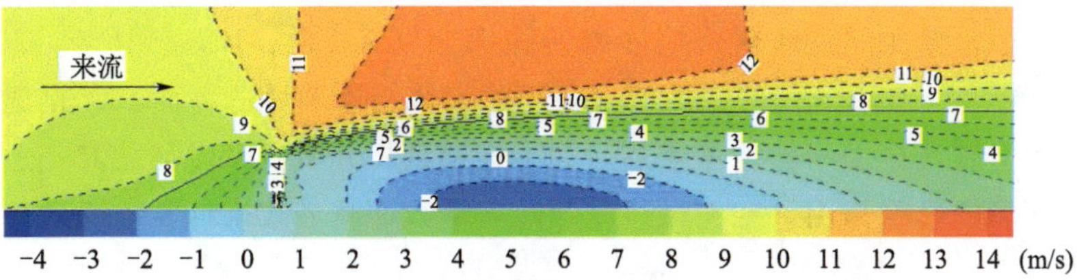

(d) 透隙率20%

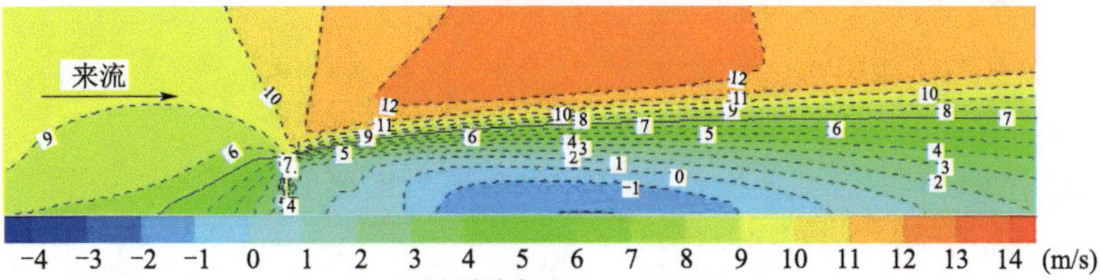

(e) 透隙率25%

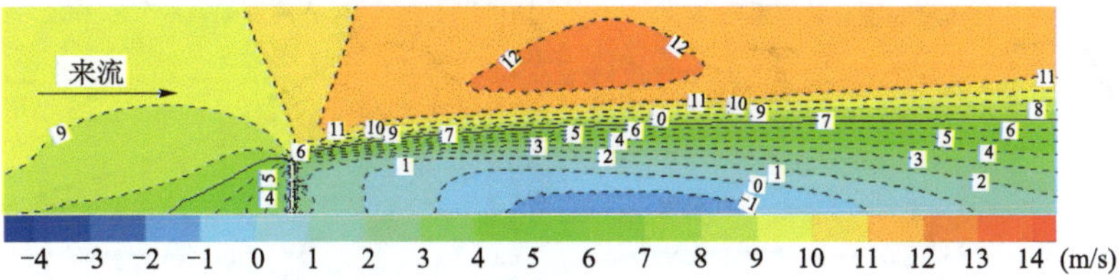

(f) 透隙率30%

图 6.16 竖向开孔类沙障障后流场随透隙率变化的演化云图（来流风速 v=9 m/s）

符合竖向开孔类特征的高立式阻沙沙障主要有轨枕式挡沙墙、高立式芦苇沙障以及用其他材料按照竖向排列模式构建的沙障。

6.4.3.1 轨枕式挡沙墙

轨枕式挡沙墙由废旧轨枕并排埋设而成。实际工程中，将废弃轨枕直接插入地下，并用钢绞线串联增加其整体稳定性。轨枕一般为线路废弃材料，早期为木轨枕，后期多为钢筋混凝土轨枕（如图 6.17 所示）。轨枕式挡沙墙结构结实，抗风蚀能力强、不易破损且能循环重复使用，缺点是材料稀缺，并不是所有线路地段都能采用，其迎风侧及背风侧风沙流场规律受控于轨枕的透隙率以及当地风况条件。

(a) 木轨枕沙墙

(b) 混凝土轨枕沙墙

图 6.17 由废弃轨枕建造成的轨枕式沙障

为了摸清轨枕式挡沙墙的透隙率参数对沙障周围流场的影响效应，基于 CFD 流体动力学计算手段，依次建立轨枕式挡沙墙透隙率分别为 5%、10%、15%、20%、25% 和 30%的计算模型，其中 5%的透隙率接近不透实体挡沙墙性能，而 25%的透隙率则是实际防沙工程实践当中采用的透隙参数。为了定量刻画分析沙障流场尤其是透隙参数对沙障背风侧流场的影响作用，定义风速遮蔽效应系数计算公式来计算沙障的防风效益：

$$\eta=(v_0-v_x)/v_0 \tag{6.1}$$

式中 η——风速遮蔽效应系数；

v_0——入口风速，m/s；

v_x——沙障前后 x 位置处的风速，m/s。

入口风速为 15 m/s 时，不同透隙率挡沙墙顺风向竖直剖面不同位置处的遮蔽效应系数如图 6.18 所示。

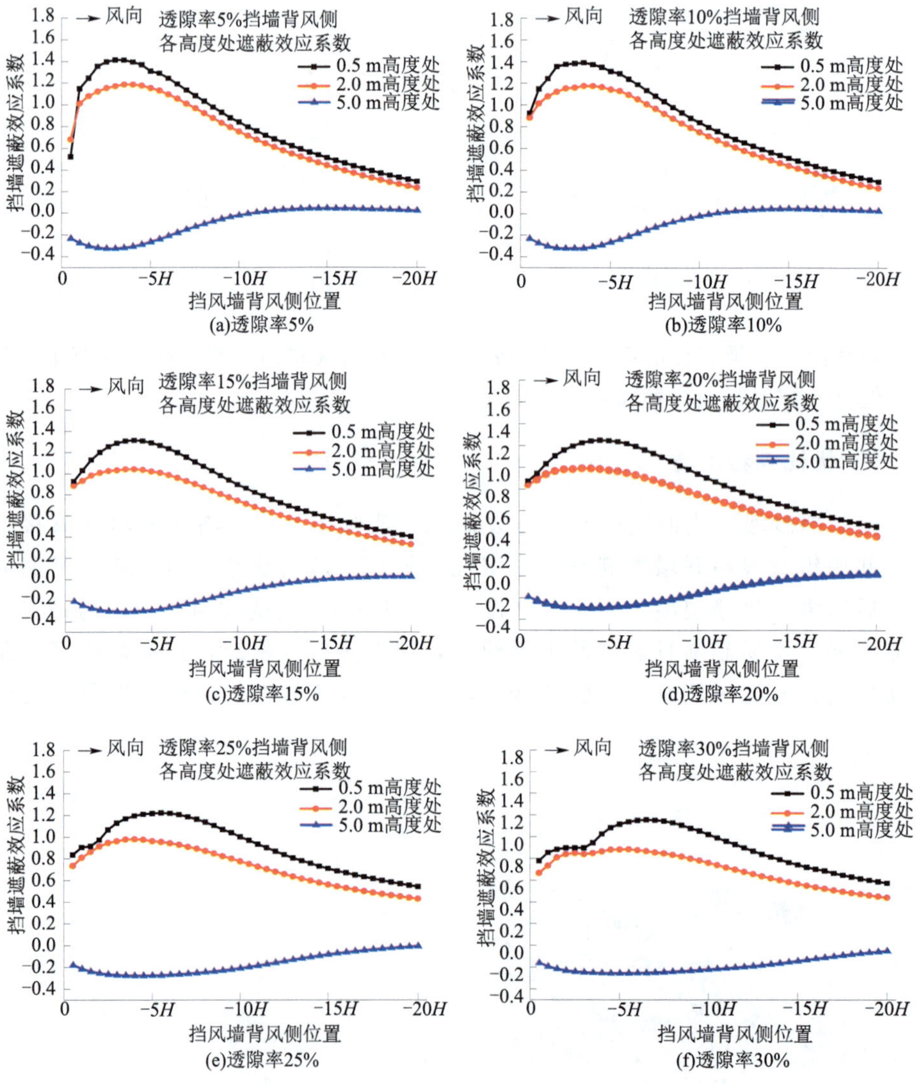

图 6.18 15 m/s 风速下不同透隙率挡墙背风侧各高度处遮蔽效应系数 η

注：位置 0 处为挡墙所在处，H 为挡墙高。

由图 6.18 可知，$\eta<0$ 时，说明此处风速较初始风速有所增加，$\eta>1$ 时，说明此处风向为负、形成涡流。随着透隙率增大，各曲线均趋于平缓，说明透隙率的存在减弱了挡沙墙背风侧各高度处风速沿程的变化，透隙率越大，这种变化就越小。

另外，5.0 m 高度处的曲线出现部分负值，且透隙率越大，负值范围越大。说明此高度处背风侧一定范围出现增速区，且随挡沙墙透隙率增大，增速区范围扩大。0.5 m 高度处曲线高于 2.0 m 高度处曲线，说明挡沙墙的遮蔽效应与高度呈负相关。两曲线随透隙率增加均呈先增加后减小趋势，随透隙率增大，曲线极大值变小，且极值出现位置后移。两曲线极大值位置附近一定范围内 $\eta>1$，随着透隙率增大，$\eta>1$ 的范围减小且后移。以上现象说明随透隙率增大背风侧涡流区范围减小、位置后移、强度减弱。

为了进一步摸清轨枕式挡沙墙这种典型的竖向开孔类沙障对障后风沙流场在时空上的影响效应，通过风洞试验对不同透隙率的轨枕式挡沙墙阻沙能力进行测试（图 6.19），沙障模型透隙率分别为 5%、10%、15%、20%、25%、30%。将上述 6 种具有不同透隙率的模型分别置于风洞中进行积沙试验：风洞供沙方式采用风吹沙方式，即在试验段前方平铺一定厚度沙源，来流吹起沙源，形成风沙流吹向试验模型。试验风速为 15 m/s，持续 1 min，在模型背风侧 $3H$（H 为沙障模型高度）处设置集沙仪。将对比各透隙率挡沙墙背风侧集沙仪所采集的数据与未布置挡沙墙的集沙数据进行对比分析，研究挡沙墙对过境风沙流的截流效果的影响，此外，从挡沙墙周围积沙形态的演化趋势也可判别挡沙墙阻沙效果的变化过程。

图 6.19　风洞内轨枕式挡沙墙沙障模型（左：未积沙；右：已积沙）

测试各透隙率挡沙墙模型在 15 m/s 的来流风速下持续 1 min 后的阻沙效果，其迎风侧和背风侧积沙范围和积沙重量如图 6.20 所示。

随着挡沙墙透隙率增大，挡沙墙模型背风侧积沙长度范围和积沙重量均增大，且增长率也随透隙率的增大而增大，当透隙率大于 20%时，背风侧积沙范围长度和积沙重量均达到较高水平，且背风侧曲线远高于迎风侧，当透隙率逐渐增大的过程中，挡沙墙前的积沙向背风侧迁移，并出现以背风侧积沙为主的终态效果。

根据各透隙率挡沙墙背风侧 $3H$ 处的集沙仪集沙数据和未设置挡沙墙的集沙数据，计算各透隙率挡沙墙在各高度处的截留沙量，绘制如图 6.21 所示。

图中可以看出，随着集沙仪每层采集口中心高度的增加，各曲线均呈下降趋势，且曲线逐渐趋于水平，高度大于 $1H$ 后，曲线接近水平。以上现象说明挡沙墙截留沙量随着高度的增加而减小，且在高度较小处变化剧烈，挡沙墙可对其 1/2 高度以下的部分起到有效的积沙控制作用。

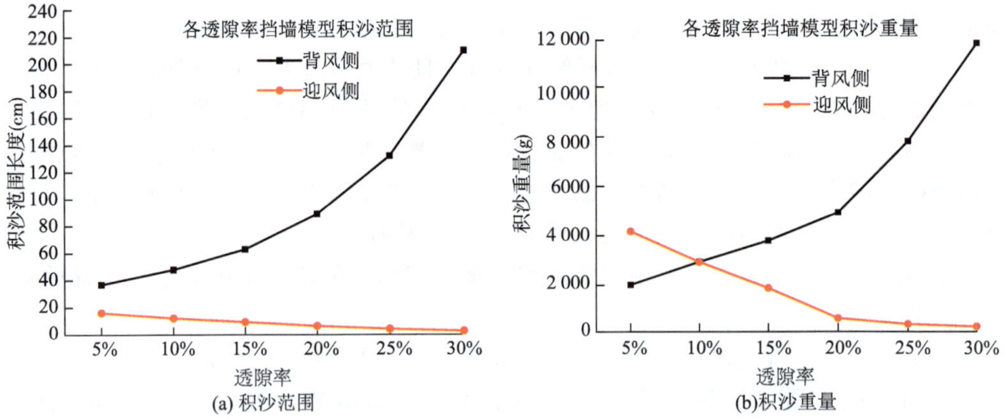

图 6.20 不同透隙率挡沙墙模型迎风侧、背风侧积沙范围和积沙重量

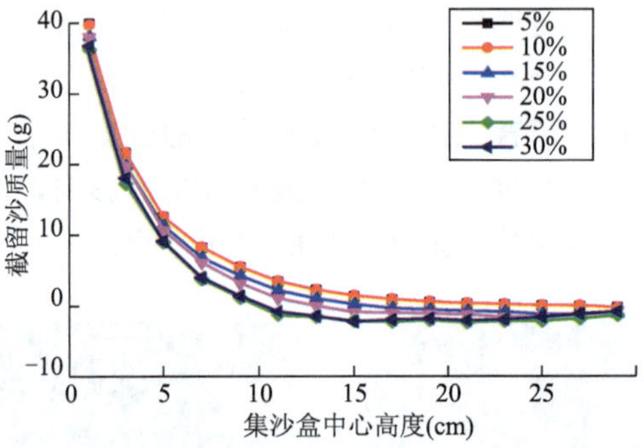

图 6.21 各透隙率挡沙墙在各高度处截留沙量

随着透隙率的增大，各高度的截留沙量呈下降趋势，但当透隙率由 25％增大到 30％的过程中，各高度截留沙量基本相同，故在一定范围内增大挡沙墙透隙率可以起到有效控制挡沙墙背风侧积沙的作用，但是透隙率达到 25％以后，继续增大透隙率已失去作用。

对于较大透隙率的挡沙墙，高度大于 1H 部分，截留沙量出现负值，说明在这些位置，挡沙墙不仅没有起到截沙的作用，反而起到了反作用，其原因是，这些位置位于流场的增速区，气流速度有所增大，其携沙能力增强。

综合考虑，布设在铁轨附近、以挡风为主要功能的轨枕式挡墙，应设置较小透隙率（如 3％～5％），实现挡风的作用时，若有过境风沙流，尽量将流沙截留在挡墙的迎风侧，以减小铁轨附近积沙，同时，达到较好挡风效果；若挡沙墙设置在距铁轨较远处，以阻沙为主要功能，则应设置较大透隙率（如 25％～30％），以达到较好阻沙效果。

对轨枕式挡沙墙的实际控沙功效进行野外调查时发现，这种竖向开孔类沙障的障后积沙形态、积沙迁移特征受挡沙墙结构的透隙率参数以及沙障迎风侧来流风速两方面的影响和控制，当透隙率一定时，风速较大时，沙障背风侧形成的平行于沙障走向的积沙梁远离沙障，当风速较小时，背风侧形成的积沙梁贴近挡沙墙背风侧，如图 6.22 所示。

图 6.22 轨枕式挡沙墙背风侧积沙特征

6.4.3.2 高立式芦苇沙障

新疆南疆盛产水生芦苇，位于南疆的博斯腾湖是我国四大芦苇盛产基地之一，特殊的地理环境条件下在水下环境中生长的芦苇晾干后具有较强的抗寒、抗风以及良好的耐久性等优良特点。也正是由于芦苇沙障具有造价低，来源广泛、可就地取材、施工便捷、后期更替修补方便等特点被列为库格铁路沿线高立式沙障所采用的主要防护形式之一。

现场布设芦苇沙障时，采用“先栽埋沙障立柱确定间距、后人工挂芦苇束”的施工操作流程。高立式芦苇沙障设置高度为 2 m，用镀锌铁丝捆扎成直径为 8 cm 的芦苇束，芦苇束间距为 5 cm，每隔 2 m 设置圆木立柱，立柱直径 15 cm，根部埋入地基中不少于 1 m，如图 6.23、图 6.24 所示。

图 6.23 高立式芦苇沙障施工过程中的栽柱及挂帘

图 6.24 库格铁路沿线高立式芦苇沙障

为了摸清高立式芦苇沙障的防风阻沙性能以及芦苇沙障控制下的流场分布特征，在铁路沿线布设芦苇沙障的现场进行阻沙现场测试，并结合流体动力学数值计算手段展开研究。在高立式芦苇沙障前后同时布设风沙采集系统，一场大风后，记录分析布设在沙障前后的集沙仪集沙量。从图 6.25 可见，库格沿线沙漠边缘风沙来流的风沙流结构特征表现为沙通量主要在 1 m 高度范围以下，这与戈壁地表的风沙流运动规律有所不同，且贴近地表输沙量最大，在 20 cm 以下是输沙量的主体部分，20 cm 高度以上输沙量呈规律性的逐渐递减。由于沙障迎风侧的集沙仪采集的沙量是自然地表未经扰动的过境风沙流量，而沙障后的集沙仪采集的沙量是经过了芦苇沙障降速风沙流卸载后的过境风沙流，则沙障阻沙率的公式如下：

$$K=\frac{Q_1-Q_2}{Q_1}\times 100\% \tag{6.2}$$

式中 K——阻沙率，%；

Q_1——不受沙障影响的来流总过境风沙流量值，g/min；

Q_2——经过沙障过滤后不能被截留的过境风沙流量值，g/min。

具体测试时，Q_1 的量值来自布设在芦苇沙障迎风侧 $10H$（H 为芦苇沙障高度）以外，考虑到透隙式沙障的控风影响范围在沙障背风侧的距离为 $10H\sim20H$，Q_2 的量值来自布设在沙障背风侧 $25H$ 距离处的集沙仪。将本次测试的数值带入式（6.2）得：

$$K=\frac{2\ 023.47-1\ 899.05}{2\ 023.47}\times 100\%=93.85\% \tag{6.3}$$

即第一道高立式芦苇沙障的阻沙率为 93.85%。

图 6.26 为梯度风速仪实测的来流风速廓线，通过在芦苇沙障前后布设多套梯度风速仪，在有风时同时监测（如图 6.27 所示），能够采集大风经过沙障的流场风速变化数据。但是由于沙障对流场的扰动，沙障背风侧风速变化大，仅靠几套梯度风速仪难以捕捉到整个流场的风速变化规律，为得到详细的沙障周围流场特征图，采用流体动力学计算获取高立式芦苇沙障的流场分区以及流场演化过程。

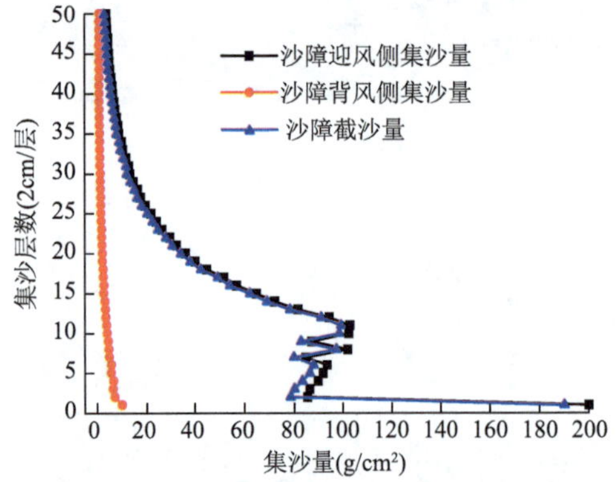

图 6.25 高立式芦苇沙障沙障前后集沙量对比

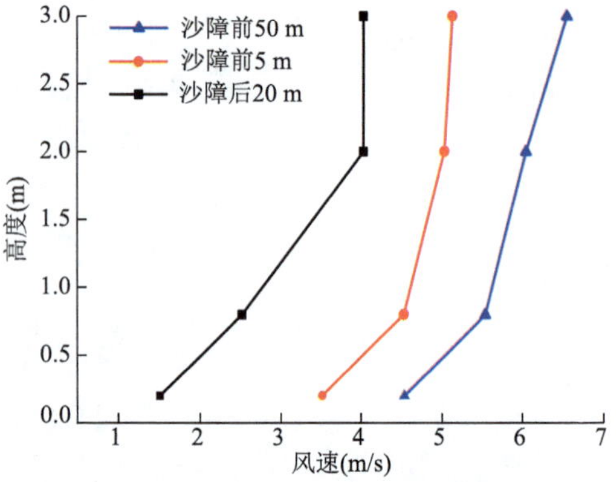

图 6.26 高立式芦苇沙障沙障前后风速廓线

为了与高立式芦苇沙障集沙测试以及风速廓线测试相一致，采用 CFD 流体动力学进行数值计算分析时，芦苇沙障透隙率严格按照野外沙障布设的实际透隙参数布置，经过透隙率计算，按照工程设计图纸中芦苇束直径为 8 cm，芦苇束间距为 5 cm 时，其对应的透隙率值为 38%，前期针对竖向开孔类的沙障整体流场规律系统研究时发现，当透隙率超过 35%时，沙障背风侧的涡流区消失。以下数值计算时，设定沙障迎风侧来流为 12 m/s，全面分析高立式芦苇沙障前后风沙流场的演化规律。

图 6.27 高立式芦苇沙障前后风速廓线野外实测

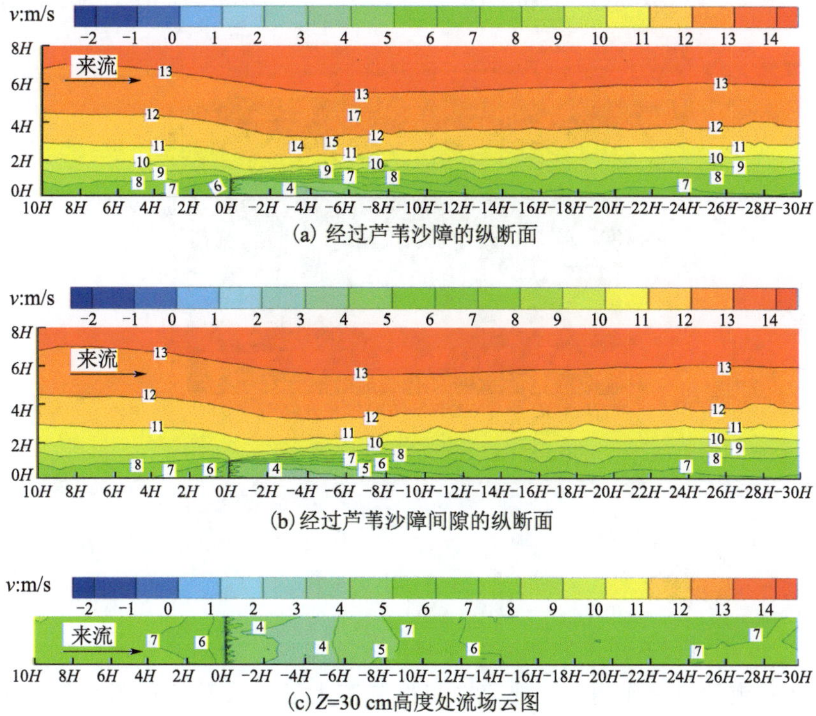

图 6.28 芦苇沙障不同断面的流场分布云图

从图 6.28 中可以看出，12 m/s 的来流风速下，芦苇沙障周围流场变化明显，经过芦苇的纵断面上流场分布规律与经过芦苇间隙的纵断面上流场的分布规律相似，主要是因为芦苇沙障间隙相对于芦苇沙障来说属于次要因素，对气流的干扰在宏观上的体现微弱。图 6.28 (a) 中，入口廓线风速在经过芦苇沙障时，由于实体芦苇对来流的阻碍，气流在障前约 3.97H 范围内出现减速区；芦苇沙障等间距布设存在的空隙，使得因芦苇和气流团的挤压而从芦苇沙障顶部越过的气流较少，故在芦苇沙障顶部偏后方位出现的挤压上扬区范围小，湍流强度弱；气流在芦苇沙障后形成的减速区较为均匀，且没有涡流区的出现。图 6.28（b）的流场分布规律在整体上与图 6.28（a）的相似，局部区域的速度变化将在图 6.29 中分析，而从 $Z=30$ cm 高度上的速度分布云图可以看出，气流得到较大程度的削弱区间在障后 $1.8H \sim 5.7H$ 内，其他区域的风速值仍大于 4 m/s。从图（c）中还可以看出，芦苇沙障对来流的干扰作用分布于芦苇沙障的整个布设长度。

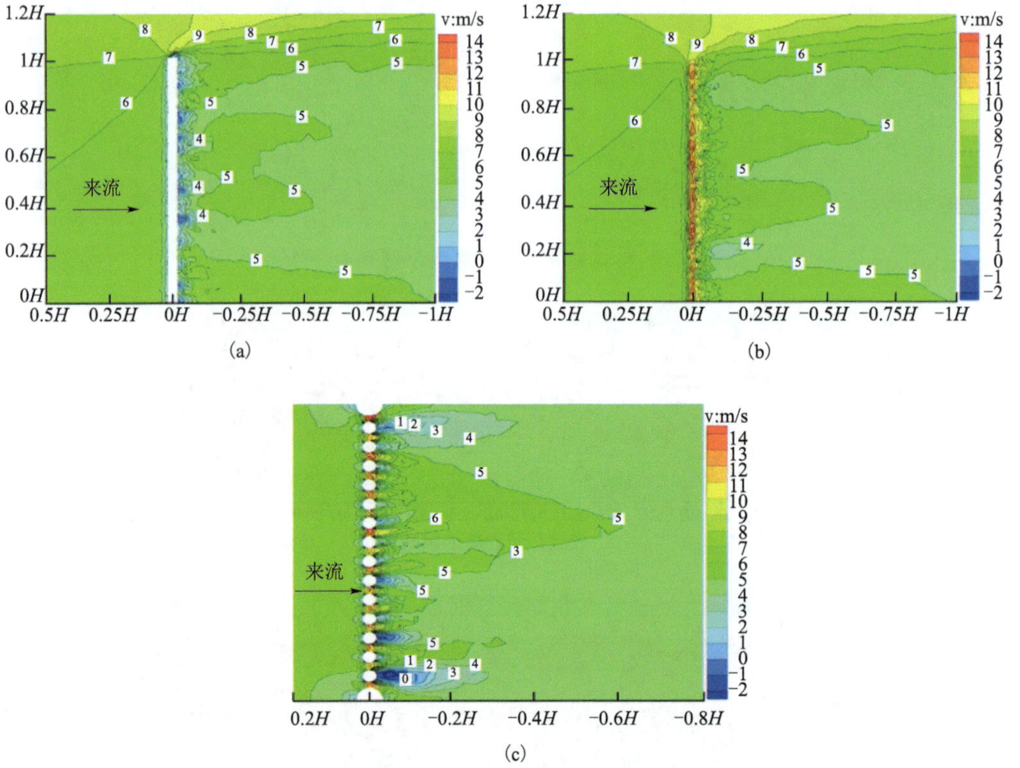

图 6.29 芦苇沙障周围风速特征云图

图（a）和（b）为芦苇沙障前 $0.5H$ 至障后 $1H$ 范围内 $1.2H$ 高度内的风速云图（纵断面图）；

图（c）为芦苇沙障前 $0.2H$ 至障后 $0.8H$ 范围内局部风速云图（俯视图）。

从图 6.29 中可以看出不同断面上局部位置处流场分布的差异性。在图 6.29（a）中，由于芦苇束的阻碍作用，气流仅在每株芦苇束后形成贴近芦苇束的微小离散涡流单元，涡流区单元微小，气流通过沙障后则不存在大的涡流区；图 6.29（b）中，由于所选取纵断面经过两束芦苇之间空隙，该部分气流因受到两侧芦苇束的挤压而出现速度增加的湍流区，速度梯度变化较大；图 6.29（c）中可以明显看出芦苇束和芦苇束之间气流的交替变化，由于两侧立柱离最近的芦苇束只有 40 mm 的距离，小于芦苇束之间的间距 50 mm，所以在两侧立柱附近出现与芦苇沙障后不同的流场分布规律。

采用风速遮蔽效应系数计算公式来计算芦苇沙障的防风效益，取 $Z=0.3$ m、

1.0 m、2.0 m 这 3 个特征高度处单元中心纵断面上的速度值进行数值分析，得到相应的遮蔽效应系数曲线图，如图 6.30 所示。

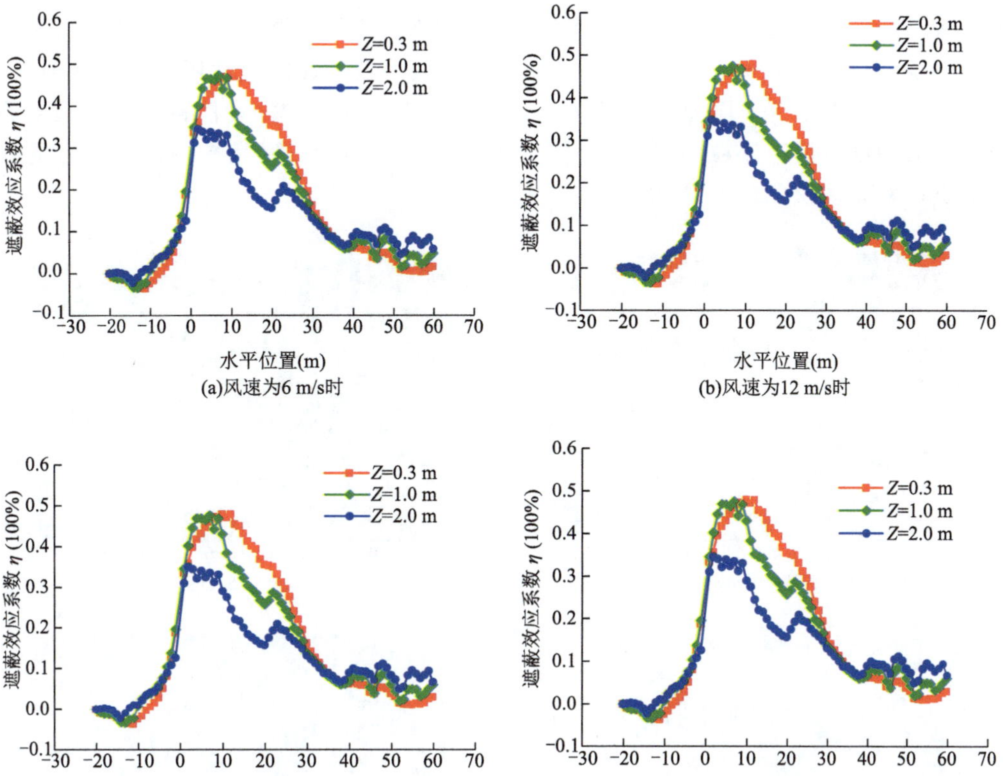

(a)风速为6 m/s时　(b)风速为12 m/s时

(c)风速为20 m/s时　(d)风速为25 m/s时

图 6.30　风速遮蔽效应系数特征

从图 6.30 可以看出，不同高度处单元中心纵断面上风速的遮蔽效应系数随水平距离的变化趋势与来流风速的大小无关，即特定的沙障对气流的控制规律相同，不受风速大小的影响。图 6.30（a）中，由于风沙两相流中，沙颗粒主要在离地面 30 cm 范围内运动，故该部分选择 $Z=0.3$ m 高度处风速值，分析其对沙粒运动的影响。在该高度上，风速的遮蔽效应系数呈现先增大后减小而后稳定的变化趋势。在计算域入口至芦苇沙障区间内，由于受到芦苇沙障的阻碍作用，气流湍动能降低的影响，气流速度呈现先增加后减小的变化趋势，即遮蔽效应系数先减小后增大；随着水平距离的增加，气流在芦苇沙障的作用下将不断得到削弱，即遮蔽效应系数从芦苇沙障位置处向后逐渐增大并达到最值 47.9%，该位置位于芦苇沙障后 6H 附近；随着水平距离的继续增加，芦苇沙障对气流的影响逐渐减小，障后气流速度逐渐得到恢复，遮蔽效应系数逐渐减小，在障后 17H 处，气流已基本恢复至与入口相同的湍动能，而后将保持不变。其中在障前 3.5H 至障后 17H 的主要影响区间内，芦苇沙障对来流的平均削弱能力为 29.7%。$Z=1.0$ m 高度上和 $Z=2.0$ m 高度上风速的遮蔽效应系数变化趋势相似，仅在芦苇沙障后 1～30 m 范围内，$Z=2.0$ m 高度上风速的遮蔽效应系数

比 $Z=1.0$ m 高度上的整体上下降了 29.1%。

如图 6.31 所示，随着来流风速的增加，沙粒在芦苇沙障附近的沉积分布规律相似，均集中分布在芦苇沙障前，障后沙粒的分布相对较少且较为均匀，只是不同的来流风速下对应的沙粒沉积分布区的沙相体积分数有所不同。图 6.31（a）中，由于来流风沙流速较小仅有 6 m/s，比直径为 0.1 mm 的沙粒对应的起动风速 4 m/s 略大，加之芦苇沙障对来流平均 29.7%的削弱作用，使得风沙流的湍动能得到一定程度的削减后其速度值低于沙粒的起动风速，所以沙粒在障前 0.2H 范围内出现大量的沉积，此时沙相体积分数达到 60%。

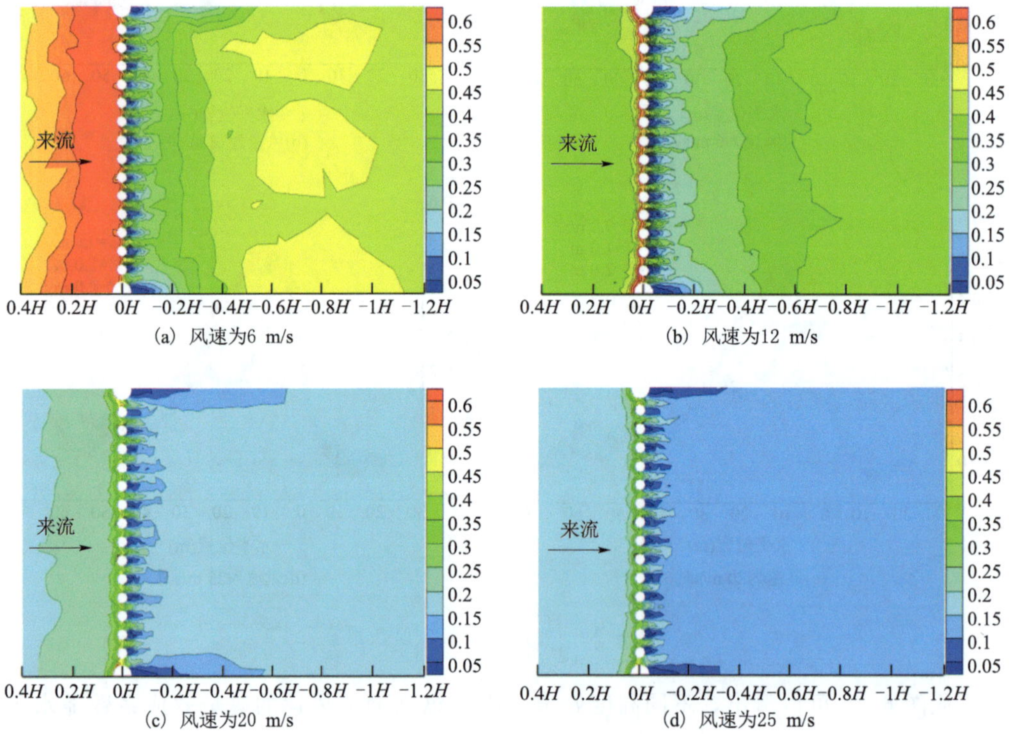

图 6.31 芦苇沙障周围的积沙分布特征

注：标尺上的数字表示沙粒的体积分数。

为分析芦苇沙障对过境风沙流的控制作用，尤其是在沙障障后减速区范围内沙颗粒物质的沉积与运动规律，参考流场分布特点，提取芦苇沙障前 3.5H 至障后 17H 范围内的沙粒质量流率以定量分析芦苇沙障的控沙特点，其中沙相质量流率为单位时间内通过计算域目标截面的沙粒质量。结果如图 6.32 所示。

从图 6.32 中可以看出，在不同的来流条件下，芦苇沙障前 3.5H 至障后 17H 范围内的沙粒质量流率变化有一定的差异性，在水平距离 $X=14\sim19$ m（$X=20$ m 处为芦苇沙障的布设位置）范围内保持稳定；越过芦苇沙障后，沙通量急剧减小，在 $X=20\sim54$ m 范围内波动差异大，这种波动正是由于沙障对障后风沙流场的扰动所造成的，但该区间内沙粒质量流率明显小于芦苇沙障前 7 m 范围内的沙通量，这种变化趋势与沙粒的沉积分布情况相吻合。

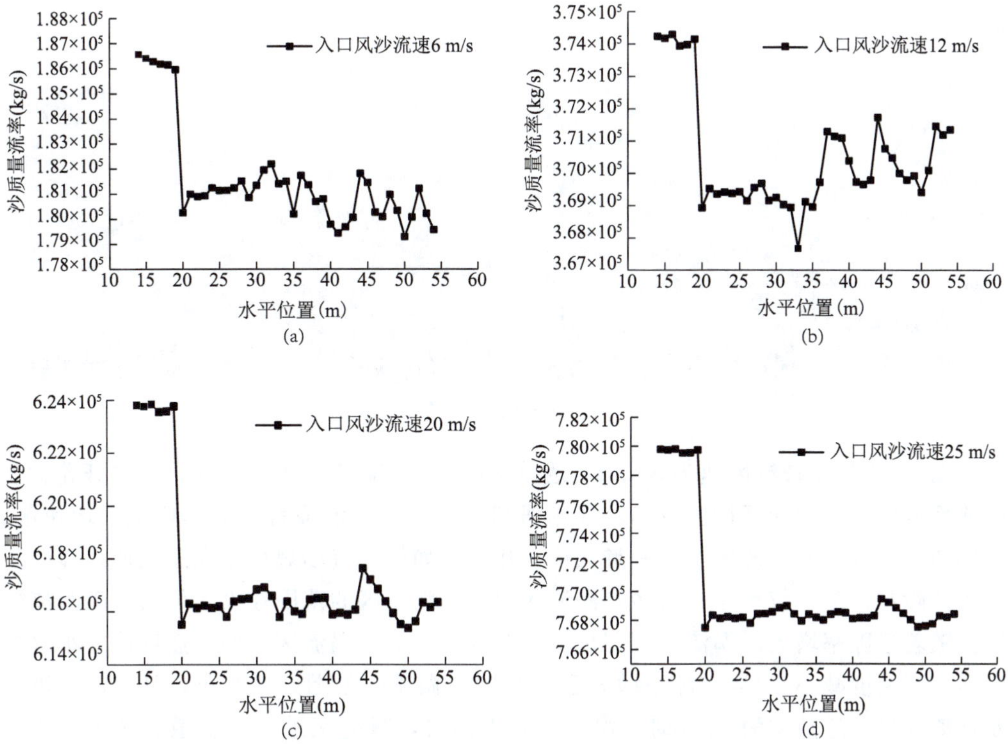

图 6.32　沙障前后减速区范围内沙粒质量流率变化规律

注：来流条件为沙源源源不断，质量流监测断面为 6 m×20 m。

仅从单道芦苇沙障的阻沙截沙效果来看，野外现场的实测数据揭示，单道芦苇沙障的阻沙率可以达到 93.85%，当风速增大时，阻沙率会发生变化，但由于铁路沿线风沙防治工程中芦苇沙障通常按照多道形式设置，可以推测风沙流经过多道阻沙沙障后，基本被净化。在单道芦苇沙障的作用下，来流在其周围的速度分布明显，障后形成的减速区较为均匀且没有涡流区的出现；芦苇沙障的透隙率为 38%，芦苇沙障对来流的削弱影响区主要分布在障前 3.5H 和障后 17H 水平距离范围内，对来流的平均削弱程度为 29.7%。对芦苇沙障风沙两相流的计算结果分析可知，当风速大于起沙风速后，沙颗粒主要分布在芦苇沙障前 0.2H 范围内，风沙流经过沙障后沙通量急剧降低。结合现场风速监测以及流体动力学计算分析发现，高立式芦苇沙障对障前 3.5H 和障后 17H 范围有较好遮蔽效果。但野外实际风况条件复杂，除了风速大小发生变化，风向也在一定范围内摆动，但沙障背风侧的总体积沙形态以及积沙整体迁移规律不变。从图 6.33 可见，芦苇沙障背风侧的积沙初期在距离沙障 2～5 m 范围内形成沙梁，积沙后期沙梁向背风侧移动，积沙达到饱和后，积沙沙梁发生迁移变化，由对称沙梁演变为不断向背风侧下方推移的前缓后陡的渐进性沙梁。

6.4.4　横向开孔类沙障

根据机械式沙障开孔的方向性，尤其是与来流风速廓线剖面的相对关系，与纵向开孔类沙障截然不同的另一类沙障就是横向开孔类沙障，即沙障的开孔方向平行于地表。横向开孔类沙障通常都是由一定间距的沙障立柱及立柱间的横向板式结构拼接而成。

图 6.33　高立式芦苇沙障背风侧积沙实况图

图 6.34 是在来流风速为 9 m/s，透隙率由 5%逐渐增加至 30%时，横向开孔类沙障前后流场演化发展规律。运动的气流遇到沙障后会在沙障背风侧形成上部增速区、下部的涡流区以及降速区。这一点无论开孔方向如何，流场规律都大致相似。横向开孔的沙障在透隙率较小时（5%），涡流区明显，涡流区的范围较大，但与沙障距离较近。随着透隙率增大，涡流区范围虽然没有减小，但是涡流区的回流速度值减小（即负向气流速度减小）。当透隙率增大至 20%时，涡流区范围开始减小，且涡流区进一步远离沙障。透隙率为 30%时，涡流区基本消失，减速区进一步扩散，顺下风侧远离沙障。

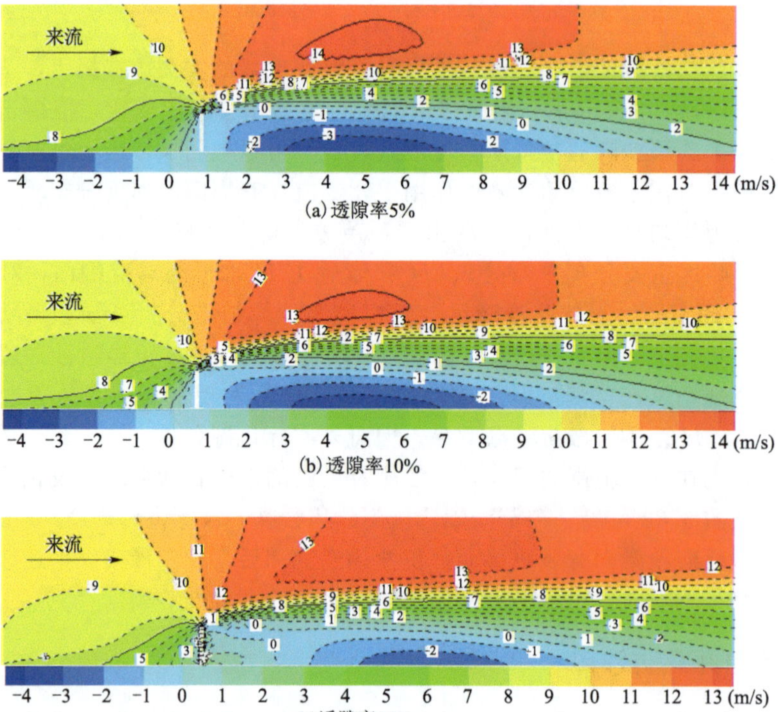

(a) 透隙率5%

(b) 透隙率10%

(c) 透隙率15%

图 6.34

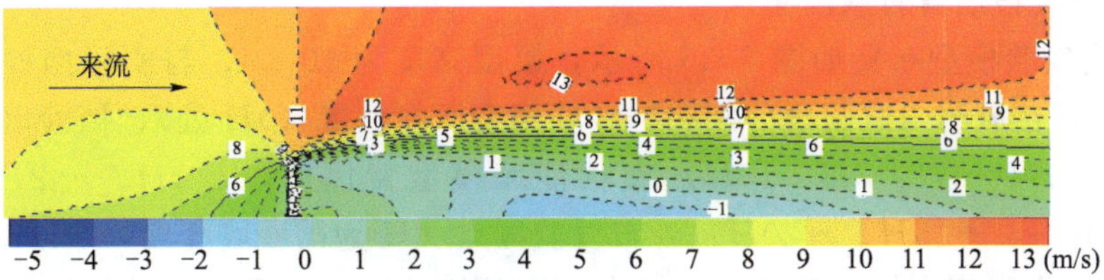

(d) 透隙率20%

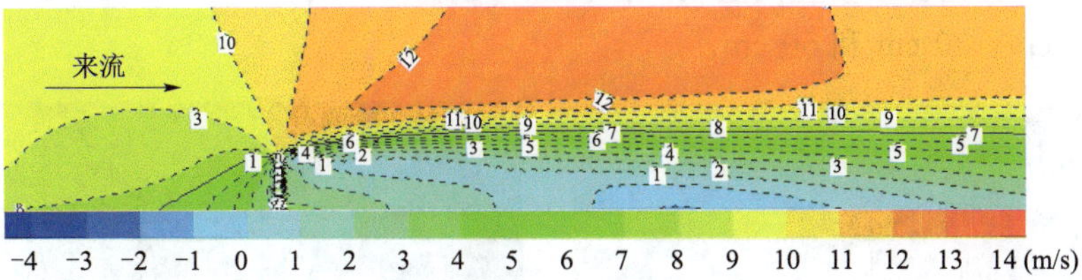

(e) 透隙率25%

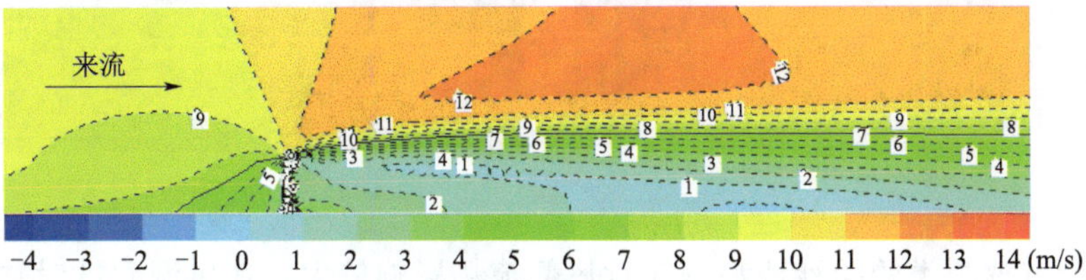

(f) 透隙率30%

图 6.34 横向开孔类沙障障后流场随透隙率变化的演化图（v=9 m/s）

在沙漠地区铁路沿线采用的横向开孔类沙障有挂板式、插板式、斜插板式以及金属波纹板式挡沙墙。

6.4.4.1 挂板式挡沙墙

挂板式挡沙墙作为一种常见的沙障结构，在风沙防治工程中的应用至今不足 10 年，对于其防沙效果的评价及如何与其他工程措施配套使用还是以工程经验为主，缺乏较系统的试验与理论研究（如图 6.35 所示）。现以高 2 m、透隙率为 25％的挂板式挡沙墙为例，采用现场监测、风洞测试以及数值模拟计算三种手段全面揭示挂板式沙障的风沙流场演化规律及其阻沙控沙特点。

图 6.35 青藏铁路沿线挂板式沙障

1. 挂板式挡沙墙的风洞测试

风洞内实验模型布置如图 6.36 所示，模型高度为 10 cm，与实际挡沙墙结构比例为 1∶20。在风洞内试验段分别在挡沙墙模型所在位置（0H 处）、挡沙墙模型迎风侧（0.5H、1H、4H、7H、10H）和挡沙墙模型背风侧（−1H、−2H、−3H、−5H、−10H、−15H、−20H）处布设监测点（H 为挡沙墙高度，“−”代表背风侧，后同）。考虑到底板粗糙度对流场有一定的影响，在风洞底板铺设红褐色粗砂纸增加粗糙度。皮托管在垂直高度的风速测点分别为 1 cm、2 cm、3 cm、5 cm、7 cm、10 cm、15 cm、30 cm 和 50 cm。

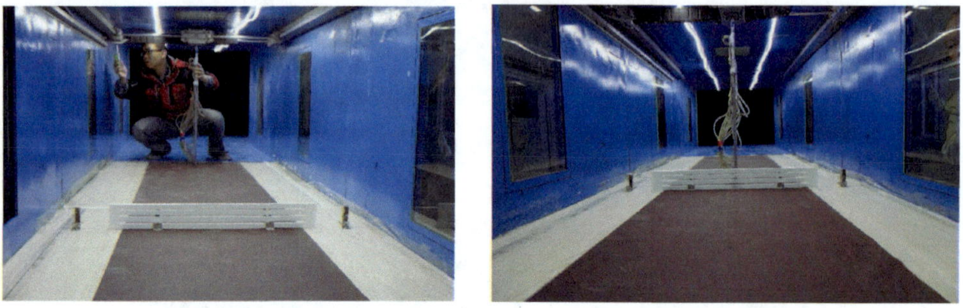

图 6.36 挂板式挡沙墙风洞内模型制作及流场测试

由于所有透隙类的挡沙墙都是对背风侧流场影响较大，在风洞测试时在背风侧布设监测点较多。对于本试验分别在给定风速条件下进行试验，来流风速分别设定为 8 m/s、10 m/s、12 m/s、14 m/s 四个风速条件。在进行有挡沙墙模型测试之前，先进行无沙障模型布置的空洞流场测试，以便进行流场对比分析。

图 6.37 为挂板式挡沙墙的风洞测试流场图，挂板式沙障在不同风速梯度下的流场分区及演化规律类似，不同之处仅是量值以及距离范围不同。以来流风速为 12 m/s 为例对流场进行分区刻画，当有挂板式挡沙墙作用后，流场的平顺性完全被打乱，流场中依次出现障前降速区、墙后加速区、墙后涡流区以及障后减速区，且增速区位于涡流区的上方，涡流区外围包裹着减速区。

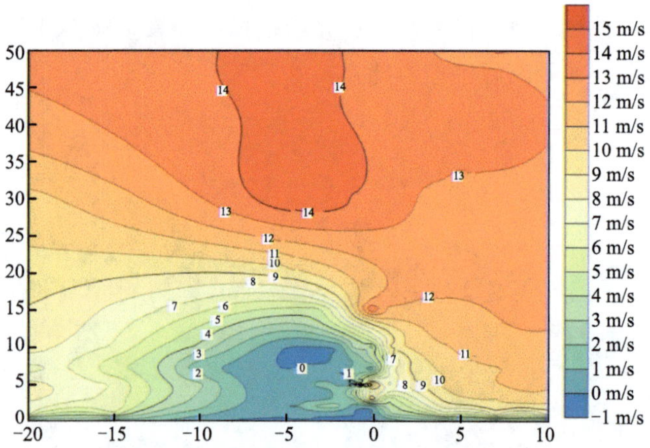

图 6.37 挂板式挡沙墙流场演化图（12 m/s）

注：纵轴为距离地表高度，单位为 cm，横轴数值为沙障高度 H 的倍数值。

挂板式挡沙墙的障前降速区是运动的气流遇到挡沙墙后发生气流拥堵而发生的降速现象。从图 6.37 可见，气流拥堵从沙障前的 $5H$ 处开始出现，逐渐加强至挡沙墙位置。挡沙墙所在位置，由于横向开孔特征，空气流会在有缝的高度出现加速现象，但加速流穿过板缝孔隙后出现扩散现象，使墙后的涡流区出现流速分布不均匀的状态。因此，板缝孔隙对沙障背风侧涡流区的影响范围在涡流区的内部。随着来流风速的增加，挡沙墙前的降速效应减弱，挡沙墙背风侧上方的增速区内增速效应进一步加强，挡沙墙后涡流区的范围进一步扩大，但涡流区内减速程度减弱。在垂直高度上增速区从 $3H$ 高度开始，$4H$ 高度处为增速区的核心区域。

为了进一步分析挂板式挡沙墙对整个速度场的影响和控制规律，在挡沙墙前后依次选取 $4H$、$1H$、$0H$、$-1H$、$-5H$、$-20H$ 六个典型位置来对比分析沿程风速廓线演化规律。由图 6.38 可见，特定风速条件下，从挡沙墙迎风侧距墙 $4H$ 至墙背风侧距墙 $-20H$ 处沿程风速廓线形式变化剧烈。挡沙墙迎风侧距墙 $4H$ 处的风速廓线受墙的阻流作用，此处廓线在 $1H$ 高度以上范围变化微弱，但在 $1H$ 高度范围以下出现风速突变点。挡风墙迎风侧距墙 $1H$ 处风速廓线相对于入口处来流风速廓线形式的变化特征为风速廓线曲线的上部（$1H$ 高度范围以上）风速增大，下部（$1H$ 高度范围以下）风速减小。在挡风墙所在位置 $0H$ 处，风速廓线在垂直方向上变化剧烈，在$1H$ 高度范围以下，板的缝孔隙处风速较大，其他高程点位置风速值都接近 0，而在墙高度（$1H$）范围以上风速变化较小。在挡沙墙背风侧距墙$-1H$、$-5H$ 处，风速廓线为墙高度（$1H$）以下风速急剧减小，墙高度以上风速增大。在挡沙墙背风侧距墙 $-20H$ 处，相对于入口处来流风速廓线形式，此处的风速廓线变化已经不显著，有逐渐恢复至来流风速廓线曲线形式的趋势。当入口处来流风速由 8 m/s 逐渐增加至 14 m/s 时，挡沙墙前后沿程的风速廓线演化规律与模式都类似，说明挡沙墙的开孔透隙特征与风速廓线形式有对应关系，风速廓线的演化规律不受来流风速大小的制约。

风洞测试的数据除了进行全流场成图计算外，可利用以下公式进行防风效率（阻风效率）的计算：

$$w_{ij}=\frac{(v_{nij}-v_{hij})}{v_{nij}}\times 100\% \tag{6.4}$$

式中 w_{ij}——坐标点（i，j）的防风效率值，%。

v_{nij}——给定风速并在没有沙障的空场条件下在坐标点（0）的风速值；

v_{hij}——给定风速有沙障设置条件下在坐标点（i，j）的风速值。

考虑到挂板式挡沙墙实际设计高度为 2 m 左右，在地表垂直高度上选择 $0.1H$、$1H$、$5H$ 三个特征高度根据防风效率公式（6.4）来计算挂板式挡沙墙的防风效率，$0.1H$ 高度是风沙以蠕移方式运动的高度上限，$1H$ 高度是风沙主要以跃移方式运动的高度上限，$5H$ 高度是风沙悬移运动的高度。将来流风速降低至 6 m/s 左右时为有效降速，因为 6 m/s 为起沙临界风速。在来流风速为 8 m/s 时，当防沙效率达到 25%时，即可达到有效降速。因此对于 8 m/s 的来流风速，有效防风区间从挡沙墙背风侧距墙$-15H$ 开始，当来流风速为 10 m/s、12 m/s、14 m/s 时，有效防风区间都是从挡沙墙背风侧距墙$-10H$ 开始。从图 6.39 可见，在有效防风区间内，仅是对 $0.1H$ 高程以及 $1H$ 高程点位上的风速进行有效降速，而对于 $5H$ 高度的风速降速效

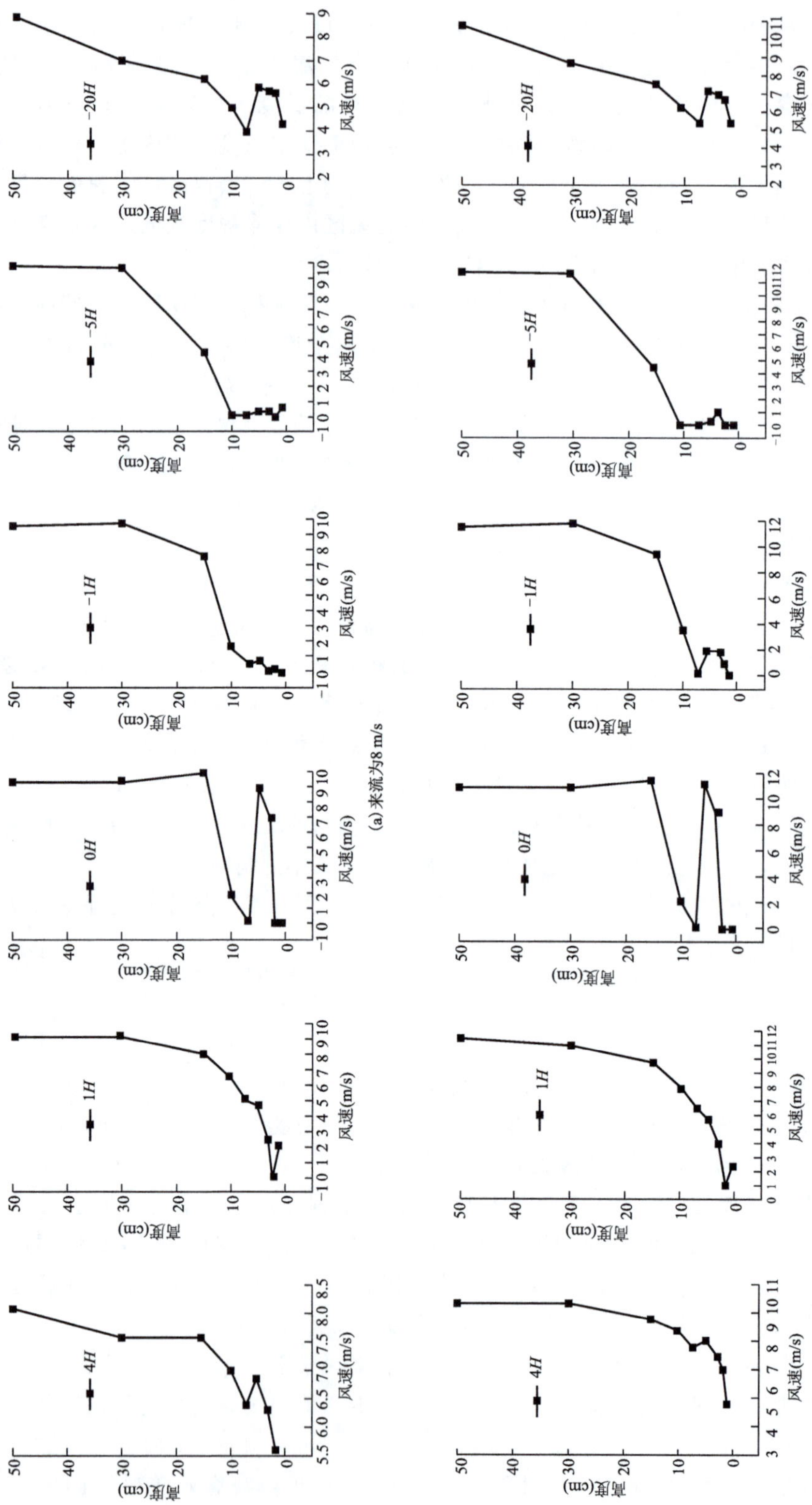

(a) 来流为8 m/s

(b) 来流为10 m/s

图 6.38

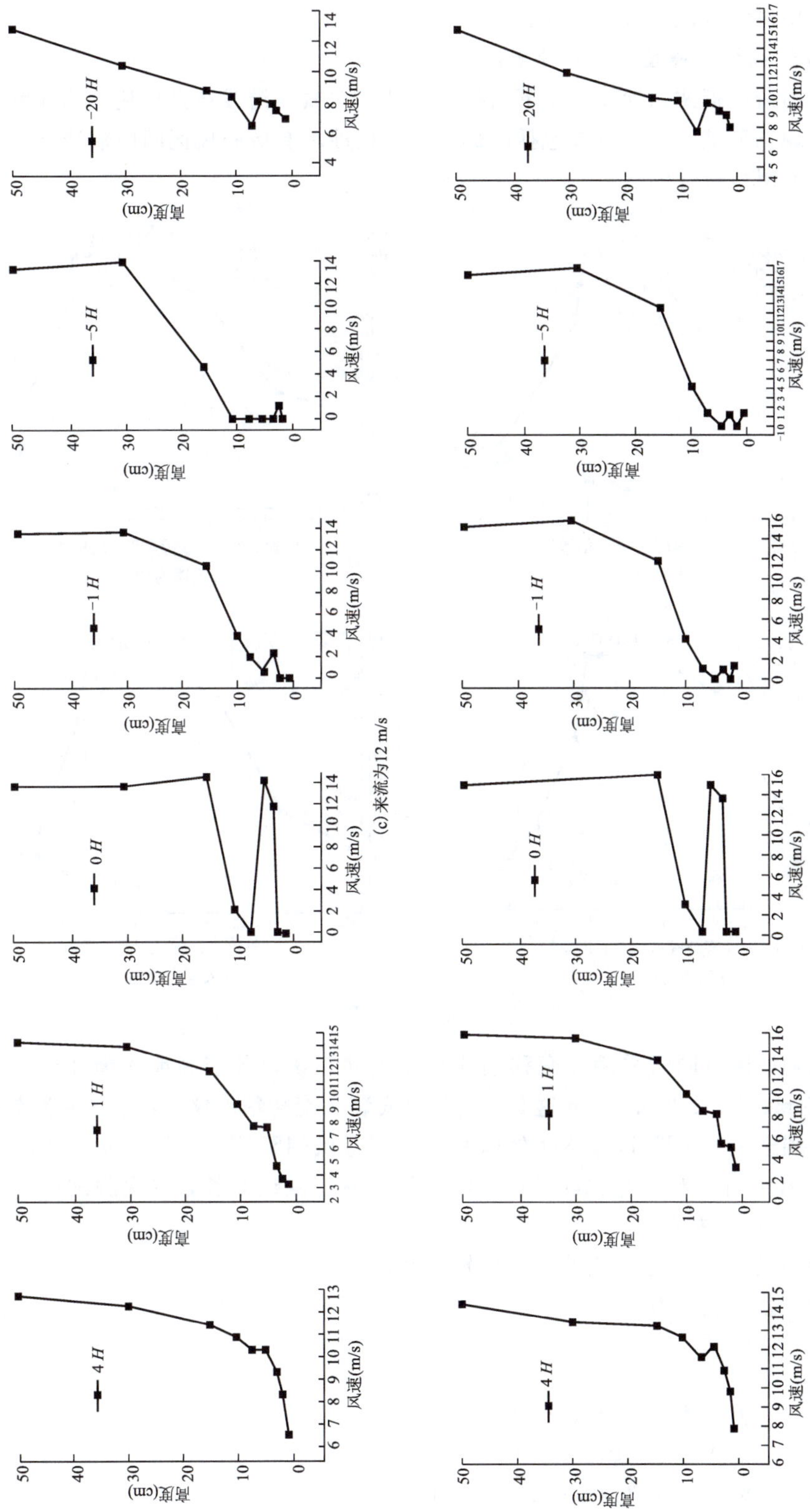

(c) 来流为12 m/s

(d) 来流为14 m/s

图 6.38 风速廓线沿程演化曲线

果较差。即挡沙墙对以蠕移、跃移两种方式的运动的风沙流截留效果好，对以悬移方式的过境风沙流截留效果较差。

2. 挂板式挡沙墙控沙的野外测试

为了摸清挂板式挡沙墙作用下的控沙特性，在铁路沿线布设挂板式挡沙墙的路段进行野外现场测试。现场测试包括两部分，对挡沙墙有效防风区间内输沙特性测试以及挡沙墙的阻沙特性测试。

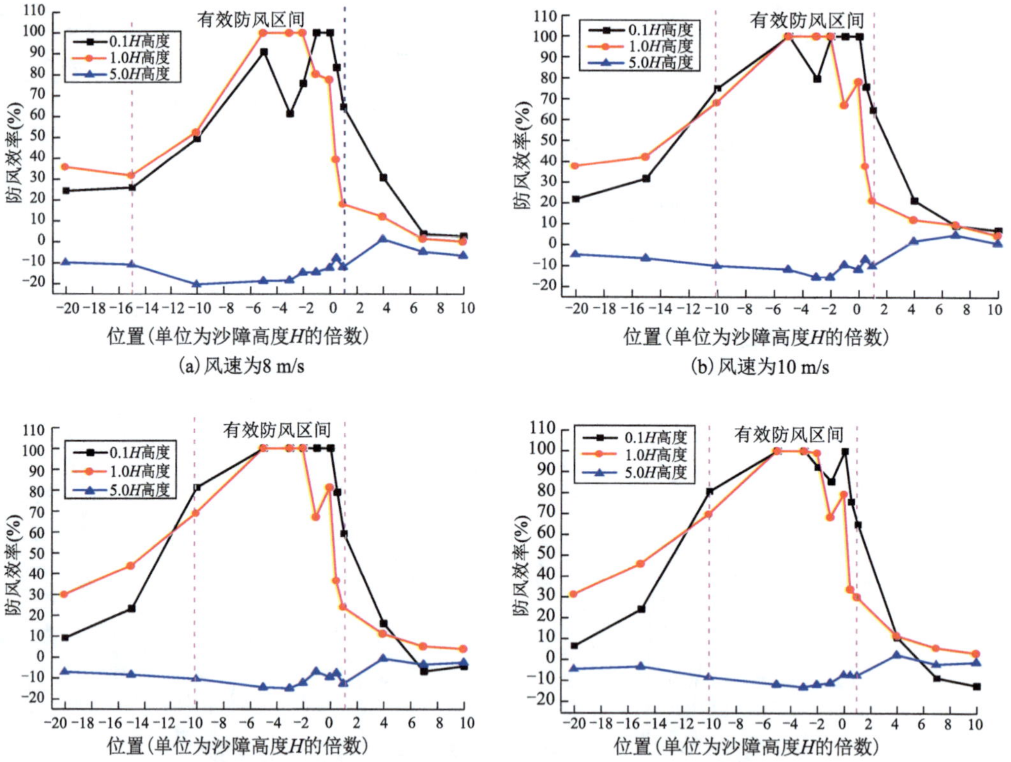

(a) 风速为8 m/s　(b) 风速为10 m/s　(c) 风速为12 m/s　(d) 风速为14 m/s

图 6.39　挂板式挡沙墙的防风效率

现场输沙测试同时采用 4 套移动式梯度集沙系统，各套高度均为 3 m，分别在 0 m、0.5 m、1 m、2 m、3 m 这 5 个高程点安装有旋转集沙仪。4 套集沙系统分别布设在挡沙墙迎风侧距墙 1H、3H 处以及挡沙墙背风侧距墙 −1H、−7H 处，现场布置如图 6.40 所示，输沙率的测试以一场大风历时为测试时长，本次测试现场来流平均风速为 10 m/s 左右。

利用公式 (6.5) 进行各个测点的输沙率计算。

输沙率公式表示为

$$T_r = \frac{m}{S} \cdot t \qquad (6.5)$$

式中　T_r——输沙率，g/(cm^2·h)；

m——集沙重量，g；

S——集沙仪入口迎风面面积，cm^2；

t——采集过程中大于起沙风速持续的时间，h。

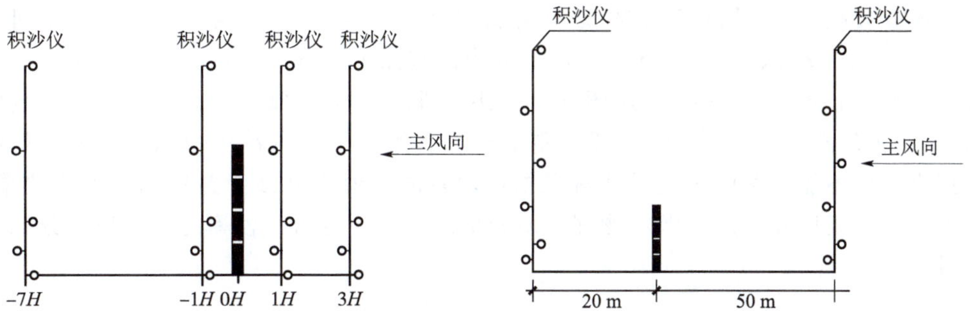

(a)移动式集沙系统布置　　(b)固定式集沙系统布置

图 6.40 野外测试集沙系统布置示意图

如图 6.41 所示，在有效防风区间内距挡沙墙不同位置的输沙率变化趋势类似，在 1 m 高度以下都是随着高度增加输沙率减小，其中在挡沙墙迎风侧距墙 1H 处的垂直输沙率特征是随着高度增加输沙率持续减小。距离挡沙墙迎风侧 3H 处以及挡沙墙背风侧距墙 1H、7H 处的垂直输沙率特征相似，都是在 2 m 高度处的输沙率比 1 m 高度处的输沙率大。在 3 m 高度上所有位置处的输沙率值都近似为 0。这与现场测试的来流风速有关，本次现场测试的来流风速为 10 m/s 左右，风携沙运动主要以蠕移、跃移为主，细小颗粒的悬移运动高度较低。

图 6.42 是距离挡沙墙不同位置上迎风面上的总输沙量沿程变化曲线图，在挡风墙迎风侧距墙 3H 距离处的总输沙率最大，风沙流运动至挡沙墙前 1H 距离位置处输沙率骤然降低，这是挡沙墙迎风侧墙前气流拥堵效应造成的，即在这个位置处气流的拥堵造成一定程度的降速。在挡沙墙背风侧距墙 1H 处的输沙率相对于迎风侧 1H 处的输沙率出现了增大趋势。这是由于在挡沙墙背风侧距墙 1H 处是板缝孔隙从加速向墙后扩散的过程，也是沙颗粒从挡沙墙迎风侧绕过墙顶端后向背风侧发生沉落的过程，这一特征从挡沙墙背风侧的积沙形态上也能反映出来（图 6.43）。挡沙墙背风侧距墙 1H 距离范围内没有积沙沉落，在 1H 距离之外积沙才逐渐增多。也说明了挡沙墙背风侧涡流区风沙流运动的复杂性。当风携沙运动至挡沙墙背风侧距墙 7H 处时，运动的风所携带的沙大部分因挡沙墙背风侧涡流区的降速而沉落，未发生沉落而途径 7H 位置处的过境流沙量较小，因而造成此处的输沙量较小。

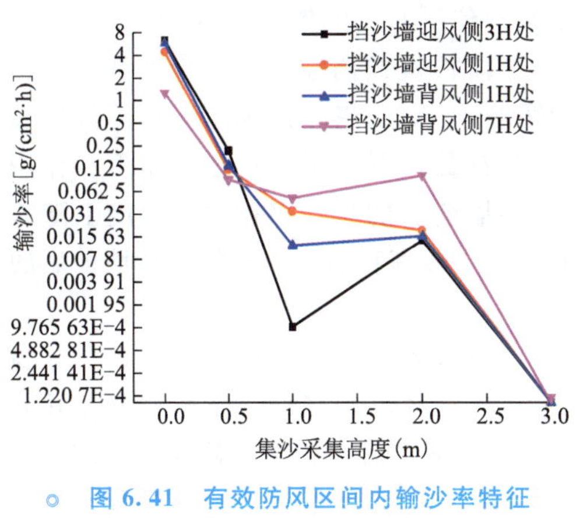

图 6.41 有效防风区间内输沙率特征

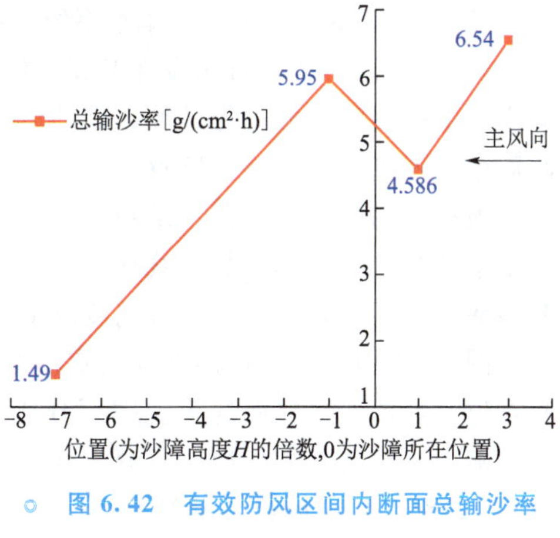

图 6.42 有效防风区间内断面总输沙率

挂板式挡沙墙阻沙特性的现场测试采用的集沙系统主塔高 10 m，分别在 0.5 m、1 m、2 m、4 m、6 m、9 m 这 6 个高程点上设置了集沙仪，集沙系统与挂板式挡沙墙布置的相对位置如图 6.40（b）所示，在沙障迎风侧 50 m 和背风侧 20 m 分别布置一套集沙系统，迎风侧集沙数据代表原始风沙流数据，背风侧集沙数据为沙障不能截留的过境风沙流数据，两者的差值为被沙障截留的风沙流数据。集沙数据采集后除了进行颗粒物理性质分析之外，还进行集沙率与集沙率百分比变化量的计算。

(a)积沙初期

(b)积沙后期

图 6.43 挂板式挡沙墙背风侧积沙形态

集沙率公式为

$$R_i = m_i / S \tag{6.6}$$

式中 R_i——第 i 个集沙仪的集沙率，g/m^2；

m_i——第 i 个集沙仪中采集的沙质量，g；

S——集沙仪迎风口面积，$S=\pi r^2$，$r=10$ cm。

集沙率百分比变化量公式：

$$\eta_i = \frac{R_{fi} - R_{bi}}{R_{fi}} \times 100\% \tag{6.7}$$

式中 η_i——第 i 个集沙仪的集沙率百分比变化量；

R_{fi}——沙障迎风侧 50 m 处集沙系统上第 i 个集沙仪所对应的集沙率值；

R_{bi}——背风侧 20 m 处集沙系统上第 i 个集沙仪所对应的集沙率值。

利用公式（6.7）对布设在兰新二线烟墩风区段挂板式挡沙墙前后集沙系统上不同高度上的集沙数据进行计算。挡沙墙迎风侧距墙 50 m 处集沙系统所采集的数据反映原始风沙流特征，挡沙墙背风侧距墙 20 m 处集沙数据反映了经过挡沙墙阻沙作用后未被截留的风沙流特征。从图 6.44 可见，挡沙墙前后的集沙率在垂直高度上随着高度增加都呈现出幂指数曲线递减。由上至下，从 4 m 高程点位处开始挡沙墙前后的集沙率就出现了差值，且随着高度降低差值量增大。

图 6.45 为挂板式挡沙墙前后集沙率百分比变化量的空间分布特征，在 0.5 m 高程点位上，挡沙墙前后的集沙率百分比变化量接近 50%，即有近一半的沙颗粒被截留，随着高度的增加集沙率百分比变化量减小。在 4 m 高程点位上集沙率百分比变化量为 12.86%，说明虽然挡沙墙高度仅为 2 m，但在这个高度上，挡沙墙对过境风沙

流的截留作用依然存在。当集沙高度达到 6 m 时，集沙率百分比变化量为负值，负值说明在这个高度上风所携带的沙物质不减反而增加了，即在有挡沙墙的作用下，在这个高度上的单位面积上的沙通量反而增加了，似乎无法解释，但结合挡沙墙的流场图来看，在挡沙墙背风侧上方 $3H$（对应高度为 6 m）高度以上恰好为增速区，风速增加必然导致单位面积上的沙通量增加，因此出现负值是正确的。

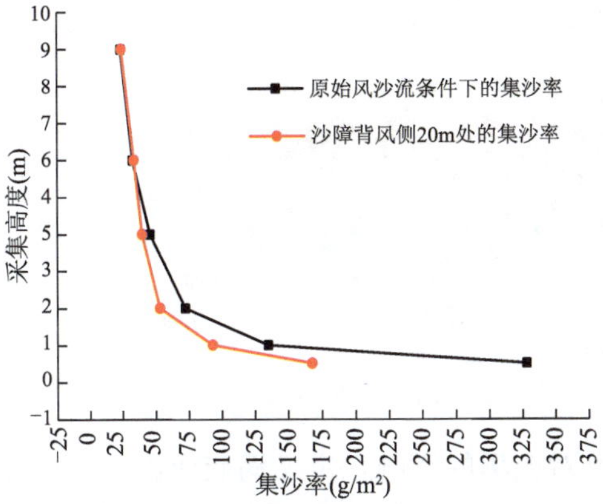

图 6.44 挂板式挡沙墙前后集沙梯度分布特征

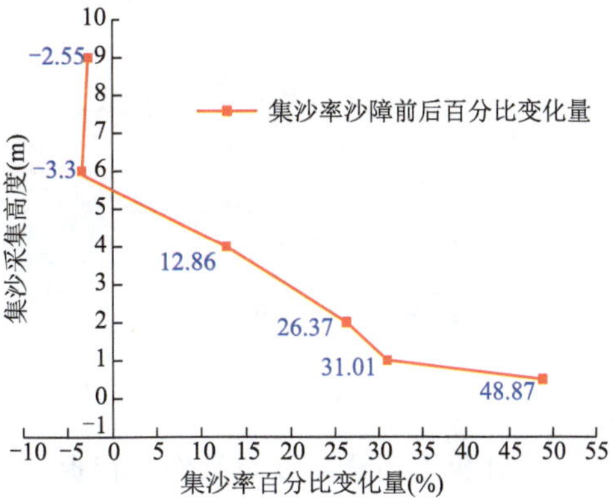

图 6.45 挂板式挡沙墙集沙率的百分比变化量

3. 挂板式挡沙墙防风阻沙数值模拟计算

挂板式挡沙墙属于横向开孔类沙障的一种典型代表。以上关于挂板式挡沙墙的风洞测试以及野外控沙的现场测试都是以实际工程中采用的挂板式挡沙墙形体、透隙参数为基准进行的。为了全面摸清挂板式挡沙墙的防风阻沙功效，数值模拟计算除了进行实际工程中均匀开孔的沙障模型外，对比进行挂板横向开孔按照上密下疏、上疏下密的沙障模型数值计算分析。三种不同透隙分布的沙障如图 6.46 所示。

入口来流风速设定为 15 m/s，数值计算仅考虑挡沙墙周围风速（净风）变化情况，三种透隙分布下的速度变化如图 6.47 所示。三种透隙分布下挡沙墙周围均形成速度分区：降速区、加速区、涡流区以及减速区。从图 6.47 还可看到，来流风场遇到挡沙墙后，其流场特征发生明显变化，风速等值线在挡沙墙顶部上升，呈拱形。在背风侧有效影响范围内，顺风向方向形成回流区，且回流区位置与挡墙距离及高度明显不同。

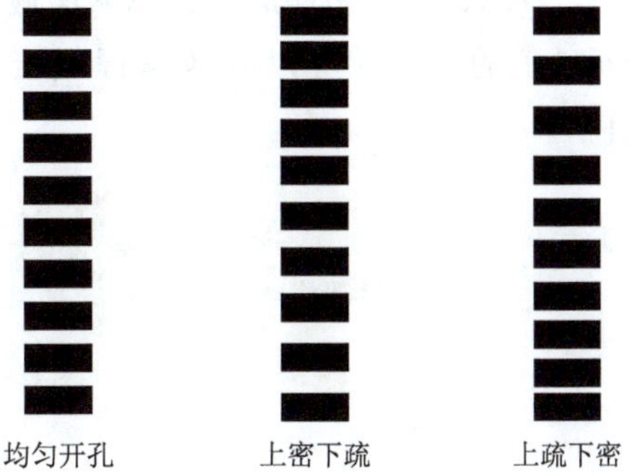

图 6.46 挂板式挡沙墙透隙分布示意图

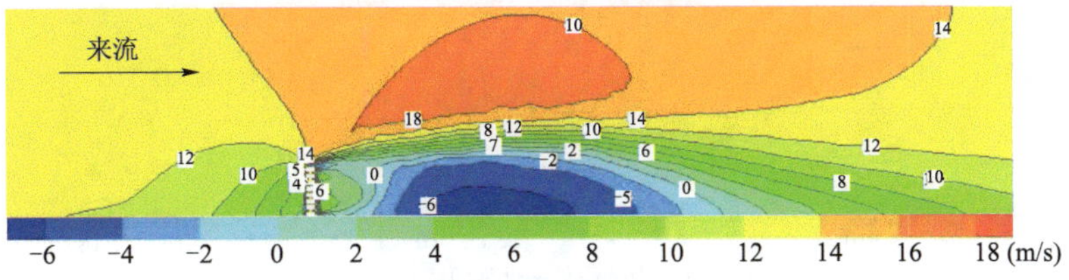

(a) 均匀开孔

图 6.47

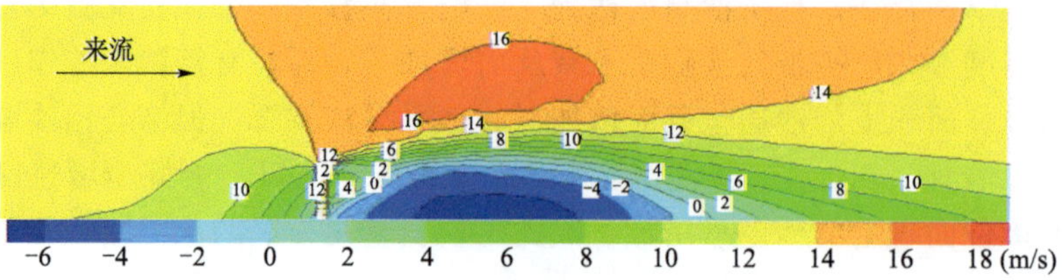

(b)上疏下密

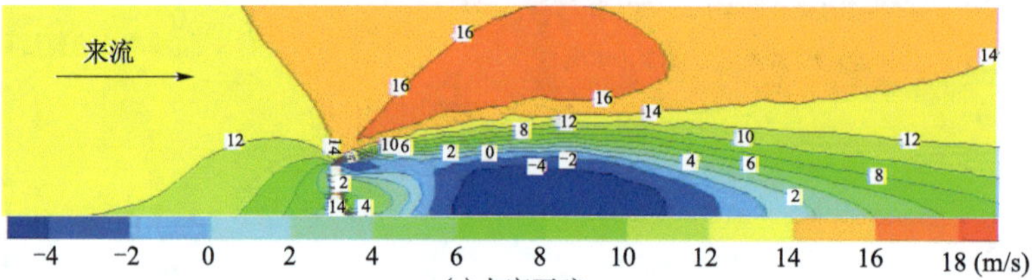

(c)上密下疏

图 6.47　不同透隙分布挂板式挡沙墙周围流场分布图

为评价不同透隙分布条件下挂板式挡沙墙对流场的影响，定义涡旋回流区（蓝色区域）最大高度与最长距离（如图 6.48 所示）之比为挡沙墙有效影响系数，用 δ 表示：

$$\delta=\frac{h_{\max}}{l_{\max}} \tag{6.8}$$

式中　δ——挡沙墙有效影响系数；

$h_{\max}$——回流区最大高度；

$l_{\max}$——回流区最大长度。

δ 越小，表明挡沙墙有效影响区域越大；反之，挡沙墙有效影响区域越小。通过分析 δ 值的变化，可以有效掌握气流流经挡沙墙时背风侧流场受透隙分布影响的规律。

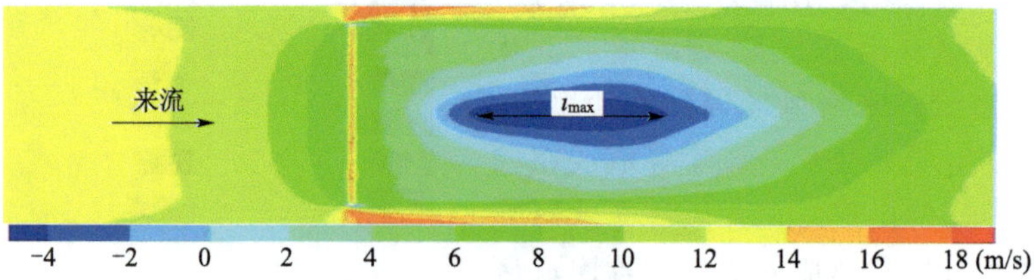

(a) 0.5 m高度处xy面

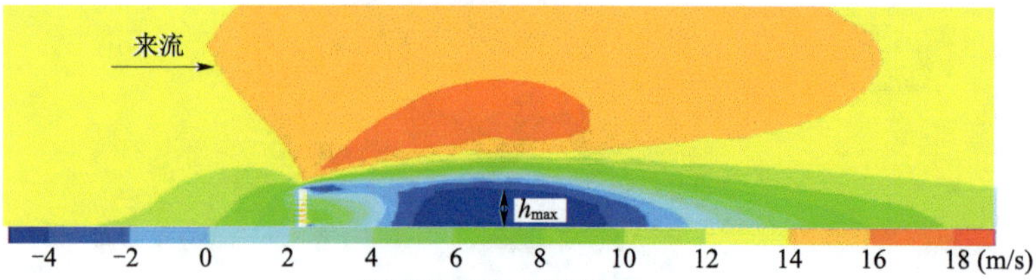

(b) 中轴线处xz对称面

图 6.48　挂板式挡沙墙涡流区定量刻画尺度示意图

表 6.2 为不同透隙分布下挡沙墙在各风速下形成的 δ 值。从表 6.2 可以看出，透隙分布特征不同，δ 值变化趋势不同：风速较小时，三种透隙分布下挡沙墙有效影响系数相差不大；风速较大时，上密下疏分布下的 δ 值均小于其他两种，且随风速增大，三种透隙分布下的 δ 值依次减小。以上数据说明挡沙墙背风侧涡旋回流区与恢复区是透隙分布特征和风速共同作用的结果，若想达到较好的防风效果，实际工程中应考虑挡沙墙透隙分布特征及当地大风状况。

表 6.2　不同开孔形式下挡沙墙有效影响系数

风速 (m/s)	透隙分布特征		
	上疏下密	均匀开孔	上密下疏
6	0.42	0.41	0.41
9	0.40	0.36	0.34
12	0.35	0.33	0.30
15	0.30	0.28	0.21

为进一步分析透隙分布特征对背风侧流场的影响与控制，特绘出背风侧 0.5 m 高处沿水平方向风速变化曲线（15 m/s），如图 6.49 所示。从图 6.49 不难发现，在挡沙墙背风侧沿水平方向上，风速变化均呈“V”形分布。当上疏下密分布时，风速极值差（3.9 m/s）最小，背风侧涡旋回流区与恢复区长度最短，说明气流的减弱效果最差，防风效果最不理想。当上密下疏分布时，风速极值差（9.4 m/s）最大，涡旋回流区与恢复区长度最大，说明风速减弱效果最好，防风效果最佳。而在均匀分布时，背风侧气流速度变化介于两者之间，气流极值差与涡旋回流区长度较为理想，且背风侧约 20 m 范围内，风速基本小于起沙风速（6 m/s）。

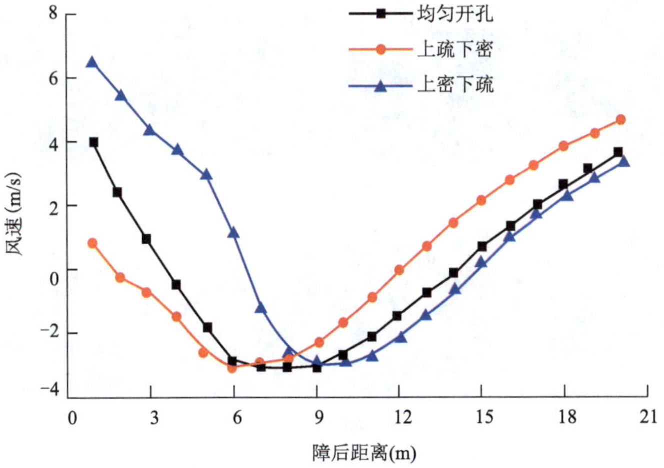

图 6.49　不同透隙分布挂板式挡沙墙背风侧距床面 0.5 m 处风速变化曲线

为了进一步探究挂板式挡沙墙在不同透隙分布条件下的阻沙特性，进行风沙两相流数值计算分析，采用欧拉双流体非定常模型，附加 $k-\varepsilon$ 湍流模型，湍流强度 $I=0.05$，湍流半径 $R=0.5$，方程组求解计算方法采用 SIMPLEC 算法，风沙流携沙粒径 $d_s=0.1$ mm，沙粒密度 $\rho_s=2\ 600$ kg/m³，黏度 $\mu=0.047$ Pa·s，初始沙相体积分数为 1%。空气密度 $\rho=1.225$ kg/m³，黏度 $\mu=1.789\times10^{-5}$ Pa·s，压力为常压；入口为典型风速廓线流（对数流），即：

$$v(y)=\frac{v_*}{k}\ln\frac{y}{y_0} \tag{6.9}$$

式中 v_*——摩阻风速；

y_0——粗糙长度；

k——冯卡门系数，取 0.4；

y——高度；

$v(y)$——y 高度处的风速值。

数值计算表明，风沙流运动过程中受挡沙墙的控制作用，促使挡沙墙周围的风沙流场发生分区变化，风速消减过程中，沙粒沉落，形成积沙。不同透隙分布特征下挡沙墙前后流速不同，其带动沙粒运动的速度也不同，从而导致挡沙墙周围积沙形态分布不一。图 6.50 为不同开孔形式下挡沙墙周围积沙分布图。从图 6.50 可以看出，来流风速（携沙）一定且风向与挡沙墙走向正交时，不同透隙分布下挡沙墙周围积沙形态及积沙量明显不同：均匀开孔及上密下疏分布时，积沙主要位于背风侧，迎风侧只有少量积沙，其迎风侧阻沙效果较差；而透隙成上疏下密分布时，积沙主要集中在迎风侧，

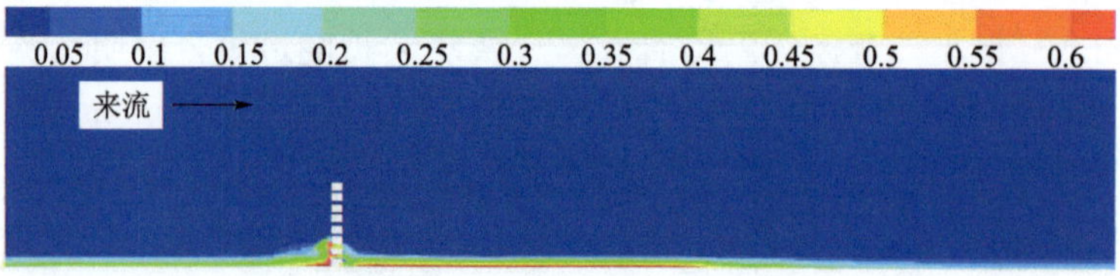

(a)均匀开孔

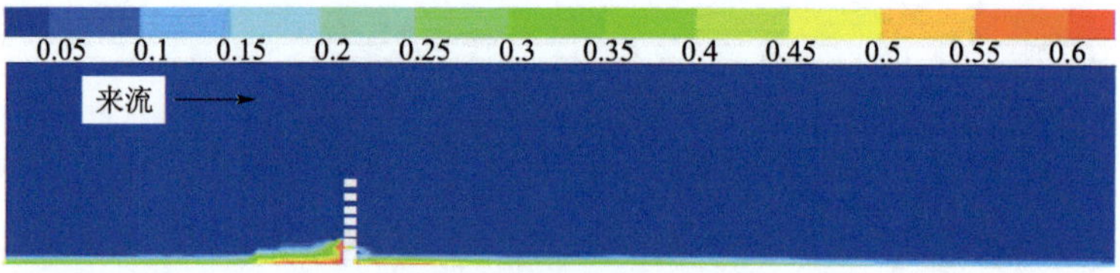

(b)上疏下密

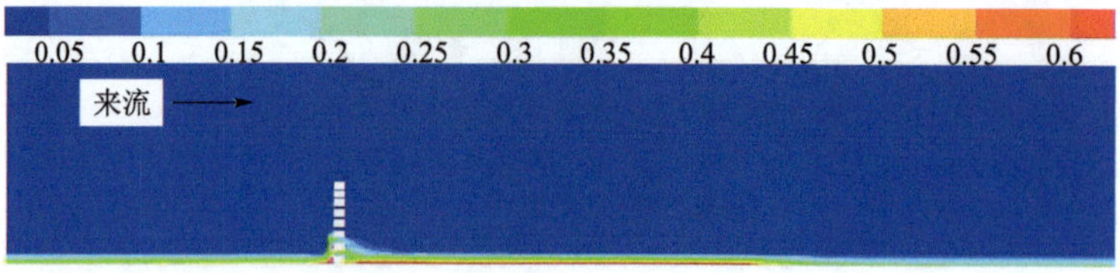

(c)上密下疏

图 6.50　不同透隙分布形式下挡沙墙周围积沙分布图

注：不同颜色代表积沙分布的多少，红色区域代表积沙最多，蓝色区域代表没有积沙，其他颜色代表沙粒还在运动。

背风侧只有少量积沙。同时还可发现，与其他两种透隙分布下的挡沙墙相比，上疏下密分布时挡沙墙背风侧积沙紧靠挡沙墙；相反，其他两种分布下，沉积的沙堆与挡沙墙存在一定的距离。由此说明，上疏下密分布下的挡墙具有较好的迎风侧阻沙效果。

6.4.4.2 斜插板式挡沙墙

斜插板式挡沙墙是在挂板式、插板式挡沙墙的基础上研发设计的一种横向开孔类沙障，该结构由多片成 45°倾角的斜插板组成，斜插板的斜向透隙率在 15%～20%左右，水平向不透视（如图 6.51 所示）。风沙防治工程中的阻沙沙障结构通常设计成具有一定透隙度的结构形式，透隙式沙障结构比实体不透的挡沙沙障结构防护效果好，这已经被大量研究与工程实践所证实。但通常的透隙式沙障结构在风速较大的地区易将积沙控制在沙障的背风侧，而在沙障迎风侧积沙较少，没有最大限度发挥沙障的阻沙功效。速度较大的风沙流遇到斜插板式沙障后，沙颗粒物质在水平向惯性作用力撞击在挡板上，而空气流顺着斜向上的板缝通道流通而过，从而实现了斜插板式沙障结构减风阻沙的作用，同时将空气中的部分沙颗粒阻挡在沙障的迎风侧，这是斜插板式沙障设计的最初目的，但其是否能实现其设计目的尚需工程实践与科学实验验证。

(a)沙障全景　　(b)施工过程中

图 6.51 斜插板式挡沙墙实物图

1. 斜插板式挡沙墙的风洞测试

风洞内斜插板式挡沙墙的物理模型布置如图 6.52 所示，模型高度为 10 cm，与实际沙障结构比例为 1∶20。在风洞内试验段上，分别在沙障模型所在位置（即 0H 处），沙障模型迎风侧的 0.7H、4H、10H 布置风速监测点，沙障模型背风侧的－1H、－2H、－3H、－5H、－10H、－15H、－20H 布设监测点。考虑到底板粗糙度对流场有一定的影响，在风洞底板铺设红褐色粗砂纸增加粗糙度。皮托管在垂直高度的风速测点分别为 1 cm、2 cm、3 cm、5 cm、7 cm、10 cm、15 cm、30 cm、50 cm。

由于沙障对背风侧流场影响较大，在风洞测试时在背风侧布设监测点较多。对于本试验分别在给定风速条件下进行试验，来流风速分别设定为 8 m/s、10 m/s、12 m/s、14 m/s 四个风速条件。

斜插板式挡沙墙流场如图 6.53 所示，斜插板式挡沙墙截断近地表运动的气流，挡沙墙前后的流场扰动剧烈，打破了原始流场的平顺性，在距离挡沙墙较近位置，气流出现拥堵爬升趋势，在挡沙墙背风侧紧贴挡沙墙顶部出现斜向上方的增速区，增速区轮廓的倾斜程度与斜插板的角度有关。在挡沙墙背风侧出现较明显的涡流区，涡流

图 6.52 风洞内斜插板式挡沙墙模型（左：侧视；右：正视）

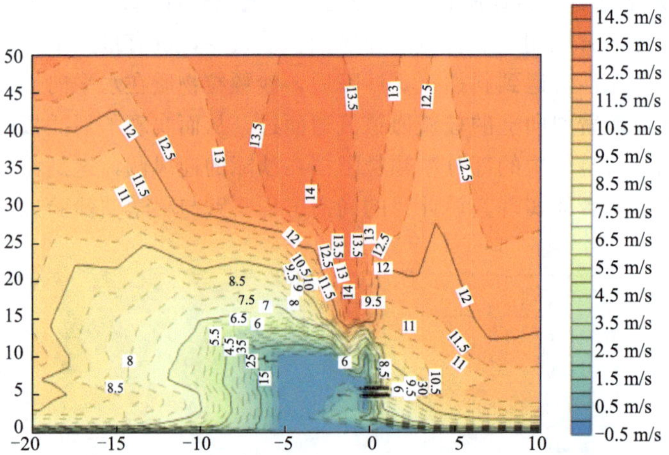

图 6.53 斜插板式挡沙墙流场演化图（12 m/s）

注：纵轴为距地表高度，单位为 cm；横轴为水平距离，数值为沙障高度 H 的倍数值。

区的下风侧为降速区，随着距离的延伸，流场逐渐向着原始流场恢复。挡沙墙的作用总是使流场出现降速区、增速区以及涡流区，但挡沙墙开孔及透隙方式不同时，造成这三个区的状态不同，由于斜插板式挡沙墙结构的开孔方向性，气流被引导向挡沙墙背风侧斜上方运动，风携沙运动至挡沙墙位置时，沙颗粒在水平向为主的惯性力作用下，撞击到斜板上而滑落至挡沙墙迎风侧，风则顺着斜向透隙向斜上方流过，从而实现了降速、扰流、控沙等工程设计目的。来流风速为 8 m/s 时，挡沙墙前 $5H$ 距离范围内的气流拥堵效应明显，随着来流风速条件增大，挡沙墙前气流拥堵效应减弱，但不消失。挡沙墙斜上方的增速区随着来流风速的增大，其增速程度加剧。挡沙墙背风侧的涡流降速区随着来流风速的增大，涡流区范围逐渐减小，在挡沙墙后的涡流区与增速区之间是风速递变过渡区。

为了进一步分析斜插板式挡沙墙对整个速度场的影响和控制规律，在挡沙墙前后依次选取 $4H$、$0.7H$、$0H$、$-10H$、$-20H$ 五个典型位置（以自然来流风速廓线为参照）来对比分析沿程风速廓线演化规律。

从图 6.54 可见，不同来流风速条件下，挡沙墙前后沿程的风速廓线演化规律与模式类似，只是在细微之处有区别。在来流风速为 8 m/s 时，风速变化的幅度较其他风速大，而其他几种风速条件下廓线演化形式基本一致。在挡沙墙前 $0.7H$ 处，风速廓线相对于来流廓线形式仍然较为接近，但在挡沙墙高度范围以下风速呈现减小的趋势，这是挡沙墙前气流拥堵效应造成的。在挡沙墙位置处（即 $0H$ 处），风速廓线形

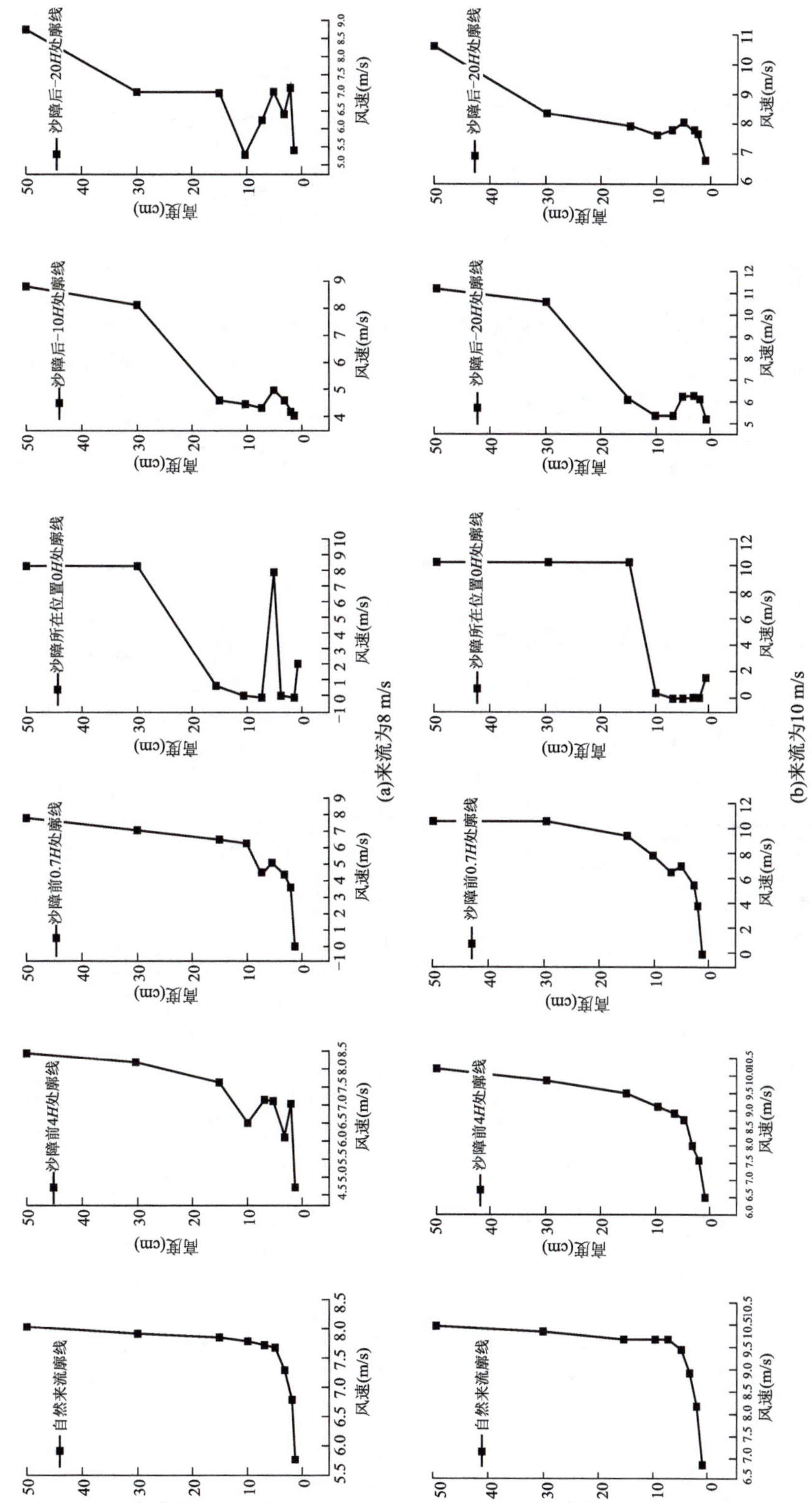
自然来流廓线
沙障前4H处廓线
沙障前0.7H处廓线
沙障所在位置0H处廓线
沙障后-10H处廓线
沙障后-20H处廓线
高度(cm)
风速(m/s)
(a)来流为8 m/s
(b)来流为10 m/s

图 6.54

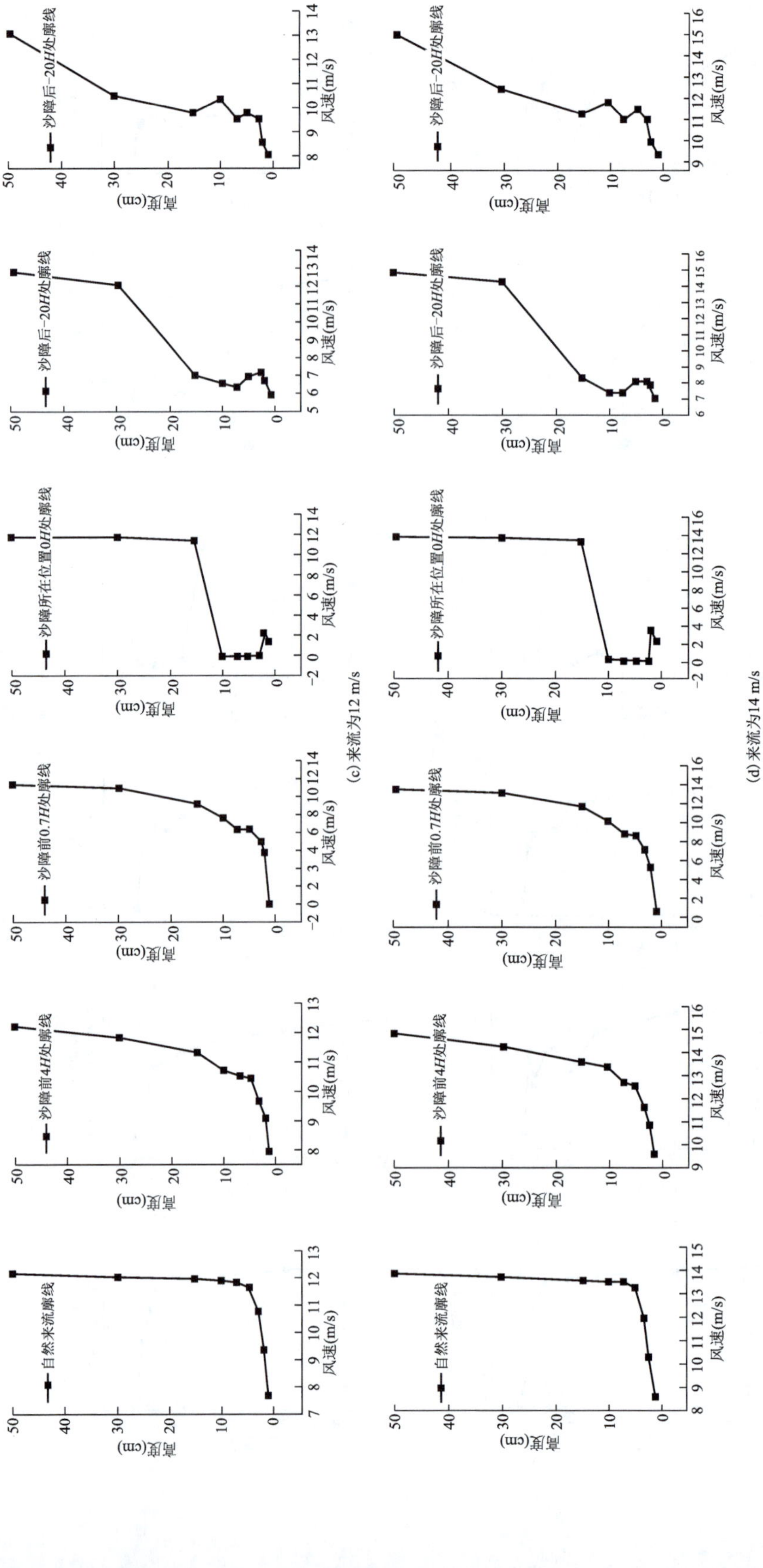

图 6.54 斜插板式挡沙墙前后风速廓线沿程演化曲线

式发生了突变，降速效果显著。而在挡沙墙背风侧 20H 处，风速廓线逐渐向来流风速廓线形式恢复，说明流场风速廓线逐渐闭合，挡沙墙对流场的控制与影响逐渐在消失。

选择 0.1H、1H、5H 三个特征高度根据公式（6.4）来计算斜插板式挡沙墙的防风效率。0.1H 高度是风沙以蠕移方式前进的高度上限，1H 高度是风沙主要以跃移方式前进的高度上限，5H 高度是风沙悬移运动的高度。从图 6.55 可见，斜插板式挡沙墙的有效防风区间是从挡沙墙背风侧－10H 到挡沙墙迎风侧的 2H 之间，这个区间不因风速条件的变化而发生较显著的变化。在这个区间内对 0.1H 高度以下的防护效果最佳，防风效率值波动不大，而高度达到 1H 时，防风效率值有一定的波动特征，其平均防风效率较好。对于 5H 高度，由于远远超过了挡沙墙的高度，防风效率较差。也就是说，斜插板式挡沙墙对风沙的蠕移、跃移两种方式的风沙活动具有抑制作用，对高空悬移方式的风沙没有抑制作用，而无论是在沙漠环境还是戈壁环境风沙活动都是以蠕移、跃移两种方式所携带的沙物质为主。

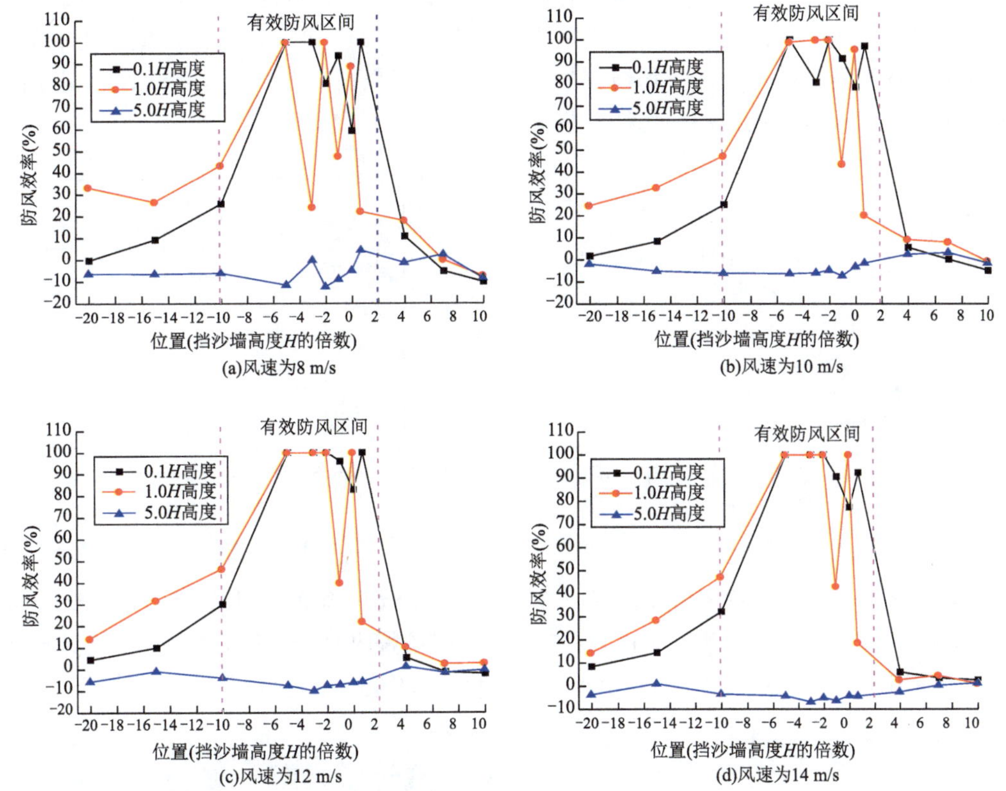

图 6.55 斜插板式沙障的防风效率

2. 斜插板式挡沙墙控沙阻沙的野外测试

利用集沙率公式（6.6）对布设在兰新二线烟墩风区段集沙系统上不同高度上的集沙数据进行计算，集沙仪在垂直梯度上的集沙率一方面反映了该地区的风沙流结构特征，另一方面也揭示了风沙流运动的时空分布特点。从图 6.56 可见，原始地表风沙流在垂直高度上随着高度增加集沙率呈现幂指数曲线递减。而经过挡沙墙的阻截过滤作用后的集沙率曲线发生了较大变化，2 m 高度范围以下，各层位高度的集沙率通过挡沙墙后都呈现减小趋势，其中 0.5 m 高度处减小量值最大。在 2 m 高度以上范围，挡沙墙后 10H 处的集沙率与原始风沙流集沙率较为接近，说明在这个高度范围以上，挡沙墙的阻沙效果不明显。

利用集沙率百分比变化量公式（6.7）进行不同高程点的集沙率百分比变化量计算，梯度集沙仪不同高程点位集沙率的百分比变化量反映了在此高程上空气流中携沙量的变化。可见在 2 m 高度范围以下，集沙率百分比变化量显著，尤其是 1 m 以下，在 0.5 m 高程点位变化量值接近 60%。

集沙率的百分比变化量为正值表明空气流中携沙量经过沙障后呈现减小趋势，若百分比变化量为负值则表明运动的空气流经过沙障后，其携沙量不减反而增加了。从图 6.57 可见，集沙率的百分比变化量在 4 m 高度处出现了负值，其他位置都为正值，实际上客观地反映了斜插板式挡沙墙控制下的流场特征。从斜插板式挡沙墙流场的风洞测试结果显示，在斜插板式挡沙墙的作用下，挡沙墙背风侧上方形成斜向上的风速增加区，风速增加在 2H 高度处最为明显，风速增加，其携沙能力增强，单位面积上的沙通量必然增加。因此，在这个高度上出现集沙率百分比变化量的负值是正确的。表明采用风洞测试所得沙障流场演化规律与现场测试数据吻合，两种测试方法相互佐证，客观揭示了风沙流运动的特征与规律。

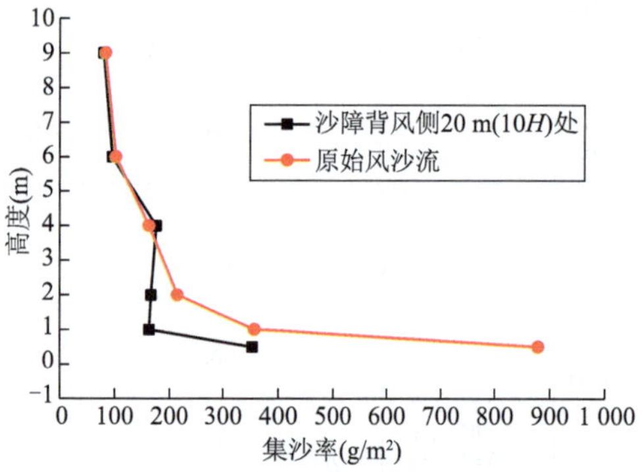

图 6.56 斜插板沙障前后集沙梯度分布特征

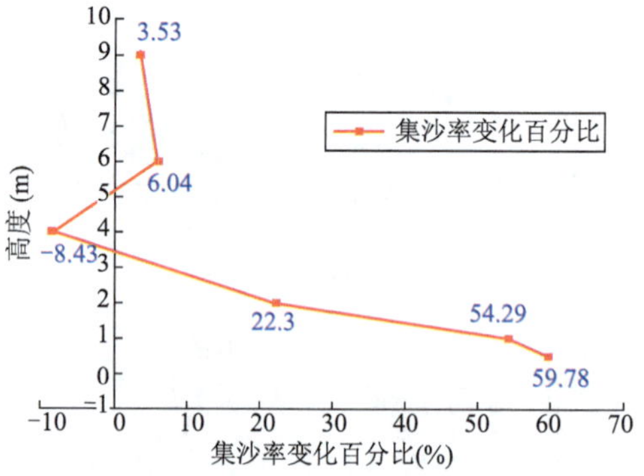

图 6.57 沙障前后梯度集沙率的百分比变化量

对斜插板式挡沙墙前后的积沙调查发现，由挡沙墙控制的积沙在背风侧以细沙为主，在挡沙墙迎风侧则以粗沙为主（图 6.58），说明斜插板式挡沙墙对过境风沙流具有分选过滤作用，这一特点是斜插板式挡沙墙与其他类型的挡沙墙最显著的功能区别之一。

(a)迎风侧

(b)背风侧

图 6.58 斜插板式挡沙墙前后积沙调查

新建兰新二线烟墩风区段是首次使用斜插板式沙障的铁路实验段，表 6.3 是线路通车之前进行现场试验所采集的集沙数据。

表 6.3 集沙系统上各高程点位的集沙量

采集地点	集沙数据采集高程（m）					
	0.5	1.0	2.0	4.0	6.0	9.0
沙障迎风侧集沙量 m_f（g）	275.95	112.13	67.30	51.03	32.11	26.09
沙障背风侧集沙量 m_b（g）	110.98	51.25	52.29	55.33	30.67	25.12

根据阻沙率公式（6.2），代入表 6.3 中各采集高程点的数据，得阻沙率 $K=42.33\%$，即斜插板式沙障的平均阻沙率为 42.33%。在铁路沿线布设的控沙工程系统中，斜插板式沙障仅是阻沙工程中的一种，阻沙工程通常要与固沙工程措施相配套使用才能最大限度控制过境流沙对铁路的危害。

3. 斜插板式挡沙墙流场数值计算

斜插板式挡沙墙与其他横向开孔类沙障显著不同之处在于其板的方向性不同，斜插板水平不透视，针对斜插板式挡沙墙的防风阻沙数值模拟，重点针对斜插板的角度变化引起的流场变化及阻沙特征差异进行探讨和分析。以 15 m/s 入口来流风速为例，计算得到四种斜插板角度（倾角 15°、30°、45°、60°）挡沙墙周围风速等值线，如图 6.59 所示。可以看出，四种具有不同插板倾角的挡沙墙周围均有迎风侧减速区、上方加速区和背风侧涡流区生成，但受插板倾角变化影响，流场分区不尽相同：对于迎风侧减速区而言，其范围受插板倾角影响较小，四种倾角下减速区无明显区别；对于上方加速区而言，其范围存在随插板倾角增大而增大的变化规律；对于背风侧涡流区而言，随插板倾角逐渐增大，涡流区高度逐渐增加，涡流区内反向气流流速也逐渐增大。

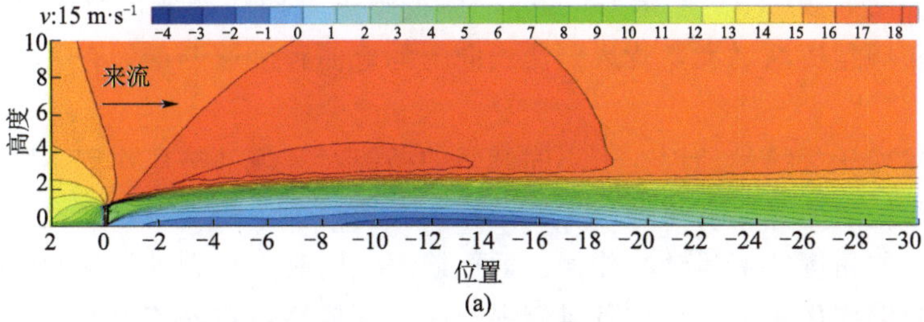

(a)

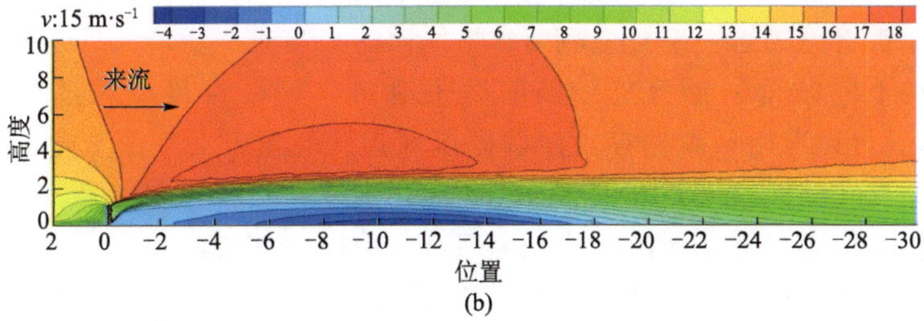

(b)

图 6.59

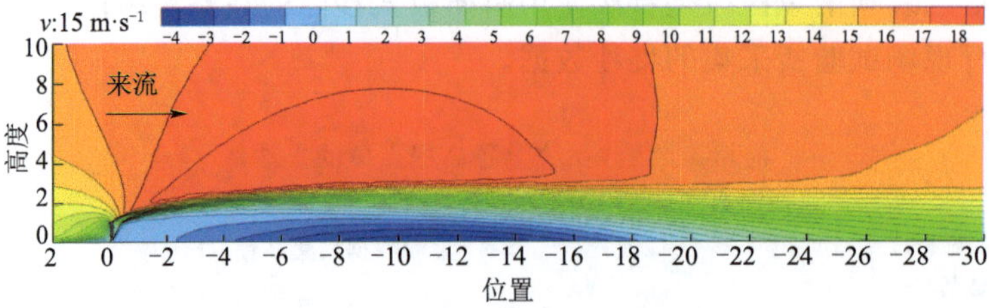

(c)

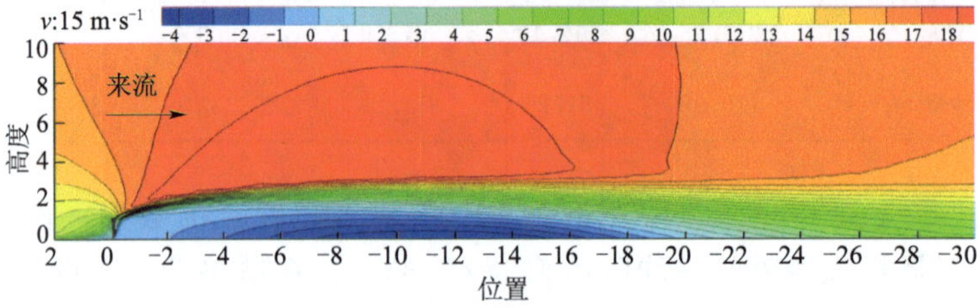

(d)

图 6.59 斜插板挡沙墙周围风速等值线

注：(a)(b)(c)(d) 分别表示倾角 15°、30°、45°、60°，横纵坐标值为挡沙墙高度 H（H=200 cm）的倍数，正值表示迎风侧，负值表示背风侧，下同。

为了进一步探索分析斜插板角度变化引起的流场变化，采用流场局部流线分析。流线分析是流场分析的重要部分，流线方向可以反映气流流向，其疏密程度可以反映流速大小，流线图可以表示某一时刻气流的运动趋势。从图 6.60 可以看出，四种倾角的插板对气流的作用规律相同：迎风侧气流流经插板缝隙时，贴近地面的气流先向下运动再沿插板缝隙向上运动，而靠近挡沙墙上端的气流则顺势向上透过插板缝隙，两部分气流经过插板缝隙后在背风侧重新汇集，受背风侧涡流区反向气流的作用，流经插板缝隙的气流与水平风向夹角进一步加大。但插板倾角不同，挡沙墙对迎风侧气流的影响明显不同：插板倾角较小时，迎风侧贴近地面的流线向下弯曲的程度较小［如图 6.60（a）所示］，随着插板倾角的逐渐增大，贴近地面的流线向下弯曲的程度逐渐增大［如图 6.60（d）所示］；另外，插板倾角对挡沙墙背风侧气流流向也具有显著影响，随倾角逐渐增大，背风侧流线向上的弯曲程度逐渐增大，气流聚集压缩程度也逐渐增强。

产生上述变化规律的原因在于不同倾角的插板对气流的挤压作用不同，存在随插板倾角增大而增大的变化规律，二者呈正相关。插板倾角较大时，迎风侧近地面处的气流需以较大的角度向下运动才能通过插板缝隙，同时，较大的插板倾角也使得挡沙墙对气流的阻滞作用较强，导致背风侧涡流区高度较高，在涡流区反向气流的附加作用下，流经插板缝隙的这一部分气流与水平风向的夹角进一步增大。

绘制四种不同倾角斜插板挡沙墙前后距地面 0.5 m 高度处风速变化曲线，如图 6.61 所示。可以看出，斜插板挡沙墙周围风速变化呈“U”形变化，背风侧涡流区风速极小值存在随插板倾角增大而减小的变化规律，二者呈负相关，这也进一步表明，增大插板倾角可以提高挡沙墙背风侧涡流区内反向气流流速。

风沙两相流数值模拟计算结果显示，四种斜插板不同倾角的挡沙墙周围积沙分布规律相似：积沙主要集中在背风侧且与挡沙墙保持一定距离，而迎风侧积沙量较少且紧贴沙障分布。但随插板倾角逐渐增大，挡沙墙迎风侧积沙量逐渐增加，背风侧积沙量逐渐减少，并且对于背风侧 1H 范围内而言，其积沙量与插板倾角呈正相关。

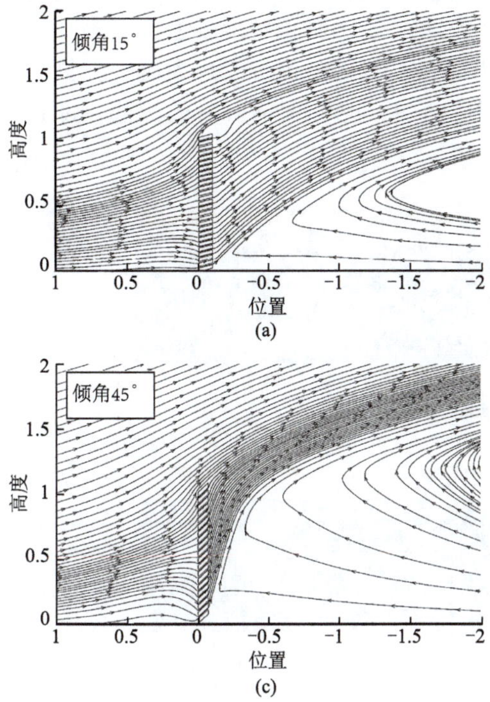

图 6.60　不同角度情况下斜插板周围流线轨迹

注：横纵坐标数值为档沙墙高度 H 的倍数。

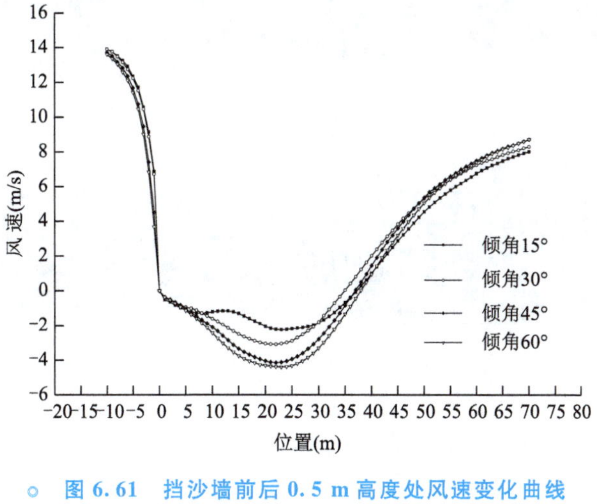

图 6.61　挡沙墙前后 0.5 m 高度处风速变化曲线

注：图中横坐标负值表示迎风侧，正值表示背风侧

产生上述现象的原因主要是不同插板倾角所消减的风沙流运动风能不同：当风沙流经过插板缝隙时，具有一定倾角的插板会迫使气流向上运动，在此过程中，风沙流与插板缝隙壁面相互作用，其运动风能逐渐减小，另外风沙流向上运动的过程中，沙

粒的部分动能会转化为重力势能，气流携沙能力进一步降低。当插板倾角较小时，风沙流经过插板缝隙时损失的运动风能较少，携沙能力也降低较小，气流能裹挟沙粒在背风侧较远处沉积；而当插板倾角较大时，风沙流经过插板缝隙时损失的运动风能较多，沙粒需要克服的重力势能也较多，导致气流携沙能力降低幅度较大，因此，一部分沙粒受重力作用主导，紧贴背风侧分布，其余沙粒则随气流继续运动而后沉积在背风侧较远的地方。数值模拟结果进一步揭示了斜插板挡沙墙具有独特的筛选、过滤沙粒的作用。

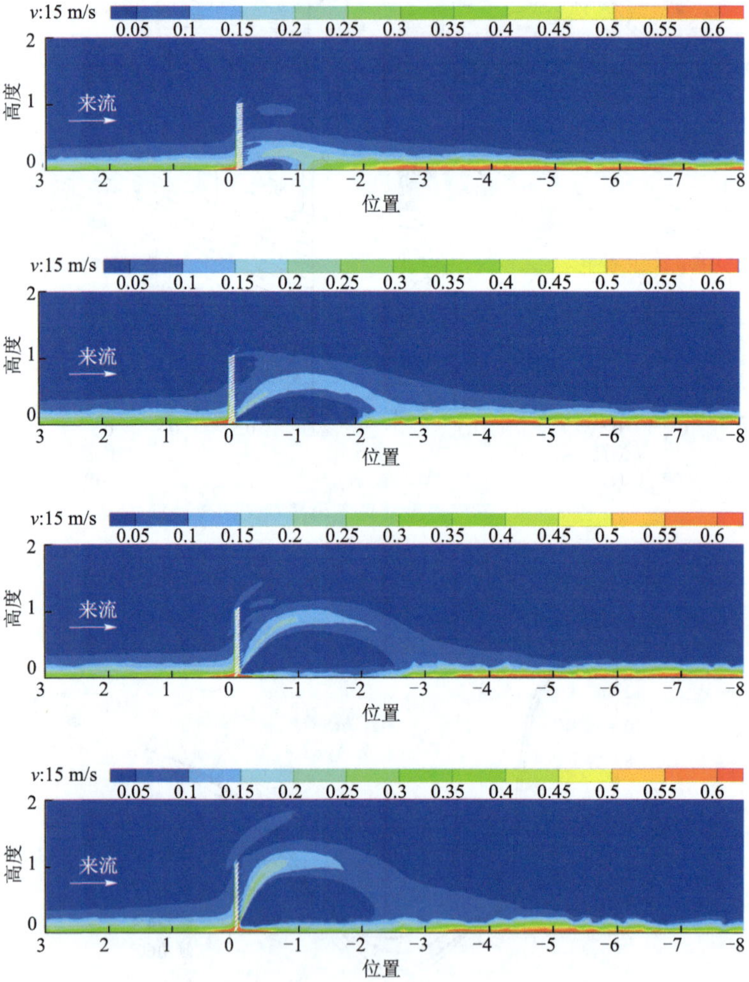

图 6.62 斜插板挡沙墙周围积沙分布图

注：图中标尺上的数字表示沙粒体积分数，横纵坐标数值为挡沙墙高度 H 的倍数。

6.4.5 均匀开孔类沙障

与纵向开孔类沙障及横向开孔类沙障不同，均匀开孔类沙障是指高立式沙障的迎风板面开孔透隙分布均匀。均匀开孔类沙障主要由两类材质的面体构成（如图 6.63 所示）：一类为柔性的金属丝网体或 PE 纤维丝网体材料，另一类为金属孔板。柔性网面材料不具有抗弯性能，但其抗拉力学性能良好，因此柔性网面需要挂在沙障立柱上，金属孔板式沙障也需要沙障立柱来承担最终的风沙荷载。

(a)PE网

(b)金属丝网

(c)金属孔板

图 6.63 均匀开孔类沙障代表

6.4.5.1 网式沙障

均匀开孔类沙障中最典型的代表为网式沙障。目前在铁路沿线大量使用的网式沙障多为 PE 材质网，即聚乙烯环保树脂制成的纤维网。该产品组合灵活、安装方便，能满足不同风沙环境下风沙防治工程中阻沙、固沙的实践需求，且具有减风阻沙、抵抗风蚀和抗老化等优良性质。PE 网的透隙率通常在 40%～60%之间，使用木立柱（或钢筋混凝土柱）和铁丝固定，其中心轴线常平行于线路或与当地主风向垂直。高立式 PE 网沙障常采用的规格为 JZSPE1600Lu32，幅宽 1 600 mm，低立式 PE 网方格常采用的规格为 JZSPE800Lu32，幅宽 800 mm，所选产品均呈果绿色，透隙率约为 55%，丝径为 0.32 mm，平均孔目尺寸为 0.98 mm×1.14 mm，经纬向强度约为 900 N/50 mm，具有至少 10 年的使用寿命。各种类型 PE 网属性见表 6.4。PE 网与其他沙障采用的材质区别在于网体的材料柔韧性好、沙粒的穿透性强以及网后的减速区较为均匀。

为了全面摸清网式沙障流场机理及其防风阻沙功效特征，以下采用风洞测试、数值模拟计算以及野外调查分析等手段来揭示网式沙障的流场分区及其阻沙、固沙机理。

表 6.4　不同 PE 网规格及性能表

产品类型	产品规格	色泽	幅宽（mm）	透隙率	密度（g/m^2）	丝径（mm）	孔规格（平均值）	强度（N/50 mm）	使用寿命	用途
功能性 PE 阻沙固沙网	JGSPE200He18G	黑色	200	约 63%	约 66	0.18	约 0.79mm×0.83mm	经纬向约 750	5 年/10 年	固沙
	JGSPE150Lu20G	墨绿、果绿	150	约 59%	约 75	0.20	约 0.75mm×0.79mm	经纬向约 800		固沙
	JGSPE200Lu20G		200			0.20				固沙
	JZSPE1100Lu25G		1100	57%～60%	约 97	0.25	约 0.68mm×1.00mm	经纬向约 700		阻沙、固沙
	JZSPE1500Lu28G		1500	约 60%	约 100	0.28	约 1.03mm×1.18mm	经纬向约 750		阻沙
	JZSPE1800Lu32G		1800	约 55%	约 125	0.32	约 0.98mm×1.14mm	经纬向约 900		阻沙
HDPE 阻沙固沙网	JGSPE200Lu20	墨绿、果绿	200	约 57%	约 75	0.20	约 0.77mm×0.81mm	经纬向约 800		固沙
	JZSPE1500Lu20		1500			0.20				阻沙
	JZSPE800Lu32		800	约 55%	约 125	0.32	约 0.98mm×1.14mm	经纬向约 900		阻沙、固沙
	JZSPE1600Lu32		1600			0.32				阻沙

1. 网式沙障的风洞测试

风洞试验选择 8 m/s、10 m/s、12 m/s、14 m/s 四组入口风速。试验中采用皮托管和微差压变送器组成的测量系统来测定风速。测量系统由不同高度（Z=1 cm、2 cm、3 cm、5 cm、7 cm、10 cm、15 cm、30 cm、50 cm）的 9 个精细皮托管组成，实验模型高为 8 cm，如图 6.64 所示。对风洞试验进行的 4 组风速流场的测定，每组风速的测定均在入口风速稳定后测得，由于热线风速仪平均每隔 1 s 采集一次数据，为增加数据的准确性，取稳定风速后 10 s 内的速度平均值作为最终该点的实测值。每组入口风速下，均测试障前 10H、5H、1H、0.5H、0H 处及障后 −0.5H、−1H、−2H、−3H、−5H、−10H、−20H 等共 12 个位置点的竖向 1～50 cm 范围内的风速值。

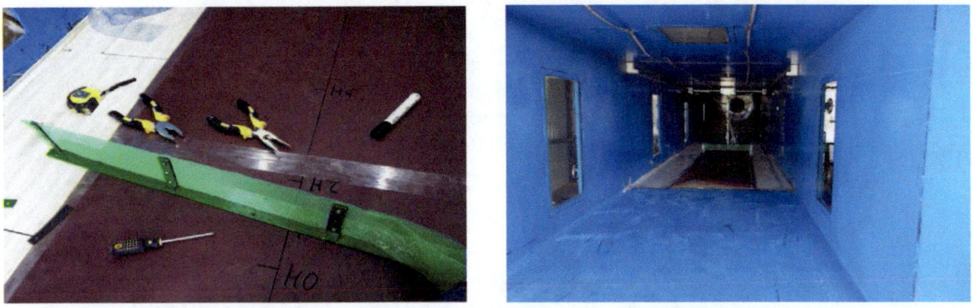

图 6.64 风洞内网式沙障模型的安装及流场测试

风洞测试首先进行了无沙障模型的空场测试，在 4 组不同入口风速下，风洞内部的风速均呈对数形式变化，且其边界层厚度稳定，表明试验满足运动相似条件。在风洞内对网式沙障模型进行流场测试，并以 12 m/s 来流风速为例分析网式沙障流场特征，整个流场中，风速有明显的变化，PE 网沙障模型的存在打乱了原有流场的平顺性，网前的局部区域出现小范围的降速区，运动的气流接触到网时被瞬间阻挡并通过网体经纬线的相互干扰，大部分气流通过网体经纬线间的孔隙流经而过，在网后形成大范围的较为均匀的减速区，另有一部分气流因为网有限的透隙率只能从网顶部越过，此时气流的通过面积减少，气流受到挤压而在网体的偏后上方位形成一定范围的增速区。其他风速下，网前后流场变化规律与 12 m/s 入口风速条件下的情况相似，相应变化区域的速度值有所不同，但随着入口风速的增加，网后减速区的风速相比于入口速度的衰减率基本保持不变，由于风洞试验对速度的标定仅达到网后 20H 处，从图中可以看出网对气流的扰动作用已经超过 20H 距离，如图 6.65 所示。

2. 网式沙障数值计算分析

在网式沙障的阻碍作用下，流场变化明显，对于不同的来流风速，气流经过网后，在网后均形成范围较大且速度梯度变化较小的减速区。当来流风速为 6 m/s 时，气流经过网时，因受到网的阻碍作用而在网前形成降速区，但网后没有涡流区，仅存在较为均匀的减速区。由于单道网对不同来流条件下的流场的影响机制相同，在不体现梯度风速大小的情况下，由风速流线图可以看出（如图 6.67 所示），在网高度范围内的气流经过网后，在网后形成略高于网的重整化气流，由于受到网的挤压，流经网的气流与水平方向形成一个较小的向上的夹角。

为分析网作用下流场在某一高度上的具体变化，根据风沙两相流的垂直分布规律，数值计算获取地表以上 Z=30 cm 高度处的流场变化云图，如图 6.68 所示。

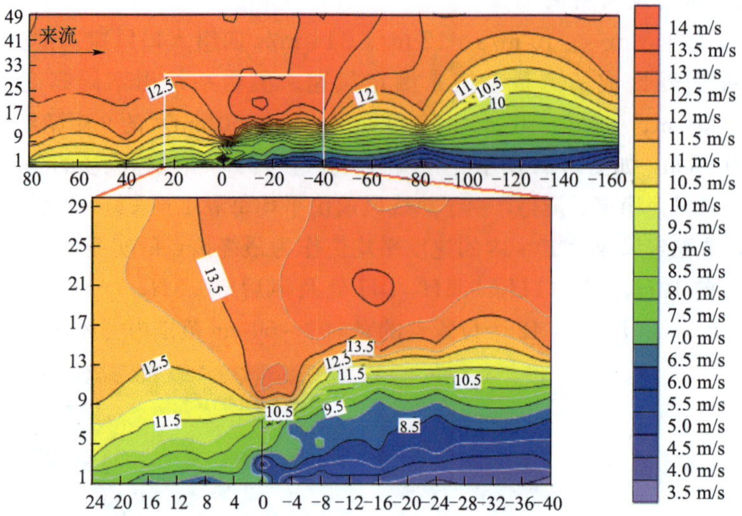

图 6.65 网式沙障流场演化图（12 m/s）

注：纵坐标单位为 cm，横坐标为沙障高度 H 的倍数值。

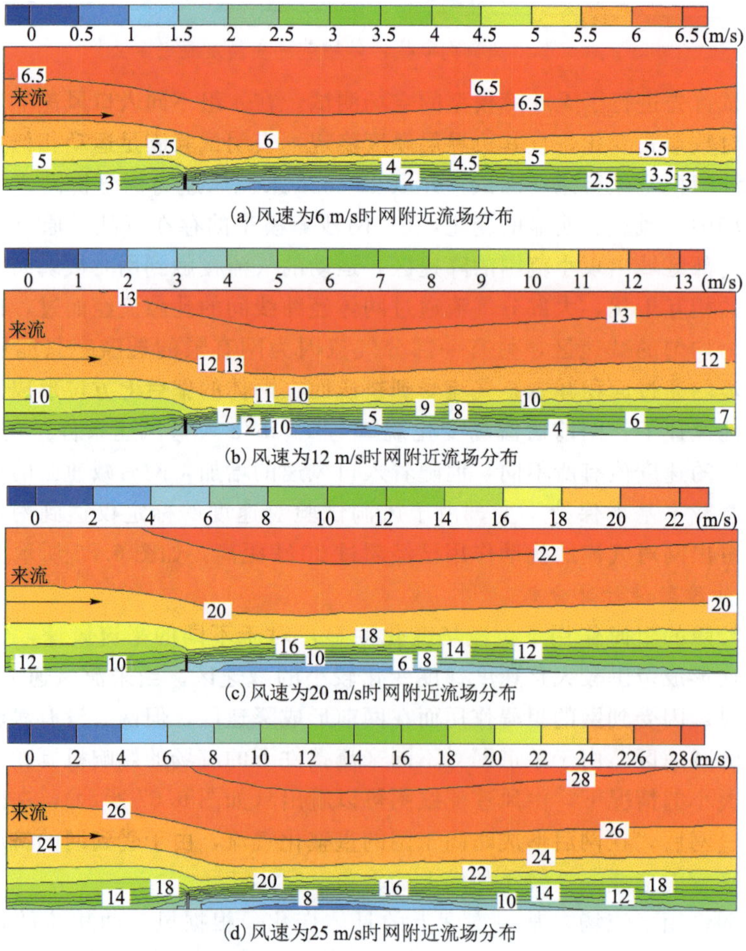

图 6.66 不同来流风速条件下网式沙障前后流场变化云图

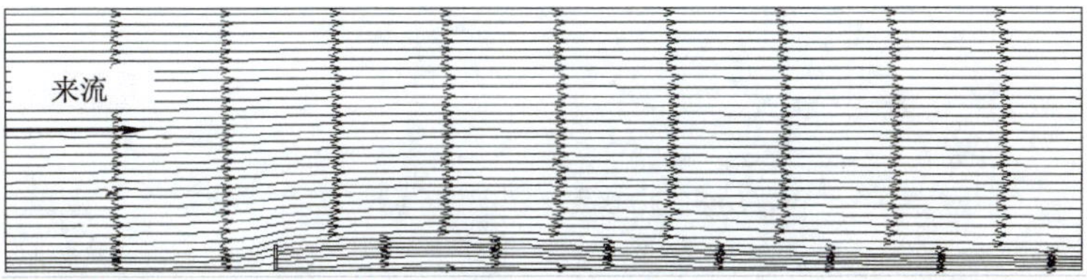

图 6.67 网式沙障前后流场中流线图

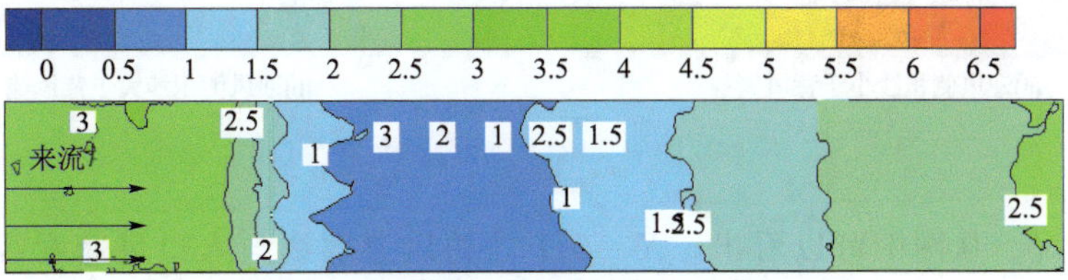

(a) 6 m/s风速下，Z=30 cm高度处流场分布

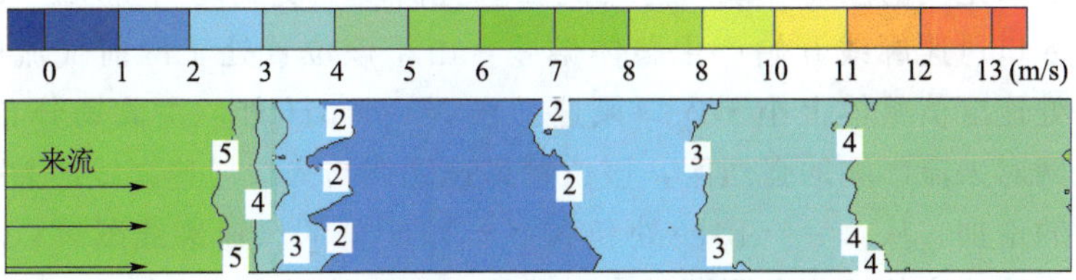

(b) 12 m/s风速下，Z=30 cm高度处流场分布

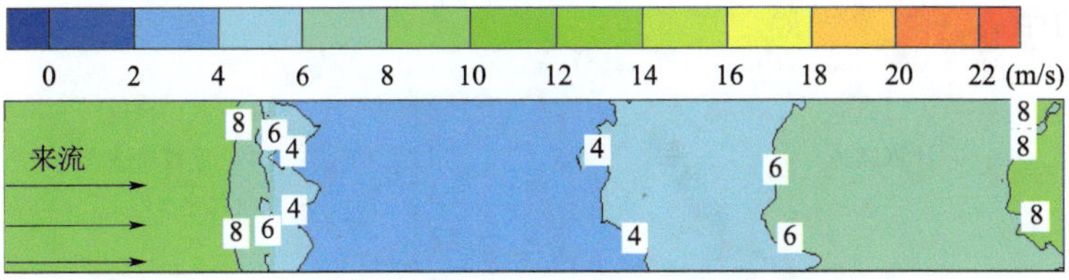

(c) 20 m/s风速下，Z=30 cm高度处流场分布

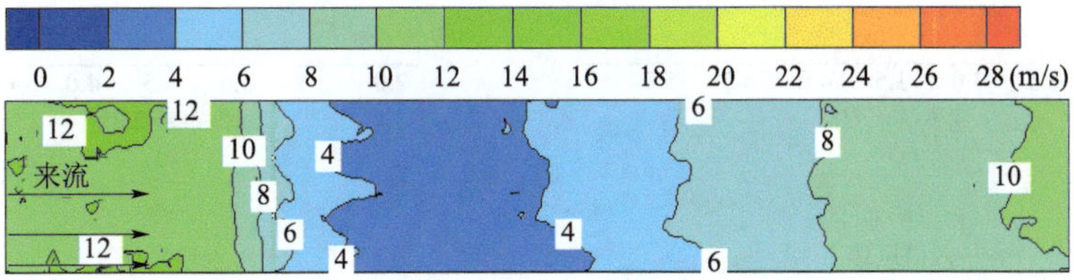

(d) 25 m/s风速下，Z=30 cm高度处流场分布

图 6.68 不同梯度风速下，Z=30 cm 高度处流场的变化云图

从图 6.68 可见，网式沙障具有较强的障前降速和障后减速能力，网式沙障前后都以速度消减为主要特征，且沙障背风侧不存在涡流区，贴近网的下风侧没有形成加速通道，这样的平面速度分布易导致积沙贴近网体沉积（如图 6.69 所示）。

为了直观表现网式沙障对风速的限制效应，选取网附近特殊位置处的风速廓线与入口风速廓线进行对比，以反映网对来流的削弱能力（如图 6.70 所示）。入口来流风速为 12 m/s 时，分析网的前后 $5H$、$2H$、$-5H$、$-10H$、$-15H$、$-30H$ 处风速廓

(a)迎风侧积沙小于背风侧　　(b)迎风侧积沙大于背风侧

图 6.69　铁路沿线网式沙障积沙实例

线的变化情况。从图中可以看出，$X=5H$ 处的风速廓线与入口风速廓线相差不多，主要表现在近地面 50 cm 以下区域速度的小幅度增加和网高度附近区域速度的小幅衰减，其主要原因是网的阻碍导致网前气流在垂直高度上受到均匀挤压。$X=2H$ 处的风速廓线与入口风速廓线开始产生整体偏差，由于该位置处于网前气流的挤压减速区，所以该处速度值整体上小于入口风速。在 $X=-5H$ 处，由流场分布云图可知，该位置位于网对来流影响的强烈区，该位置风速廓线与入口风速廓线的差值最大。随着网后距离的增加，从 $X=-10H$ 处和 $X=-15H$ 处的风速廓线图可以看出，网后速度与入口来流速度的差值在逐渐减小，即网对来流的影响越来越小，$X=-30H$ 处的风速廓线已逐渐接近入口风速廓线。从图中也可以看出，网对来流的影响范围达到网后 $30H$ 的距离。

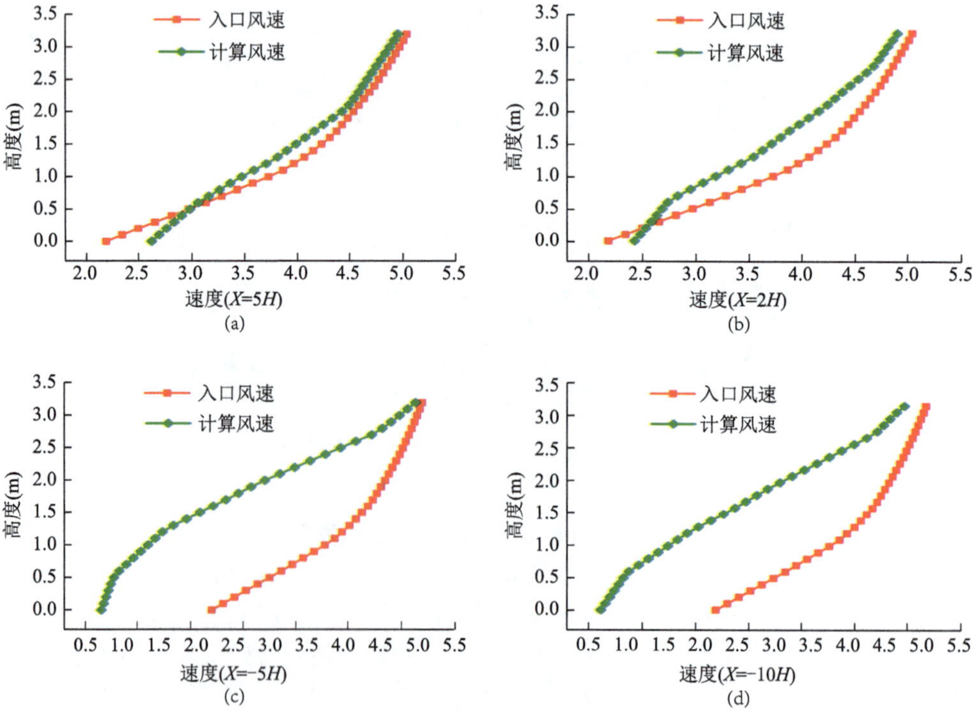

图 6.70

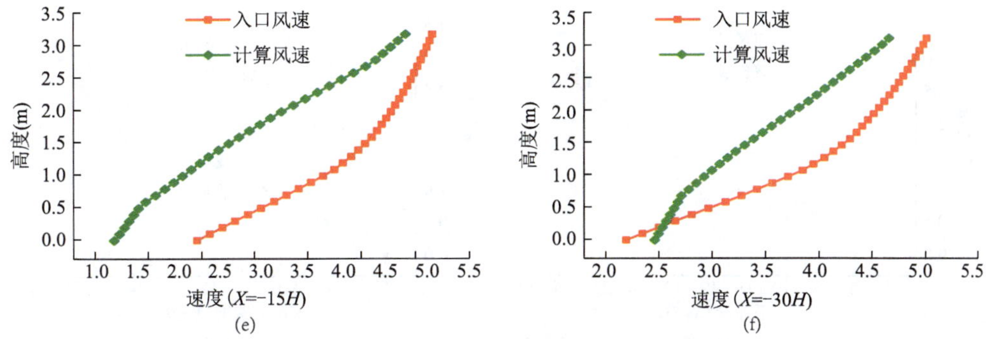

（1）梯度风速 6 m/s 条件下，网前后不同位置处 2H 高度范围内的风速廓线

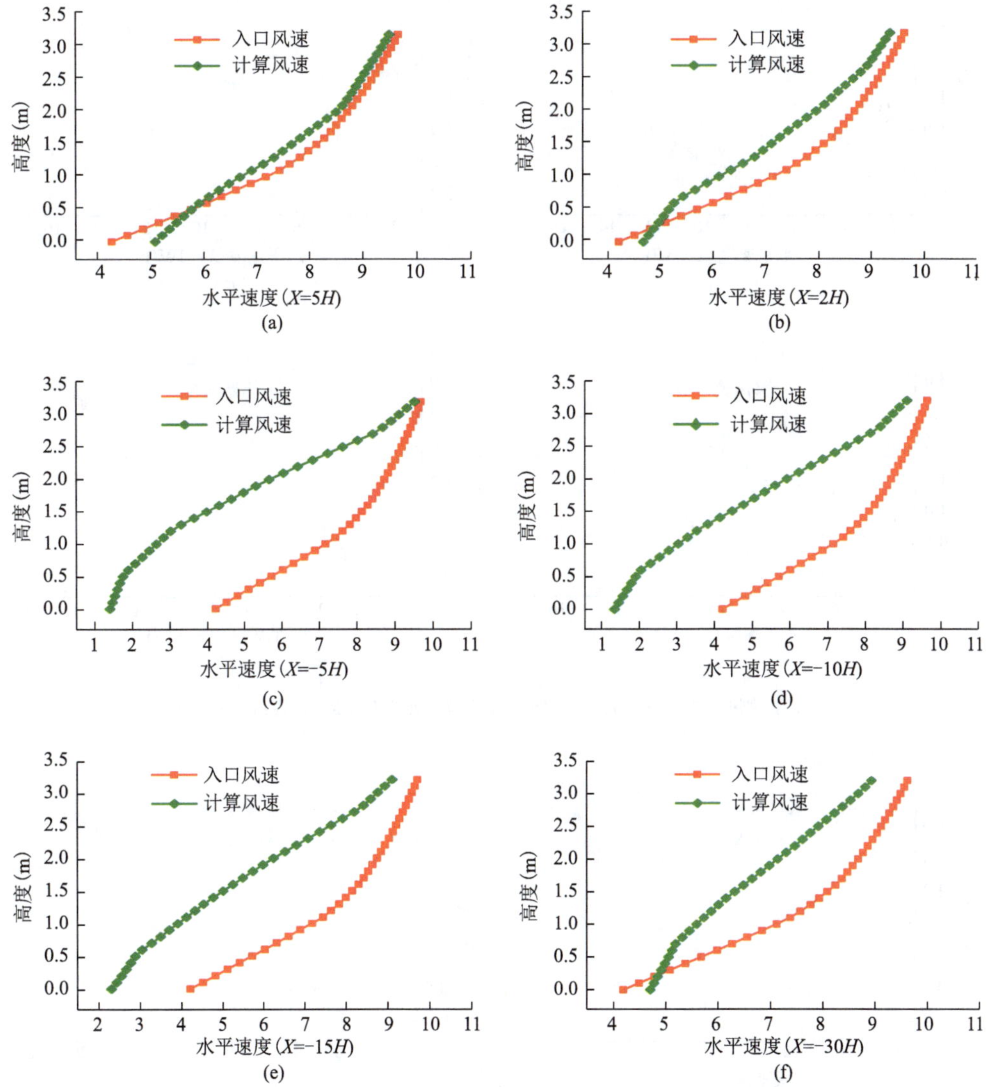

（2）梯度风速 12 m/s 条件下，网前后不同位置处 2H 高度范围内的风速廓线

图 6.70

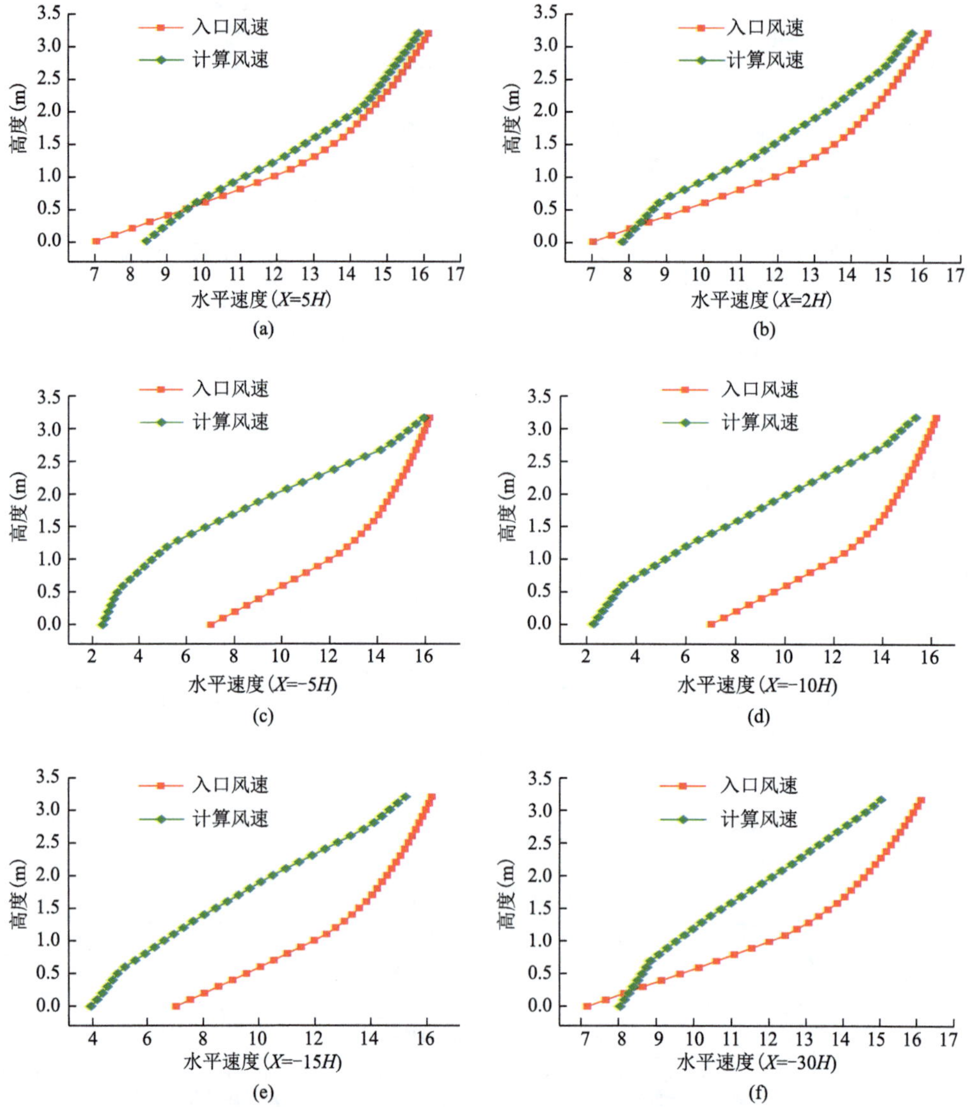

(3) 梯度风速 20 m/s 条件下，网前后不同位置处 $2H$ 高度范围内的风速廓线

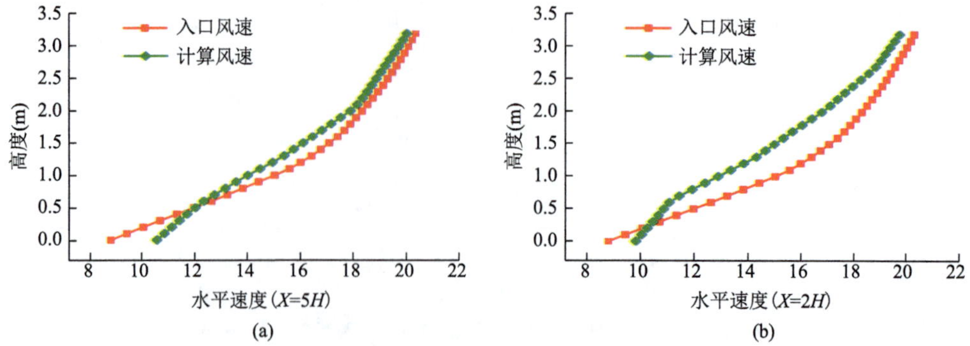

图 6.70

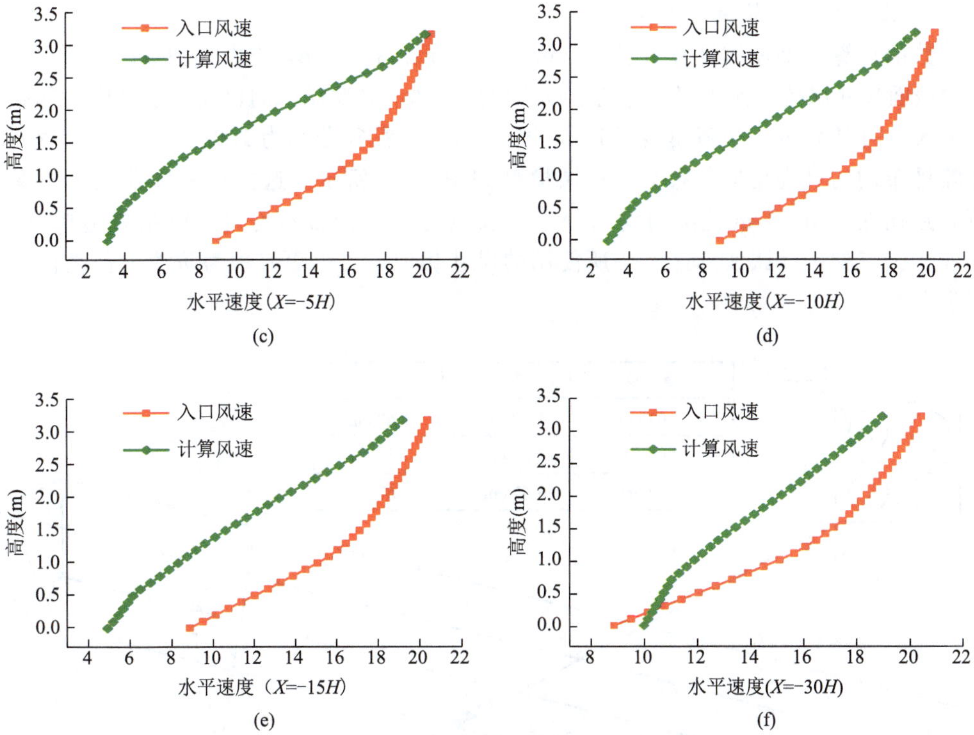

(4) 梯度风速 25 m/s 条件下，网前后不同位置处 $2H$ 高度范围内的风速廓线

图 6.70 四种梯度风速下，网前后不同位置处 $2H$ 高度范围内的风速廓线

注：(a) 水平位置 $X=5H$ 处，$2H$ 高度范围内的风速廓线；(b) 水平位置 $X=2H$ 处，$2H$ 高度范围内的风速廓线；(c) 水平位置 $X=-5H$ 处，$2H$ 高度范围内的风速廓线；(d) 水平位置 $X=-10H$ 处，$2H$ 高度范围内的风速廓线；(e) 水平位置 $X=-15H$ 处，$2H$ 高度范围内的风速廓线；(f) 水平位置 $X=-30H$ 处，$2H$ 高度范围内的风速廓线。“—”表示网背风侧。

6.4.5.2 孔板式沙障

孔板式沙障属于采用新型工业材料制作的沙障，由带圆孔的金属波纹板构成透风立面。此类均匀开孔沙障起源于工业厂矿企业中广泛采用的防风抑尘网，孔板式沙障在铁路风沙防治工程的应用仅是机械地照搬防风抑尘网的构造特点，未针对铁路沿线的风沙防治工程实践需求进行新的孔板优化改进。孔板式沙障采用金属材质，其耐久性和可靠性优异，金属薄板可以形成较小尺寸的孔隙，具有一定透隙率的金属薄板可以降低迎风气流流速，对周围流场施加拖拽力，导致气流动量损失，从而对障后一定范围产生遮蔽效应。对于阻沙结构物而言，透隙率通常被认为是影响沙障防护效率最主要的结构特征，大量学者的研究揭示了沙障最佳透隙率为 30%左右。除了透隙率以外，透隙分布模式也是孔板沙障的结构特征之一。为了摸清孔板式沙障的透隙分布模式及开口尺寸对流场的影响，以下选择三种不同孔径（1.03 cm、2.06 cm、4.12 cm）但孔板透隙率均为 30%的孔板式沙障进行数值模拟和风洞试验，深入探讨孔板透隙分布模式变化条件下的孔板式沙障防风阻沙功效，为后期孔板式沙障的孔板设计参数优化提供科学依据。

1. 孔板式沙障数值计算分析

数值计算模型流体计算域长 100 m、宽 12 m、高 12 m，选择这种截面尺寸可以与风洞截面尺寸保持几何相似，有利于数值模拟与风洞试验结果的比较。沙障模型起始点距离入口边界 40 m，沙障模型高 1 m，厚 0.02 m，孔径分别为 1.03，2.06，4.12 cm，孔隙排布均匀且为矩形分布。计算域模型如图 6.71 所示。选择这三种孔径可以保证所有圆孔在 2 m×1 m 范围内均匀分布，以避免孔隙分布不均对试验结果造成影响。此外，这三种尺寸跟实际工程中所使用的尺寸相似，可以更好地为防沙工程优化设计提供参考。

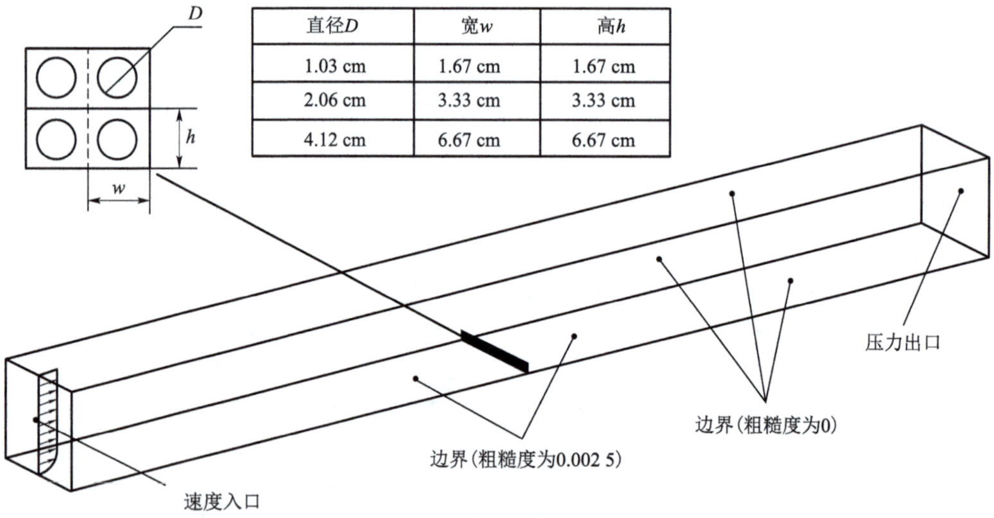

直径D	宽w	高h
1.03 cm	1.67 cm	1.67 cm
2.06 cm	3.33 cm	3.33 cm
4.12 cm	6.67 cm	6.67 cm

图 6.71　孔板式沙障数值建模示意图

应用 CFD 流体计算软件分别对三种沙障模型在四组风速下进行数值模拟，以风速 15 m/s 为例，三种沙障周围风速分布云图如图 6.72 所示。可以发现，三种沙障的风速云图均有明显的障前降速区、障后加速区、涡流区和减速区的产生。这是由于气流受沙障阻塞作用在迎风侧形成降速区，气流经过沙障顶端时受到了挤压从而产生了分离，形成一个强剪切层，剪切层的压力差迫使流线向下弯曲，在气流接近地面时又返回了分离区，补偿了由于卷吸而带走的那部分气流，所以在沙障上方形成加速区，而在背风侧形成涡流区。对比观察可以发现，三种沙障的速度分区产生了规律性变化：随着孔径的逐渐增大，沙障上方加速区范围和背风侧涡流区长度逐渐减小，而迎风侧减速区无明显变化。

沙障周围流场分布控制着沙障周围沙粒沉积趋势，因此，通过比较三种沙障背风侧风速变化，可以进一步确定孔径对流场的影响。

图 6.73 为风速 15 m/s 时，三种沙障背风侧 0.5H 高度处风速水平变化曲线。由图 6.73 可知，在水平方向上，三种沙障背风侧风速变化均呈“V”形分布，存在先减小后增大的变化规律。对比三种沙障在背风侧的风速极小值可以发现，沙障孔径越小，风速极小值越小，这表明沙障对来流的削弱作用随孔径的减小而增强。

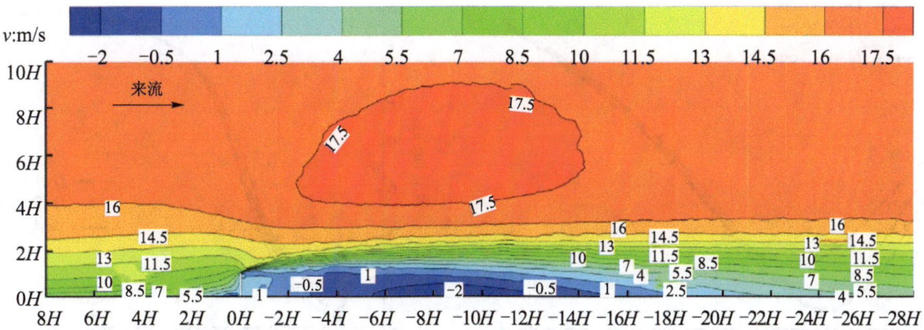

(a) d=1.03 cm

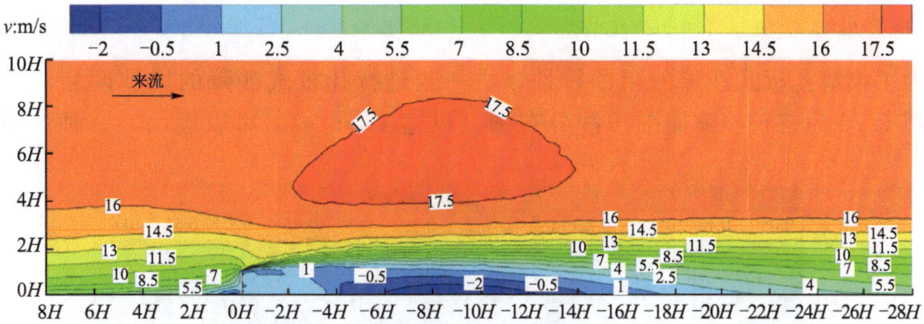

(b) d=2.06 cm

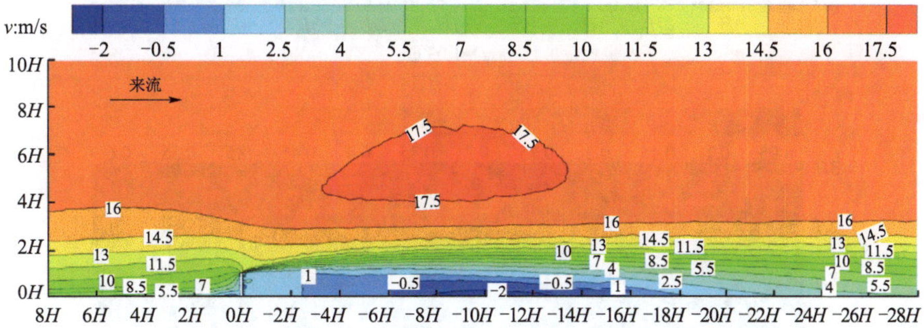

(c) d=4.12 cm

图 6.72 不同孔径下沙障周围风速云图

注：图中“H”表示沙障高度，H=200 cm，下同。

图 6.74 为风速 15 m/s 时，三种沙障背风侧 10H 处风速竖直轮廓线图。可以发现，气流的变化可分为 3 个部分：距地面约 0.5H 高度内风速为负值，表明此处风速方向与来流风速方向相反，存在涡流区；距地面 0.5H～4H 高度内，因气流受到沙障聚风效应作用，风速急剧增大，存在加速区；距地面高度 4H 以上，沙障聚风效应对该处气流的加速效果逐渐减弱，加之与外层风速较低气流的相互作用，风速逐渐趋于稳定。

以上分析表明，沙障的防风效果有随孔径的减小而增强的变化趋势。较小孔径的沙障具有更好的防风效果。

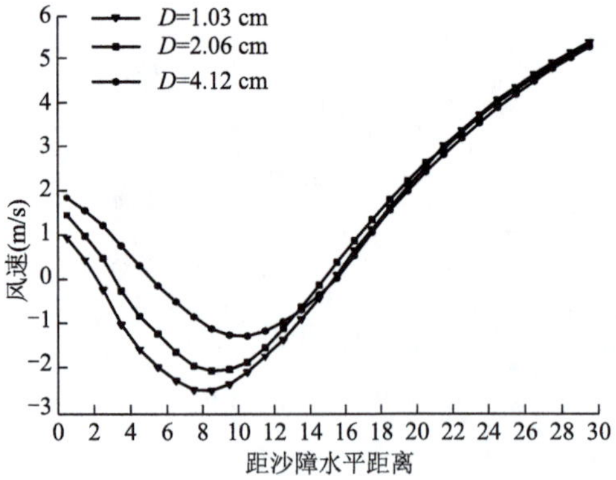

图 6.73 不同孔径下沙障背风侧距地面 0.5*H* 处风速（*H* 为沙障高度）

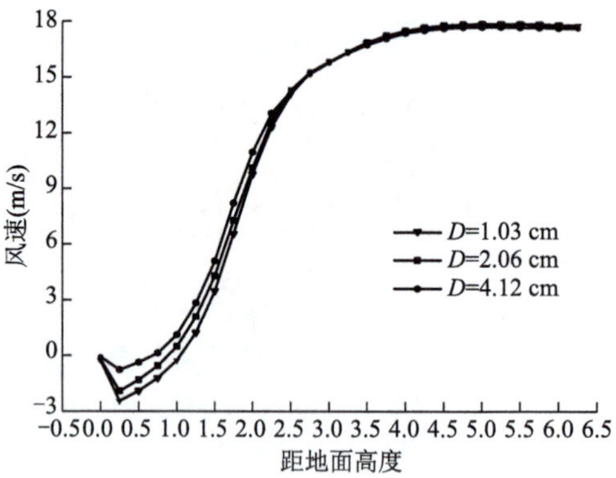

图 6.74 不同孔径下沙障背风侧 10*H* 处风速竖直水平变化曲线轮廓线图（*H* 为沙障高度）

为了摸清孔板式沙障的阻沙特性，进一步进行孔板式沙障的风沙两相流模拟计算。图 6.75 为三种沙障周围积沙分布图（风速 12 m/s）。可以看出，三种沙障周围

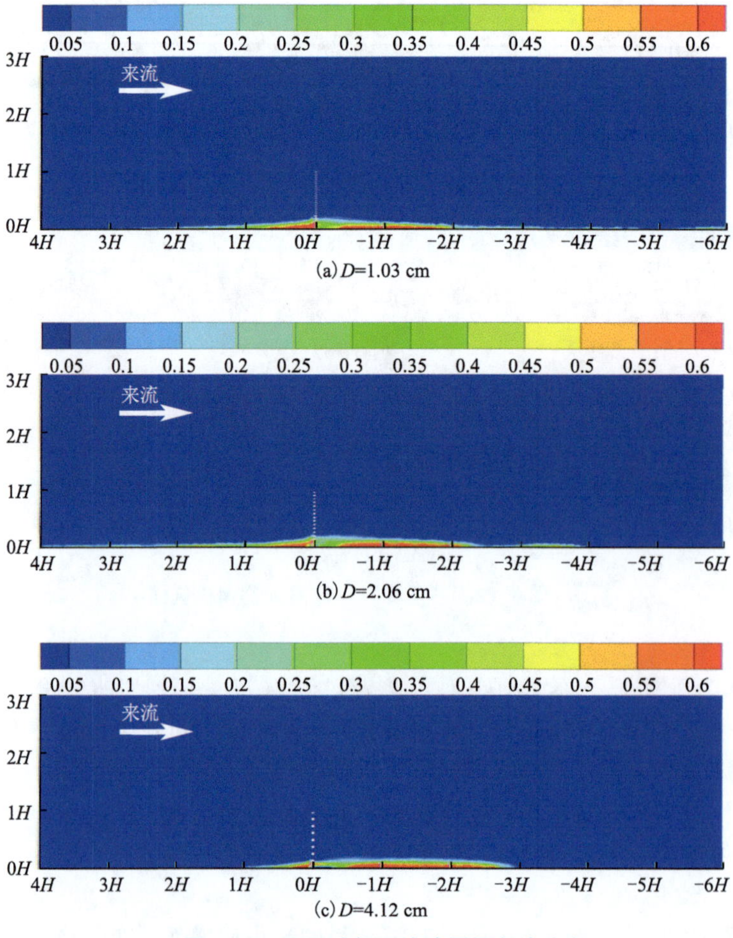

图 6.75 不同孔径下沙障周围积沙分布

注：图中标尺数字表示沙粒体积分数

积沙分布明显不同：沙障孔径较小时，迎风侧和背风侧均有积沙且紧贴沙障分布，随着沙障孔径的增大，沙障迎风侧积沙逐渐减少而背风侧积沙逐渐增多，并且背风侧积沙有整体向下风向偏移的趋势。三种沙障前后积沙长度可以体现这种变化趋势：沙障孔径为 1.03 cm 时，迎风侧为 $0.72H$，背风侧为 $1.64H$；沙障孔径为 2.06 cm 时，迎风侧为 $0.64H$，背风侧为 $1.80H$；沙障孔径为 4.12 cm 时，迎风侧为 $0.32H$，背风侧为 $2.12H$。这进一步说明沙障孔径较大时虽能起到一定防护作用，但大量沙粒透过沙障向下风向输送，沙障阻沙效果相对较差。

图 6.76 为沙障（$D=1.03$ cm）在不同来流风速条件下的积沙分布图。可以看出，风速较低时，沙障迎风侧积沙较多，少量沙粒翻越沙障在背风侧产生堆积；随着

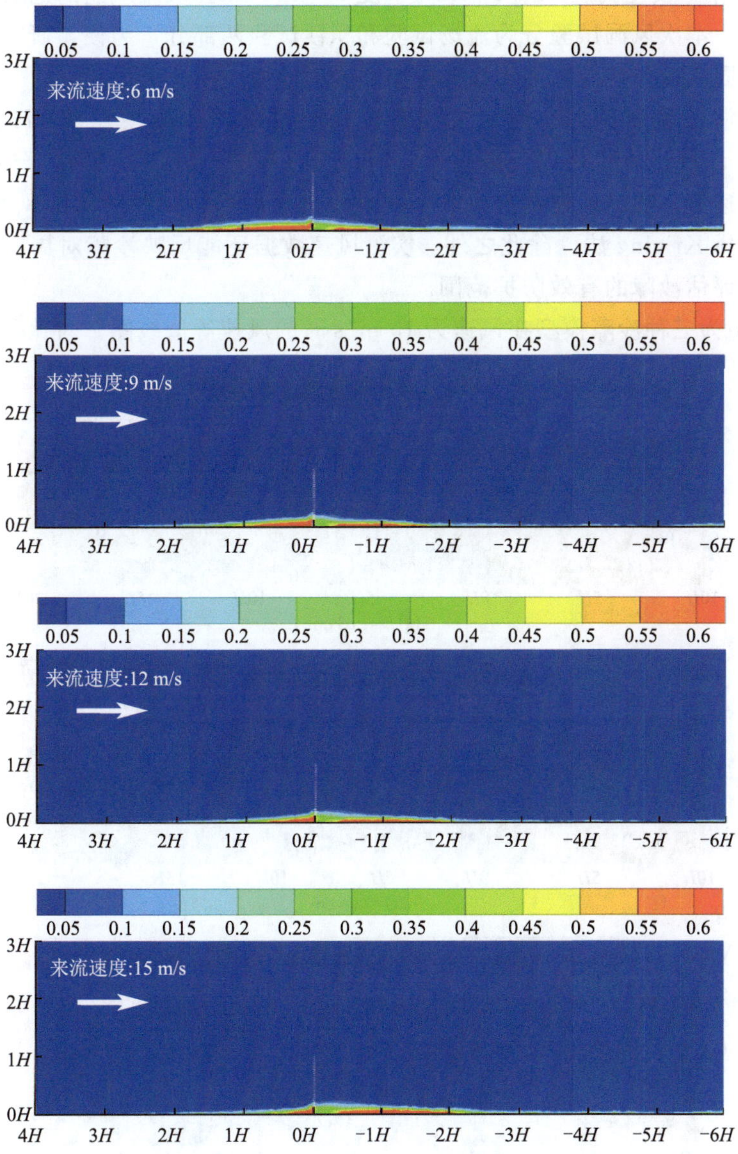

图 6.76　不同风速下沙障周围积沙分布

注：图中标尺数字表示沙粒体积分数

风速的逐渐增大，风沙流携沙能力增强，大部分沙粒翻越沙障在背风侧形成积沙，迎风侧积沙逐渐减少。这是由于风速的增大赋予了风沙流更多的动能，直接导致沙粒跳跃高度和长度增加，大部分沙粒翻越沙障在背风侧堆积。

2. 孔板式沙障风洞测试

风洞试验在中国科学院寒区旱区环境与工程研究所沙坡头野外风洞内进行。该风洞全长 38 m，试验段全长 21 m，风洞横截面为 1.2 m×1.2 m；风洞由动力段、整流段、供沙装置、试验段和扩散段五部分组成。风洞试验模型为三种不同孔径的孔板式沙障，孔隙排布均匀且为矩形分布，开孔几何形状为圆形，孔径分为 1.03 cm、2.06 cm、4.12 cm 三种，透隙率均为 30%。为保证模型强度和刚度，三种沙障模型均采用 PVC 材料制作，模型高度 H=10 cm，长度 L=110 cm。入流风速的选取与数值模拟中保持一致。本次风洞试验分为流场试验和积沙试验两部分，为便与研究，均设置空场试验（相同风速与沙源，但无沙障模型）为对照组。

进行风洞流场试验时，运用皮托管分别测量三种沙障在障前 1H、2H、3H、5H、10H、15H、20H 处以及障后 −0.5H、−1H、−4H、−7H、−10H 处不同高度上的风速值。实测风速数据由 Surfer 软件处理后可得到沙障周围风速等值线图，插值方法选择 Kriging 法。除此之外，实测风速数据还能反映沙障对周围风速的阻滞效果，以便评估沙障的有效防护范围。

图 6.77 为三种沙障模型在风速为 15 m/s 时的风速等值线图。对比分析可得，孔

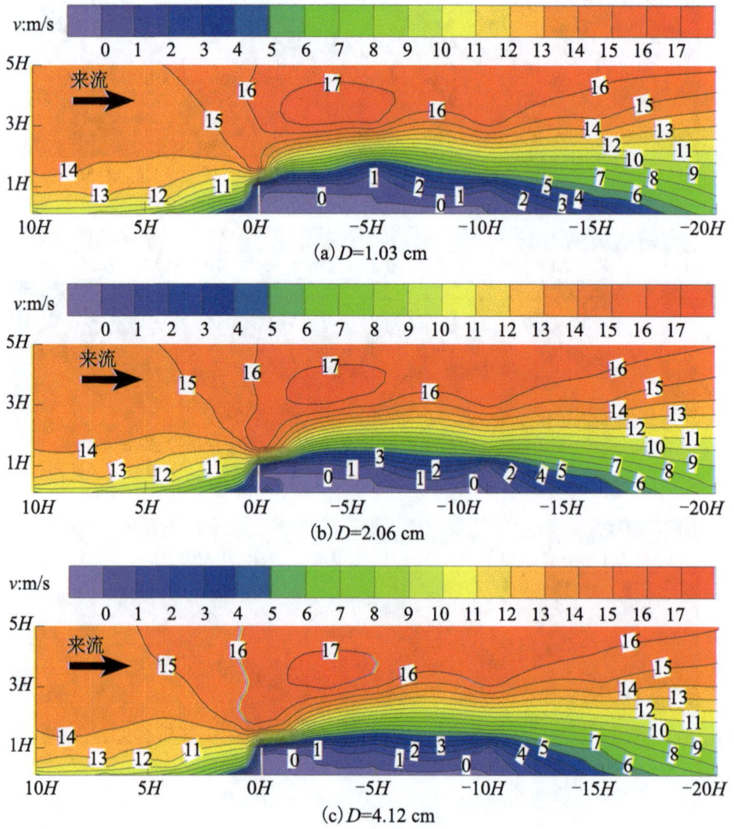

(a) D=1.03 cm

(b) D=2.06 cm

(c) D=4.12 cm

图 6.77 不同孔径下风速等值线图

径的增大减小了沙障上方加速区范围和背风侧涡流区长度，但迎风侧减速区无明显变化。这与数值模拟中的结果一致。

气流流经沙障时有两种流动形式，一种是穿越沙障透隙的渗流，另一种是流经沙障顶部的绕流，Tsukahara（2012）等人研究表明，透隙率的存在可以明显减少绕流流量，且透隙率会改变沙障透风量，导致沙障周围流场结构发生变化。本测试中三种沙障透隙率一致，但由于孔径不同，沙障周围速度分区产生了规律性变化，这表明孔径也具有改变流场结构的作用。渗流穿越沙障孔板孔隙时，沙障孔隙壁面面积和材料粗糙度会对渗流流速产生影响，进而影响沙障透风量。而当沙障的材料属性相同时，沙障孔隙壁面面积成为影响渗流流速的关键因素。为此，本书定义沙障黏滞效应系数：

$$\delta=\frac{S_h}{S_b} \tag{6.10}$$

式中 δ——沙障黏滞效应系数；

S_h——单位面积沙障内所有孔的内表面积之和；

S_b——单位面积内沙障净迎风面积，即沙障扣除孔洞后的截面面积。

沙障黏滞系数体现的是沙障对渗流的阻滞效果，其值越大说明沙障消耗的运动风能越多，渗流流速越小，沙障的防风效果也越好。根据公式（6.10）计算出三种沙障的黏滞效应系数，如表 6.5 所示。可以看出，沙障黏滞效应系数随孔径的增大而减小，表明沙障孔径越小，防风效果越好。

表 6.5　沙障黏滞效应系数

D(cm)	1.03	2.06	4.12
δ	3.328	1.664	0.832

根据阻风效率公式（6.4），选择三个特征高度（0.5H、1H、3H）分别计算不同孔径的三种孔板式沙障的阻风效率，如图 6.78 所示，图中纵坐标为沙障阻风效率，横坐标为测量点位置（正值表示迎风侧，负值表示背风侧）。可以看出，三种沙障的阻风效率曲线均存在明显的上升段和下降段，而在沙障迎风侧 1H 至背风侧10H 区间内（如图中红色虚线所示），三种沙障的阻风效率没有随着来流风速的增大而出现剧烈变化，整体变化平稳。在此区间内，0.5H 高度以下防护效果最佳，阻风效率没有明显波动；1H 高度处的阻风效率也无明显波动但阻风效率相对较低；而3H 高度处的阻风效率始终小于 0，且在加速区的作用下，阻风效率出现负值，这表明沙障在此高度几乎没有消减气流动能的作用，防护效果较差。由此可见，沙障有效防护区间约为沙障迎风侧 1H 至背风侧 10H 之间，沙障有效防护高度约为 1H。这表明三种沙障均能够有效截留蠕移和跃移的沙粒，并且对 1H 高度内气流有明显的削弱作用，能达到固定沙面的目的，但对悬移沙粒防护效果甚微。

进行风洞积沙测试时，采用风携沙方式供沙，并保证同一风速下供给的沙源质量及测试时间一致。预实验表明，当集沙仪安装在沙障背风侧 3H 处可以避免集沙仪对积沙形态的影响，同时也可以有效收集不同高度的沙粒。因此，选择将集沙仪安装在背风侧 3H 处。试验结束后称量设置在沙障背风侧 3H 处集沙盒在不同高度收集的沙量，同时观察三种沙障模型周围的积沙分布情况。本次试验使用的集沙盒总高度为 3H，垂直均匀分布 15 个集沙口，集沙口尺寸为 0.1H×0.2H。为避免试验时间过长导致集沙仪收集的沙量饱和，本次试验中 4 种风速的测试时间分别为：6 m/s 持续 6 min，9 m/s 持续 4 min，12 m/s 持续 3 min，15 m/s 持续 2 min。

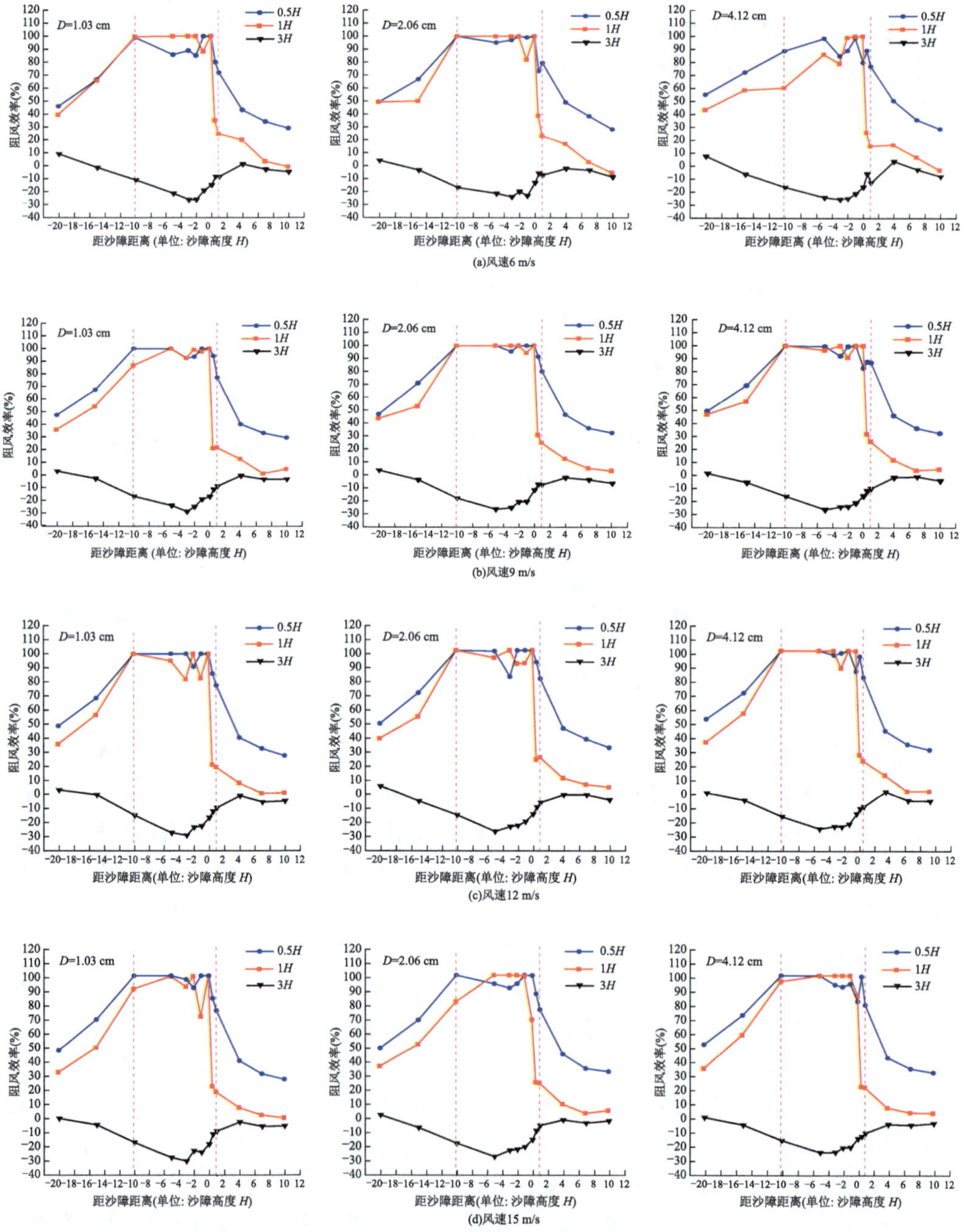

图 6.78 孔板式沙障的阻风效率

图 6.79 为风速 12 m/s 时，三种沙障截沙量与空场来沙量的柱状图。可以看出，随着高度的增大，三种沙障截沙量均减少，说明沙障的阻沙能力随高度的增加而减弱，但较小孔径的沙障截沙量始终较多。此外，三种沙障在 0.4H 高度内的截沙量最多，可占沙障截沙量的 60%以上，而 1.6H 高度以上几乎没有截沙能力。这同样表明沙障对蠕移和跃移沙粒具有较好拦截效果，但很难截留悬移沙粒。图 6.80 所示为三种沙障在不同高度处的截沙效率，在 0.5H 高度内，三种沙障截沙效率相差不大，均在 0.9 以上，体现出较好的阻沙效果。在 0.5H～1H 高度内，三种沙障的截沙效率差异显著，特别是在 1H 高度处，三种沙障截沙效率差异最大值。可见，较小孔径的沙障在截留 0.5H～1H 高度内的沙粒时有明显的优势。

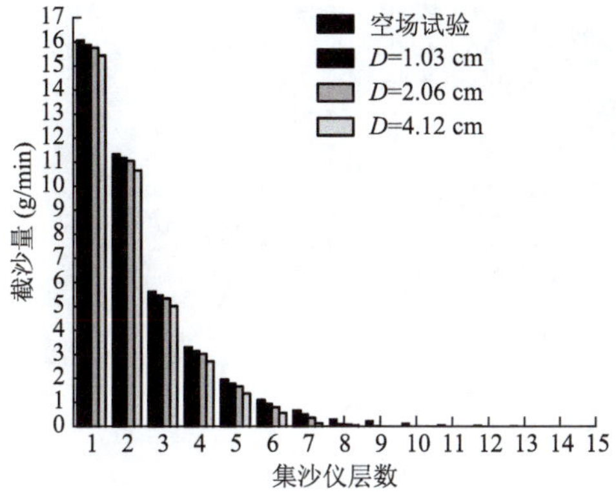

图 6.79 不同孔径条件下沙障截沙量

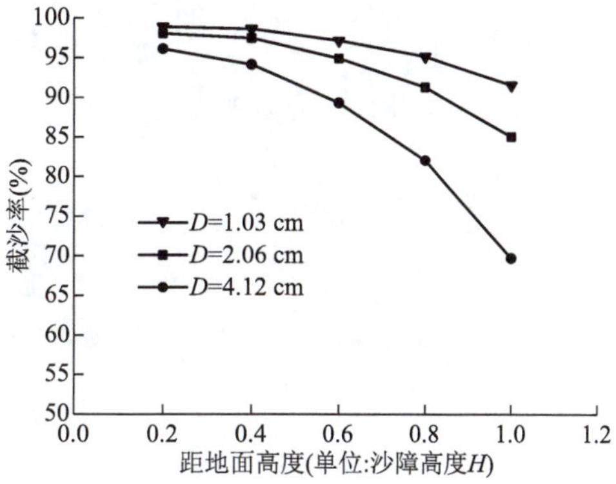

图 6.80 孔板式沙障截沙效率

以上分析表明，沙障阻沙效果存在随孔径的减小而增强的变化趋势。这与前人的研究结论一致。但需指出，沙障孔隙尺寸过小会导致沙粒阻塞孔隙结构，反而会降低沙障阻沙效率，这也表明进一步优化沙障孔隙尺寸可以改善沙障防护性能。

图 6.81 是来流风速为 12 m/s 时，三种沙障模型周围的积沙分布。可以看出，三种沙障背风侧积沙分布明显不同：沙障孔径较小时，背风侧积沙紧贴沙障，随着沙障孔径的增大，背风侧积沙与沙障之间存在一段距离，积沙分布有整体向下风侧偏移的趋势。这与数值模拟的结果一致，从而验证了数值模拟的准确性。

(a1)

(a2)

(a) D=1.03 cm

图 6.81

(b1) (b2)

(b) D=2.06 cm

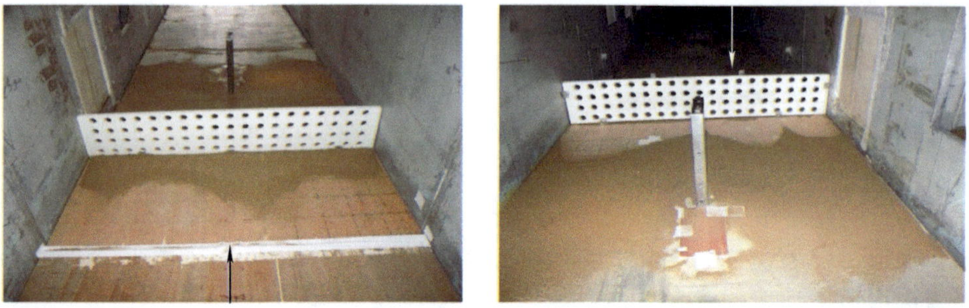

(c1) (c2)

(c) D=4.12 cm

图 6.81 不同孔径条件下沙障周围积沙分布

为进一步比较三种沙障的阻沙效果，分别称量了三种沙障的截沙量，见表 6.6。结果表明，随着风速的增大，沙障迎风侧截沙量逐渐减少而背风侧截沙量逐渐增多。对于同一风速而言，沙障截沙量与孔径呈负相关。经计算，当风速为 6 m/s、9 m/s、12 m/s 和 15 m/s 时，孔径为 1.03 cm 的沙障截沙量比后二者分别高 1.96%和 3.85%；5.34%和 10.41%，5.83%和 15.63%，5.54%和 14.37%。可见，孔径变化对沙障截沙量影响显著，就平均截沙量而言，具有最小孔径（1.03 cm）的沙障截沙量可分别比后二者高出 5.12%和 13.43%。这进一步说明增大孔径会削弱沙障的阻沙效果。

表 6.6 孔板式沙障周围积沙量（单位：kg）

D（cm）	位置	风速（m/s）			
		6	9	12	15
1.03	迎风侧	6.75	5.95	4.82	4.33
	背风侧	0.12	7.84	23.15	34.52
2.06	迎风侧	6.52	5.46	4.27	3.95
	背风侧	0.10	7.63	22.24	32.82
4.12	迎风侧	6.40	5.08	3.76	3.18
	背风侧	0.07	7.41	20.43	30.79

3. 孔板式沙障阻沙功效的进一步讨论

通过数值模拟及风洞试验对以上三种孔板式沙障进行对比分析，旨在揭示孔径大小对孔板式沙障周围风沙流场的作用规律。结果表明孔径与沙障防护效率呈负相关，无论是防风效果还是阻沙效率，沙障孔径较小时均体现出明显的优越性，体现在流场特征有利于沙粒堆积、积沙分布更加合理以及阻沙效率更高。

孔径与透隙率有着相同的作用，均能改变沙障透风量，从而影响沙障的流场结构及积沙分布。但在透隙率相同的情况下，孔径变化并不会直接改变沙障透风量，因为沙障净迎风面积不变，但会改变孔隙壁面总面积，这导致沙障对渗流的阻滞效果产生差异，间接影响了透风量。例如增大孔径会使孔隙壁面总面积减小，意味着沙障对渗流的作用面减小，导致沙障对渗流流速的阻滞效果减弱，进而影响沙障透风量。因此，提出沙障黏滞效应系数公式来初步比较沙障之间的防护性能。沙障黏滞效应系数实质上反映了沙障孔隙结构对渗流的阻滞效果。由于孔隙最佳几何参数和排布方式尚未确定，此系数只能用于透隙率一致且孔隙排布相同的多个沙障之间的相互比较。例如比较不同孔隙尺寸或者不同孔隙几何形状之间的差异。值得一提的是，Xu 等(2017) 建立了阻力系数与孔径、透隙率等参数关系的理论公式，发现孔径减小会导致沙障阻力系数增大。这与沙障黏滞效应系数有着相同的变化规律，二者均与孔径呈负相关。

在进行风洞试验时，揭示了孔径变化对沙障周围积沙分布和沙障阻沙效率的作用规律，但孔径对风沙流场的作用机制还不清楚，例如增大孔径是如何导致沙障背风侧积沙分布与沙障之间出现距离的。国外学者研究发现，当气流通过多孔栅栏时，每个孔都会形成射流；有研究人员通过 PTV 技术研究了多孔沙障背风侧的沙粒运动轨迹，发现每个孔都会局部产生高风速并将正向动能传递给飞过它的沙粒。此外 Kim 等(2001) 研究发现，相同透隙率下，较大孔径的多孔沙障具有更大的湍流强度。因此，推测，增大孔径可能导致孔隙射流流速增大，进而赋予沙粒更大的正向动能，而湍流强度的增大也不利于沙粒沉积。这可能是沙粒能够在更远的地方沉积的主要原因。但这需要更加深入系统的研究及论证。

相较于透隙率而言，孔隙尺寸及几何形状通常被视为是影响沙障防护效率的次要因素，因此缺乏系统的研究。随着对孔板式沙障研究的不断深入，探求最佳孔隙分布特征是今后研究的方向之一。

6.4.6 非均匀开孔类沙障

非均匀开孔类沙障是指沙障的开孔特征既无法归纳到竖向开孔类也无法归纳到横向开孔类，其又与均匀开孔类差别较大的一类沙障。由于在风沙防治工程设计当中，需要考虑沙障透隙率、高度等方面的设计参数，一般沙障设计都较为规整，非均匀开孔类沙障采用较少。青藏铁路沿线采用的混凝土铃铛式是较为典型的非均匀开孔类沙障之一（如图 6.82 所示），在工程实践中发现，此类沙障防风阻沙效果一般，推广价值不大。

图 6.82 青藏铁路沿线铃铛式沙障

6.4.7 移动式沙障

机械式沙障结构的形式多样，优点相似，但缺点不同，其中纵向开孔类沙障中的轨枕式，横向开孔类沙障中的挂板式和斜插板式都为厚重式混凝土结构，采用厚重式混凝土结构能够抵御风沙流形成的强大风荷载作用，但是这种结构一旦建成无法移动，且破损后修复困难。PE 网式沙障结构防沙效果好，但在风沙荷载作用下的耐久性不及混凝土式沙障结构，且在较大的风沙荷载用下易发生倾覆而失去防沙功能。为了解决这一技术难题，防沙工程技术人员先后研发了多种可以拆卸、移动、再组装的移动式沙障，这类沙障具有代表性的有箱体移动式沙障、空心桶移动式沙障（如图 6.83 所示）。这类沙障的特点是方便拆卸、组装快速且能循环再用，移动式结构的横板与竖板形成稳定的受力结构体系，移动式沙障多采用空腔结构耗材少，造价低。采用这种沙障结构当沙障前后积沙达到极限时，可以拆除换移位置或者原地拔高沙障。

(a)箱体式　　(b)空心桶式

图 6.83 移动式沙障实例

6.4.7.1 箱体移动式沙障

箱体移动式沙障是由一定规格的混凝土预制板拼装而成，如图 6.84 所示，其横板板面中间部位均匀分布有透风孔用于透风和控制透隙率。迎风侧横板透隙率分别为 3%、5%、10%、15%、20%、25%、30%，其对应透风孔的直径分别为 7.2 cm、9.2 cm、13 cm、16 cm、18.4 cm、20.6 cm、22.6 cm。横板的上部 2 个角预留 2 个直径为 1 cm 的连接孔，顶端有 2 个把手（和钢筋骨架连成整体）用于拉拔和运输方便，竖板板面为实体板，上部 2 个角预留 2 个连接孔，顶端有 1 个把手。横板与竖板之间用铁丝固定组合成箱体式结构，布置在铁路沿线迎风侧阻沙带前沿，当积沙达到箱体式活动沙障高度的一半时，可解开铁丝，上提后重新组装，再次使用。

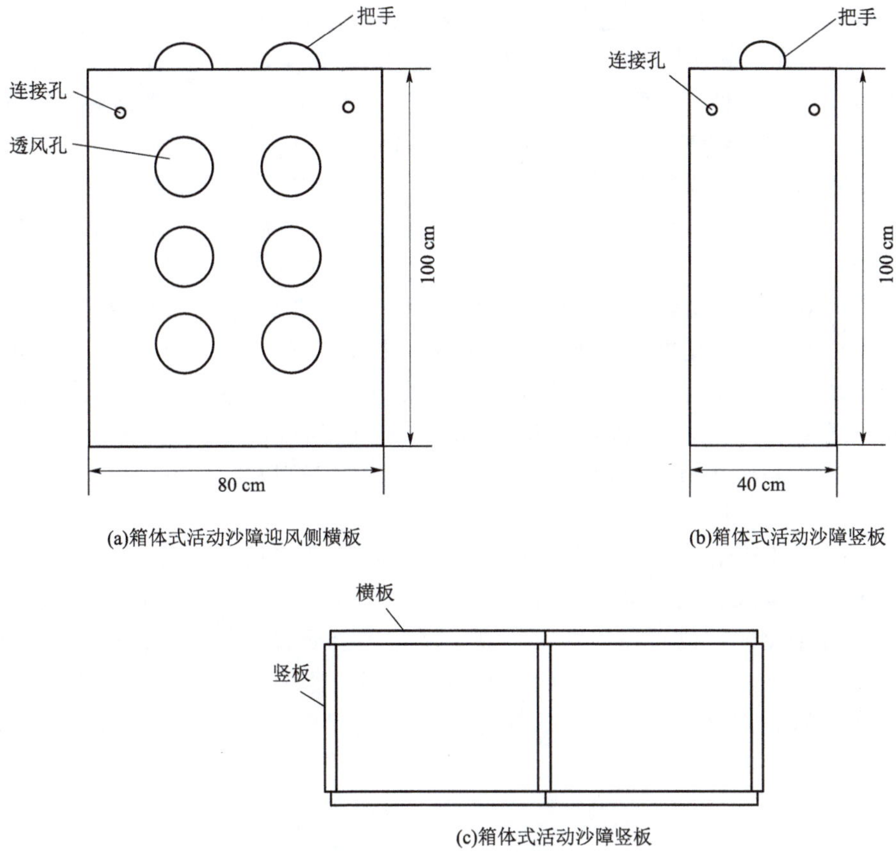

图 6.84 箱体移动式沙障构造

1. 箱体移动式沙障数值模拟

由于箱体移动式沙障两侧存在圆孔，使其沿长度方向存在不均匀性，所以不能简化为二维模型，采用三维模型，计算区域长度 100 m，宽度 8 m，高度 10 m，每一个箱体式沙障的高度 1 m，宽度 0.8 m。

数值模拟计算主要研究迎风侧横板透隙率为 3%、5%、10%、15%、20%、25%、30%时沙障的流场特征及积沙分布。背风侧横板透隙率为 3%固定不变，迎风侧与背风侧且各有 6 个孔。

对迎风侧横板透隙率的定义如下：

$$\eta=\frac{A_h}{A_h+A_s} \tag{6.11}$$

式中 η——迎风侧横板透隙率；

A_h——迎风侧横板上孔面积总和，m^2；

A_s——迎风侧横板总面积，m^2。

该模型模拟工况条件为风吹沙，根据空气动力学原理，当马赫数小于0.3时空气流为不可压缩流，风沙两相流马赫数均小于0.3，故入口采用velocity-inlet（速度入口）边界条件。自由出流必须在流态充分发展条件下才能采用，而此模型出口不能确保为自由出流，故模型出口边界条件为Pressure-outlet（压力出口），其压差为零。因所计算的物理外形以及所期望的流动具有镜像对称特点，为减小计算量且保证计算结果的准确性，模型左右两侧均为Symmetry（对称边界条件），模型底面为Wall，模型上部边界依据现实情况选取Pressure-outlet（压力出口）。

沙障迎风侧的沙源分布在距入口10～18 m范围内，计算域宽度为8 m，高度为0.15 m。定义该范围内沙的体积分数为65%，初始速度为0，沙粒粒径为0.000 15 m。

计算模型采用欧拉双流体模型，欧拉双流体模型将空气与运动沙粒均看作是流体，认为二者之间相互贯穿渗透，用体积分数来描述每一相的存在，这样可以有效避免沙颗粒数目的限制，节省计算资源，提高计算效率。并附加标准$k-\varepsilon$湍流模型，湍流强度$I=0.05$，湍流半径$R=1$ m，并选取Syamlal-O'Brien曳力模型。方程组求解计算方法采用SIMPLEC算法，入口来流风速选取6 m/s、9 m/s、12 m/s、15 m/s。

数值模拟计算结果显示，来流在沙障的影响下其速度云图分为：减速区、减速上扬区、加速区、涡流区。来流受沙障影响会在障前形成大面积减速区，在经过沙障时会在障前形成减速上扬区，该区域速度会明显降低。气流受到沙障的挤压作用在障后上方产生加速区，因沙障高度相对较小，所以产生的加速效果不太明显，在沙障后方形成一个强大的涡流区，风速显著降低（如图6.85、图6.86所示）。

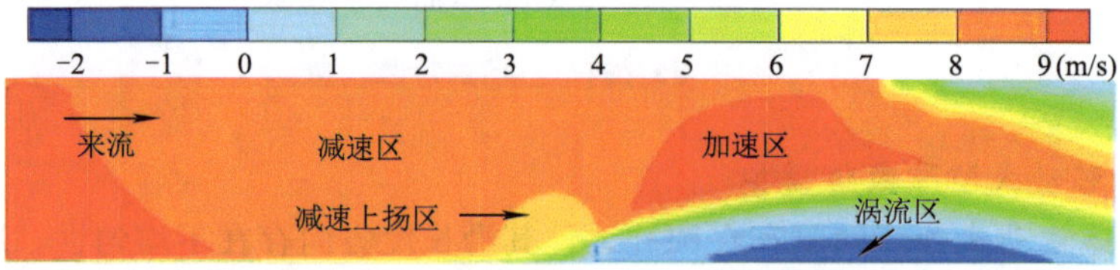

图6.85 透隙率20%、来流速度9 m/s时计算域速度云图

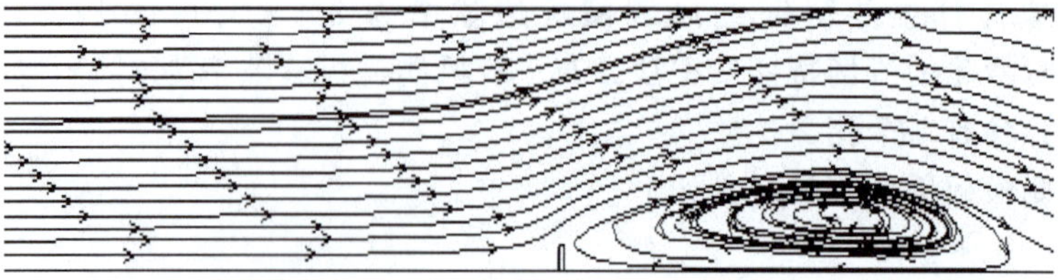

图6.86 透隙率20%、来流速度9 m/s时计算域速度矢量流线图

由于沙障中空，来流经过时，受到四周横板的挤压和阻碍作用，气流速度在箱腔内明显降低。迎风侧横板与背风侧横板孔大小不一且不在同一条轴线上，来流在箱腔内受到的阻碍作用会加强，在箱腔内形成明显的腔内涡流区和腔内减速区。迎风侧孔与背风侧横板孔沿横板宽度方向对称，所以腔内涡流区会形成在箱腔中间，腔内减速区则分布在箱腔两侧，且越靠近箱底腔内涡流区与腔内减速区越明显。

由于迎风侧横板孔与背风侧横板孔尺寸相差明显，所以迎风侧横板孔对箱腔内流场影响更为显著。受迎风侧横板孔影响，箱腔内流场会发生明显变化，越靠近迎风侧孔的位置腔内涡流区越小，腔内减速区会扩大，如图 6.87、图 6.88 所示。

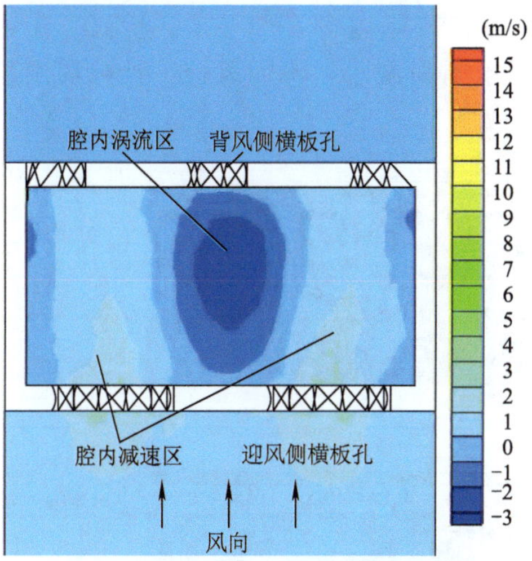

图 6.87　箱腔内箱底处速度云图

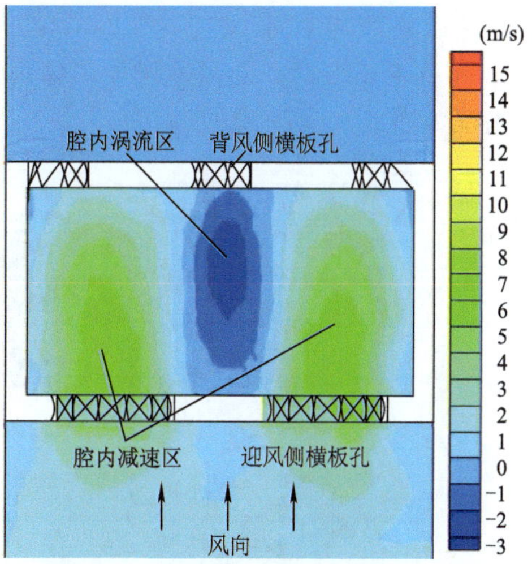

图 6.88　箱腔内迎风侧孔位置处速度云图

由速度云图可知，来流受沙障的阻碍作用，速度在障前一定区域内下降明显，且越靠近箱底速度下降越快，定义此区域为减速上扬区，其减速上扬区高度定义为 H_i，通过观察不同迎风侧横板透隙率在不同风速下 H_i 的变化来了解迎风侧横板透隙率及风速对减速上扬区的影响。表 6.7 为不同迎风侧横板透隙率在不同风速下的 H_i。

表 6.7　不同透隙率在不同风速下减速上扬区高度 H_i　　单位：m

风速 (m/s)	迎风侧横板透隙率（%）						
	3	5	10	15	20	25	30
6	3.17	2.94	3.04	3.09	3.20	3.24	3.22
9	3.83	3.86	3.86	3.93	3.81	3.91	3.88
12	4.73	4.75	4.85	4.83	4.89	4.89	4.80
15	5.55	5.55	5.52	5.58	5.55	5.62	5.58

由表 6.7 可知，随着风速增大 H_i 也随之增大，但随着迎风侧横板透隙率的变化 H_i 却无明显变化。由此可知沙障对障前一部分区域有明显减速效果，且风速越大减

速区域越大，减速效果越好。

以上数据说明箱体移动式沙障对障前风速的消减作用与迎风侧横板透隙率无关，而与来流风速的速度大小有关，速度越大，障前减速区域越大，减速效果越好。因此，在实际工程中对沙障迎风侧横板透隙率的设计可以不参考减速上扬区高度的变化。

采用数值计算方法对箱体移动式沙障的风沙流场进行模拟计算，取迎风侧横板透隙率为 30％的沙障模型在不同风速下的数值计算结果进行对比：风速 6 m/s 时，仅在障前有少量积沙，箱体内部积沙很少，而障后无积沙。随着风速增大障前、障后积沙和箱体内部积沙相对于风速 6 m/s 时有显著增加，风速 9 m/s、12 m/s 时，障前、障后积沙均会增加，但风速为 15 m/s 时，障前积沙相对于风速为 12 m/s 时会有所减小，障后积沙相对于风速为 12 m/s 时会增加。箱体内部积沙在风速为 9 m/s、12 m/s、15 m/s 时，随风速增加箱体内部积沙会有所减小，不同风速下沙障周围积沙情况如图 6.89 所示。

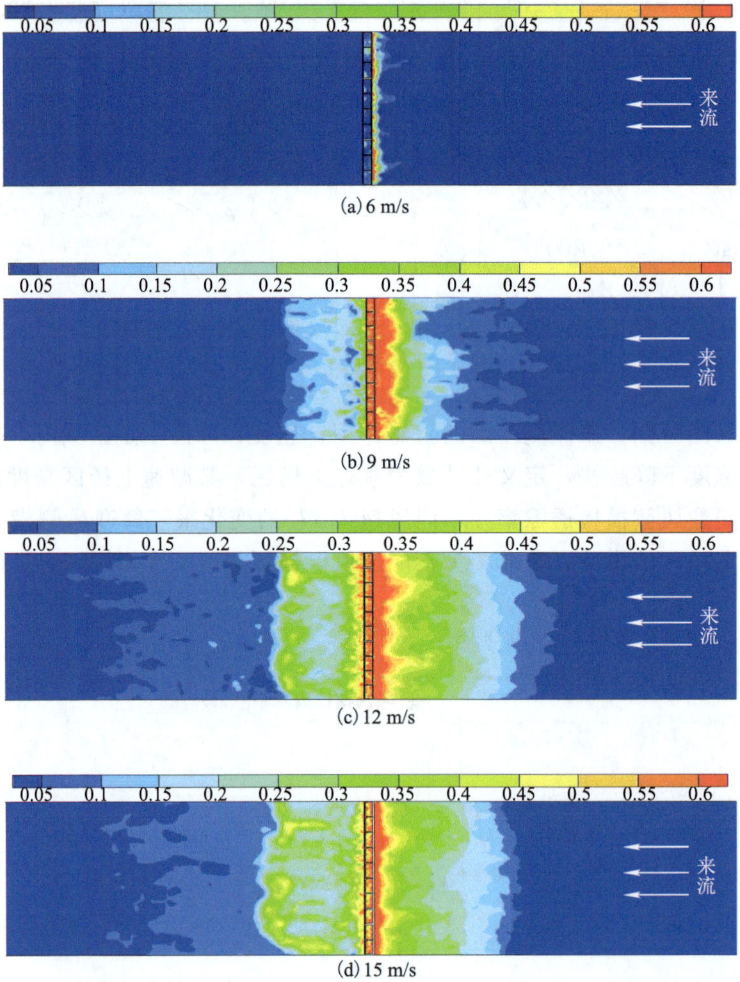

图 6.89 透隙率为 30％不同来流风速条件下沙障周围积沙俯视云图

注：云图上方图例表示沙的体积分数，由蓝色到红色，颜色越深沙的体积分数越大

出现以上变化的原因为：6 m/s 为起沙风速，此时风携沙主要以蠕移运动为主，沙粒从运动气流中获得的速度和能量较小，故仅在障前有少量积沙，很难由迎风侧横板孔进入箱体内部，更无法到达障后，所以箱体内部积沙很少，障后无积沙。随着来流风速增大，沙粒从气流中获得能量也增大，沙粒以跃移运动为主并有部分悬移运动，气流中携带的沙粒相对于之前风速较小时均增多，由于沙障的阻碍作用，障前、障后积沙会增加。但风速增大为 15 m/s 时，大部分沙粒由跃移运动变为悬移运动，大部分悬移沙粒越过沙障在障后堆积。故风速 15 m/s 时，障前积沙相对于风速 12 m/s 时会减少，障后积沙会有所增加。

2. 箱体移动式沙障积沙规律的风洞测试

风洞试验在中科院寒区旱区研究所沙坡头野外风洞内进行。制作迎风侧透隙率为 30％的箱体沙障模型，模型高度 H=20 cm，为保证强度和刚度，模型采用 PVC 材料制作，如图 6.90 所示。将模型置于风洞中进行试验，在障前距沙障 1.7 m 处放置沙源，设定入口处风速分别为 6 m/s、10 m/s、18 m/s、25 m/s，持续 1 min，分别观察障前、障后的积沙情况。在障后 $3H$ 处放置集沙仪，以测定障后的输沙量，通过与空场（相同风速与沙源，但无沙障）中集沙量比较，研究沙障对输沙分布的影响。

(a) 入口风速6 m/s时的积沙分布

(b) 为入口风速10 m/s时的积沙分布

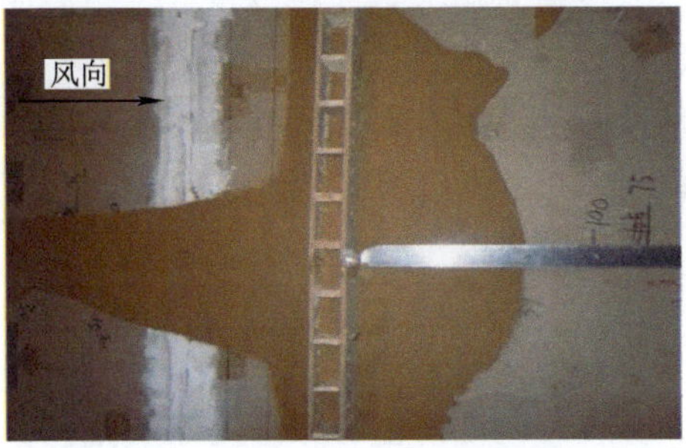

(c) 为入口风速18 m/s时的积沙分布

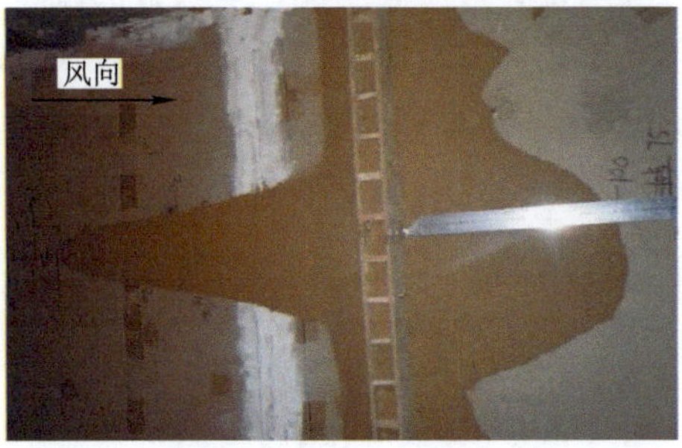

(d) 为入口风速25 m/s时的积沙分布

图 6.90　风洞试验积沙分布情况

由风洞试验中积沙分布特征可知：来流风速为 6 m/s 时沙障周围积沙很少，仅在障前有少量积沙，障后和箱体内部基本无积沙。随着风速增大，障前积沙会有明显的增加，但随风速增加障前积沙会出现先增加后减少的现象。随风速增大，障后总积沙增加。箱体内部在风速 10 m/s 时积沙量最多，随风速增大箱体内部积沙略有减少。障后在不同风速下的输沙量如图 6.91 所示。

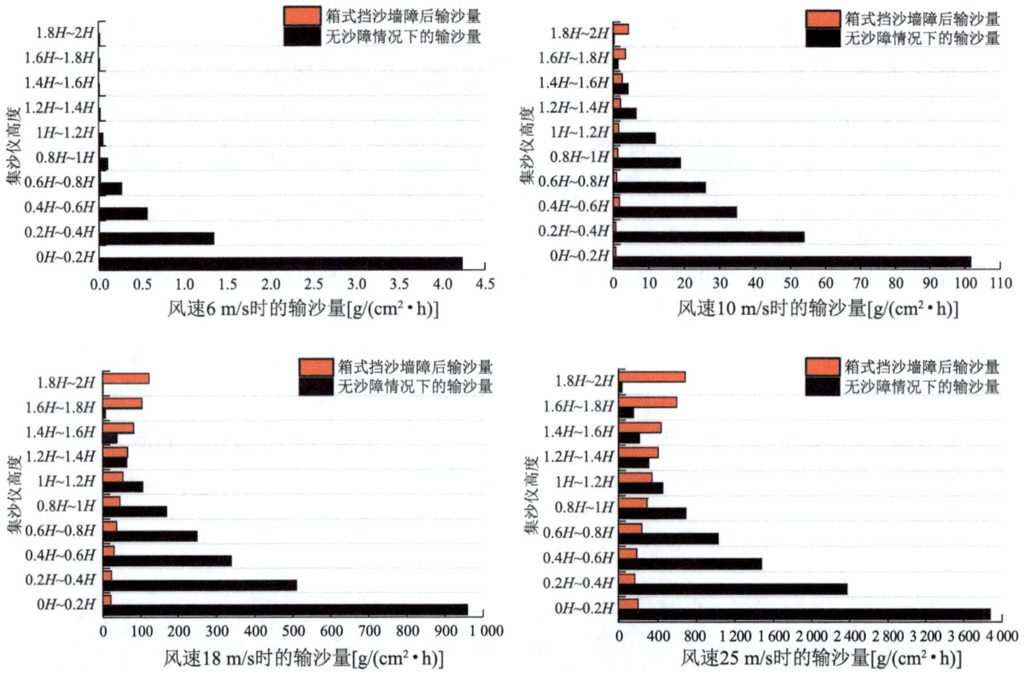

图 6.91　不同风速条件下障后的输沙量

注：*H* 为沙障的高度

分析图 6.91 结果可知，沙障的作用是截留过境风沙流，在发挥截留风沙流作用的同时也改变了原本平顺的风沙流结构。对比不同风速下有沙障和无沙障两种情况可知，沙障的存在使障后高程较高处输沙量有所增多，在高程较低处输沙量会明显较小，这与沙障的风沙流场分区特征具有很好的映射，输沙量增加位置对应加速区，输沙量减少位置对应涡流区，输沙量的减少意味着截留量增大，即在沙障背风侧形成积沙。风速较大时，沙障前后的减速区、涡流区都发挥了截留过境风沙流的作用，当风速较低时，积沙主要被截留在沙障迎风侧，沙障背风侧无积沙。通过对比风洞试验积沙结果与三维数值计算积沙结果，可发现风洞试验结果与三维数值计算结果能够较好的吻合。

6.4.7.2　空心桶移动式沙障

空心桶移动式沙障是为了实现便于组装、方便移动同时能够参考风况条件进行合理布置的工程防沙目标而研发设计的，这种沙障被作为防沙实践试验在库格沿线进行了推广使用，空心桶沙障是取材广泛、造价低廉、使用寿命长以及能够反复使用和进行移动的活动沙障。为了验证空心桶沙障在棋盘式布置形式下的防沙适用性，在库格沿线防沙试验段进行了空心桶沙障按照棋盘式布置条件下的防风阻沙现场试验，并参考试验数据系统进行了室内数值计算分析。

空心桶沙障采用木板外表涂抹沥青防腐材料，木板高 1.5 m、宽 0.6 m、厚

3 cm，木板采用优质、质地坚硬的木材，木板需沥青完全渗透才能使用，确保其使用寿命不小于15年。空心桶顶端下15 cm处预留5 cm的圆形孔洞，方便后期提升，提留孔以下设间距为10 cm的梅花圆孔，孔径不大于3 cm。

空心桶按照棋盘式布置，后期可根据防风阻沙效益以及具体地域的风况特征进行变换，沿线路方向间距为3 m，垂直线路方向间距为1.5 m，交错布置，按棋盘式布置的沙障整体走向平行线路，在空心桶内装入约三分之一桶高的风积沙或以不被风吹动为宜。空心桶在后期养中，当沙埋剩余板约0.3 m时，人工绳索穿孔抬升，沙障继续服役发挥防风阻沙功效。

1. 空心桶移动式沙障阻沙现场测试

为了摸清空心桶移动式沙障在棋盘式布置条件下的防风阻沙性能，在库格铁路沿线进行了阻沙测试试验与防风测试。在空心桶沙障按照棋盘式布置后，在沙障的迎风侧及背风侧不同位置处同时布置风沙采集系统，捕捉一场大风，记录分析沙障前后不同位置处的集沙量变化。试验在沙障的迎风侧50 m范围之外布设第1套风沙采集系统，由1 m高的地表集沙仪与3 m高的梯度风速仪组成，如图6.92所示。其中地表集沙仪采集高度范围为1 m，50个高度层次，每2 cm为一个采集区间。当有风沙来流时，需要人工调整方向，使采集口对准来流方向。梯度风速仪为4档高度，分别为0.2 m、0.8 m、2 m、3 m。此套风沙采集系统所得数据为风沙来流参照值，第2套风沙采集系统布设在沙障背风侧防风影响范围之内，第3套布置在第1道沙障之后的防风影响范围之外，同时在第2道沙障背风侧布置第4与第5套风沙采集系统，目的是为了摸清过境风沙流经过2道空心桶沙障后的风沙卸载与截留情况。

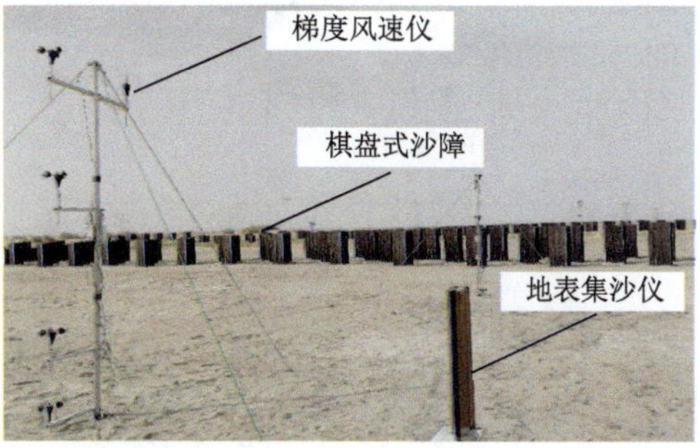

图6.92 棋盘式沙障防风阻沙的现场测试

图6.92中，在铁路沿线的防沙体系前沿共布置2道空心桶沙障，第1套风沙采集系统布置于体系最前沿距离第1道空心桶沙障50 m以外，以监测自然来流条件下的过境风沙流结构、输沙量大小、风速廓线特征。

从图6.93可见，自然风沙流结构和经过沙障净化后的风沙流结构特征相似，地表至20 cm高度范围是地表流沙的主体部分，20 cm以上集沙量急剧减少。经过每道沙障的阻沙作用后，20 cm高度以下的风沙流基本被净化，20 cm以上的还有极少量不能被阻挡，而这部分往往是粒径极其微小的沙尘物质。为了表达沙障前后的集沙量变化差异，图6.93的横轴采用了对数坐标。可见在沙障后不同位置的截沙量变化不明显，图中几个位置的曲线类似，但实际上有差别，为了进一步分析沙障的阻沙性能，采用阻沙率公式（6.2）来计算阻沙效益。

Q_1的量值来自布设在空心桶沙障迎风侧10H（H为空心桶沙障高度）以外，Q_2的量值来自布设在沙障背风侧8H、25H距离处的集沙仪。

此次现场测试，在沙障前后同时布置了5套风沙流采集系统，采用公式（6.2）进行计算后的阻沙率见表6.8。可见第1道沙障后8H处的阻沙率为92%，至沙障后

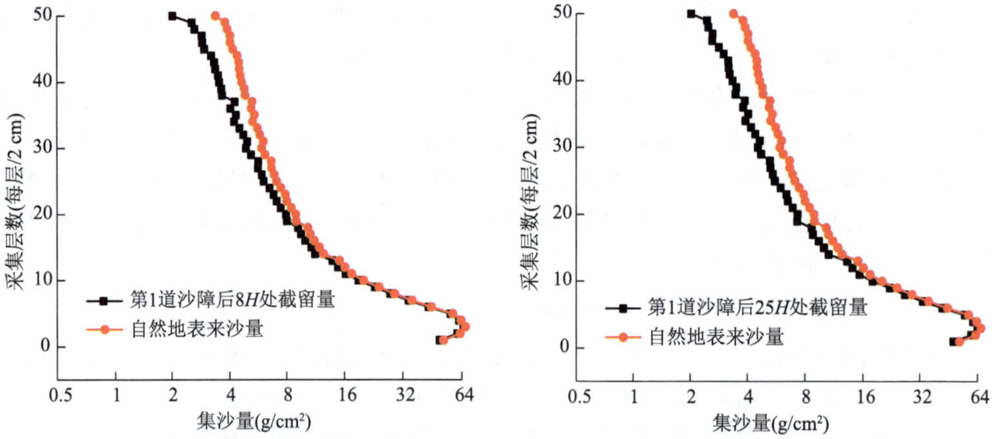

(a) 第1道沙障后8H处　(b) 第1道沙障后25H处　(c) 第2道沙障后8H处　(d) 第2道沙障后25H处

图 6.93　空心桶沙障（棋盘式布置）后不同位置处的截沙量

25*H* 后，阻沙率反而降低了，说明空心桶沙障按照棋盘式布置阻沙其控制范围有限，25*H* 的流沙一部分是沙障没有净化掉的，另一部分是就地起沙。第 2 道沙障后的阻沙率差别较小，但平均阻沙率为 87%。与其他阻沙沙障相比，空心桶沙障阻沙发挥的效果不佳，原因可能是其布置形式不合理，为了进一步揭示原因，进行空心桶沙障按照棋盘式布置条件下的沙障流场规律分析。

表 6.8　沙障背风侧不同位置处的阻沙率

阻沙率 K	K_{8H}	K_{25H}	$K_{平均}$
第 1 道沙障	92%	88%	90%
第 2 道沙障	88%	86%	87%

2. 空心桶沙障数值模拟计算分析

空心桶沙障数值计算模型采用 AutoCAD 建立，空心桶每侧开孔大小及孔分布均相同，每侧顶端下 15 cm 处预留直径 5 cm 的圆形孔洞，方便后期提升，提留孔以下设间距为 10 cm 的梅花圆孔，孔径为 2 cm。计算域为长 100 m、宽 9 m、高 20 m 的矩形区域，沙障模型放置在距离计算域入口 40 m 处。空心桶沙障如图 6.94 所示，其平面布置如图 6.95 所示。

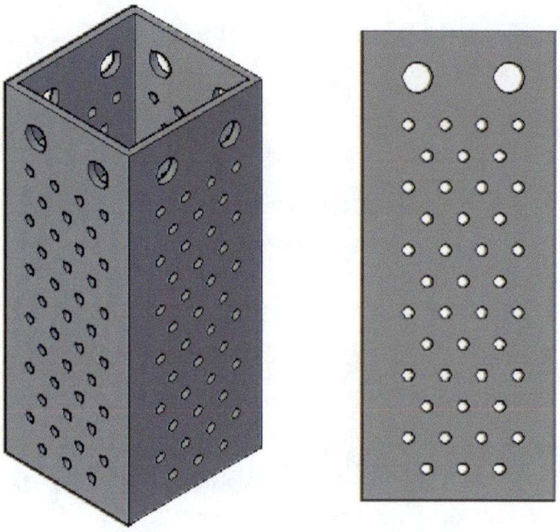

图 6.94 空心桶沙障立体示意图

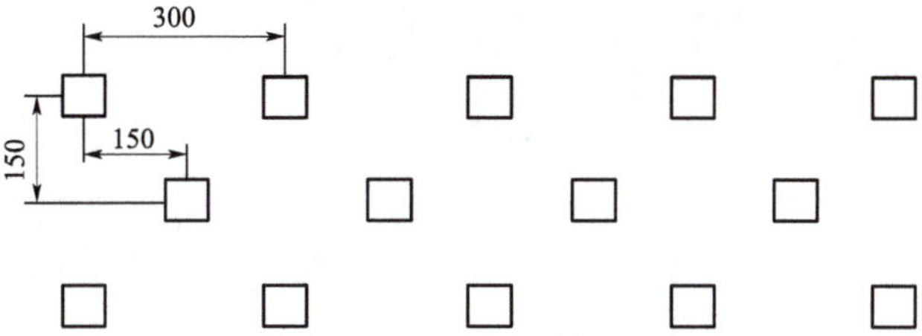

图 6.95 空心桶沙障平面布置示意图（单位：cm）

数值计算模型设定入口边界条件为 Velocity-Inlet（速度入口），入口来流风速选取 6 m/s、9 m/s、12 m/s、15 m/s 四种风速，模拟来流风向与沙障走向夹角为 45°与 90°两种情况；出口边界条件为 Pressure-outlet（压力出口）；计算域上边界也设定为 Pressure-outlet（压力出口），其压差为 0；下边界条件为 Wall，下边界的粗糙度为固定值 0.002；因计算模型仅选取了有限组沙障，故为保证计算的准确性，计算域左右边界设定为 symmetry（对称面）。计算模型采用欧拉双流体模型并附加标准湍流模型，湍流强度 $I=0.05$，湍流半径 $R=1$ m，并选取 Syamlal-O'Brien 曳力模型，方程组求解计算方法采用 SIMPLEC 算法。

在给定入口来流风速条件为 6 m/s、9 m/s、12 m/s、15 m/s 时，模拟计算空心桶沙障按照棋盘式布置条件下的流场分区特征与流场演化规律，不同来流风速下沙障周围流场均分布有降速区、增速区、涡流区以及减速区，其流场分区如图 6.96 所示。

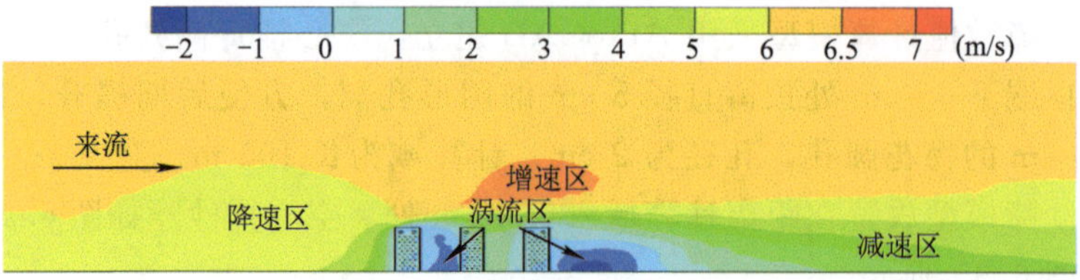

(a)来流为6 m/s时

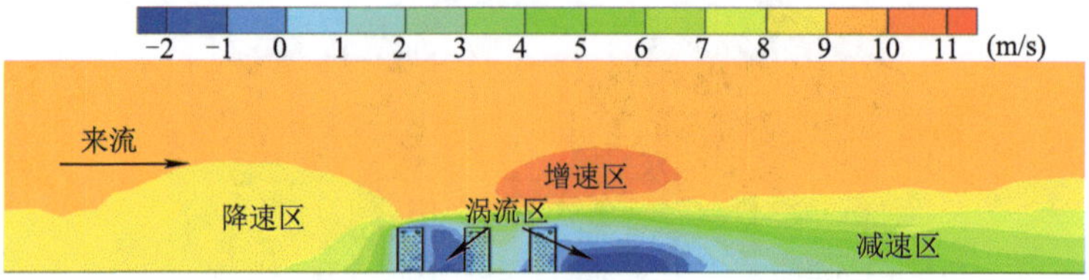

(b)来流为9 m/s时

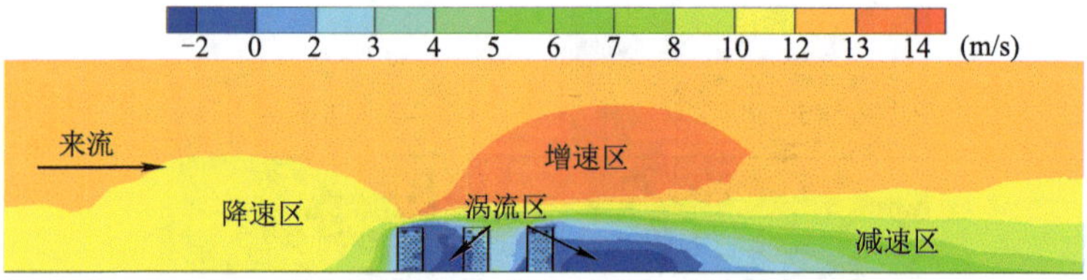

(c)来流为12 m/s时

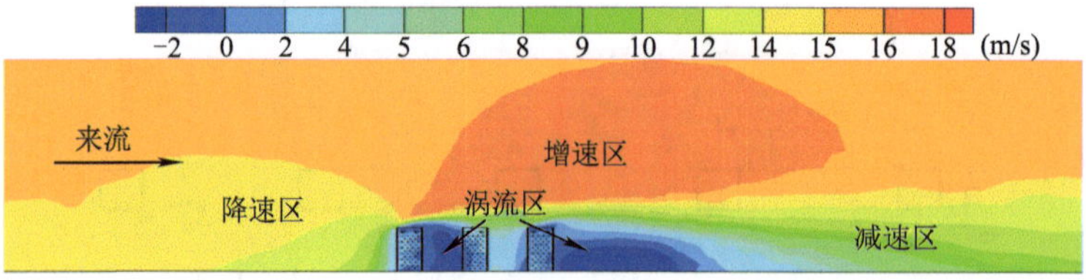

(d)来流为15 m/s时

图 6.96　空心桶沙障棋盘式布置条件下的流场分区

由图 6.96 可知，顺着来流，沙障前后依次出现障前降速区、沙障上方的增速区、沙障内部涡流区及沙障背风侧的涡流区，涡流区之后是减速区。对于空心桶沙障其流场分区规律一致，这种分区特征不会随着风速的改变而改变，随着来流风速增大，各区的量值程度有所改变，其中沙障障前降速区下降幅度减缓，而增速区范围扩大，但是沙障内部的涡流区始终存在。为更全面地观察风速变化下的沙障周围流场变化，对沙障模型周围流场进行水平横切面，来观察沙障模型横切面上的沙障流场特征，其横切面云图如图 6.97 所示。

图 6.97 所示，当来流风速垂直于沙障走向时，也是空心桶移动式沙障棋盘式布置设计意图阻沙防风的最佳角度。随风速增大，沙障周围增速区以及涡流区效果明显增强，并且沙障间的增速区增速效果更为显著，对于涡流区而言，最后一排沙障障后涡流区相较于沙障间的涡流区其效果最为明显，因沙障之间空隙受周围沙障的影响，其中间沙障障后的涡流区受相邻沙障的影响而得不到充分发展，沙障间空隙对来流的挤压效果增强，因此沙障间的增速区增大显著。由多个空心桶沙障单元组成的沙障组

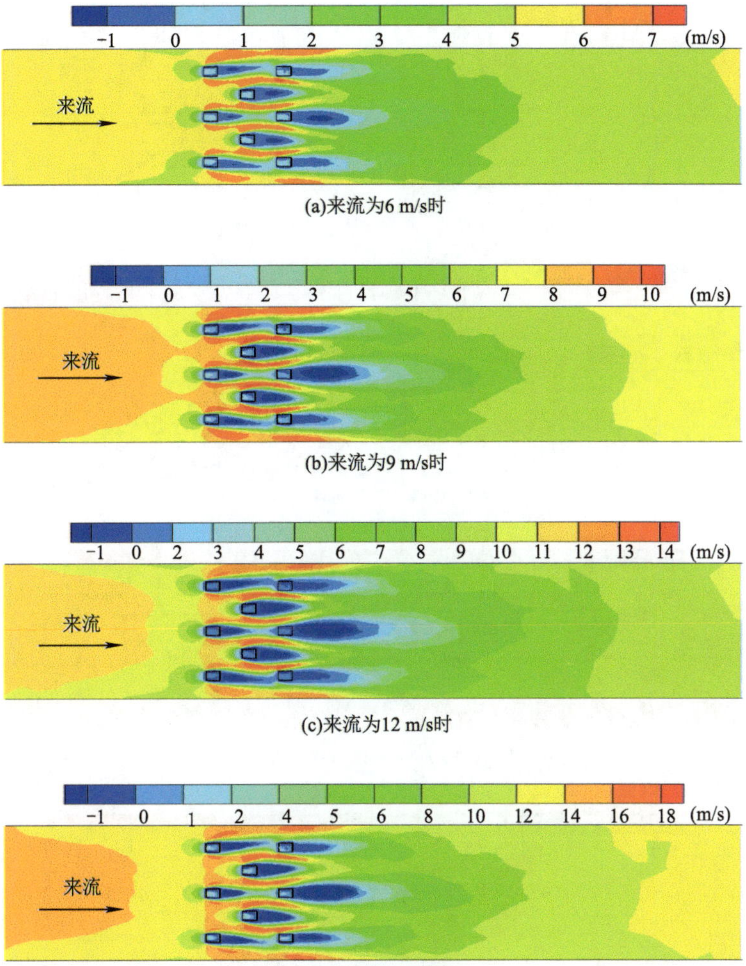

(a)来流为6 m/s时

(b)来流为9 m/s时

(c)来流为12 m/s时

(d)来流为15 m/s时

图 6.97 空心桶沙障棋盘式布置条件下水平面上的流场分布特征（来流垂直沙障走向）

合体，沙障周围流场规律与来流风速的夹角有关，当来流与沙障走向垂直时，沙障能发挥最大的防风阻沙效益，而当来流与沙障的走向呈 45°夹角时是沙障发挥阻沙防风效益最差的状态。图 6.98 是来流与沙障走向呈 45°夹角时的平面流场分区图。

从图 6.98 可知，当来流与沙障走向夹角为 45°时，来流能顺着沙障间的空隙流过，一方面空隙间的加速流范围与长度与垂直沙障时相比，量值都有所增大，另一方面因沙障形成的内外涡流区连成一片。来流垂直沙障走向时，虽然沙障间隙也能形成加速通道，但由于加速通道有迂回，加速程度不大，而当来流与沙障走向呈 45°时，加速通道顺畅。因此，发挥空心桶沙障的阻沙作用必须合理布置沙障的阵列形式，要考虑来流特点，并充分利用空心桶沙障可以灵活移动的特点，寻找沙障防风阻沙的最佳布置阵列形式。沙障的涡流区是过境风沙流卸载的区域，由于涡流区与加速通道紧密相连，风速变化时，积沙容易被带走，因此除了空心桶内的积沙，空心桶周围的积沙会随着风况（风速、风向）的变化而变化。但对比图 6.97 与图 6.98 可见，无论来流与沙障走向呈哪个角度，都会在沙障背风侧形成连片的减速区，减速区也就是积沙卸载区。

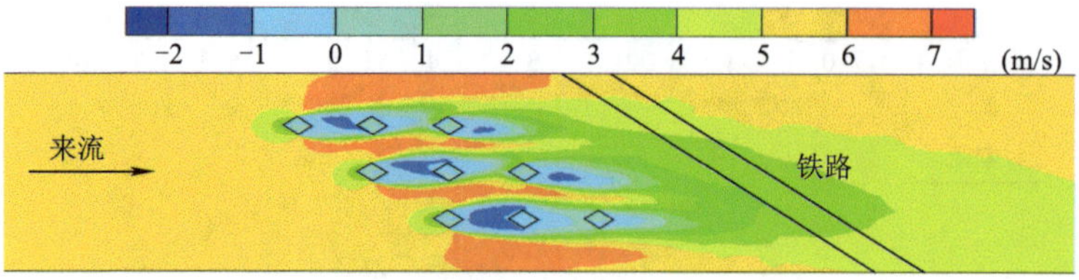

(a)来流为6 m/s时

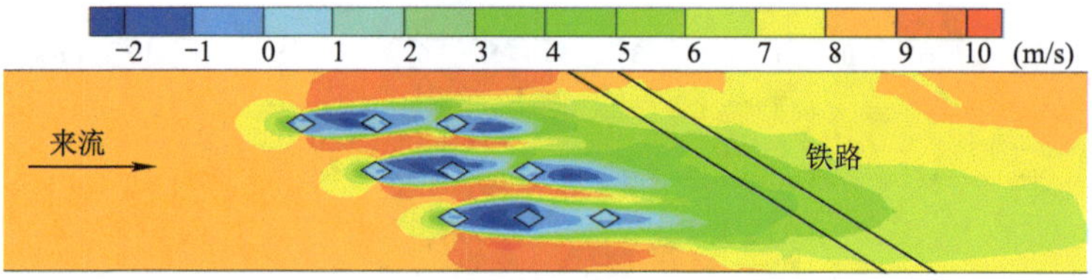

(b)来流为9 m/s时

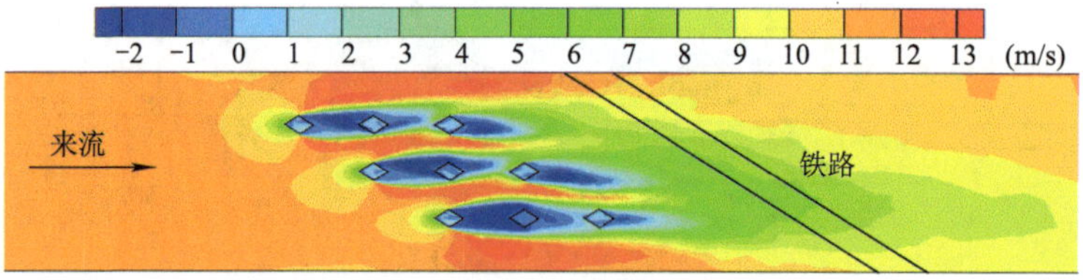

(c)来流为12 m/s时

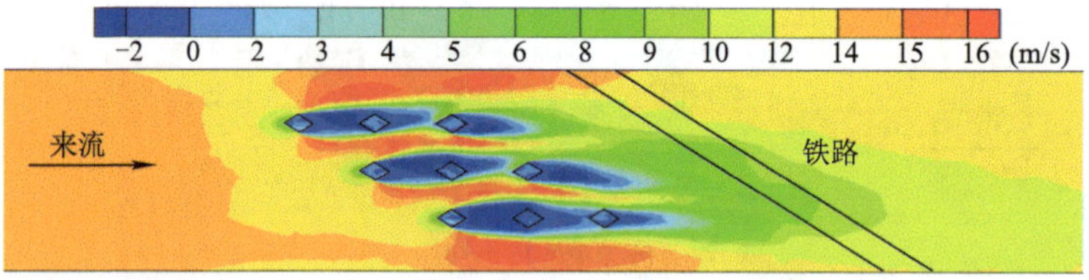

(d)来流为15 m/s时

图 6.98 空心桶沙障棋盘式布置条件下水平面上的流场分布特征（来流与沙障走向呈 45°）

为更直观并精细地刻画来流与沙障夹角变化对沙障周围流场的影响，选取按照棋盘式布置的空心桶沙障中 12 个特征位置进行风速廓线数据提取，通过对比分析该特征位置处的速度变化，来分析夹角变化时沙障周围流场特征。选取的特征位置分布如图 6.99 所示。

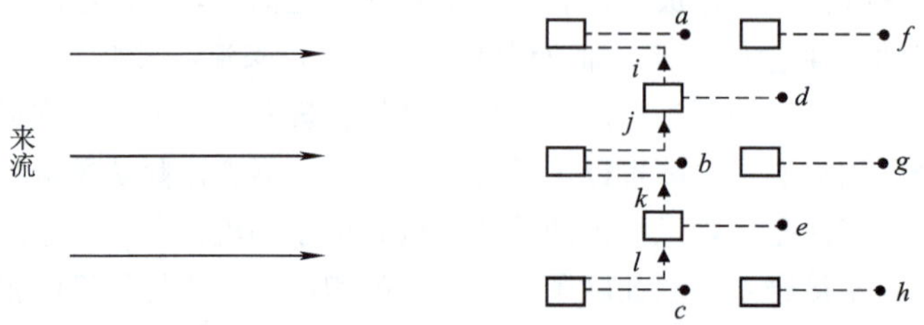

图 6.99 棋盘式布置沙障之间不同位置的风速廓线监测点

注：▲表示所在虚线的中点，●表示距离沙障 1H 距离的位置

在以上选定的特征位置提取对应位置处沙障高度范围内的速度廓线，分析来流方向与沙障走向之间夹角发生变化情况下沙障周围流场的变化。其特征位置具体的风速廓线形态如图 6.100 所示。

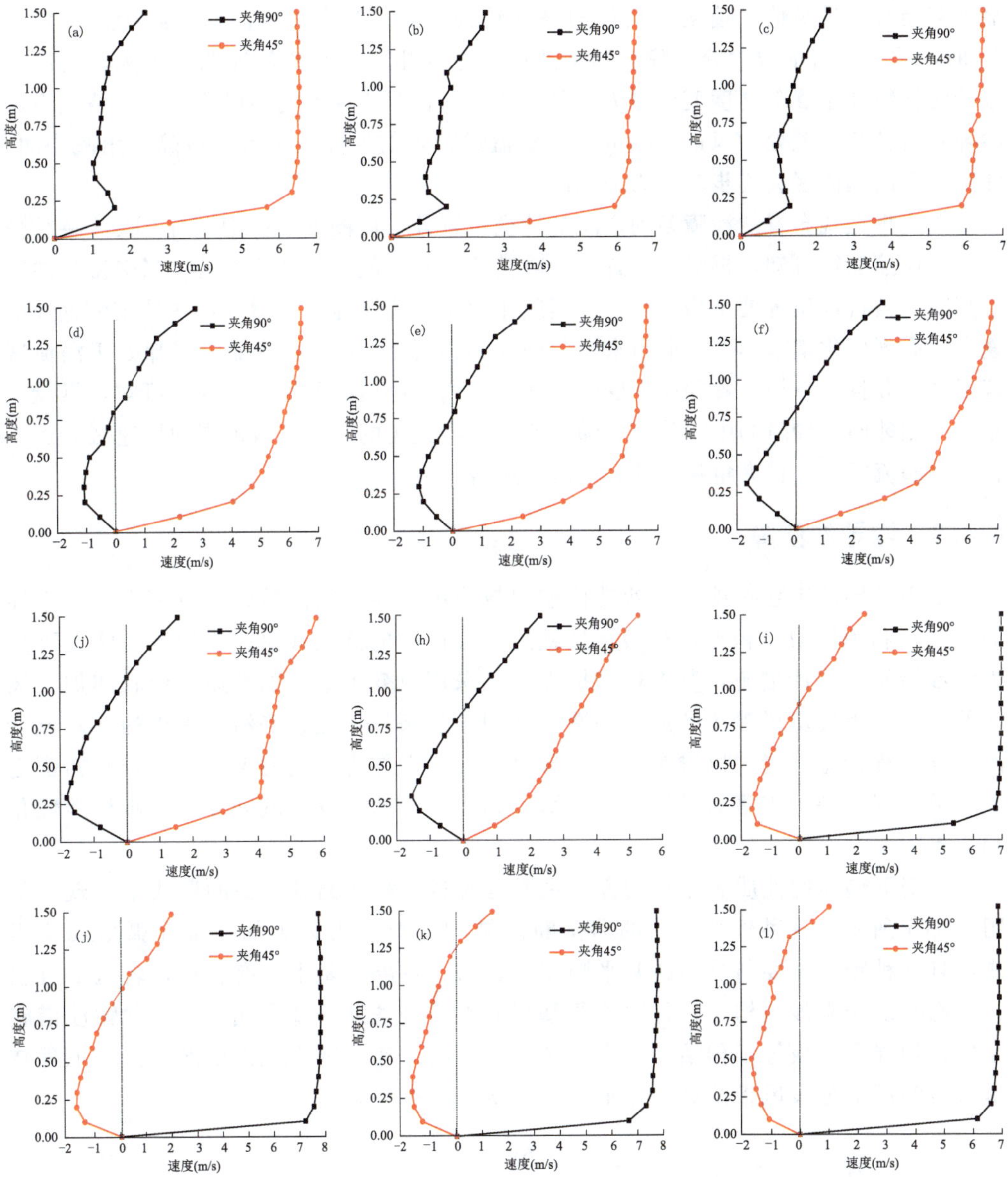

图 6.100 沙障特征位置风速廓线对比

从各特征位置的风速廓线可知，棋盘式布置的沙障迎风侧第一排沙障障后 $1H$ 距离处，即图 6.99 中监测点 a、b、c 特征位置处，当来流与沙障走向垂直时该位置风速虽为正值，但该位置风速减小明显，该位置在沙障高度范围内风速较小，即减速效果明显，为减速区。当来流与沙障走向夹角为 45°时，此时该位置风速相较于来流风速增大明显，该位置处于增速区。因此对比棋盘式布置沙障迎风侧第一排沙障障后特征位置风速廓线可知，随来流与沙障夹角的减小，障后的减速区会逐步过渡为增速区。

图 6.100 中监测点 d、e、f、g、h 特征位置处为沙障整体的背风侧或者是沙障风影区，当来流方向与沙障走向垂直时，这些特征位置处于障后的涡流区，其速度下降显著甚至会出现负值，速度为负值的高度约为 1 m。当来流方向与沙障走向夹角为 45°时，此时该特征位置处于障后的增速区，速度相较于来流风速明显增大，且高度较低时该特征位置随高度变化更为显著。通过对比分析来流与沙障不同夹角情况下的沙障障后特征位置处的风速廓线可知，棋盘式布置的沙障当来流与沙障夹角减小时，沙障障后的涡流区会逐步转变为增速区。

对比棋盘式布置的沙障各列之间的特征位置处，即图 6.100 中 i、j、k、l 特征位置处的风速廓线可知，棋盘式布置的沙障其两列沙障间的特征位置处，当来流与沙障垂直时，其特征位置处于增速区，其速度相较于来流风速明显增大，并且该位置处的速度随高度变化基本不变。但当来流与沙障夹角为 45°时，其特征位置却处于涡流区范围内，并且该特征位置随高度变化其速度是先减小后有所增大。因此可知，棋盘式布置中相邻两列沙障的中间范围，随来流与沙障夹角的增大，该范围的增速区会逐步转变为涡流区，并且夹角越大其涡流区越显著。

6.4.8 输导沙沙障

采用输导沙工程措施对风沙进行控制与采用阻沙、固沙措施的原理不同，输导的目的是利用风力将积沙进行搬运迁移远离被保护的铁道线路。输导沙措施又可分为输沙措施和导沙措施，其中输沙措施往往采用改变下垫面的性质、形状和加大风速的方法，为过境风沙流的通过创造非堆积搬运条件。在铁路沿线采用的针对风沙的输导工程措施（诸如以输为主的下导风工程、以导为主的羽毛排工程）起初都是针对道路线路旁的雪害研发设计的，引入到风沙防治工程领域需要进一步科学优化和完善。

改变下垫面的性质和形状的方法主要是通过不积沙路基断面的形式来实现，如图 6.101 所示。这种输沙断面的路基断面结构主要是由风力加速堤和弧形浅槽组成，且这种断面主要与公路路基平顺相连。由于铁路路基上铺有轨道，轨道下有轨枕，都是属于阻沙结构，这种输沙路基断面不适合铁路路基形式。另一种输沙措施是借助加强聚风板等工程结构增大路基轨道面的风速，利用风力输沙，铁路工程技术人员利用加强聚风板的试验在不断的探索和改进中。

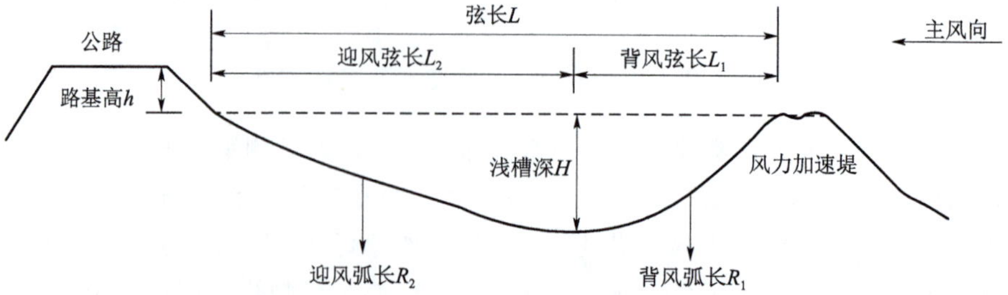

图 6.101 利用地形进行输沙的不积沙路基断面示意图

输导沙工程措施中的导沙措施，对于铁路而言，通常是侧向输导工程，用改变近地表气流方向的方法控制风沙流离开路基向旁侧运动（如图 6.102 所示），对于线路走向与主风向大致平行或斜交角度不大的地段，侧向输导沙工程是配合其他阻沙、固沙措施进行线路防沙的主要手段之一。

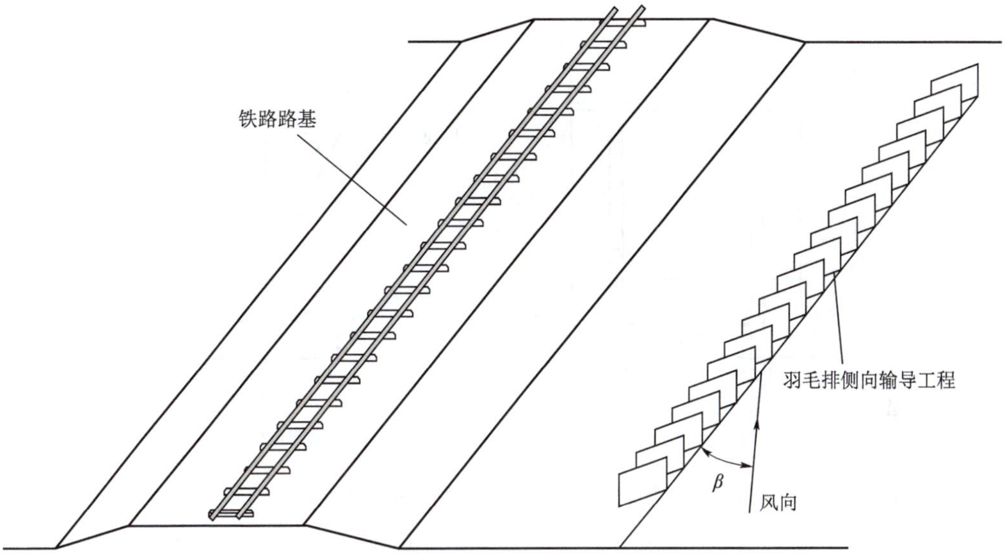

图 6.102 铁路与侧向输导工程（羽毛排）的关系

6.4.8.1 加强聚风板

加强聚风板又称为下导风板，是借助于风的动力作用，使风沙流通过导风板下口时，风道断面减小，速度增大，从而将积沙从线路上吹走，清除线路上积沙。下导风板的实际应用如图 6.103 所示。

图 6.103 前倾式下导风板的工程实践

下导风板的形式按导风板迎风面与水平面所成的角不同可分为前倾式、后倾式和直立式三种。前倾式的导风板迎风面与水平面夹角小于 90°，后倾式的夹角大于 90°，直立式的夹角为 90°。以下主要对比研究前倾式下导风板和直立式下导风板。前倾式下导风板的构造如图 6.104 所示，直立式下导风板的构造图如 6.105 所示。

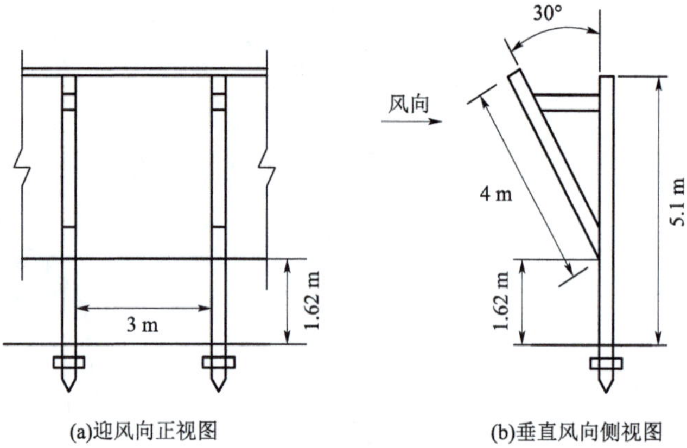

图 6.104　前倾式下导风板构造图

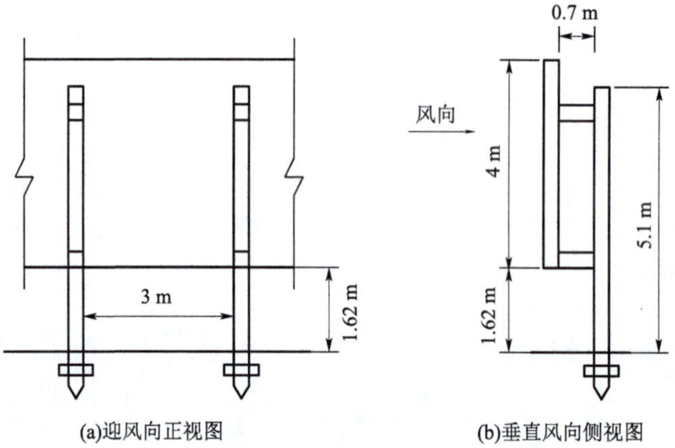

图 6.105　直立式下导风板构造图

下导风板的吹刮宽度（D）是指要防护的线路不产生积沙的宽度。吹刮宽度一般根据要求而定，也常把线路路基宽度定为吹刮宽度。吹刮宽度和板长及板与水平面的倾角之间有一定的关系。吹刮宽度可由导风板的长度及下口高度的确定，计算公式如下。

$$D=CL\sin(\alpha-11^\circ)\sin\gamma\cos\beta \tag{6.12}$$

式中　C——与下导风板规格类型参数及风速、吹沙量有关的系数；

α——迎风面板水平倾角；

γ——主导风向和铁路线路中线间的夹角；

β——从铁路线路起的山坡平均坡度角；

11°——风的扩散角；

L——导风板的长度；考虑到各地风速和吹沙量的不同，为可靠起见，应把 L 加大 20%～25%。

板下口高度可由板长和板面水平倾角根据式（6.13）计算：

$$h=\frac{kL\sin\alpha}{1-k} \tag{6.13}$$

1. 下导风板数值模拟计算分析

采用 CFD 流体动力学数值计算结果显示，不同类型下导风板在不同来流速度作用下其周围流场形态大致相似，流场分为降速区、作用区、涡流区、增速区、减速区，如图 6.106 所示。

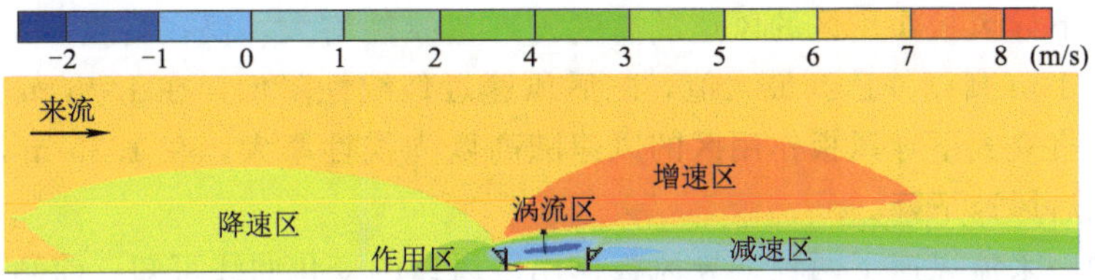

图 6.106 前倾式下导风板流场特征

因下导风板下部开口，来流经过下导风板时，从开口部位经过的来流速度会明显增加，定义此速度增大区域为作用区。作用区路面范围内的风速增大，带走线路路面上的积沙，进而使线路路面上无积沙，即作用区速度越大则风力清沙效果越好。

评价不同类型下导风板的输沙功效，主要是对比分析其作用区的作用能力。因线路积沙仅在近地面处，故选取线路上 1.5 m 高度范围内作用区为研究对象，对比相同来流风速下不同类型导风板下线路上相同位置高度处的输沙效果。图 6.107 为不同来流风速下两种下导风板作用区风速随高度的变化曲线。

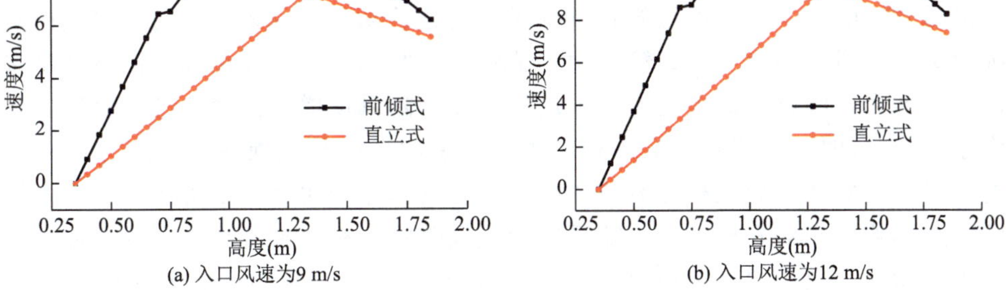

图 6.107

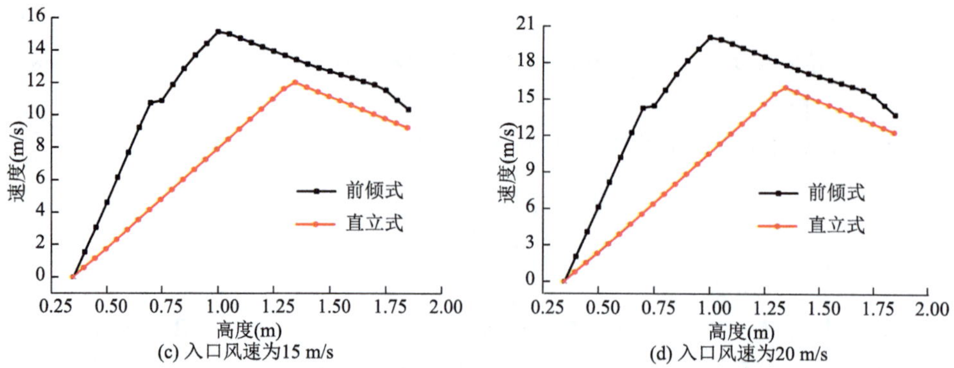

图 6.107 不同来流风速下两种下导风板作用区速度随高度变化曲线

由图 6.107 可知：不同来流风速条件下，两种导风板作用区风速随高度变化的趋势相似。前倾式下导风板作用区的风速随高度先近似线性增大，仅在高度 0.75 m 处发生“错位”，在 1 m 高度处达到最大值，之后风速近似线性降低，在 1.75 m 处有小段曲线下降。而直立式下导风板作用区的风速随高度先线性增大，在 1.35 m 高度处达到最大值，之后风速下降。

对比同一来流风速下两种下导风板作用区风速的变化曲线可知，前倾式下导风板作用区风速大于相同高度处直立式下导风板作用区风速，并且随高度增加，前倾式下导风板作用区风速增长较快，明显大于直立式下导风板作用区风速。前倾式下导风板作用区风速随高度的增加较快且先达到最大值，并且该最大值明显大于直立式下导风板作用区风速最大值。出现以上现象是因为线路和两侧导风板结构相对固定，仅来流风速的改变并不影响导风板周围的流场特征和风速变化，所以不同来流风速下各导风板作用区的风速沿高度方向的变化曲线一致。由于前倾式下导风板向下倾斜更利于集聚气流，使气流经过导风板时聚集压缩加速；而直立式下导风板对气流没有聚集作用，对作用区风速的加速作用仅是因导风板的阻碍作用所致。故前倾式下导风板的聚集作用使作用区的风速及风速最大值均明显大于直立式下导风板作用区的风速和风速最大值，并且其风速沿高度增长迅速，能在较低位置处达到最大值，更有利于利用风力清除铁路路面上的积沙。

为对比两种类型下导风板的输导沙功效，对比分析不同风速下两种类型下导风板影响铁路线路路路面的积沙情况，如图 6.108 和图 6.109 所示。

由图 6.108 和图 6.109 可知：下导风板的输沙功效仅在来流达到一定风速时能发挥效果，随风速的增大，其输沙功效越好；前倾式下导风板在风速较小时仅有较弱的输沙能力，线路路面上会有一定量的积沙，随风速增大其输沙能力增强，当风速大于 12 m/s 时，线路路面上的积沙很少，说明此时导风板的输沙能力发挥了较好的效果；直立式下导风板在风速较小时没有发挥输沙功效，线路路面上有大量的积沙，会影响列车的安全运行；随风速增大线路路面积沙有所减少，说明直立式下导风板的输沙功效开始发挥功效，当风速大于 15 m/s 时其输沙能力才能发挥较好的效果。

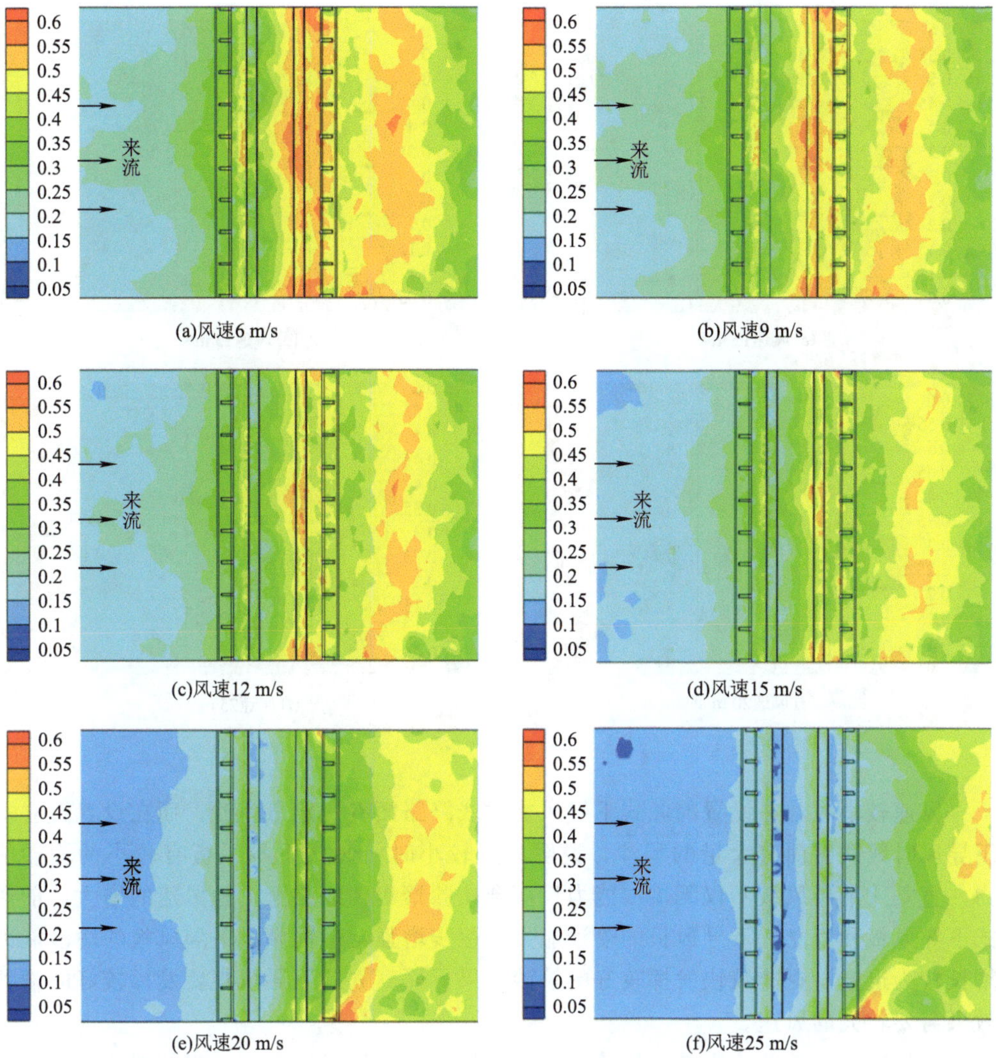

图 6.108　不同风速时前倾式下导风板作用下铁路积沙云图（单位：沙所占的体积分数）

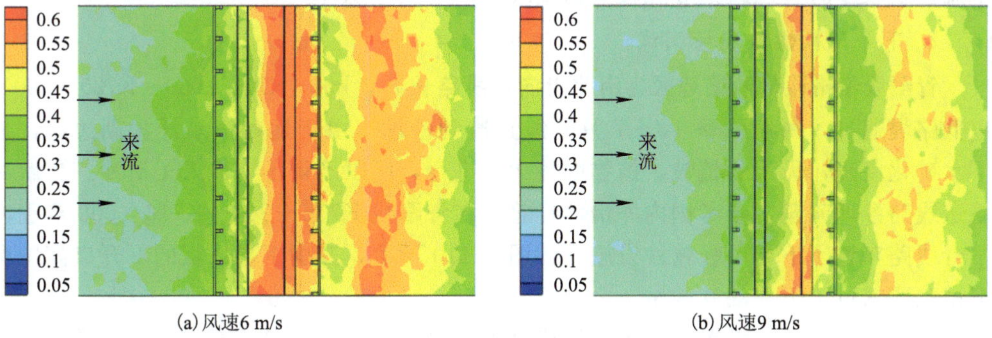

图 6.109

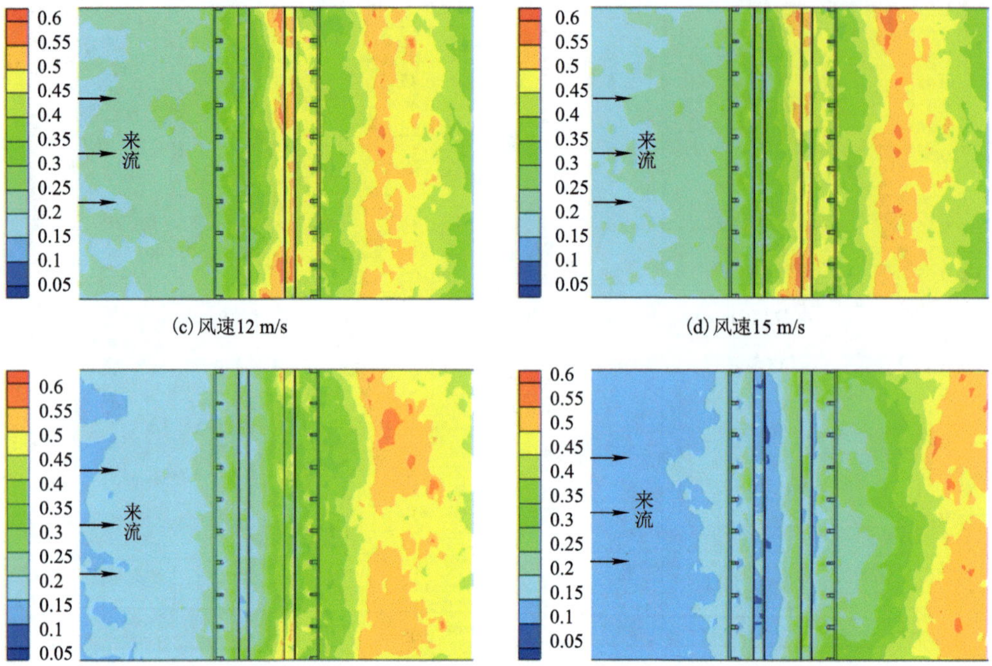

(c) 风速12 m/s　(d) 风速15 m/s

(e) 风速20 m/s　(f) 风速25 m/s

图 6.109　不同风速时直立式下导风板作用下铁路积沙云图（单位：沙所占的体积分数）

风速较小时，在设置前倾式下导风板时线路路面有一定量积沙，而在设置直立式下导风时线路路面有大量的积沙，说明风速较小时前倾式下导风板有较小的输沙能力，直立式下导风板不仅无输沙能力反而会使沙聚集在线路上；随风速的增大，前倾式下导风板和直立式下导风板的输沙能力都逐步增强，但前倾式下导风板的输沙能力增长较为迅速，更能较快发挥较好的输沙效果，而直立式下导风板要发挥较好的输沙效果需要较大的风速。

产生以上现象的原因是：风速较小时，作用区虽然对来流有一定的加速效果，但由于线路路面高度较低位置的风速仍然很小，来流很难使沙粒获得足够的速度能量越过线路；直立式下导风板作用区的风速明显小于前倾式下导风板作用区的风速，所以来流速度较小时直立式下导风板更易使线路产生大量积沙。

2. 下导风板输沙现场测试

青藏线希格段伏沙梁地区为南北走向，线路长 8.3 km（K712＋000～K720＋300），以低路堤通过，每年风季（3～7 月）线路遭到沙埋。由于地处查尔汗盐湖边缘，地下水矿化度高，无天然植被，植物固沙无法进行，所以不得不定期人工清沙。为解决铁道线路沙埋问题，参考国内外治沙经验，在青藏线 K715＋900～K716＋000 范围内平行线路布置了下导风板输沙设施，如图 6.110 所示，其中下导风板的下开口高度根据试验要求可上下移动 0.3 m。

图 6.111 给出了设置下导风板后线路附近风速增减百分率等值线图。由图 6.111 可知：线路上方强风区的风速明显增大，弱风区的风速明显降低，与前倾式下导风板

的数值模拟结果基本一致，说明了数值模拟的准确性。试验线路上方的强风区即为数值模拟结果中的作用区，而弱风区即为数值模拟结果中的涡流区。由试验数据可知：(1) 1987 年 6 月 27 日刮西北风时，风速小于该地区最大风速，设置下导风板后强风区分布在道心，其风速在道心增大 128%，在右侧钢轨至下导风板间达 132%，在迎风侧为 60%～70%，在左侧坡脚外为 40%～50%。(2) 1988 年 6 月 11 日刮西北偏西风时，风速为该地区最大风速，设置下导风板后强风区也分布在道心，其风速在道心增大 140%。可见，设置前倾式下导风板会在线路上形成较大的强风区（作用区），该区域风速会有明显的加速效果。

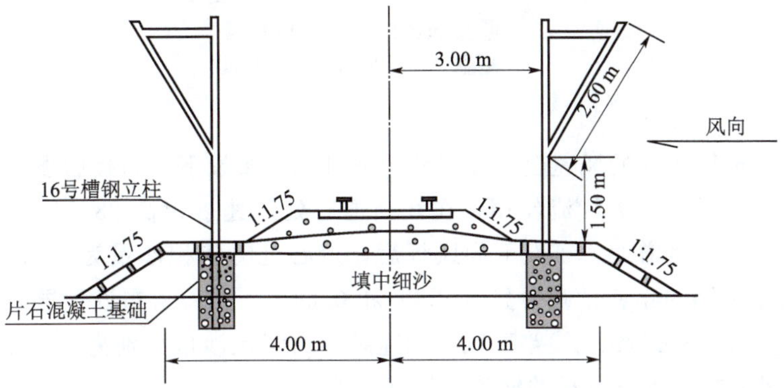

图 6.110　下导风板输沙工程措施布置断面图

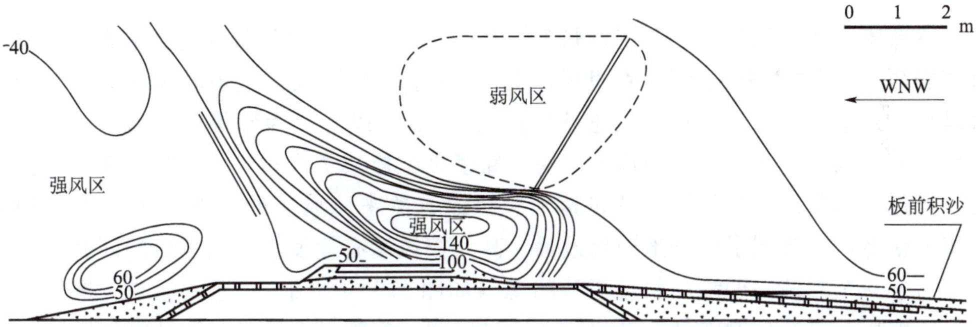

图 6.111　设置下导风板后线路附近风速增减百分率等值线图（单位:%）

设置前倾式下导风板 1 年期间即 1986 年 9 月～1987 年 8 月，全年平均风速小于往年平均风速，道心积沙厚 5～10 cm，但轨底无积沙，其年积沙量为 0.78 m^3/m；在左侧下导风板的下风侧，顺风向从路肩开始出现积沙，宽度约 8～14 m，厚度约 5～15 cm，其年积沙量为 1.0 m^3/m；在右侧下导风板的迎风侧；逆风向从路肩开始出现积沙，宽度约 10～20 m，厚度约 20～25 cm，其年积沙量为 0.5 m^3/m。1987 年 8 月清除原有道心积沙后又经过 1 年（1987 年 8 月～1988 年 10 月，全年平均风速与往年平均风速持平），道心积沙厚 0～5 cm，其年积沙量为 0.35 m^3/m；左侧下导风板下风侧的积沙厚 16 cm，宽 8 m，其年积沙量为 0.64 m^3/m，右侧下导风板迎风侧的积沙宽 6 m，厚 8 cm，其年积沙量为 0.28 m^3/m。布设下导风板前后各部位年积沙量对比如图 6.112 所示。

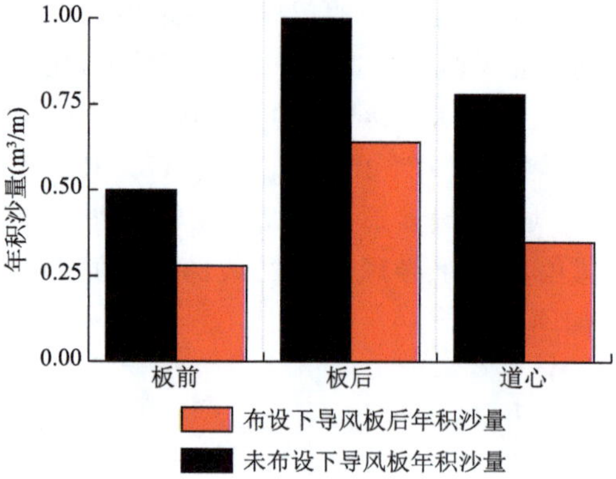

图 6.112 布设下导风板前后年积沙量对比图

综合以上现场实验的风速变化及积沙特征可见，布设下导风板后强风区分布在道心，由于下导风板的聚集气流作用，在线路道心处风速被提高 28%～40%，且随全年平均风速的增大而增大。布设下导风板后，道心处的年积沙量为 0.035 m^3/m，线路下风侧和迎风侧的年积沙量分别为 0.28 和 0.64 m^3/m；未布设下导风板时，道心处的积沙量为 0.078 m^3/m，线路下风侧和迎风侧的年积沙量分别为 0.5 和 1.0 m^3/m，减小明显，风速越大下导风板的输沙效果越显著。

6.4.8.2 大风区高铁挡风墙下开口输沙措施

兰新第二双线从兰州经西宁、张掖、嘉峪关、哈密、吐鲁番到乌鲁木齐，沿线经过“安西风口”“烟墩风区”“百里风区”“三十里风区”及“达坂城风区”等多处重大风口，这些风口的环境瞬时风速最高达到 60 m/s 以上。为确保列车运行安全，防止大风吹翻列车，在大风区迎风侧路肩和路堑部位修建了高达 3.8 m 或 4.3 m 的挡风墙，经过现场测试，挡风墙后的风速消减至原自然来流风速的 20%左右，车辆倾覆力矩大幅降低，起到了较好地防风效果。高大挡风墙有效发挥防风功效的同时，却带来了另外一个问题，即线路轨道积沙问题（如图 6.113 所示），迎风侧来流携沙运动至挡风墙后，风速急剧降低，导致风力不足以承载流沙继续运动，流沙在挡风墙背风侧涡流区内卸载，形成线路积沙。堆积在线路路肩及道床上，甚至埋没钢轨，造成严重的线路积沙危害。

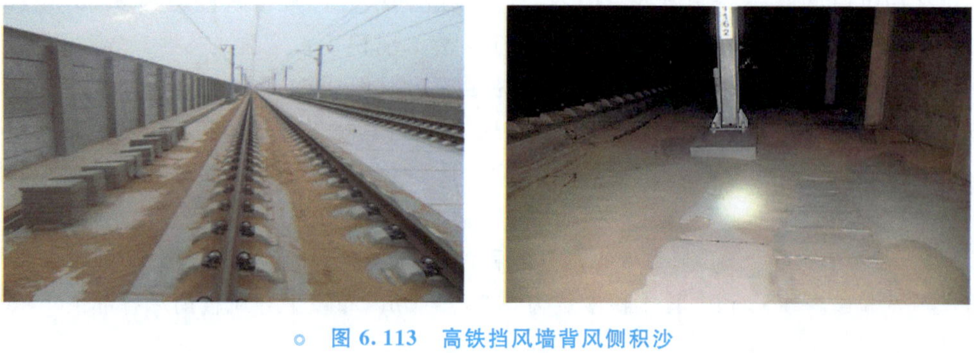

图 6.113 高铁挡风墙背风侧积沙

1. 高铁挡风墙下部开口措施现场测试

为了解决兰新二线挡风墙后线路积沙问题，铁路相关科研部门开展了挡风墙底部开口疏导线路积沙试验，试图利用挡风墙下部开口形成的局部增速风力清理线路积沙。依据兰新第二双线风沙段路基高度、路基形式、挡风墙结构特点，确定分为两种开口方式：第一种将挡风墙底部 1 m 高混凝土板拆除，形成 1 m 高的输沙口；第二种将挡风墙底部 0.5～1 m 处混凝土板拆除，形成 0.5 m 高的输沙口。两种开口方式的开口长度均为挡风板长度，如图 6.114 所示。

(a)1 m开口　　(b)0.5 m开口

图 6.114　大风区高铁挡风墙下开口形式

现场观测试验表明，挡风墙开口工程实施后，0.5 m 和 1 m 的挡风墙开口方案，线路上行线支撑层处的积沙由原来的风积区变为风蚀区，积沙面积有所降低，积沙形态由均匀积沙变为舌状积沙，而轨道板上的积沙则出现了整体少量增加的变化过程，采用挡风墙下部开口聚风清沙效果不显著（图 6.114）。

2. 下部开口工程措施的计算分析

挡风墙下部开口 1 m 或 0.5 m 后，其流场规律类似，如图 6.116 所示。数值计算显示（如图 6.115 所示），气流途经路堤时，气流速度形成分区，大致可分为以下几个区域：在挡风墙迎风侧形成气流减速区（A 区），挡风墙背风侧分别形成气流高速区（B 区）与气流湍流区（C 区）。挡风墙开口时，在挡风墙迎风侧形成气流减速区（A 区），挡风墙背风侧分别形成气流高速区（B 区）、气流湍流区（C 区、D 区）和气流加速区（E 区）。数值模拟计算时，来流风速设定为 10 m/s、20 m/s、30 m/s，挡风墙后轨道支撑层部位形成加速区，利于风力清沙。而实际工程实践中却效果不佳。主要原因为以下几点：

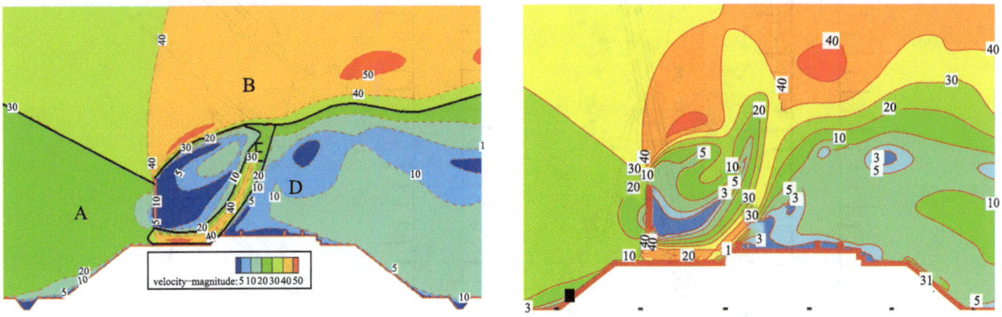

(a) 流场分区　　(b) 速度等值线

图 6.115　挡风墙下部开口流场

（1）挡风墙上风侧的实际来流变化复杂，风向和风速都在变化，在较大的风速下挡风墙下部开口形成的风力可以清理轨道积沙，但在较小的风速条件下，下部开口措施反而将挡风墙迎风侧路堤坡脚的积沙携至线路。

（2）挡风墙防风效果越显著，其墙后卸载过境风沙流能力越强，高铁挡风墙的防风与积沙是一对矛盾体。

（3）挡风墙在设置之初，包括无砟轨道的结构设计都未考虑后期的积沙问题，在现有路基结构条件下的挡风墙下部开口措施清沙，未能将这一措施清沙能力的功效有效发挥。

6.4.8.3 侧向输导沙障

侧向输导沙障适用于主导风向与铁路线路小角度斜交的情况。侧向输导沙障布置形式如图 6.116，有长条状和羽毛排状，其起点与路基的距离（D）宜根据地形、沙垄（前期）位置及移动情况而定；其与主风向的交角（θ）以 30°左右为宜，其高度一般可为 2～3 m。由于自然风况的复杂性，侧向输导沙障在设计和施工前，宜用临时的导沙栅栏做先导试验，经过几次大风考验和实际观测，以确定羽毛排布置的长度和高度等参数，如图 6.117 所示。

(a)俯视

(b)平视

图 6.116 羽毛排导沙沙障

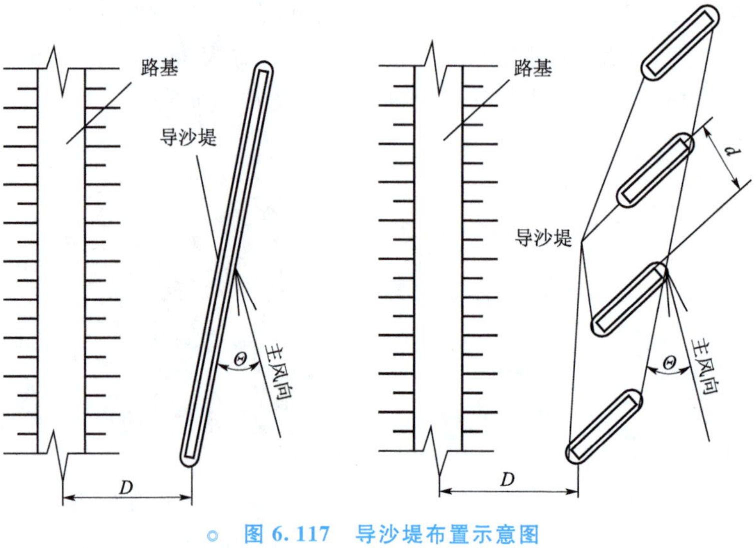

图 6.117 导沙堤布置示意图

侧向输导工程措施通常在铁路风沙线路的局部段落使用，常常和其他治沙工程措施结合使用，仅是风沙防治工程的一个辅助组成部分，除了对风况条件有严格的要求外，对微地形地貌以及路基相关构筑物（诸如桥、涵洞以及连接建筑）也有一定的要求，侧向输导工程引导风沙流偏离线路，要求必须有出口，诸如大沟谷、洼地，桥洞等，能在线路的局部段落将风沙导向线路下风侧是最佳的选择。

1. 羽毛排侧向输导沙障流场数值计算

首先对羽毛排输导沙障进行流场计算分析，当来流风速为 12 m/s 时，近地表流场中不同夹角下羽毛排水平流场特征如图 6.118 所示。

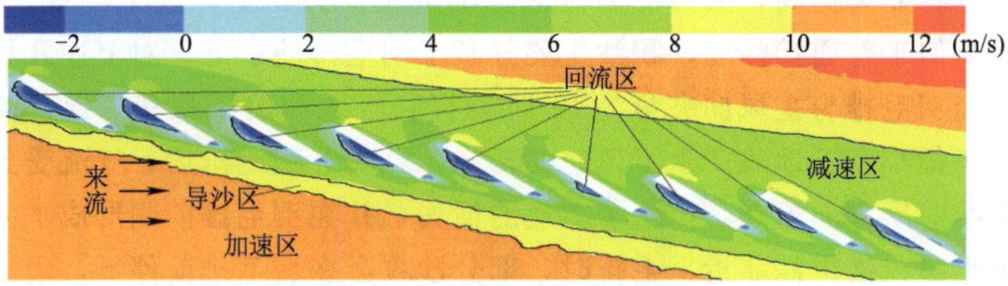

(a) 夹角为15°

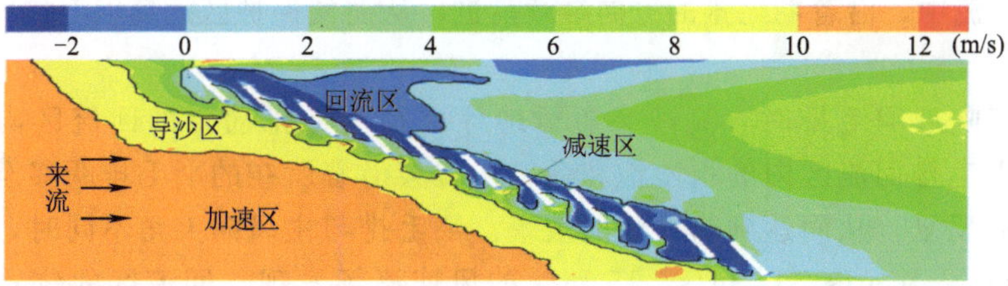

(b) 夹角为30°

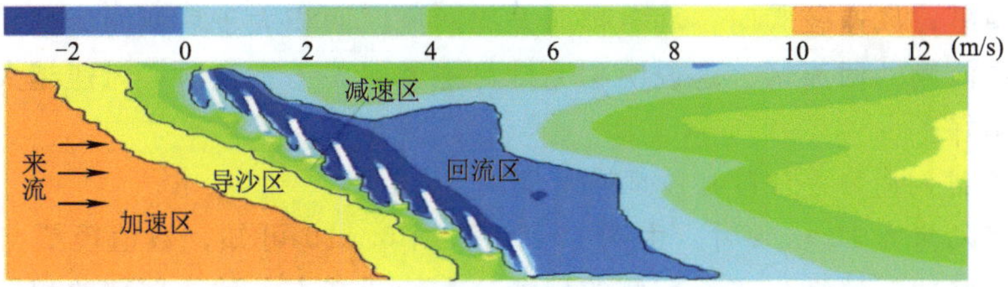

(c) 夹角为45°

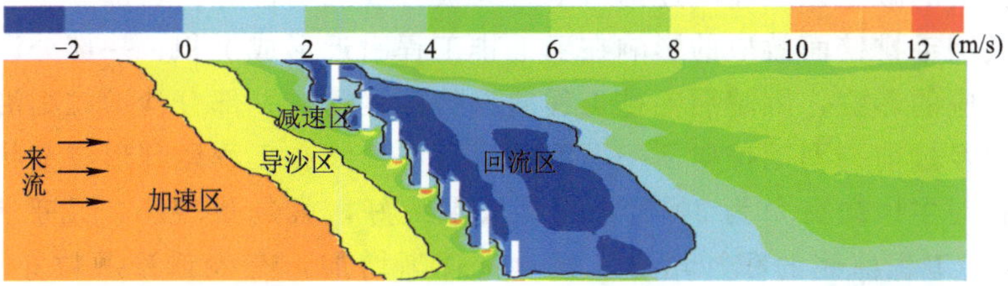

(d) 夹角为60°

图 6.118 羽毛排与主风向夹角不同时的流场图

根据流场特征，可以分析羽毛排附近的积沙分布：经加速区加速后的风沙流吹近羽毛排时，起侧导作用的主要是羽毛排前方的导沙区，沙子在减速区减速后，主要停滞在回流区附近。当羽毛排与主风向夹角为 15°时，沙粒主要堆积在羽毛排前方的回流区内，减速区对称分布于羽毛排两侧，少量沙会停留在风速小于 6 m/s 减速效果较明显的前方减速区内，导沙区紧挨沉积沙源，利于侧向输导；当羽毛排与主风向夹角为 30°时，羽毛排前方的减速区开始减小，积沙范围随回流区扩大并向后方移动，有连接成整体的趋势，积沙会分布在羽毛排两侧；当羽毛排与主风向夹角为 45°时，羽毛排两侧压力差较大，前方的减速区开始出现小范围的加速区，后方的回流区面积扩大，积沙形状会呈现出类似三角形的分布，靠近羽毛排一侧多，远离羽毛排一侧少；当羽毛排与主风向夹角为 60°时，压力差值作用效果更加明显，羽毛排前方加速区小范围的风速也有显著提高，后方的回流区范围继续扩大，单片羽毛排垂直于主风向，其作用机理类似于普通挡沙墙，积沙主要分布于羽毛排的后方。对上述几种流场特征进行比较，当羽毛排与主风向夹角为 15°时最有利于风沙的沉积和疏导，此时羽毛排与主风向夹角很小，近地表产生了风向的转换，风吹近羽毛排后，气流受到一定的压缩换向，开始向反方向流动，产生了能量的损失，并在羽毛排前侧形成了回流区；所以当夹角很小时风携带沙靠近羽毛排时，部分沙粒会在羽毛排前停下，由于受压力换向后风速增大，开始降落在羽毛排附近的一部分沙粒，又因受到新来的沙粒撞击，重新卷入风沙流中，沿着羽毛排的方向继续前进，从而使保护区远离羽毛排后方的积沙危害。

风沙流吹近羽毛排时，流沙会短暂地停留在羽毛排前方的回流区内，形成积沙，贴近羽毛排回流区内的积沙饱和后，沙粒会沿着所在的羽毛排跃移至下一个羽毛排，如此反复，从而达到输导沙的效果。羽毛排与主风向夹角不同时，对比同一角度下 6 m/s、9 m/s、12 m/s、15 m/s 的风速流场发现，回流区的位置会随着风速的增大而改变。以夹角 15°为例，风速较小时，沙子会堆积在羽毛排的两侧，导沙效果不明显；风速较大时，羽毛排前方的回流区面积大于后侧回流区面积，流沙主要停留在前侧的回流区。这说明羽毛排与主风向夹角不变时，风速越大，侧向导沙的效果越好。

2. 羽毛排侧向输导沙障控沙风洞测试

当来流风速为 10 m/s 时，由图 6.118 和图 6.119 可知，数值模拟与风洞实验结果具有较好的一致性，工程前侧的积沙分布特征基本一致，尾部的积沙受到风洞边界的影响，没有充分发展，但是其趋势与数值模拟一致。经过跃移运动，沙颗粒到达羽毛排前的减速区，速度逐渐降低，并被分成三个部分：一部分沙颗粒由于工程减速区及羽毛排壁面效应的影响在羽毛排工程附近形成沉积；一部分沙颗粒受到气流剪切效应的影响，翻越羽毛排工程向保护区运动，一部分沙颗粒则沿着羽毛排输导的方向经过前一羽毛排向下一羽毛排运动，最终在工程尾部形成垄状堆积。在羽毛排工程与主风向夹角为 30°时，输导效果最好，翻越量较小，几乎为 0；在夹角为 45°时，工程前侧的积沙增多，翻越量逐渐增加，有少量沙颗粒穿越羽毛排，危害保护区；在夹角为 60°时，输导效果最差，并有大量的沙颗粒翻越羽毛排工程向保护区运动。

(a) 30°

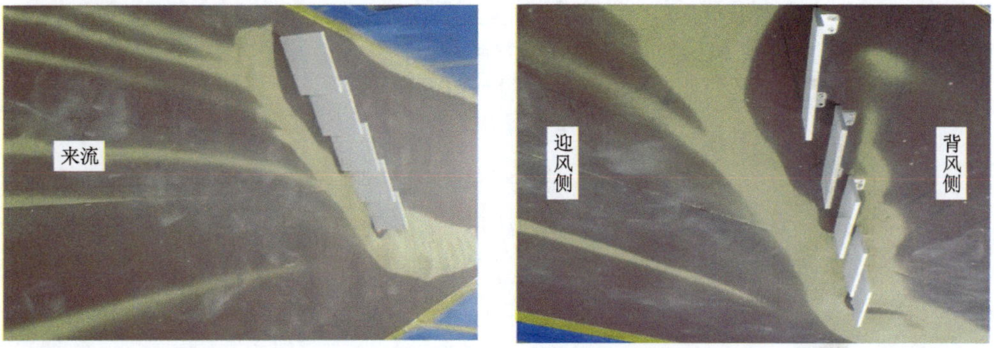

(b) 45°

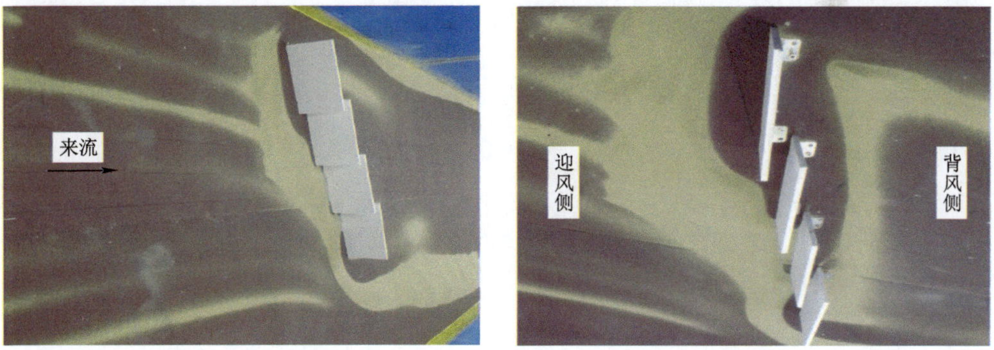

(c) 60°

图 6.119 风速 10 m/s 时不同输导角度的羽毛排工程积沙分布

6.4.8.4 铁路明洞（棚洞）防沙措施

临策铁路是国内首次采用明洞形式进行防沙的线路。明洞结构其实就是隧洞结构，区别在于明洞没有上覆岩土荷载。因明洞内部需要通车，所以有容纳轨道结构的宽度及通行列车所需的高度。临策铁路沿线所采用的明洞结构，高约 9.7 m，宽约 8 m（如图 6.120 所示），其结构用材为钢管拱＋钢筋混凝土组合结构。

图 6.120 临策铁路明洞防沙

铁路明洞结构从防沙角度来说，属于一劳永逸的防沙措施，列车从明洞内部通行，避免了风沙流的危害。过大的风沙流可以从洞顶绕过，向铁路下风侧运移。因此，明洞可归入铁路输沙沙障结构的一类，且是迄今为止，较为成功的一种输沙沙障结构，如图 6.121 所示。

(a)洞口

(b)迎风侧积沙

图 6.121 临策明洞积沙

从明洞外的风沙流场和明洞阻沙性能来看（如图 6.122 所示），实际上明洞属于一种体形庞大的不透高立式挡沙墙。在明洞结构建成初期，明洞周围积沙主要在明洞的迎风侧。可以预测，随着积沙累积，迎风侧积沙接近明洞洞顶高度时，风携沙越过明洞，会在明洞背风侧形成的涡流区和减速区形成积沙带。从图 6.123 数值计算可见，风速较小时，积沙多在迎风侧沉积。临策铁路沿线风况数据显示，该地区最大风速可达 27 m/s，因此数值计算取 25 m/s 来流风速时，大风能携沙越过洞顶，卸载于明洞背风侧。

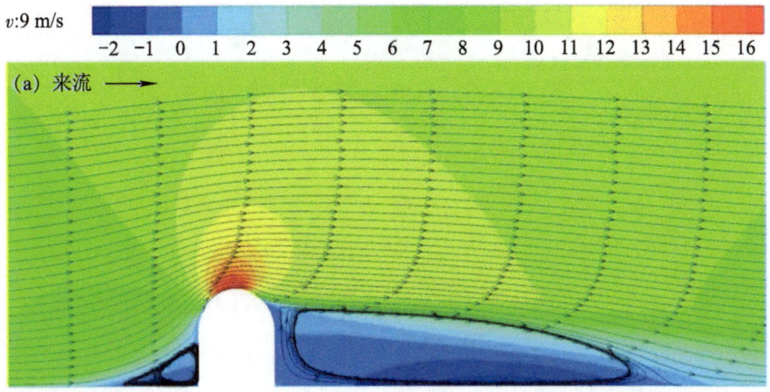

(a)小风速

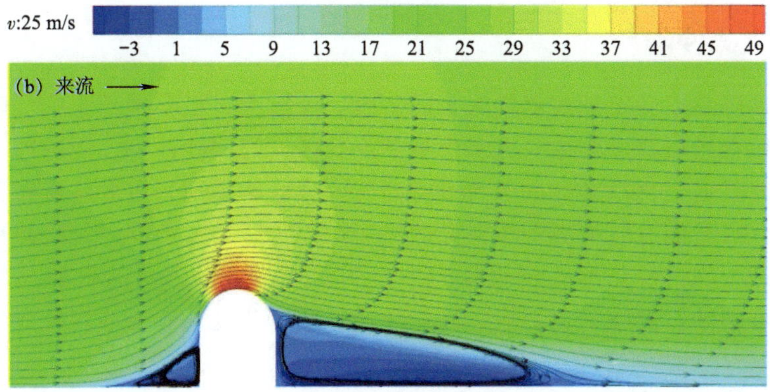

(b)大风速

图 6.122 明洞周围流场分区图

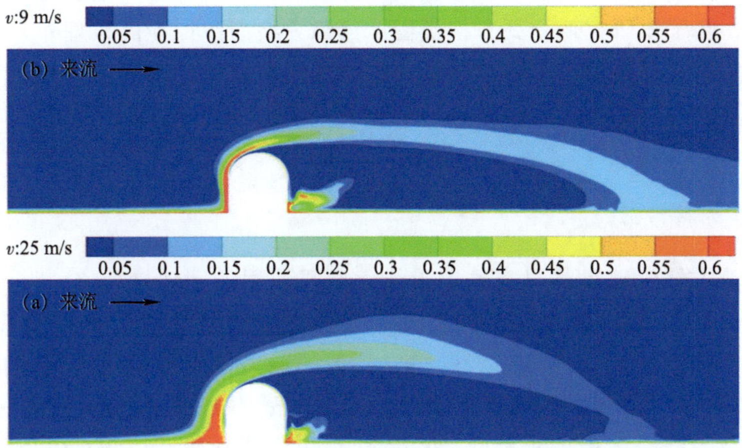

图 6.123 明洞周围积沙分布图（注：数值为体积分数）

明洞的防沙输沙效果明显，明洞构筑物保障了铁路在风沙环境下的安全通行，但是明洞长期防沙服役后，当积沙掩埋明洞后，会出现哪些工程或环境问题尚难以预测。另外，明洞必然有出入口，明洞洞口所在区域又成为防沙薄弱区，需要进行阻沙、固沙等多种沙障的布置，保护洞口避免遭受风沙侵蚀，如图 6.124 所示。

图 6.124 明洞洞口区域防沙体系平面布置

6.4.9 低立式沙障

低立式沙障是以固定地表流沙为目的工程固沙措施，最早的低立式沙障以方格状草类沙障和黏性土埂沙障为主，逐步发展到形式多样的固沙沙障。无论这类低立式固沙沙障的形式如何变化，其共同的特点是高度以低立式呈现，以方格状布置为主。低立式沙障的优点是能有效消减各个方向的风速，固定地表流沙同时能阻挡截留部分过境流沙。因此，在风沙防治工程设计当中，低立式沙障以固沙为目的，兼有阻沙作用，低立式方格沙障能够稳定地表、降低风速、减少蒸发从而为沙漠植物的生长创造条件。

在铁路沿线大量使用的低立式方格沙障有草方格、PE 网方格以及采用素混凝土板或石棉瓦等材料施做的方格沙障。与高立式阻沙沙障以阻挡过境风沙流为主要任务，多以各种类型“墙”的形式出现不同，低立式沙障则以固定地表为主，兼顾阻沙任务。因此，除了要研究低立式方格类固沙沙障方格固沙控沙的机理外，方格类沙障防护带宽度的确定也是治沙工程需要解决的技术问题之一。以下主要介绍和分析草方格沙障、PE 网方格沙障以及不透式方格沙障（石棉瓦、素混凝土类）的防风固沙功效。

6.4.9.1 草方格沙障

低立式草方格沙障是最早在铁路沿线大面积使用的固沙措施之一。草方格沙障的外露高度一般为 20～30 cm。草方格沙障尺寸对沙埋和风蚀的控制影响作用很大，尺寸越小则固沙能力越强，经受风沙荷载的能力也越强，破坏概率也越低。在我国铁路沿线大面积采用草方格沙障进行固沙实践并进行系统研究的包兰铁路沿线，科研人员与铁路工务人员从 20 世纪 50 年代初就开始进行尝试性的试验，后经反复实践发现，与其他类型固沙沙障相比，草方格沙障的固沙性能最佳，维持时间最长。也正因如此，草方格沙障最终被确定为沙坡头地区主要的机械式固沙措施，如图 6.125 所示。

铁道科学研究院徐峻岭等人针对草方格沙障的系统研究表明：草方格沙障兼有固沙和阻沙两种功效，其防风固沙功效的发挥依赖于以下几方面：①草方格沙障改变了沙丘表面的流体力学性质，增大了粗糙度，加大了对来流的阻力；②粗糙度增大后，草方格沙障覆盖范围内起沙风速增大；③迅速抑制住过境风沙流的强度，过境风沙流被多道草方格阻挡后，积沙卸载于沙障方格内部，这依赖于草方格沙障有足够的防护宽度和一定时期的耐久性。

(a)初期

(b)后期

图 6.125 草方格沙障

1. 草方格沙障控沙机理分析

针对草方格的试验研究发现，草方格的方格最佳尺寸为 1 m×1 m，其他尺寸诸如 1 m×2 m、1.5 m×1.5 m、2 m×2 m、3 m×3 m 等规格的沙障的防风固沙性能都不如 1 m×1 m 效果好。1 m×1 m 规格尺寸是与外露高度成对应关系，以上试验是在 20 cm 高度条件下的对比试验，如果规格尺寸数值加大，出露高度也增加，则其防风固沙效果也不会减弱。麦草这种材料的外露设置高度 20 cm 是最佳值，因为这个高度值受草方格材料所能扶立的力学强度特点决定，出露高度超过 20 cm 后，受侧向风荷载容易倾倒，另方面其自身抗弯性能弱，20 cm 基本上也是其扶立高度的最佳值，可以说麦草材料的材料力学性能与受力条件决定了它的出露扶立高度临界值，而扶立高度决定了其防风固沙的最佳尺寸效应。

草方格沙障设置后，仅考察方格沙障迎风侧的一道麦草，从流体力学原理上解释，其仍然是一个具有特定透隙率值的阻沙沙障，在该麦草沙障的背风侧依然有涡流区，只不过是多个方格的多道低矮麦草沙障产生的障前降速区与障后涡流区相互影响，沙障流场分区重叠，其流体力学效应就是风蚀与堆积同时存在，方格间积沙迁移变化，经过一段时间后，沙障障间会形成光滑而稳定的凹曲面（如图 6.126 所示）。实践发现，草方格沙障方格内的平均风蚀深度与障间距离一般不超过 1∶10。草方格沙障地段的这些蜂窝状的凹曲面组成规则的波纹状下垫面，沙障间起起伏伏，顺滑过渡，实际上是一个连续的输沙断面，使得过境风沙流能顺利通过，而不继续造成风蚀。

草方格沙障布设在流动沙丘的不同部位，其承受的风沙荷载强度不同，因此在沙丘的不同部位沙障的破坏程度不同，通常沙丘顶部属于大流场分区的加速区域，风沙荷载大，其破坏程度严重，而沙丘下部破坏程度要大大降低。在沙丘上布置草方格沙障后，流动沙丘本身固有的随着风况条件变化的风蚀、搬运、堆积特性发生改变。总结长期采用草方格沙障进行固沙工程实践的经验发现，草方格沙障的破坏同时具有“渐进性”和“传递性”两个特点，即大面积草方格沙障的局部一旦吹毁，形成风蚀槽和风蚀穴，与其相连的沙障会不断被掏蚀，致使沙障破坏面积逐渐增大。

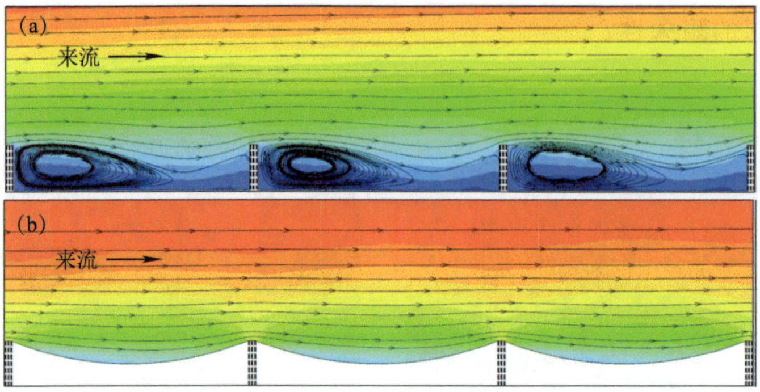

(a) 积沙初期；(b) 积沙稳定期

图 6.126 草方格沙障流场效应

2. 铁路沿线草方格沙障防护宽度

在铁路沿线采用草方格沙障进行防风固沙工程实践，目的是为了保障铁路的畅通，避免线路被沙埋，因此铁路沿线的草方格沙障布置是以铁路防沙为目的，与改造沙漠有一定的区别，防护带的宽度应该针对铁路防沙特点进行设置，进而要调查清楚铁路沿线流沙掩埋沙障的能力和速度，还要考虑草方格沙障的耐久性即有效使用年限。考虑以上因素，草方格沙障的防护宽度确定考虑以下两个主要方面：①草方格沙障的耐久性即有效使用年限；②过境风沙流掩埋防护带的速度（或沙丘移动速度）。同时考虑以下两个次要方面：①草方格沙障设置的最佳位置；②草方格沙障内部局部发生破坏的概率。

根据以上长期实践结论，草方格沙障的防护宽度计算公式如下：

$$D=n\cdot L+S \tag{6.14}$$

式中 D——草方格沙障防护带宽度，m；

n——铁路使用年限；

L——防护带边缘年平均沙埋宽度，m；

S——铁路预留安全宽度，m。

6.4.9.2 网式方格沙障

采用网这类土工材料进行防沙是近年来才逐步发展起来的，低立式网式方格沙障仅是土工材料在风沙地区应用的一种工程类型，采用 PE 网类土工材料还可以进行高立式、中立式沙障的应用。因此无论哪种形式，其防风固沙机理相同，仅是高度、透隙等参数的选取有差别。PE 网类土工材料具有无污染、耐老化、成本低、便于施工等优点。特别适宜一些风沙灾害比较严重的铁路沿线，在铁路建设领域已先后在包兰线、西格二线、青藏线、南疆线、临策线、兰新第二双线、哈罗线、库格线等风沙区沿线应用，如图 6.127 所示。

(a)积沙初期　　(b)积沙后期

图 6.127 PE 网式方格沙障

网式材质的土工布防沙材料已经纳入铁路行业防沙标准，《铁路工程土工合成材料 第 9 部分：防沙材料》（Q/CR 549.6—2016）对网的各种适用合格条件进行了规定。在近 20 年的铁路防沙实践中发现，网式沙障在保证自身质量的前提下，防沙效果显著。低立式网方格沙障的流场机理与前述的高立式网沙障相同，即对于方格的单道迎风网体，其在运动的风沙流场中流场分区类似，存在障前降速区与障后减速区，在低立式网方格沙障内部前一道网的背风侧形成的减速区与后一道网的障前形成的降速区衔接，导致网式方格沙障来流风速逐道降低，这就是网式方格沙障的积沙满障总是从前至后（如图 6.128 所示），网式方格沙障沙饱和后，阻沙功能失效，在网体不破坏的情况下，固沙功效一直发挥。

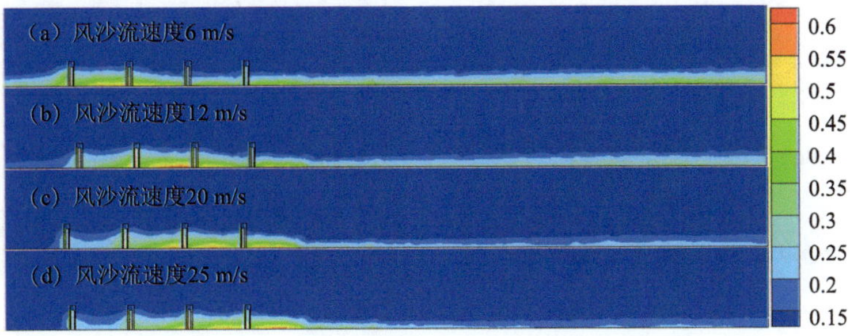

图 6.128 网式方格沙障障内固沙迁移变化示意

注：数值为体积分数。

网式方格沙障的破坏类似于草方格沙障，也有“传递性”“渐进性”，即一道网破坏，影响一片区域，其破坏易从固沙边界的迎风口开始破坏，失效模式亦然。

6.4.9.3 不透式方格沙障

采用麦秸、芦苇等材质做成固沙方格沙障进行固沙工程实践往往受材料来源的限制。因此采用混凝土板、石棉瓦板、黏土（石、盐块）做成的固沙方格沙障悄然兴起，如图 6.129 所示。

(a)沙漠沙板

(b)石方格

(c)黏土方格

图 6.129 不透式方格沙障

6.4.10 平铺式沙障

很多资料将草方格等固沙沙障都称为平铺式沙障，尤其是一些农业、地理行业学者，这里遵循铁路行业内的一贯分类命名方法，这里所提到的平铺式沙障是指对地表进行全覆盖的固沙措施。

平铺式沙障采用碎（砾）石、黏土等坚硬材料均匀覆盖在起沙地表上，隔绝风与松散沙面接触。平铺式沙障是一种简单的主要以防止地表风蚀的防护措施，属于局部地段或个别零星沙丘、洼地沙源地的特殊防沙措施。实际上在戈壁地表形成的原生砾石覆盖就是很好的平铺式沙障，在一般风速下地表不再起沙。另外，有防沙科研人员采用沙地表面上的覆网也是平铺式沙障的一种（如图 6.130 所示）。

(a)戈壁砾石覆盖

(b)覆网覆盖

图 6.130 平铺式固沙措施

6.5 植物治沙措施

利用植物进行治沙实践是我国科研与工程技术人员进行沙害治理的手段之一。治沙植物对风沙流的作用主要体现在沙生植物发达的根系能够较好地起到固结土体以及保持水分的作用，并且由于植物的覆盖，增大了地表的粗糙程度，从而可以降低风速、削弱风沙流的活动强度，同时避免了风力直接作用于地表。植物的落叶还能够改善增强沙质地表的黏土化以及土壤的肥沃程度，促进植物生长。

常用的固沙植物主要包括沙生草本植物、灌木以及部分旱生乔木。沙生草本植物的环境适应能力较强，生长快速，能够较快地发挥出固沙的作用，但其寿命较短，因此在长期的防风固沙斗争中，草本植物的使用并不占主导地位，而只在前期用作改善土壤，使更大型的灌木以及乔木能够存活和生长。

灌木类植物适应能力较强，具有非常发达的根系，能够稳固地团聚植物根系周围的沙质土壤，由于其体型较小，只能对其植株所在地周围的土壤进行保护，对于过境风沙流的阻挡和卸载作用并不显著。灌木类植物增大了地表的粗糙程度，会使贴近地表风沙流中的沙粒逐渐下落在灌木周围，从而在改善后的地表形成稳固的沙质表层或灌丛沙堆。

大型乔木初期适应能力较弱。经过草本植物以及灌木根系的改善，沙质地面已经具备了乔木生长条件后，种植大型的乔木可以明显减缓大气环流的流速，高空的沙粒都被乔木所阻挡，具有较好的防风阻沙效果。

因此，理想的植物防风固沙开展过程应当是由草本植物向乔木型植物逐渐推进，或根据当地条件互相结合，取长补短、相互促进，达到最优的防风固沙目的。

6.5.1 治沙植物的生长条件

为了更好地开展植物防沙工作，在开展之前必须研究治沙植物的生长条件，以期能够最大化的发挥植物防沙的效力，避免由于不清楚治沙植物的生长规律造成的树种死亡、林带破坏、经济损失。在初步设计好植物治沙的基本模式之后，应当对所选用植物原生地区的地质、水文、气候等条件进行研究。

6.5.1.1 治沙植物生长的立地条件

我国地域广阔，地质结构类型复杂多样，其中有大量不适宜植物生长的地区，例如盐碱量极高的地区、沙漠化严重的地区以及部分石质地表地区。在防沙治沙工程中，治沙植物主要面对的地质类型为沙漠化地区。由于沙质土层的含水率较低，难以满足大多数植物的生长需求，导致地表植被覆盖率极低，也由于缺少植被的固沙作用，导致沙漠化越发严重。但沙漠当中依然存在绿洲与河流，周边生长有少部分植物，防沙治沙采用的植物主要就是这一类沙漠本土旱生植物。这一类治沙植物在沙漠当中往往也是零星分布，并不会完全覆盖，其对沙丘的形成产生的作用极小，而要改善沙漠地貌以及沙漠化的侵蚀发展，则必定需要将这种沙生植物结构化地利用起来，使之能够成规模的种植与生长，而要达到这一目的，调查分析沙生植物的立地条件具有实践意义。

沙漠中的水分蒸发量较大，沙生植物为了防止本身水分的散失，往往都将普通植物的阔叶进化成了针状或使叶表面积变得极小，以减小蒸腾作用，例如仙人掌的针状叶以及梭梭树的鳞片状等。这一类沙生植物所能生长的土质类型相似。流动沙漠地区沙质土壤主要的特征就是保水能力较弱、日平均蒸发量较大，因此为满足沙生植物的生长，种植地区必须选在持水能力较强的沙质地面。

以甘肃玉门的荒漠地带土质为例。该地区年均降水量为 57.3 mm，最多年份达到 93.1 mm，最少的年份仅为 24.7 mm。沙生植物的用水主要来源于祁连山的雪山融水，供水季节性较强，日常沙质土壤含水率较低。根据测定，该地区的砾石戈壁在 2 m 深处的土层临界湿度为 1.1%～1.5%，难以满足大多数沙生植物的生长需求。该地区有针对性地种植了根系较发达的沙枣、毛柳。毛柳包括黄柳、沙柳、蒙古柳等，属于灌木类，多生长于东部的干草原沙区，其根系发达，侧根可延伸至 20 m 以外，常用于这种荒漠类地区的防沙治沙措施。

对于半荒漠地带的土质，选取的治沙植物应当具有极强的环境适应能力。例如腾格里沙漠东南部地区沙粒以细沙为主，黏粒较少，地质剖面中包含风成层，再无其他明显分层。沙丘覆盖在三叠纪砂页岩互层之上，地下水位较深。沙层中的含水率较低，并且变化幅度较大，雨季过后沙层中的含水率可以达到 6%，能够满足一般植物的生长，但雨季来临之前，沙层中的含水率能够降低至 1%，难以满足普通沙生植物的生长需要，根据实地调查发现在该地区油蒿的存活能力较强，油蒿是一种分布于内蒙古、陕北以及甘肃等地的半灌木，其根部生长能力较强，进行直播或和调扦插均可成活，在一些土质环境较差的地区，油蒿往往被作为一种固沙植物的前行兵。

不同治沙植物的适应能力不同，针对不同的土壤环境，选用不同的治沙植物，不仅可以提高植物治沙的成功率，还能够提高治沙植物的利用率。每一种治沙植物生长的土质条件需求不同，通过调查分析这些沙生植物对土壤水分、酸碱度、含盐量等指标的适应性，可以为植物防沙工作的开展提供重要的参考依据。

6.5.1.2 治沙植物生长的水文条件

对于植物治沙工程的开展，除了对植物立地条件进行研究，还需要研究治沙植物生长所需要的水文条件，其中最重要的工作就是调查分析土壤中水分的含量，沙漠地区的沙质土壤的水分来源主要为地下水，部分地区的地表水源为冰雪融水形成的季节性河流，例如塔里木盆地南侧山区大量分布的季节性河流，这些河流一般长度较短，由盆地边缘向盆地中心（沙漠）呈放射状延伸（如图 6.131 所示）。由于这些河流的作用，河流沿线的植被一般比较丰富，但植被类型单一。塔里木盆地南部的策勒—于田以南，由于昆仑山山区常年雪山提供的冰雪融水，形成了密布的短小流域，由于这些季节性河流的供水，使该地区的山前平原具有丰富的草场，形成了草原带包裹沙漠的自然景观（如图 6.132 所示）。也由于这种山前平原流域地区的气候类型干燥，年平均气温较低，并且土壤条件较差，因此难以生长大规模的乔木以及大面积的灌木，导致该地区以草场为主。随着这种季节性河流向沙漠中心的推进，河流流量逐渐减少，汛期也相对缩短，沿线的草本植被也逐渐变得稀疏、脆弱，气温逐渐升高，最终直至沙漠边缘只留下了少量根系较发达的小型灌木。因此季节性河流是沙生植物生长的重要水文条件之一，通过调查季节性河流的分布发展特征，有针对性地采用植物防沙固沙措施，能够保证治沙植物的快速存活，促使其规模快速扩展。

另一方面，对于沙漠地区水文状况的调查，需要摸清的主要问题就是该地区的水量保有量，即能够向植物提供多少水分；以及该地区的水源状况即水分供给是否能够长期持续。由于沙漠地区的特殊性，沙漠水源一般都来自于地下水及季节性河流。

地下水作为一种特殊的植物水源，由于不同地区的地下水埋深不相同，因此针对不同的沙生植物根系发展情况，这些植物对于地下水的索取能力也不一样。通过实地调查，在阿克苏牛皮消、罗布麻、沙旋覆花以及芦苇这些多年生的草本植物生长的地区的地下水埋深一般为 1.25～1.50 m；而在沙生柽柳以及部分沙枣等小型乔木以及灌木生长的地区地下水埋深约为 1.50～2.80 m。与地表水相比，地下水存在的一个显著区别就在于地下水由于土体中盐分的迁移，导致矿物质含量较高（矿化度较高）。但植物对这种含盐量高、矿化程度严重的水分利用率极低，甚至无法利用。对于塔克拉玛干沙漠腹地的天然植被来说，对于表层潜水，埋深越浅矿化程度越高，其原因在于沙漠地区沙丘间低地，毛细水上升高度为 90～150 cm，强烈的毛细水作用导致水分积聚盐分。塔中地区地表潜水埋深为 2.8 m，矿化程度为 4.76 g/L，含有大量的 Cl^-、SO_4^{2-}、Na^+、Mg^{2+} 等离子。

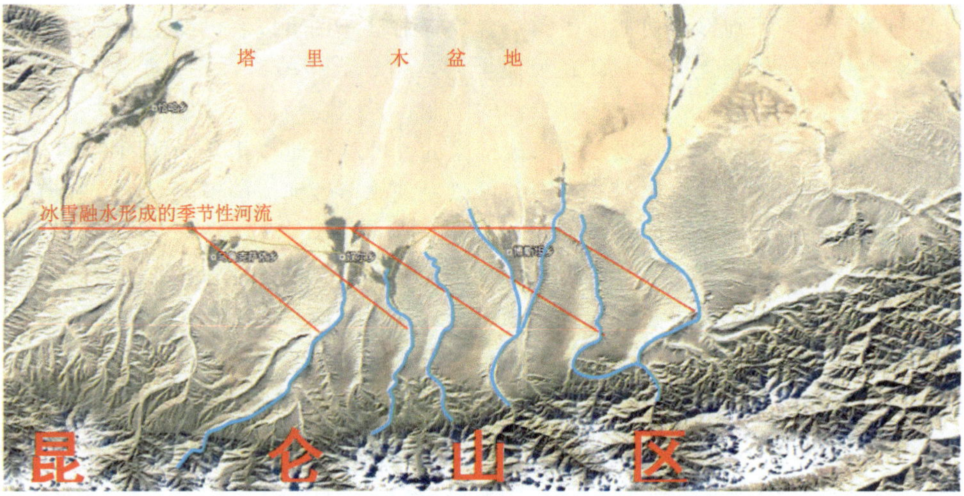

图 6.131 策勒—于田沙漠地区的季节性河流

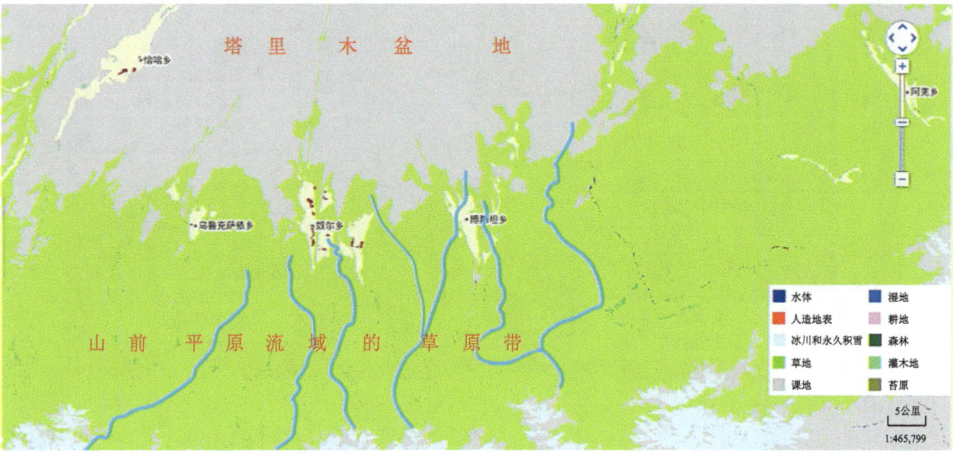

图 6.132 相对于上图地区的植被覆盖情况—草原带包裹沙漠

在这种表层潜水矿化程度较高的地区，可以考虑通过设计建造灌溉型植物防沙工程，在建立植物防沙体系的初期，选择抗盐碱的植物类型，其原因在于在建立灌溉体系之后，由于长期使用高矿化度的地下水进行灌溉，容易造成地表沙质土壤的盐渍化，待治沙植物成熟之后，发达的根系能够达到深层矿化度更低的地下水之后这些固沙植物就可以快速生长。

6.5.1.3 气候条件对植被的影响

在前文中曾论述到对于山前平原的季节性流域，随着这些短小河流逐渐向沙漠腹地的延伸，地表植被也呈现规律性变化。在部分学者的深入研究之后发现气候条件不仅影响植物本身的生长条件，气温的大小还会影响土壤当中微生物的活动状况、CO_2、N_2 以及 O_2、水分等含量的变化。由于植物的生长需要多方面的因素共同作用，而气温的变化是这些因素的重要根源。因此，调查分析沙生植物在防沙固沙工作中的气候生长条件具有非常重要的作用。

通过策勒到于田地区的植被覆盖图结合热辐射分布图可以看出沙生植物的地域分布与气温变化之间的相互关系。即在河流上游，由于海拔较高，并且距离山区较近，因此年平均气温往往较低，加之土壤条件的限制，导致在河流上游地区往往不能生长大型树木，甚至适应寒冷气候以及高海拔地区的针叶林也难以生长。如图 6.133 所示为策勒—于田以南地区的热辐射分布图，可以发现季节性河流的走向与温度等值线接近垂直，并且通过温度分布图可以看出南部山区的年平均气温为－4～0 ℃，而沙漠边缘的气温为 12～14 ℃。由于南部山区气温较低，随着河流向下游推进，逐渐出现了大量的低矮型草场，为了减少水分的流失，这些草本植物的枝叶往往进化为细长的针状以及圆柱形。随着向中游推进，逐渐出现少量灌木以及草场共存的植被景观。当推进至下游末端接近沙漠边缘的高温地区时，则植被状况主要演变为少量耐旱的灌木。这种伴随着气温变化地表植被景观也逐渐发生变化的现象在一定程度上反映了沙生植物生长的气候条件。

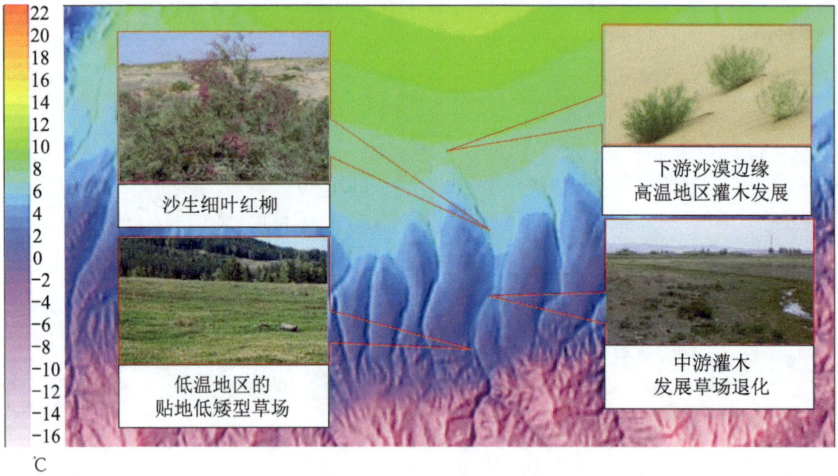

图 6.133 策勒—于田南部地区的热辐射分布

6.5.2 植物治沙模式

6.5.2.1 治沙植物的选择

固沙植物的选择是植物治沙工程研究的重要课题。

选择固沙植物时，除了搞清楚植物对干旱流沙地区的适应能力，还应当考虑植物在沙漠沙土固结过程中所起的作用、不同的植物对干旱地区气候的适应程度，从而达到合理选择固沙植物的目的。应当以选择生长旺盛的本土植物为主，引种外来植物一般需要进行栽培试验才可确定是否适宜采用。常见各种类型治沙植物（图 6.134）的生长习性如下：

1. 草本植物

草本植物是植物治沙中主要的固沙植物。与高大的乔木不同，草本植物主要的作用为固定沙质地表的沙粒，避免其被风力携带演化成风沙流。常用的治沙草本植物主要包括沙竹、沙米。

沙竹为禾本科沙鞭属多年生草本植物，根状茎横走，秆直立，高 80～150 cm。主要分布在内蒙古阿拉善地区、伊盟以及巴盟一带的流动沙地。沙竹耐干旱，生长繁殖快，是一种优良的固沙植物。

沙米为一年生草本植物，高 20～100 cm。幼时全林密被分枝毛，后脱落。茎直立，坚硬，多分枝。沙米分枝多，生长在流动以及半固定沙丘上，为流沙地区的先锋固沙植物，在内蒙古伊盟和巴盟、甘肃河西走廊以及新疆等沙地均有分布。

2. 半灌木

半灌木是指外形类似灌木，但地上部分为一年生，越冬时枯萎死亡的木本植物，如金丝桃、黄芪和某些蒿类植物。植物治沙常用的半灌木主要包括籽蒿（白沙蒿）、油蒿（黑沙蒿）、差把戛蒿。

籽蒿为菊科蒿属，多年生半灌木，主根明显，入土 3 m 以上，侧根发达，密布在10～70 cm 沙层中。茎直立，基部粗壮，高 50～120 cm，主要分布在半荒漠地带的流动沙丘间低地。籽蒿的根系发达，枝条直立，在被流沙掩埋时能够发展为密集的植丛，在固结沙丘上生长并不旺盛，种子颗粒较大，含胶质，适于直播，能够与其他植物配合作为固沙植物的一部分。

油蒿高 50～70（100）cm，主茎不明显，多分枝。老枝外皮暗灰色或暗灰褐色，当年生枝条褐色至黑紫色，具纵条棱。主要分布在内蒙古、陕北、宁夏、甘肃民勤等沙漠地区的固定、半固定沙丘上。油蒿的根系萌枝能力较强，枝条遇沙埋能够生长出不定根，丛生性比籽蒿强；一般进行直播或割条、移株栽培；在鄂尔多斯沙区，为普遍采用的先锋固沙植物之一。

差把戛蒿主根粗大，深长，扎入地下 2～3 m，根皮灰色。茎直立，多分枝，高40～100 cm，无毛。主要分布在内蒙古东部小腾格里沙地以及辽宁吉林西部科尔沁沙地，一般生长在半固定沙丘上。其植丛呈匍匐状，枝条繁茂，根系发达，枝条遇湿沙能够发出不定根，不怕沙压，固沙作用较强；可以直播、扦插或植苗繁殖，成活率较高，属于一种优良的固沙植物。

3. 灌木

与半灌木不同，灌木最大的区别在于其为多年生，灌木指那些没有明显的主干、呈丛生状态比较矮小的木本植物。一般为阔叶植物，也有一些针叶植物是灌木，如刺柏。如果越冬时地面部分枯死，但根部仍然存活，第二年继续萌生新枝，则称为“半灌木”。如一些蒿类植物，也是多年生木本植物，但冬季枯死。用于植物治沙的灌木主要有梭梭树、花棒、锦鸡儿（柠条）、红柳（柽柳）、毛柳、沙拐枣。

梭梭树属藜科植物，为超旱生小乔木，呈高大灌木状，植物高度一般在 1～4 m，个别植物可高达 8～10 m，又称盐木、琐琐树。是铁路沿线植物治沙最常采用的治沙植物，主要分布于内蒙古西部、新疆准噶尔盆地和塔里木盆地沙漠。梭梭树属于一种大型灌木，分枝较多，主根粗壮；耐盐、旱、高温，最能够适用于干旱气候条件。梭梭树固沙作用较强，又分为梭梭柴以及白梭梭两类，适宜用于防沙林带以及沙丘造林。

花棒又名细枝岩黄耆、花子柴、花大姐、花柴、花秧子、花帽和牛尾梢等，为豆科蝶形花亚科岩黄耆属落叶大灌木。主要分布于腾格里沙漠、巴丹吉林沙漠以及河西走廊沙地均有分布。花棒的根系发达、生长迅速、耐沙压；种子的发芽率较高保存期较长，是固定流沙的重要先锋植物，直播和植苗造林均可。

柠条又称为锦鸡儿，属豆科锦鸡儿属，又叫毛条、白柠条，落叶大灌木饲用植物，根系极为发达，主根入土深，株高为 40～70 cm，最高可达 2 m 左右。在干草原沙区为小叶灌木，在荒漠沙区为柠条，天然分布较广。柠条的枝条较密丛生性很强，根系发达；耐旱，土壤条件适应能力较强，耐风蚀，不怕沙埋，为固定流沙的优良树种。

红柳又称为柽柳，属灌木或小乔木，高 1～6 m，枝条细瘦，红棕色，叶披针形、长 2～5 cm。在我国沙漠地区均有分布，大多生长在沙漠边缘河流沿岸和沙漠内部的低湿地，形成红柳沙堆。红柳耐旱、耐盐，不怕沙压。种类较多其中沙生红柳属于大灌木，为塔克拉玛干沙漠流动沙丘上优良的固沙植物，适用于水分条件较好的沙地以及岩土沙地。

毛柳主要包括黄柳、沙柳、蒙古柳以及小红柳等多个品种，在东部干草原沙区有天然分布，荒漠沙区可以引种。毛柳根系发达，可以水平生长至侧向 20 m 以外，萌发力较强，不怕沙埋，且越埋越旺，在流动沙丘可以形成大型灌木丛，一般采用扦插栽植，属于优良的固沙灌木，适于与乔木混合种植营造防沙林带。

沙拐枣为蓼科灌木。沙拐枣属的植物均为固沙造林先锋树种，高 50～150 cm。分枝短，开展，老枝灰白色，一年生枝草质，绿色。在我国沙区有天然分布，大多生长在固定以及半固定沙地上。其特点为耐旱，有水平和垂直根系，但叶小枝稀，防风能力不强，适宜与其他固沙植物共同作用作为先锋植物。

4. 乔木

乔木是植物治沙工程中常用的阻沙植物，由于其高大的树形以及发育密集的树冠能够有效降低风速，阻挡风沙流，因此在有条件的地区广泛采用，但由于乔木的生长周期漫长，初期幼苗生命力脆弱，因此乔木的种植和培育相对于灌木类治沙植物更加困难和漫长。常用的治沙乔木有沙枣、胡杨、小叶杨、旱柳、樟子松（油松）。

沙枣又名银柳、银柳胡颓子、桂香柳、香柳。落叶灌木或小乔木，高 5～10 m。在甘肃省的额济纳河两岸有大面积的天然林，在鄂尔多斯以西的广大西北地区普遍栽培。沙枣耐干旱、盐碱，枝叶繁茂，根系发达；根系部分有根瘤，能够改善土壤，生长迅速，可播种或扦插种植，果实可供食用，用于营造防沙林以及护田林。

胡杨是新疆地区一种分布广泛的景观类植物，是落叶中型天然乔木，直径可达 1.5 m，木质纤细柔软，树叶阔大清香。胡杨树龄可达 200 年，树干通直，高 10～15 m，稀灌木状。广泛分布于塔克拉玛干沙漠沿岸，在阿拉善地区的各沙漠及河西走廊也均有分布。胡杨的根系生长能力较强，耐盐碱，不怕沙埋，一般采用播种繁殖，在水土条件较好的地区适宜用于营造防沙林以及护田林。

小叶杨别名南京白杨，河南杨、明杨、青杨。为落叶乔木，高达 20 m，胸径 50 cm 以上。树皮呈筒状，厚 1～3 mm，幼树皮灰绿色，表面有圆形皮孔及纵纹，偶见枝痕；老皮色较暗，表面粗糙，有粗大的沟状裂隙。在我国的沙区均有栽培，规模在科尔沁沙地不及小青杨，在河西走廊不及二百杨，小叶杨耐旱、耐贫瘠，在水土条件较好的地方能够迅速生长，耐沙埋，易生不定根，播种和扦插种植均可，为沙漠地区主要的造林树种之一。

旱柳为落叶乔木，高达 18 m，胸径达 80 cm，为杨柳科、柳属乔木。大枝斜上，树冠广圆形，树皮暗灰黑色，纵裂，枝直立或斜展，褐黄绿色，后变褐色，无毛，幼枝有毛，芽褐色，微有毛。喜阳光耐寒冷干旱植物。在毛乌素沙漠以及乌兰布和沙漠有大片的人工种植林用于风沙防治。旱柳的沙地适应性以及萌枝能力较强，一般采用扦插种植，为主要的高秆造林树种，适宜与防沙林和护田林。

樟子松又称为油松，为常绿乔木，高 15～25 m，最高达 30 m，树冠椭圆形或圆锥形。树干挺直，3～4 m 以下的树皮黑褐色，鳞状深裂，叶两针一束，刚硬，常稍扭曲，先端尖。林木生长较快，材质好，适应性强。樟子松在黑龙江呼伦贝尔沙地有大面积的天然林，在东部干草原沙地有残留的天然油松林，属于常绿高大型乔木，耐寒旱，土壤适应能力较强。在科尔沁沙地以及毛乌素沙地引种这两种松树，能够很好地生长，一般需要 1～2 年生苗木进行栽培。

图 6.134

沙枣

胡杨

樟子松

图 6.134 常见治沙植物

6.5.2.2 灌溉方式的确定

采用营造防沙林带的方式进行植物固沙，除了要摸清各种治沙植物的生长习性外，在进行植物固沙工程开展以及后期的维护过程中必须保证其生长环境的稳定可靠，其中非常重要的一环就是对于灌溉方式的选择，灌溉工作是保障治沙植物持续生长以及有效繁殖的重要前提（如图 6.135 所示）。沙漠地区气候干旱，虽然在植物治沙工程中所选用的治沙植物都以耐旱性植物为主，但大部分治沙植物仅靠自然降水无法维持其在生长过程的需水量，尤其是在植物生长的幼苗期，幼苗期的植物根系短小，无法获取土壤深层的水分，采用合理的灌溉方式能够保证治沙植物在幼苗期的生长以及后期的防风固沙作用发挥（如图 6.136 所示）。沙漠地区普遍干旱缺水，灌溉工作成为沙漠地区植物治沙工程实践中的重要任务之一。

图 6.135 治沙植物的灌溉工作

图 6.136 采用滴灌方式对治沙植物进行灌溉

目前植物的灌溉方式主要分为渠道自流与压力管道灌溉两大类，而这两类又根据水流的出流形式不同分为各种类型，见表 6.9。

表 6.9 灌溉技术分类

渠道自流灌溉			压力管道灌溉			
大田漫灌	畦灌	沟灌	软管灌	喷灌	滴灌	渗灌

渠道自流灌溉是南方地区、新疆绿洲地区早期广泛采用的灌溉方式，主要用于大规模的农业种植物的生长需水供给，但这种灌溉方式并不能在植物治沙工程中广泛推

广，其原因在于渠道自流方式下水资源的流失非常严重，渠道自流方式在流动过程中的蒸发、下渗等易造成沙漠干旱地区的水资源大量浪费。因此在植物治沙工程中普遍采用压力管道类型的灌溉方式。压力管道灌溉方式又根据水的出流方式分为软管灌、喷灌、滴灌、渗灌。而在压力管道灌溉当中，喷灌、滴灌等又根据不同的分类标准进一步进行了分类。其中喷灌的分类方式较多，见表 6.10。

表 6.10 喷灌及滴灌分类表

<table>
<tr><th>分类标准</th><th>移动性</th><th>是否自动化</th><th>水压大小</th><th>供水方式</th><th>供水强度</th><th>浸润面积</th><th>自动化能力</th></tr>
<tr><td rowspan="4">类别</td><td rowspan="2">固定式喷灌</td><td rowspan="2">机械定时喷灌</td><td>低压喷灌</td><td>蓄水箱喷灌</td><td rowspan="2">微喷</td><td rowspan="2">全面滴灌</td><td>定时滴灌</td></tr>
<tr><td>普通压喷灌</td><td>高压箱喷灌</td><td>自净自控脉冲式滴灌</td></tr>
<tr><td>半固定式喷灌</td><td rowspan="2">自动控制喷灌</td><td>中压喷灌</td><td rowspan="2">井压式</td><td rowspan="2">雾喷</td><td rowspan="2">局部滴灌</td><td rowspan="2">计算机控制</td></tr>
<tr><td>流动式喷灌</td><td>高压喷灌</td></tr>
</table>

喷灌是在地面自流式灌溉技术上发展而来的一种现代化灌溉方式，喷灌的灌溉效率较高，对于水资源的利用率也较高。由于避免了大量的水分在短时间的下渗，相对于地面自流灌溉减小了土壤的次生盐渍化，另一方面，由于喷灌的控制性以及机械性较强，能够根据不同治沙植物的需求以及土质情况来设计灌溉强度，但喷灌需要持续的能量输入，需要安装大功率的水泵等输配水设施，同时还需要长期的人工维护、管理，因此喷灌相对于地面自流式灌溉其造价与投入较高。

滴灌与渗灌是在前两种灌溉方式的基础上发展而来的更为先进的灌溉方式。由于其水流出流的形式更为精确、可控，常与计算机控制系统相结合，达到针对不同治沙植物以及土质类型而精准设计的灌溉制度，同时能够实现针对蒸发率较高的沙漠地区进行节水设计。滴灌、渗灌能够在保证植物根部土壤湿润的前提下减小蒸发量，同时还能够通过在灌溉用水中添加药剂、营养成分的方式来提高治沙植物的存活率并减少虫害。滴灌、渗灌可控性更高，供水更精确，但随之而来的人力、物力成本消耗也更高，同时对于滴灌、渗灌设备的安装、维护也需要投入大量的人力成本。

在选择灌溉方式时，应当根据每种方式的特点以及当地的自然条件，尤其是经济技术条件进行综合考量，因地制宜地进行选择设计。

灌溉方式的选择只是灌溉工作开展的第一步，在确定了灌溉方式之后还需要对灌溉强度进行设计，一般包括灌溉时长、灌溉频率等方面的设计，这些灌溉强度参数的确定必须探明不同治沙植物对于水分的需求量，即水分与固沙植物之间的对应关系。沙生植物对于水分的需求量不像普通植物那么强烈，若对其采用普通农作物的灌溉强度，会产生相反的效果。

水是植物生长、代谢的基础，土壤中的养分必须通过水才能被植物吸收，水分使植物能够进行光合作用并与周围环境进行相互作用，同时还保证了植物的温度恒定，柠条、花棒等治沙植物就是通过蒸腾作用来调节自身体温，从而适应沙漠地区的高温环境。植物对于水分的吸收能力有限，对于某些养分的需求也并不是越多越好，土壤中水分过多时会造成植物的根系缺氧，甚至窒息死亡。对于沙生植物，水分过多甚至会引起烂根等病害，正因为此，滴灌、渗灌在沙漠地区的植物治沙工程当中被广泛采用，而喷灌与地面自流灌溉方式却因在治沙植物工程实施所遇到的种种制约而被弃用。

在沙漠地区，经过长期的淘汰、遴选与进化，沙生植物自身形成了一种抗干旱生态系统。这些植物具有较强的干旱地区适应能力，普遍具有根系发达的共同特点，能够获取更深地层处的水分，对于人工额外提供的水分需求量较小。沙层含水率维持在2%～3%则可满足一般的沙生植物的生长需求，但对于成片的固沙植物却显得极为不足。当沙漠地区地下水位较低时，沙生植物的根系难以有效利用地下水维持生存，因此在这些地区营造治沙植物林带必须施做灌溉工程。

灌溉强度的标准一般受灌溉定额决定，在研究灌溉制度时，需要根据每一种沙生植物的抗旱能力设计灌水定额，尽可能地保证水资源的合理利用。灌溉林带中，一般树种根系密集分布多在 1 m 的沙层范围内，因此浸润层深度可以选取 1 m，灌水定额的计算如下所示。

$$M=667H\gamma(\beta_{\max}-\beta_H) \tag{6.15}$$

式中 M——灌水定额，m^3/亩；

H——计划浸润深度，m；

γ——土壤密度，t/m^3；

$\beta_{\max}$——田间最大持水量（占干土重百分比）；

β_H——灌水前浸润层内沙丘实际含水量（占干土重百分比）。

灌水定额决定了一次灌溉的灌水强度，其值越大，则水分下渗的深度以及速度也相对较大。而同一灌水定额下，灌溉频率越高，水分下渗深度以及下渗速度也越大。这种现象的主要原因是前后灌水总量的变化决定了水分在土壤中的渗流速度，土壤中水分较多时则水分的浸润速度也较快，但当土壤中的水分过多，甚至超过土体本身的持水能力之后，则继续灌溉的水分将会快速下渗至深层土层，成为无效水分。灌溉定额与土质类型密切相关，具体体现在计算公式的最大持水量以及土壤容重两个参数当中，砂性土渗透能力较强，持水能力则较弱，因此灌水定额较小，过大的灌溉量只会造成水资源浪费而对沙生植物的生长没有好处。

6.5.2.3 盐碱水淡化技术在植物治沙工程中的应用

植物治沙工程实施最关键的环节就是在植物的生长期给予必要的水分补给。在沙漠地区由于地表无覆盖物，蒸发量大于降雨量，地下水多为矿化度较高的盐碱水。治沙植物多为抗旱耐盐植物，低矿化度的地下水对于部分治沙植物可作为补给水源，当地下水矿化度超过一定浓度后，大部分治沙植物都无法将其作为补给水源直接利用，因此采用盐碱水淡化技术对沙漠地区的地下水进行水盐分离、降低矿化度是沙漠地区进行植物治沙工程实践的一个新的研究方向（如图 6.137、图 6.138 所示）。

库格铁路地处塔克拉玛干沙漠东缘，沿线地表水匮乏，地下水矿化度较高，地下水可取但却无法直接用于治沙植物的灌溉，防沙研究人员集合物理、化学、环境、材料、农学等学科知识，研究新型的水盐分离技术，通过深入研究现行的膜法、热法技术体系，分析评估反渗透、正渗透、电渗析、电解、离子交换等现有技术，摸索出以SiC为主的新型大通量极低功耗的淡化技术体系（图6.139），提出“水盐分离的基础理论—i＊SNF多梯度微纳环境中水盐自然分离理论”，基于该理论制备出“水盐分离的特殊材料—i＊SNFSiC＋CNTs/Graphene”，并利用声波驱动浓水雾化蒸发固盐及多孔介质吸附卤水烧结固盐等技术实现了盐碱水的淡化处理，同时实现了处理过程的零排放标准。

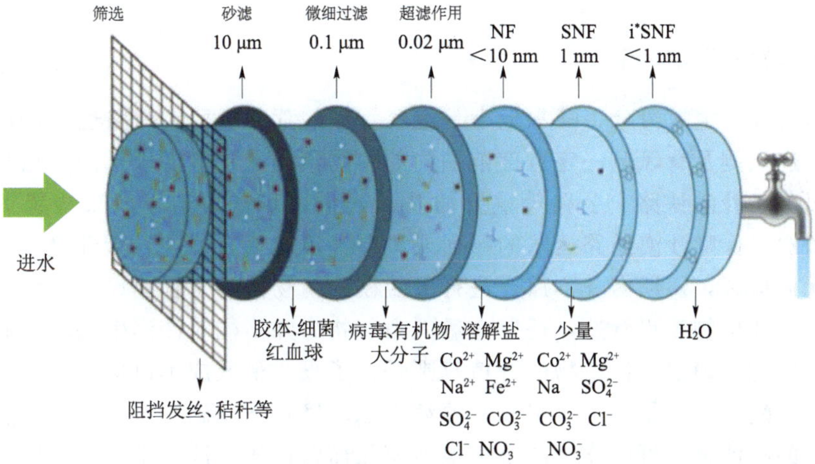

图6.137 高浓度盐碱水水盐分离膜（i＊SNF）技术示意图

图6.138 库格铁路沿线的风光互补离网技术

盐碱水淡化系统属于高科技设备，需要有电源提供动力，同时需要有专业人员实施操作和长期维护管理。通过不断的现场测试与调整，库格沿线的科研人员解决了淡化系统遇到供电不足、井水水质指标不稳定、动力金属部件盐蚀严重、供水水量与理化指标不稳定等方面的技术问题，使大通量淡化产水、低功耗经济运行、筛选稳定脱盐、生态高效零排（固盐）、安全稳定运行等方面都在测试及日常运行中得到实现，并有望通过后期的不断优化改进，使该项技术在沙漠地区植物治沙工程领域大面积推广。

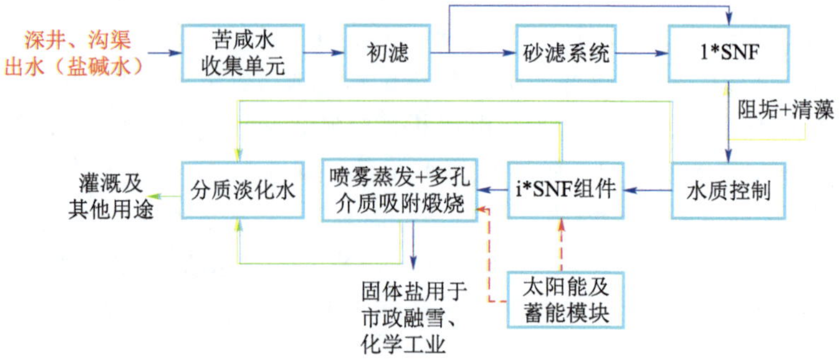

图 6.139 盐水淡化系统设计路线图

6.5.2.4 造林密度的确定

沙漠通常为植被稀疏、降水量小、空气干燥的荒芜地区，铁路途径沙漠时仅对铁路沿线迎风侧及背风侧一定宽度范围内的植物治沙工程有需求，因此植物治沙工程主要服务于沙漠铁路、公路等重要的基础建设区域或营造于城市边缘的防风林带，目的在于保障沙漠道路运输的畅通或改善沙漠地区人民的生活环境。对于沙漠广阔的无人地区，短期内并不需要进行大规模的植物治沙工程建设，在无人区进行大面积的治沙植物工程营造，耗费大量人力、物力并不能对沙漠生态环境起到较好的改善。因此，确定治沙植物的种植范围是为了投入最低成本以抑制交通运输线路周边的风沙病害，也是为进一步改善沙漠生态环境打下基础。城市外围以及铁路沿线及周边的防沙林带可以作为减小土地沙漠化而营造的固沙林带起点，以这些地区的植物治沙工程开始逐步向沙漠腹地层层推进，缩减沙漠地区的分布或降低土地沙漠化的速度。

衡量治沙植物种植规模的重要指标是造林密度。造林密度用于衡量种植密度对治沙植物的树冠、胸径、树高以及根系生长的影响。同时造林密度还与水分密切相关，当造林密度较大时，对于水分的需求量则较大，在治沙植物生长旺盛的季节，其密集的根系所分布的土层当中的含水率以及此时植物的需水量则决定了造林密度的大小。沙层的有效含水量计算公式如下：

$$V=体积\times容重\times[含水量(\%)-凋萎系数(\%)] \tag{6.16}$$

式中　V——沙层（植物根系密集分布的土层）的有效含水量，g；

体积——植物根系密集分布层的体积，其值为面积×根系密度×分布层深度，cm^3；

容重——沙土容重为 1.57；

含水率——根系密集分布层平均含水率，%；

凋萎系数——植物凋萎时的土壤含水率，%，沙土一般为 0.6%。

其中，植物的需水量通过计算植物从生长旺季到雨季来临时这一时间段内的蒸腾强度，求出一株植物的耗水量，通过一定面积沙层中的有效含水量以及一株植物在干旱期的需水量，则可以计算出一株植物所需的营养面积和密度，进而再通过调查现有的人工林带在不同密度下的生长状况来确定合理的造林密度。造林密度设置过大则会导致单位面积的土壤内养分不足，植物生长不好，而当造林密度设置过小，导致植物之间距离过大，则固沙植物的防风固沙作用难以发挥。

6.5.2.5 林带结构的设计

林带的结构特征关系到植物治沙工程的防风控沙效应是否能够正常地发挥。紧密的林带结构的防风控沙效应与挡沙墙等机械式防沙工程措施类似，其透风能力较弱，能够影响风沙流的运动轨迹，因此在林带边缘容易产生回旋气流并形成沙堆。稀疏林带结构与紧密林带结构相反，具有较好的透风能力，能够在一定程度上分散、过滤气流，即风沙流在通过稀疏林带时由于风速下降导致流沙卸载至林带内部。高大的阻沙林带由于其树冠较大，其起到的作用与稀疏林带类似，能够阻挡树冠高度处的气流但近地表的气流往往能够从底部通过，因此适用于布置在植物治沙工程的迎风前侧，用于降低气流流速，但挡沙效果并不明显。低矮的灌木以及草本固沙植物则对于增大地表粗糙程度有较明显的效果，不仅能够降低近地表的风速，拦截近地表风沙流中的沙粒，还能够较好地固定沙土表面使之快速土壤化。

铁路沿线植物治沙工程中合理的林带结构应为紧密林带与稀疏式林带相结合的模式，同时兼顾高大林带与低矮林带相结合（如图 6.140、图 6.141 所示）。具体体现在靠近线路内侧处尽量采用紧密林带以及低矮的灌木类林带，外侧则采用稀疏式林带、高大的林带。如此布置一方面是能够在风沙流接近线路时首先受到稀疏林带、高大林带的阻挡作用而降低风速，使过境风沙流中的沙粒卸载在远离线路的稀疏林带内部，在接近线路附近的紧密林带、低矮林带阻挡作用下，地表风速进一步降低，沙粒下落至紧密林带的外围。在必要情况下还可以在稀疏林带外围种植贴地的草本植物，主要目的是为了达到固定沙土表面的作用，从而能够在一定程度上截断沙源，防治就地起沙形成的风沙流。在外围稀疏、高大林带阻挡过境风沙流与内侧紧密、低矮林带固定地表沙源的双重作用下，线路范围内风速较低且不含沙粒物质。

图 6.140 草本—灌木—乔木结构

图 6.141 草本—乔木结构

林带结构设计除了林种以及不同治沙植物类型之间的搭配，还包括植株间距、不同治沙林带的间距以及植物治沙带宽度的确定等各项内容。植株之间的距离主要体现在造林密度。造林密度的大小由当地水源条件以及灌溉强度决定，而其又作用于过境风沙流，密集的防风林带必定对于气流的扰动作用更大，对沙粒的截留作用更加有效，但为了保障植物治沙工程长久有效、可持续作用，林带密度又不适宜过大。根据造林密度对于风沙流的作用效果，即林带对于气流的通透能力（透风系数），将治沙林带划分为紧密结构、通风结构、系数结构。不同林带密度的选择根据具体治沙工程所采用的治沙植物林带的搭配情况以及当地的沙漠地貌与沙害特征选用。

6.5.2.6 种植技术要点

经过多年的沙漠地区种植试验，沙漠地区固沙林带的种植方法已经日渐成熟，主要的造林方法根据有无灌溉条件分为非灌溉造林与灌溉造林两类，其中非灌溉条件下的造林成活率不及灌溉条件下的造林成活率，但由于其消耗的资源数量较少而被广泛采用。

沙漠地区的流沙表面由于常年遭受风蚀或风积，沙质土壤疏松，造成植物的立地条件较差，在非灌溉条件下进行治沙植物的种植周期较长。但若能够保证沙土的含水率在2%～3%，并选择合适的治沙植物并进行科学合理栽培与养护，治沙植物的成活率较为显著。在沙漠地区造林应当首先在立地条件较好的位置种植存活率较高的低矮植物，待种植环境得到改善之后再栽种种植难度较大的大型植物。

不同的治沙植物其生长特性也有所不同，因此针对不同生长习性的治沙植物可采用对应的种植方式。将树苗培育成实生苗、插条，从野外直接移植实生苗栽种到沙地上的种植方式叫作植苗，直接将枝条栽到沙地上的方式叫扦插，扦插又分为插条、压条、埋干三种。

植苗过程中由于其根系较弱甚至没有成根，因此在种植过程中保持沙地的水分非常必要，同时还需要保证植物的立地能力，因此尽量深栽，同时用湿沙回填轻微压实，深度一般超过根际层3～5 cm，为了保证植物根部能够顺利舒展，在湿沙回填至一半时需要将植物稍微上提然后再继续完成回填工作。造林初期，由于植物的立地能力不强，因此设置人工的挡风挡沙措施显得尤为必要。同时由于苗圃栽种初期根系较弱，对于水分的吸收能力不足，为了避免苗圃的枝叶产生大量的蒸腾，导致植物内部水分吸收消耗的不平衡，一般会在栽种之前剪去部分枝叶，这种技术理论在国外的旱区造林受到一定的重视并得到采用，即考察地上部分的植物与地下的根系之比，当比值较大时则植物吸收的水分会少于枝叶的消耗，当比值较小时则吸收的水分大于上部消耗，植物能够更好地生长，但过度追求减小比值会导致地上部分的组织过少、植物生长缓慢、生命力脆弱等问题。

直接通过播种培育治沙植物的种植方式称为直播，播种时可以按照种子的颗粒大小选择穴播、条播、撒播等不同方式。直播种植的方式具有周期较长、操作简便、成本较低的特点。播种时应当选择颗粒饱满的种子并用温水适当浸泡从而缩短萌芽周期，在必要的情况下还应当用农药进行适当的浸泡以达到具备抵御虫害的免疫力，播种深度根据不同的植物的种子进行试验确定，播种的时间适宜选在雨季过后，沙土当中的含水率较高以满足种子萌芽所需要的水分。

当营造防沙林带地区的周围存在水源时，则可以利用灌溉设施进行灌溉造林，在流沙地区首先通过铺设引水管道、设置草方格等工程措施固定流沙，然后在此基础上进行防风林带的营造。根据前人研究，植物在沙地生长最适宜的含水量约为田间持水量的80%，由于灌溉强度随气温、日照强度等因素的影响，为了将沙土内的含水率控制在田间持水量的60%～80%，则一年中5～9月的各月灌水间隔天数可参考表6.11确定。

表 6.11 幼林灌溉时间间隔表

沙层含水量与田间持水量之比（%）	一年中各月的灌水间隔天数				
	5 月	6 月	7 月	8 月	9 月
60	12	11	10	10	16
70	8	6	5	5	9
80	5	4	3	3	6

灌溉造林常用的灌溉方式为喷灌，喷灌较渠道自流灌溉在一定程度上节约了水源，也减少人力、物力的投入。随着我国种植与灌溉技术的发展，以及铁路风沙防治工程中对植物治沙手段的需求增大，渗灌、滴灌在植物治沙工程中得到了广泛的推广使用。

6.6 铁路风沙防治工程体系

铁路沿线风沙防治工程体系是指由各种沙障联合组配构成的平面区域内的工程控沙系统（如图 6.142 所示），其最终目的是保护工程体系内的铁路路基不受风沙侵蚀。根据前期风沙要素调查，查明沿线风况与风沙来源，利用勘察手段摸清各类治沙措施的立地工程地质与水文地质条件，明确风沙灾害是过境风沙流还是就地起沙形成的沙害，有针对性地构建工程控沙系统。防沙体系主要由机械式阻固沙障、植物治沙措施、化学治沙措施进行有机结合，形成相互联系、互为补充的联合系统。

图 6.142 库格铁路沿线风沙防治工程体系

机械式沙障的布置在任何条件下都可以，但植物治沙需要较为苛刻的立地条件，水文地质条件差则形成不了有效的灌溉条件，沙生植物难以存活，植物治沙措施的实施也就无从谈起。因此，从能够形成有效灌溉条件角度出发，铁路沿线沙害治理的工程防沙体系可分为单纯机械式治沙工程体系、机械式＋植物治沙以机械式治沙为主的防沙体系、机械式＋植物治沙以植物治沙工程为主的防沙体系、单纯植物治沙工程体系。

6.6.1 单纯机械式沙障组合的工程防沙体系

在水文地质条件极差，形成不了有效灌溉条件的铁路沿线只能采取各种机械式沙障组合形成防沙体系进行沙害治理。荒漠地区的青藏铁路伏沙梁段、戈壁地区的兰新高铁百里风区段、哈罗铁路沿线等都是采用以机械式沙障为主的工程防沙体系。

单纯机械式沙障组合的工程防沙体系（如图 6.143 所示），根据沿线风速、风力等风况要素以及沙源特点采用阻沙＋固沙即阻固结合的体系，进一步根据沙源特点，确定是以阻或以固为主，形成阻固结合以阻为主、阻固结合以固为主的工程防沙体系。

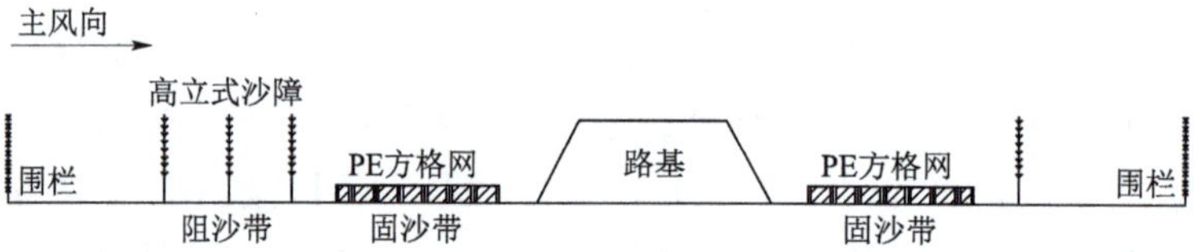

图 6.143 单纯性机械式沙障组成的工程防沙体系

在无灌溉条件下，以阻为主的机械式工程防沙体系，防沙成败在于阻沙带的设置，包括阻沙带的带宽、阻沙带距离路基的宽度，而这些参数的确定又依赖于沿线输沙量的确定。通常阻沙带宽度在迎风侧 100～500 m，背风侧 30～80 m，如果是较强的单向风，背风侧可继续减弱布置防沙工程。阻沙带由多道高立式阻沙沙障组成，根据迎风侧风向的摆动特征，在平面上可以以折线型布置，但总体走向仍与线路平行。迎风侧首道高立式阻沙沙障与后续阻沙沙障之间预留一定宽度的积沙区，以截留大部分过境风沙流为目的，积沙带后继续设置多道阻沙沙障，以达到全面截留过境风沙流，阻沙带之后为固沙沙障地带，固沙沙障平面布置，以截留少部分过境风沙流及防治就地起沙为目的。

随着前沿阻沙沙障之间形成带的控沙带积沙增多，沙障有功能失效之时，因此，预留足够宽度的目的是在前期沙障失效后，在原位继续布置高立式沙障，沙障之间形成高大沙梁（沙丘），沙梁高度越大，移动速度越慢，高大沙梁形成后，沙梁表面采用固沙措施固定。

6.6.2 机械式＋植物治沙以机械式为主的工程防沙体系

将采用以机械式＋植物治沙措施进行治沙的工程防沙体系，按照各类沙障发挥控沙贡献的多少分类，当机械式沙障承担主要防沙任务时，称之为机械式＋植物治沙以机械式为主的工程防沙体系（如图 6.144 所示），诸如在临策铁路沿线的许多地段，水文地质条件接近有效灌溉条件的临界值，仅能保证少量沙生植物生长，大量人工防沙植物的生长环境脆弱，成活率低，难以形成有效的防沙屏障。

另外，即使是植物防沙措施能够有效发挥的地段，沙生植物形成有效覆盖面积也需要很长的时间，在植物防沙措施尚未发挥作用阶段，初期仍以机械式为主。

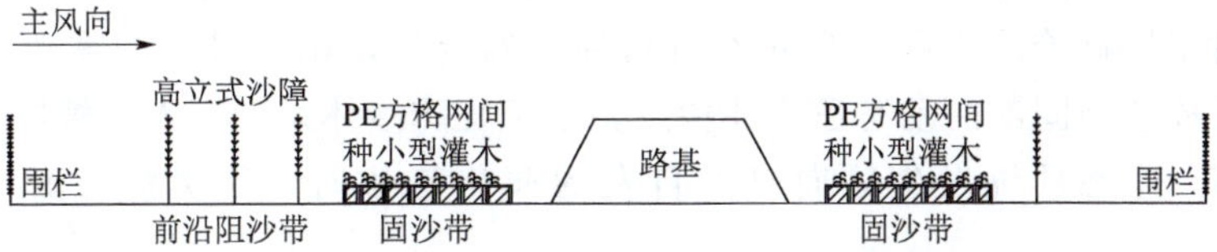

图 6.144 机械式＋植物治沙以机械式为主工程防沙体系

6.6.3 机械式＋植物治沙以植物为主的工程防沙体系

在具备沙生植物生长的铁路沿线荒漠带，可以采用以植物治沙为主的工程防沙体系，但植物的生长及适应需要较长的时间，在沙生植物处于脆弱的生长阶段，需要机械式沙障的保护，将高立式阻沙沙障以及低立式方格固沙沙障设置在植物固沙带的前缘，阻拦过境流沙，固定铁路两侧流沙，防止固沙区前缘流沙入侵，保证人工植被能逐渐建立，或天然植被逐渐恢复。机械式＋植物式治沙以植物治沙为主的工程防沙体系（如图 6.145 所示），按照线路两侧最前沿为不少于两道的高立式阻沙沙障，之后依次衔接草障植物带、造林带等植物固沙措施，包兰铁路沙坡头段前期就是这种治沙模式。

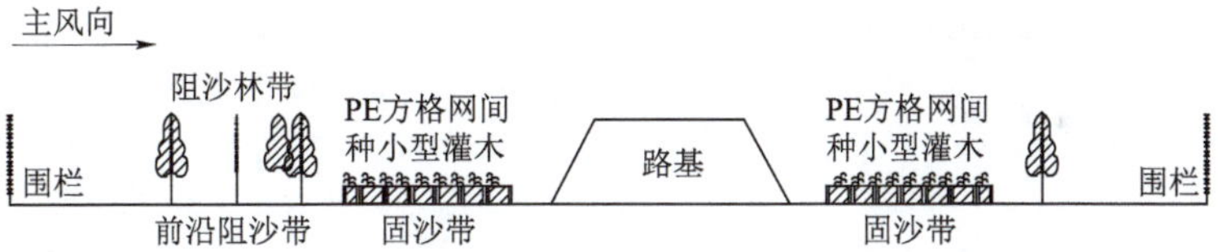

图 6.145 机械式＋植物治沙以植物为主工程防沙体系

6.6.4 单纯植物治沙措施工程防沙体系

在水文地质条件良好，有效灌溉条件成熟的铁路沿线地段，采用单纯植物治沙措施组配构成的工程防沙体系，此时虽然仍需要高立式沙障或方格固沙沙障在迎风侧前沿阻挡来沙，但主体防沙是由植物治沙措施构成，在铁路沿线按照乔、灌、草的有机组配，有序衔接形成多带一体的防护体系，如图 6.146 所示。

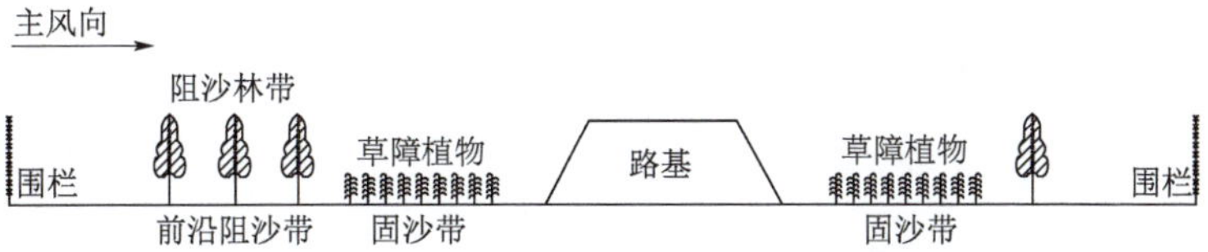

图 6.146 单纯性植物治沙工程防沙体系

6.6.5 工程防沙体系的设计要素

在全面摸清各种单体机械式沙障的防沙功效，同时对植物治沙工程中的沙生植物立地条件有所了解后，要对工程防沙体系中各种沙障之间的宽度、配置模式等体系要素进行设计参数确定。机械式沙障针对过境风沙流或前沿移动沙丘而设立，若以截留过境风沙流为目的，则高立式沙障之间预留宽度应根据年单宽输沙量、沙障设计使用年限来确定，若以阻滞沙丘移动为目的，则根据沙丘年移动速率、铁路设计使用年限来确定。对于植物治沙工程，当固沙植物种类确定后，植物种之间需要进行合理配置，充分发挥植物固沙的动态适应性特点。当工程防沙体系中的人工植被逐渐被天然植被所代替，生态系统发生倾向自然自发的演化趋势时，证明植物治沙措施得当有效。

铁路沿线的工程防沙体系随着机械式沙障功能消退、来流积沙、固沙体系内沙土变化、生物植物群落组成，工程防沙体系也随着发生变化，无论哪种组配模式下的工程防沙体系，都是以“多带一体”的模式构成，带是指工程体系中的单体沙障单元形成的道或空隙间距，体是指多种沙障单元或植物群落相互联系、互为补充形成不可或缺的整体。

7　铁路风沙防治工程案例

我国沙漠、戈壁地貌分布广阔，铁路建设不可避免地通过这些地区，风沙流过境后，积沙掩埋线路导致运输中断、堆积在道岔等轨道设备内的积沙危及行车安全，强风携裹砂砾磨蚀设备增加了故障率，风积沙阻塞涵洞引发洪水等次生灾害。总之，风沙流给铁路建设和长期运营带来严重危害，如何在沙漠、戈壁地区建设铁路一直是铁路行业的重要课题。

自 20 世纪 50 年代起，我国在沙漠、戈壁地区相继修建了包兰、兰新、干武、乌吉、集二等多条线路，拉开了铁路人与沙漠斗争的序幕。随着“西部大开发”战略的实施，国家加大了西部地区铁路建设力度，一批高等级、长大干线陆续建成，如全长为 1 786 km、设计速度为 250 km/h、铺设无砟轨道的兰新第二双线；全长为 1 956 km、设计速度为 160 km/h 的被称为“天路”的青藏铁路；全长为 1 446 km、设计速度为 160 km/h 的南疆铁路（乌鲁木齐至喀什）；全长为 1 214 km、设计速度为 120 km/h 的库格铁路（库尔勒至格尔木）；全长为 878 km、设计速度为 120 km/h 的和若铁路（和田至若羌）；全长为 373.8 km、设计速度为 120 km/h 的哈罗铁路（哈密至罗布泊）；全长为 617 km、设计速度为 120 km/h 的敦格铁路；全长为 644 km、设计速度为 120 km/h 的额哈铁路（额济纳至哈密）；全长为 768 km、设计速度为 120 km/h 的临策铁路（临河至策克）。

从线路途经地区的地形地貌类型来看，以上这些重大铁路干线，部分或全部通过沙漠和戈壁地区。如环绕中国最大的沙漠——塔克拉玛干沙漠的南疆铁路、喀和铁路、和若铁路以及库格铁路，穿越了乌兰布和、亚玛雷克、巴丹吉林三大沙漠的临策铁路，均受到风沙流的严重危害，挺进“死亡之海”罗布泊的哈罗铁路更是与风沙正面遭遇。

在沙漠地区铁路的建设中，工程技术人员根据风沙活动特征及工程所在地的自然环境、建筑材料等特点因地制宜进行探索研究，总结出独特且卓有成效的风沙防治手段与措施，减少和控制了沙害对铁路的影响，保障了铁路的正常运营。目前我国铁路的总运营里程位居世界第二，高速铁路运营里程位居世界第一，铁路风沙防治工程与我国铁路的领先地位相匹配，我国风沙地区铁路建造技术处于世界领先水平。

铁路风沙防治工程领域内所取得的成绩是我国铁路科研和工程技术人员在长期与风沙灾害斗争的实践中逐步积累起来的。20 世纪 50 年代，中国社会生产力水平较低，整个国家以农业为主，铁路科研人员通过艰苦的野外调查，认识了风沙运动规律，并发明了神奇的“草方格”，充分利用秸秆、稻草、麦草、芦苇、树枝等廉价的农村自产材料扎成方格，有效的抵抗风沙侵袭，这一看似简单的做法，树立了中国治沙工程的里程碑。包兰铁路沙坡头采用这一技术构建的风沙防治工程体系大获成功，以极低的成本解决了风沙侵袭铁路的难题，并因此获得了1998年度“国家科技进步特等奖”和“联合国全球环境保护500佳先进单位”的称号。

随着材料科学的快速发展，防沙材料由秸秆逐步向PE、HDPE类材料过渡，这些材料价格低廉、供应充足、施工方便，为防沙工程提供了更多的选择。伴随着我国生态环境战略的实施，西部地区整体环境在改善，铁路工程也受益良多，盐碱水淡化、节水灌溉、科学造林技术取得重大进步，生物治沙技术逐步在风沙地区铁路沿线得以应用和推广，具备造林条件的地段优先采用植物治沙，构建风沙防护林带，既从根本上改善了铁路周边的风沙环境，也克服了工程治沙需要持续投入的弊端，是一种最为有效的防沙、治沙手段。

治沙、防沙不仅是铁路的工程技术问题，也是居住在沙漠和戈壁地区亿万人民的日常大事，成为全社会的关注焦点。“蚂蚁森林”等大型公益活动把越来越多的远离沙漠的人带入沙漠治理活动中，随着社会力量、资本的广泛参与和科技进步，各种治沙工艺、材料和机械设备陆续涌现，必将大幅度提高人类对环境的友好，提高人类对抗沙漠的能力。除了外部治理，风沙地区铁路运营维护部门也积极研发大型清沙设备，实现快速清理轨道附近积沙的功能，保持铁路运营畅通。

本章将对铁路风沙防治工程建设具有重要借鉴意义的6个典型实例进行介绍，其中包兰铁路沙坡头段是以植物治沙为成效的工程典范案例，库格铁路主要是采用了大规模的机械防沙措施，青藏铁路亦以机械防沙措施为主，和若铁路则以植物治沙为导向进行沿线沙害防治，临策铁路采用机械式与植物治沙相结合并以机械防沙为主，哈罗铁路沿线环境恶劣，地表寸草不生、地下水矿化度极高、风力强劲、风向稳定，在哈罗铁路沿线进行工程治沙活动对防沙科研与工程设计人员来讲都是极大的挑战。

7.1 包兰铁路

新中国成立之初修建的铁路，仅西北地区就有兰新、干武、青藏、南疆、北疆等线穿越沙漠的路段共达1 000多km，而包兰线则是众多沙漠铁路的开路先锋。包兰铁路，自包头东站至兰州站，全长990 km，1954年10月开工建设，于1958年7月建成通车。包兰铁路是我国穿越沙漠地区流沙地带的第一条干线，线路在中卫至干塘段（中干段）四次穿越腾格里沙漠，长度达55 km。其中宁夏境内沙坡头段的环境最为严酷（如图7.1所示），沙坡头段铁路线路长16 km左右，地处草原化荒漠带，线路两侧沙丘起伏大，全部为高大密集格状沙丘，年降水量少，且无地下水可供植物利用。因此沙坡头段的风沙治理成功与否关系到整个包兰铁路的畅通与否，是包兰铁路在铁路建设期以及后期运营维护期亟待解决的重大技术问题。经过科研人员与工程技术人员几十年的努力，包兰铁路沙坡头段的风沙防治工程取得了成功，解决了沿线的流动沙丘固定问题，沙坡头段的风沙防治工程为我国西北地区以及其他类似地区的沙漠铁路修建提供了借鉴和有效的参考模式。

7.1.1 沿线自然条件特征

包兰铁路沙坡头段风沙防治工程是典型的机械式＋植物治沙以植物治沙为主的防

沙体系，前期各种机械式阻沙、固沙沙障的作用就是为治沙植物的培育、生长保驾护航，随着后期机械式沙障附近积沙的不断增加，各种机械式沙障逐渐失效，治沙植物逐渐发挥出优越的固沙性能。植物治沙工程的建立需要充分掌握该地区的地质背景、风沙地貌、气候、降水、风况以及本土沙生植物种类。

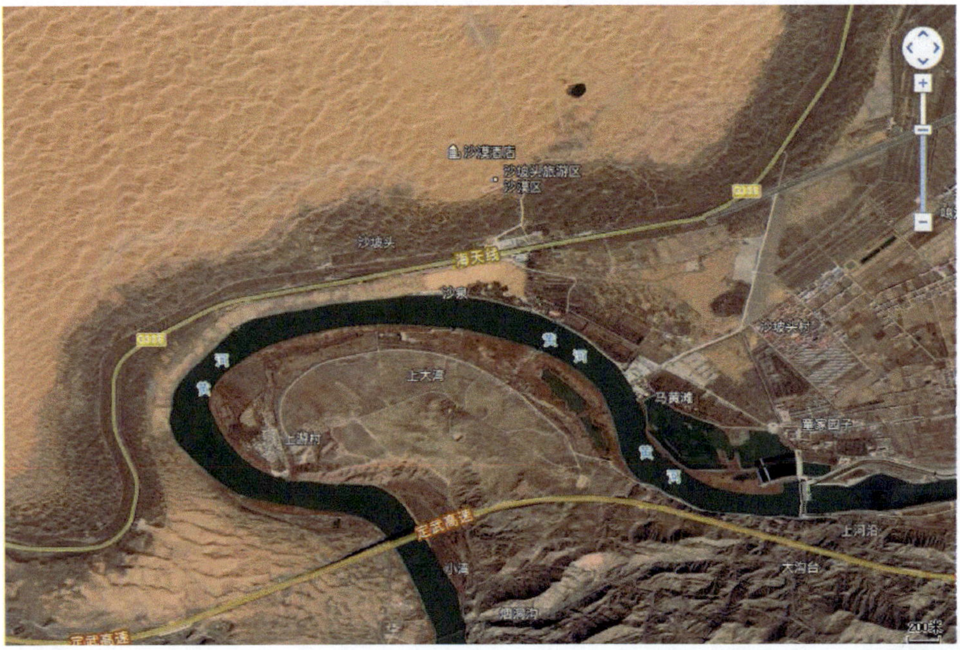

图 7.1 包兰铁路沙坡头段鸟瞰图

1. 沿线地质背景

沙坡头段的地层自古生代至新生代有志留—泥盆纪的变质岩、千枚岩、板岩、石英岩，二叠纪的砂页岩夹煤层，三叠纪的砂岩、页岩、砾岩，第三纪（甘肃系）的红色沙砾黏土层与砾岩及多种成因的第四纪沉积物。

第四纪沉积物中，按其成因类型主要有洪积、冲积、湖积、风积等。洪积物主要组成山前扇形地，岩性为角砾石层及沙层。冲积物主要是黄河沉积物及长流水等间歇性河流沉积物。黄河沉积物的岩性有三：①砾石层，灰色，分选磨圆均很好，一般厚度约 5 m，有的地方可达 50～60 m。②细砂层，松散或半胶结状态，厚 20～30 m。③粉砂黏土层，一般厚几十厘米，分布于中卫平原上的湖盆中及其附近。长流水的沉积物主要是底部的砾石层、砾石透镜体，砾石棱角状，厚约 5 m，其上部细沙层厚约 20 m。该区的湖相沉积物主要是化学沉积物，如通湖地区白盐池一带的芒硝、食盐及灰黑色黏土。风积物在本区广泛分布，组成各种形态的流动沙丘和半固定、固定沙地。

2. 沿线地貌类型

沙坡头地区及附近的地貌类型，按形态成因原则，可划分为以下四种：

（1）构造侵蚀山地，主要为中山和低山丘陵，构造侵蚀中山有南面的地埫山、野猫山和香山，最高峰海拔 1 900 m，相对落差 200～300 m，山坡陡峭，屏障于腾格里沙漠南部。构造侵蚀低山丘陵有北面的通湖山及南部山地北麓，海拔约 1 600 m，相对高差 100 m 左右，风蚀、水蚀严重。

(2) 侵蚀堆积的山前洪积—冲积倾斜平原，主要在长流水至一碗泉一带的山前发育，是山地河流出山以后所形成的洪积扇相连而成，组成物质主要是搬运不远的棱角状砾石和粉沙层。这一平原起伏不大，约以 10°～15°的坡度倾斜，在山前呈一带状，沿山麓绵亘。

(3) 流水堆积的黄河阶地，包括高河漫滩在内，阶地共分四级，黄河凹岸一侧只剩有阶地的残余，凸岸一侧阶地比较完整。各阶地的高度，在沙坡头附近分别是 4 m、10 m、20 m 和 57 m。第一级河漫滩阶地见于凸岸，组成物质全部是砾石。第二级阶地最完整，是农业富庶之地，组成物质是砾石层和上覆厚约 1 m 的粉沙层，有不少地方砾石层直接裸露于地表；第三级阶地的前缘高约 20 m，底部是覆于基岩之上的砾石层，厚约 5 m，砾石层之上是 15～20 m 的细沙层，呈半胶结状态，并夹有细砾和砾石透镜体。

(4) 风成沙地，可分为流动沙地和固定、半固定沙地。

流动沙地根据形态特征可分为：

①沙垄，主要分布在通湖洼地外缘的通湖硝厂一带，高 10～20 m，呈东北—西南走向，垄间距离约为 100 m。

②新月形沙丘，多出现在大片流沙的外缘，覆盖在黄河阶地上，沙丘高度一般为 1～2 m，迎风坡长 20～30 m，坡度 6°～12°，背风坡长 1～3 m。

③新月形沙丘链，主要分布在沙坡头至迎水桥一带的黄河二级阶地上，其走向大体与主风向垂直，链间距离约为 20 m，丘脊高出丘间低地 2～3 m，丘间地或为砾石层，或为龟裂土层，也有沙丘沙。

④格状新月形沙丘，主要分布在迎水桥至孟家湾一带，是该区面积较大的沙丘类型，也是人工固沙的主要研究对象。沙丘高大，由西北向东南倾斜，略呈阶梯状的网格。主梁呈东北—西南走向，副梁呈西北—东南走向，主梁连续分布，副梁多被主梁隔断。主梁相对高度 5～10 m，主梁间距为 50～150 m，迎风坡朝向西北，坡度为 5°～10°，背风坡朝向东南，坡度 30°～32°，副梁间距为 50～100 m。

固定和半固定沙地多分布在沙地外围，少部分布在流动沙地的内部，如孟家湾至长流水区的山前洪积、冲积平原，一碗泉北部的流动沙丘内部及迎水桥一带的湖盆边缘。

3. 沿线气候

沙坡头地区属温带大陆性气候，具有干旱少雨、蒸发强烈、光照充足、风大沙多的特点，一年中，冬寒长、夏热短、春暖迟、秋凉早，且气象灾害频发。

(1) 气温

根据沙坡头气象站 1955～1985 年观测记录（见表 7.1），沙坡头地区年平均气温 9.6 ℃，1 月平均气温 −6.9 ℃，7 月平均气温 24.3 ℃，绝对最高气温 38.1 ℃，绝对最低气温 −25.1 ℃，年较差 63.2 ℃。沙面最高气温达 74 ℃。≥10 ℃积温 3 017 ℃，起止期为 5 月 10 日至 9 月 28 日。初霜期出现在 9 月下旬，终霜期在 4 月中旬，植物生长期为 150～180 天。

表 7.1 沙坡头年平均和月平均气温（1955～1985 年）(℃)

年份	月份												年平均
	1	2	3	4	5	6	7	8	9	10	11	12	
1955	−12.2	−4.8	2.1	8.3	15.2	19.8	22.3	20.2	14.1	6.1	2.7	−1.3	7.8
1956	−6.4	−2.4	4.7	12.7	17.0	21.1	23.6	21.1	18.6	9.7	−0.2	−6.1	9.4
1957	−6.7	−5.6	5.9	12.2	15.9	22.6	24.4	23.2	15.3	9.4	3.5	−2.5	9.8
1958	−7.4	−1.6	5.7	7.9	17.4	22.2	25.0	20.6	18.4	9.5	1.6	−2.1	9.8
1959	−7.2	−2.3	5.1	13.0	16.3	22.4	24.8	21.7	17.5	13.3	0.9	−4.9	10.1
1960	−4.8	1.7	6.4	10.5	16.9	23.8	24.3	23.1	18.4	9.7	1.3	−5.0	10.5
1961	−6.8	−2.1	6.8	13.4	17.6	22.3	25.4	21.5	16.4	9.9	2.4	−3.7	10.3
1966	−3.9	0.4	6.0	11.3	17.6	23.2	23.8	23.8	15.8	10.2	1.1	−6.9	10.2
1967	−8.6	−4.9	3.3	11.1	18.8	22.4	25.0	21.6	15.5	9.8	−8.0	−10.1	8.0
1980	−6.9	−4.5	3.4	11.7	17.6	22.8	25.0	23.1	17.5	11.5	4.5	−3.2	10.2
1981	−6.6	−2.5	6.9	12.5	17.5	22.7	25.4	23.5	18.1	7.4	−0.4	−5.9	9.9
1982	−4.0	−1.9	5.1	11.8	18.2	22.7	24.8	22.5	16.4	12.9	1.0	−4.6	10.4
1983	−7.8	−3.2	3.0	11.0	17.8	21.6	23.7	22.1	17.8	11.0	2.8	−4.6	10.4
1984	−8.1	−5.9	4.3	12.2	18.3	21.5	23.5	21.8	17.0	10.5	2.9	−9.2	9.1
1985	−6.0	−2.3	2.1	13.8	17.4	22.3	23.7	23.0	14.7	10.1	1.1	−5.6	9.5
月平均	−6.9	−2.8	4.7	11.6	17.3	22.2	24.3	22.2	16.8	10.1	1.1	−5.0	9.6

(2) 降水量

年平均降水量 186.2 mm，降水的年变幅很大，以 1955～1985 年为例（见表 7.2），1958 年降水最多，达 304.2 mm，1957 年降水最少，仅 88.3 mm，年较差达 216 mm。在季节分配上，以夏季所占比重最大，占年降水总量的 59%；冬季最少，仅占 1%。降水量≥5 mm 的天数，年平均 11.2 d，各年的变化幅度为 4～19 d。降水量≥10 mm 的天数，年平均 5.23 d，各年的变化幅度为 1～10 d。日降水量最大为 62.7 mm（1959 年 8 月 5 日），为该月降水量的 53%，占全年降水量的 31%。

根据积温计算的可能蒸发量高达 480 mm。计算干燥度为 2.5，即降水量尚不及可能蒸发量的一半，这导致年平均相对湿度有明显差异，如年平均湿度仅 43%，最湿月（8 月）仅 57%。降水的高度集中和连续干旱期（降水量≤0.1 mm 的天数）很长是其另一个特点，如 8 月降水量可占全年降水的一半以上。降水的集中，必然引起干旱期的加长，根据 1956～1961 年的记录，最长干旱期长达 86 d（1959 年 12 月 23 日～1960 年 3 月 17 日），最短的年份也有 45 d 之久。即使在多雨的 8 月，也常有一星期不见降水。

表 7.2　沙坡头 1955～1985 年的降水量（mm）

年份	月份												年雨量
	1	2	3	4	5	6	7	8	9	10	11	12	
1955	0.0	0.0	0.0	1.7	8.7	9.7	23.0	46.9	67.1	15.3	0.0	0.0	172.4
1956	4.0	0.0	12.9	21.9	20.9	70.9	37.4	54.5	2.4	9.7	0.7	0.0	235.3
1957	4.2	4.9	0.0	3.0	3.9	7.7	17.9	35.1	9.0	1.0	1.6	0.0	88.3
1958	3.2	0.0	1.5	9.8	39.8	25.8	63.0	91.0	44.6	25.6	0.0	0.0	304.3
1959	0.5	5.3	3.6	2.7	14.1	13.0	34.9	119.3	5.4	0.0	0.0	0.6	199.4
1960	0.0	0.0	0.5	33.7	8.7	3.6	30.6	32.2	35.9	7.7	0.8	0.0	153.7
1961	0.6	0.0	1.1	6.8	14.6	19.4	49.9	124.3	61.3	8.4	4.3	0.1	290.8
1966	0.2	0.6	0.1	7.7	19.5	3.9	23.4	19.4	12.3	6.6	2.7	0.0	96.4
1967	0.0	0.0	27.1	26.1	49.8	29.3	23.0	56.2	18.6	18.6	12.0	0.0	260.7
1980	0.0	0.0	11.8	6.8	11.5	15.1	18.9	8.1	19.9	2.4	0.0	0.8	95.3
1981	2.7	0.1	0.5	33.8	4.6	8.0	43.6	17.9	20.4	9.6	0.6	0.0	141.8
1982	0.0	3.8	1.9	4.5	19.9	13.0	3.6	36.0	13.8	9.4	2.3	0.0	108.2
1983	2.0	0.1	5.1	22.9	53.7	28.2	11.5	51.3	13.6	7.9	0.0	0.0	196.3
1984	1.2	1.1	0.3	23.4	23.5	35.4	39.8	37.7	3.0	0.0	0.0	2.9	168.3
1985	0.0	0.0	2.2	12.6	40.6	74.5	28.8	59.5	20.5	42.1	0.0	0.6	281.4
月平均	1.2	1.1	4.6	14.5	22.3	23.8	30.0	52.6	23.2	10.9	1.7	0.3	186.2

(3) 风况和起沙风

根据沙坡头气象站 1955～1980 年间的观测资料，该区年平均风速为 2.8 m/s（见表 7.3），最大风速为 19 m/s。风向以西北风和西西北风为主，次为东风和东东北风（见表 7.4）。一年中有 8 个月（10 月～次年 5 月）以西北风频率最高，其余的 4 个月（6～9 月）又以东北风频率最高（见表 7.5）。从历年最大风速统计来看，10 年中有 7 年的最大风速是西北风，3 年是南风和西南风，而东风及东东北风无一次出现

（见表 7.6）。根据风况，铁路防护带应以线路北为主，防止西北风和东北风对铁路的危害，但夏季的西南风和东南风也对铁路产生威胁，所以，路南的风沙防治问题也应同时考虑，但防护范围及工程量可适当降低。

表 7.3 沙坡头气象站历年各月平均风速（m/s）

月份	1	2	3	4	5	6	7	8	9	10	11	12	月平均
风速	2.2	2.4	3.4	3.4	3.4	3.4	3.1	3.0	2.8	2.4	2.3	2.2	2.8

表 7.4 沙坡头气象站历年平均风向（%）

风向	冬（12 月至次年 2 月）	春（3 月至 5 月）	夏（6 月至 8 月）	秋（9 月至 11 月）
西北	36	31	18	29
西西北	29	21	18	29
东东北	15	24	30	22
东北	14	23	36	22

表 7.5 沙坡头气象站历年各风向平均频率（%）

风向	北	北北东	东北	东东北	东	东东南	东南	南南东
频率	7	4	7	10	10	6	5	4
风向	南	南南西	西南	西西南	西	西西北	西北	北北西
频率	4	4	4	5	6	7	10	6

表 7.6 沙坡头气象站历年最大风速及风向统计

年份	1955	1956	1957	1958	1959	1960	1961	1966	1967	1968
最大风速（m/s）	12.8	14.0	19.0	18.0	16.2	11.5	19.0	12.0	12.0	16.0
风向	西西南	南	西北	西西北	西北	南	西西北	西北	西北	西西北

根据实测，沙坡头地区起沙风为 4.5 m/s（距地面 2 m 高的风速），相当于气象站测定高度（8 m）处的 6 m/s 风速。1956～1960 年间起沙风速的出现年平均达 900 余小时，占全年总时数（8 760 h）的 10.3%。各年中起沙风速出现时数长短不等，变化在 630～1 100 h 之内，即变化率为 7.2%～12.3%。

西北西（WNW）风、东北东（ENE）风和南南西（SSW）风是构成本地区起沙风的主要风向。冬春季节，西北风强劲，沙丘向东南移动，夏季受东北风、东南风和西南风的影响，沙丘移动转向西北，但移动距离不大，只是摆动状态，形成沙丘往复前进态势。

4. 沿线植物调查

沙坡头地区气候干燥，植物稀少。调查得知，过去沙地上的植物较多，由于人为的任意砍伐和放牧，植被受到了严重的摧毁。据当地村民讲述，1935 年左右，沙地植被较多，每天可上山砍柴 3 次，现在需走很远，一天只能砍一次，并且当地沙生植物——沙蒿普遍作为燃料。可见当地植被破坏严重，因此，沙丘上的植物日渐稀疏，植物分布范围愈加缩小，使沙丘无所阻滞，自由长期的渐渐移动。1954 年 10 月间进行了一次沙漠中植物的调查，搜集了 32 种植物标本，其中 12 种从流动沙丘上採得，抗旱能力很强，繁殖起来可以固定沙丘，其余 20 种标本由沼泽及滨河地带探得，在高大的沙丘上不易生存，所以不作为培育对象。现将沙区内主要植物的分布情况分述如下：

（1） 固定沙丘地区

自团不拉水至水梢子间，以白茨和沙蒿分布最多；从水梢子至通湖盐池间，在北面多半是半固定沙丘，其余地带都是草原，这一带亦以白茨最多，并有小苦豆，马蔺和碱蒿分布其中。

（2） 半固定沙丘地区

自孟家湾至长流水间，沿长流水间的沙区边缘，以老虎爪分布最多；由长流水向西仍以老虎爪为主，至上茶房庙附近，沙蒿和柠条渐渐增多；由上茶房庙向北经过三处灌草丛，亦以沙蒿和柠条为最多。

（3） 流动沙丘地区

在本区中绝大部分是移动沙丘，如茶房庙至孟家湾间，上茶房庙至团不拉水以及马食槽至茶房庙间等多处，这些地带的沙丘比较高大，在沙丘的迎风坡植物稀少，仅在背风坡面和低洼处（沙窝子）生长有一些草本和灌木，主要有花棒、沙蒿、籽蒿、沙米、臭蒿、沙芥、沙竹、绵蓬、柠条和老虎爪。

在移动沙丘的背风坡面和低洼处稀疏地生长以上各种沙生植物，虽然长得不是很密集，但他们的抗旱能力极强，经人工培育后，可起到很好地固沙作用。

7.1.2 初期铁路防沙试验

在沙漠地区修筑铁路之前，首先进行了必要的风沙要素调查，使铁路沿线的风沙防治工程设计方案经过各种观测和试验，之后对于路基设计、施工和养护各项工作提出比较正确的方案。自 1954 年开始进行了气象观测和沙生植物试种，并于 1955 年 5 月间完成了在茶房庙东面修筑的一段 450 m 的试验路基。

1. 气象观测

（1） 气温。全年最高温度（8 月 15 日）33 ℃，当日最低温度 10 ℃；全年最低温度（12 月 28 日）−27.5 ℃，当日最高温度是 2 ℃；由此得出最高年温差是 60.5 ℃，最高日温差是 29.5 ℃。全年平均温度是 6.6 ℃。冻结日数全年有 152 d，这些是茶房庙一带的气温情况，进入腾格里沙漠内部，气温变化必然更为复杂（见表 7.7）。

（2） 降水量和蒸发量。1954 年降水量 177.8 mm，年蒸发量高达 3 031.6 mm，降雨量集中在 5、6、7、8 四个月，共降雨 111.9 mm，占全年降水量 63%。根据 1955 年上半年度的报告，1～3 月未曾降雨，4～6 月降雨量仅 20.1 mm，在这半年中蒸发量高至 1 687 mm，由此可见这一地区的雨量很少，气候又非常干燥，也就是造成沙丘移动和缺少植物的主要原因。

（3）风向与风速。全年风向频度以东南东和西北最多，风速则以西北风较大，全年北、西北及西北西等风向占 7 级以上大风次数的 53%，其中西北风占 20%，因此，风沙流主要向东南方向移动，如图 7.2 所示。

表 7.7　试验段附近地区气候统计表

项目		1954 年											
		1 月	2 月	3 月	4 月	5 月	6 月	7 月	8 月	9 月	10 月	11 月	12 月
气温（℃）	最高	9.0	13.0	22.0	24.0	24.5	30.5	32.5	33.0	26.5	17.0	12.0	2.0
	平均	−8.1	−3.9	1.6	9.6	13.5	18.9	21.7	18.4	15.0	6.4	−0.5	−13.4
	最低	−22.0	−21.0	−15.0	−3.5	0.5	8.0	10.5	10.0	3.0	−3.0	−17.5	−27.5
降水量（mm）		14.8	14.0	6.6	8.1	22.7	25.6	10.2	53.4	1.3	19	0	2.1
蒸发量（mm）		35.1	46.5	195.5	343.1	452.5	440.3	503.7	336.6	304.5	203.7	131.0	39.1
湿度（%）	平均	76	72	60	49	47	47	48	65	48	38	42	62
	最低	47	30	22	23	27	11	25	22	11	4	9	19
气压（mm）		672.5	666.4	660.2	645.7	641.6	633.7	629.6	635.2	642.4	655.0	658.3	664.3

项目		1955 年					
		1 月	2 月	3 月	4 月	5 月	6 月
气温(℃)	最高	6.0	10.0	21.0	28.5	31.0	32.0
	平均	−12.2	−4.8	2.1	8.5	15.2	19.8
	最低	−25.0	−18.5	−12.0	−7.0	2.0	7.0
降水量(mm)		0	0	0	1.7	8.7	9.7
蒸发量(mm)		67.3	124.5	139.2	332.7	491.9	528.4
湿度(%)	平均	46	30	39	36	34	39
	最低	10	0	0	2	4	12
气压(mm)		665.1	656.7	653.1	648.9	642.5	635.9

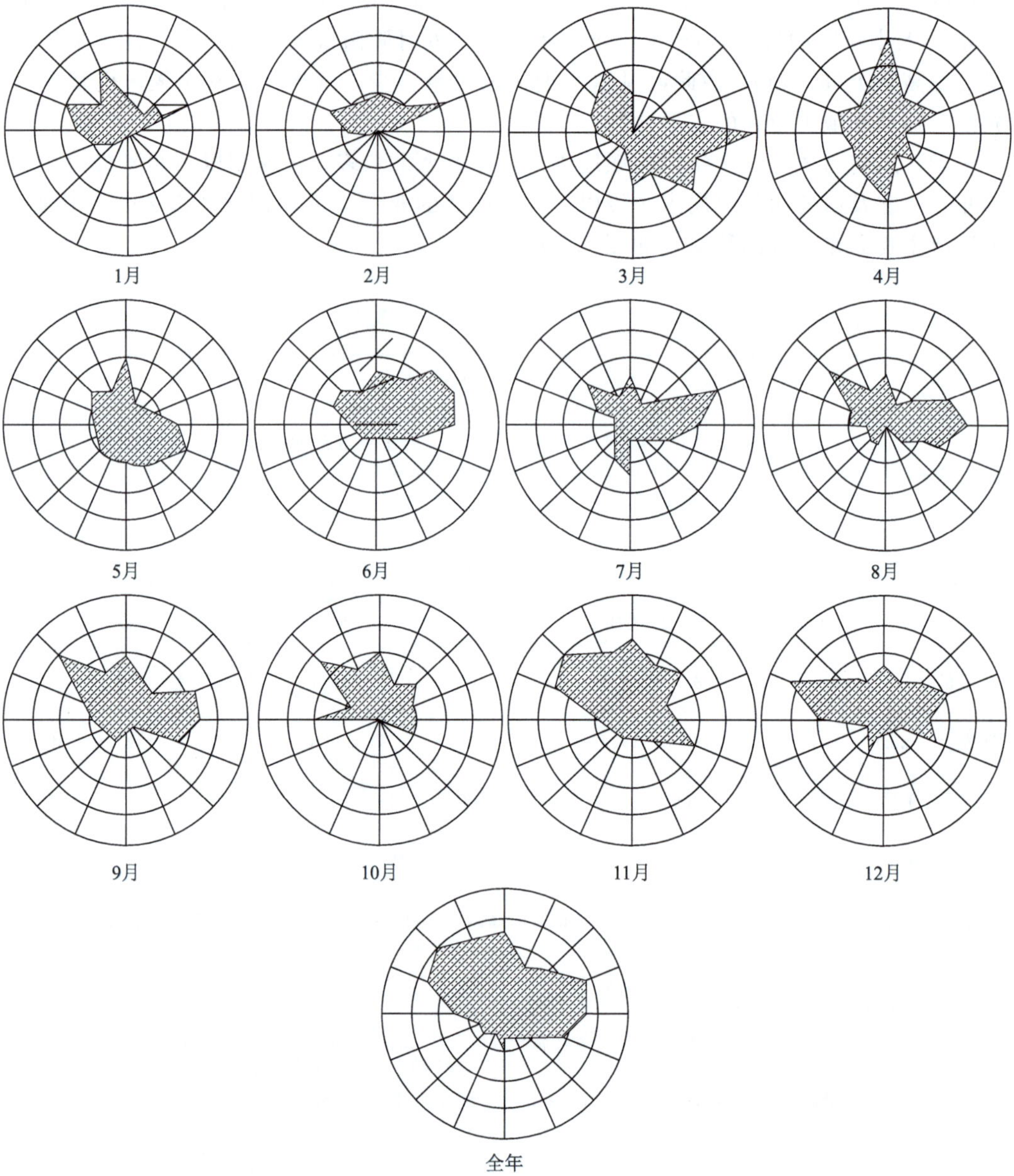

图 7.2　试验段附近地区各月及全年风向频率玫瑰图

2. 沙漠路基设计

修建试验路基的目的是比较不同路基形式和防沙手段的效果，在筑成一段路基之后，进行长期观测和比较，从而总结经验，提出沙漠路基设计、施工和养护的方案。1955 年 2 月在茶房庙东 600 m 处修建了一段试验路基，于同年 5 月全部完工。试验段全长 450 m，其中有 350 m 长两侧设平台，并做了三段不同形式的路基：不填不挖、0～3 m 高的路堤、0～3 m 深的路堑；另在路基两端各留出 50 m 不设平台，即按一般的形式做成路堤和路堑，以作对比。平台和路基面的纵向坡度规定不超过 12‰，而原地面的自然纵向坡度大约是 100‰，在这种情况下，势必将平台和路基做成反向坡度，才能在 450 m 的长度内出现高度不同的填挖。原地面的自然横向坡度大是 100‰～200‰，要做成较宽的平台，必须采用半填半挖的横断面，才能节省工程成本。

(1) 平台

平台的作用是防止流沙在路基两旁堆积起来，遇有少量流沙吹来，可以输导其通过台而不堆积，同时平台有一定宽度，越过防沙栅栏的流沙运动至路线时，要经过平台而不会立刻掩没轨道。

①平台宽度。根据流沙移动的程度和路基断面的形式分为 100 m（路中心向左 60 m，向右 40 m)、80 m（路中心向左 50 m，向右 30 m）和 60 m（路中心向左 40 m，向右 20 m）三种宽度。

②平台坡度。平台纵向坡度为 12‰，平台横向坡度为了适应地形情况，采用 10‰、20‰和 30‰三种坡度作为比较。

③平台边坡坡度。挖方和填方的边坡均为 1∶1.75（干沙休止角是 30°）。

④平台表面的防护材料。为防止采用积沙筑成的平台被风吹毁，试铺下列各种防护层：

a. 河卵石层：厚度为 3 cm、5 cm、7 cm 三种。

b. 黏土层：厚度为 15 cm、20 cm、25 cm 三种；黏土的塑性指数 10～20，含沙量 6%～10%；掺入黏土的材料采用 3%的水玻璃、10%的沥青和 20%的河卵石。

c. 稻草或高粱秆编席：厚度为 3 cm，用树枝插入沙内或用河卵石压住。

d. 沥青拌沙：厚度分为 10 cm、20 cm、30 cm；沥青含量为 8%～20%。

⑤平台边坡的防护。平台左侧都是挖方，坡面不加防护。右侧大部分是填方，坡面分段铺上 10 cm 厚的河卵石或 3 cm 厚的席子防止击实沙被风吹走，并留出一段边坡不加防护作为比较；有的地段地势过低，填方边坡斜长达 30 m 以上，如全面铺设防护层，费用很大，并且在施工和养护方面都有困难，故利用挖方弃沙将原地面填高至平台顶以下 6 m，做成 10 m 宽的护道。

(2) 路基

①路基高度。单纯加高路基，并不能保证路基的安全。因此，试验路堤的高度和路堑深度初步定为 0～3 m，并在路堤和路堑之间留出一段不填不挖的路基，长 50 m。选取不同高度的路基来做试验，观测其受风力作用后风蚀、风积及对风沙流沙运动的影响。

②路堤宽度和边坡。为了防止路堤和边坡发生坍塌，按照路堤高度作如下规定（见表 7.8），作为试验。

表 7.8　路基横断面尺寸

路堤高度（m）	路堤宽度（m）	边坡	备注
0～1.5	5.5	1∶1.75	未考虑地震的因素
1.5～3.0 及不设平台的路堤	6.0	1∶2.0	同上

③路堑宽度和边坡。路基两边虽然设置了平台及防沙栅栏，但随着积沙的增多，一部分积沙必然会随风越过沙障，侵入路基。因此，路堑底部需设有足够的宽度，使流沙侵入路堑后落在坡边、堑角而不立刻覆没钢轨。试验段的路堑一般宽度设为 5.5 m，另外做了展开式的路堑，路基面宽度为 7.0 m 和 9.0 m；路堑边坡仍为 1∶1.75（干沙的休止角为 30°）。

④路基边坡的防护：为防止边坡被风吹毁，采用下列各种防护材料作为试验：

a. 河卵石层：厚度为 10 cm，用较大河卵石铺成 1 m×1 m 的格子形中间填以小河卵石。

b. 黏土层：对于黏土的要求和厚度与平台相同，分别掺入黏土的材料有 3%、5%的水玻璃、麦草（做成土坯）、20%的河卵石三种。

c. 稻草或高粱秆编席：与平台相同。

⑤在不设平台的路堤坡脚外，铺 2 m 宽的河卵石护道，防止边坡塌陷。

⑥路基面上满铺河卵石，厚度为 7 cm、10 cm、20 cm 三种。

(3) 防沙栅栏

采用多种样式和多种材料的栅栏，布设在不同位置进行试验比较。

①式样

全露式——露出地表 0.8 m，埋入地下 0.4 m。

半露式——露出地表 0.4 m，埋入地下 0.3 m。

隐蔽式——露出地表 0.2 m，埋入地下 0.2 m。

②构造和材料

全露式和半露式栅栏用木料做框，长度 1.5～2.0 m，框内镶木板、芨芨草或高粱秆。木制栅栏每块木板的宽度约 20 cm，可以用手拔起。其他材料所制的栅栏，同样可以在流沙堆积情况严重时，用杠杆将每节栅栏向上提，以继续发挥其防沙作用。这些试验采用密实的栅栏为主，同时做一部分漏空式的栅栏，提高栅栏的抗风稳定性。隐藏式栅栏用稻草或高粱秆编制，不用木框。

③布设位置

布设防沙栅栏的位置，需根据风向、风力、地势和流沙运动的情况来做决定。全露式和半露式栅栏设在线路左侧坡顶以外及试验路基的前后两端，以抵挡强烈的风沙；隐藏式栅栏设在右侧（靠黄河侧），距平台坡脚 1 m，防止坡脚被风吹蚀。栅栏按曲折形式布设，可减少被风吹倒的威胁，并应顺着等高线设在沙丘的高岗上，随着流沙受阻堆积在栅栏附近，并随着栅栏逐渐提高积沙继续增加，经过一个时间段后，可形成 1 道沙堤，作为线路的天然防沙屏障。

3. 试验路基在施工中获得经验总结

(1) 试验路基施工正在春冬季之间风沙活动频繁的时候，风力多在 5 级以上，事先未做防沙措施就进行施工，以致每次大风都把筑成的路基吹毁，并掩埋一部分平台。因此，在修筑正式路基时，最好选择风少的季节，更主要的是在施工前要做好防沙措施，并将已做成的路基和平台随时加以防护。

(2) 修筑试验路基所用大量材料，如河卵石、黏土和栅栏等运输困难、运费较高导致工作效率太低，在正式施工时修筑路基和铺轨两项工作的时间应力求接近，做成的路基和平台先进行临时防护（用稻草席遮盖），随后利用列车运送河卵石或其他永性的防护材料，这样可以节省工程成本。

（3）防沙栅栏应设在沙岗的高处，与主导风向垂直的栅栏需要多设一到二道，相互间距不宜超过 10 m。栅栏容易被风吹倒的地方，在栅栏内外两侧 1 m 范围内铺设稻草或与栅栏垂直方向埋设 40 cm 高的隐藏式栅栏，其防风固沙效果较好。

（4）各种防护材料的初步比较：

①平台的防护材料

河卵石可以就地取材，经济耐用，其厚度以 5～7 cm 为宜，此项材料经济、耐用，建议大量采用；黏土掺水玻璃或碎石的质量也较好，但黏土的收缩性大，已发现 2～3 cm 的裂缝，不能耐久；沙子掺合 10%的沥青，经过短期试验，这种防护材料坚实可用；稻草编席最为经济，大约可维持 1 年时间，做临时防护较为合适。

②平台边坡和路基边坡的防护材料

平台填方的边坡和路基边坡，用河卵石铺砌最为经济和耐久，路基边坡采用 1∶2 的坡率比较稳固，坡面用河卵石铺成 1 m×1 m 的斜方格形，格子营中铺 10 cm 厚的小卵石，这样要比更大的方格（最初试铺 2 m×3 m）稳固；路堑边坡用同样的防护方法，做成 1∶1.75 即可站稳；用黏土掺 3%的水玻璃或掺 20%的河卵石砌成的边坡，短期效果较好；在不设平台的深路堑边坡上，用稻草席防护是比较经济的，但每 6 m 的高度应留出 1 m 宽的平台，在维修和更换草席时较为便利。

4. 试验路基的观测项目

试验路基筑成后，主要进行路基实地观测，初步提出观测工作的主要事项如下：

（1）结合风况监测及对流沙移动的观察，调查路基和平台受到风沙破坏的程度，总结破坏原因所在。

（2）每次大风之后，评估每种栅栏的防沙效能，并结合风向、风力和路基微地形的情况，分析栅栏被沙掩埋或被风吹倒的原因；在栅栏外侧竖立标杆，以测定每次拔起栅栏的高度。

（3）记录平台上积沙的分布位置和形状，随时测定平台上积沙的宽度与数量，作为今后选定平台宽度的依据；监测平台右侧边坡未做防护部分有无吹毁现象，进行观察记录。

（4）观察路堤、路堑和不填不挖各地段的积沙情况，测定每次清除积沙的数量并做出记录。

（5）记录各种防沙栅栏和防护层的性能及其耐久程度，如有损坏需随时加以维修，但应逐次记载其毁坏情况，作为今后选择的依据。

（6）记录在维修工作中耗费的材料和劳动力，作为今后制定维修制度的参考。

7.1.3　风沙防治工程体系方案的演变

包兰线沙坡头段风沙防治经历了设计、试验研究、调整设计、再试验研究，不断提高认识，逐步优化推广的漫长过程。1956～1964 年先后四次提出了沙坡头段风沙防治工程的设计方案。

1. 1958 年版风沙防治工程体系的方案

1956～1958 年间先后三次提出了沙坡头防沙工程的设计方案。1956 年提出了第一版的沙坡头防沙工程试验设计方案，根据阶段性的试验成果及上一版试验设计方案存在的问题，先后于 1957 年、1958 年进行了两次优化。1958 年包兰铁路通车，为保障行车安全，沙坡头防沙工程按 1958 年第三版的设计方案实施（见图 7.3 及表 7.9）。

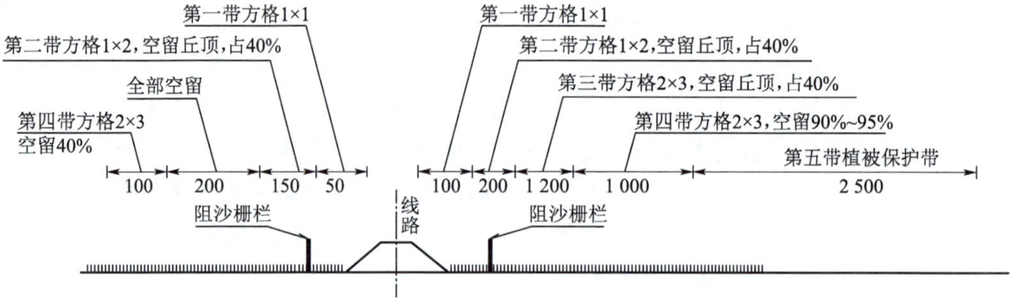

◎ 图 7.3　1958 年版风沙防治工程体系示意图（单位：m）

表 7.9　1958 年版风沙防治工程体系的设计方案

分带		宽度（m）	沙障和植物固沙面积比重（%）	扎设沙障规格（m）	空留面积比重（%）	高立式栅栏距坡脚的位置（m）
右侧	第一带	100	100	1×1	全面扎设沙障	30～50
	第二带	200	60	1×2	空留丘顶，占 40%	—
	第三带	1 200	60	2×3	空留丘顶，占 40%	—
	第四带	1 000	5～10	2×3	扎设块状沙障，空留 90%～95%	—
	第五带	2 500	—	不设	全部空留，植物保护带	—
左侧	第一带	50	100	1×1	全面扎设沙障	30～50
	第二带	150	60	1×2	空留丘顶，占 40%	—
	第三带	200	—	不设	全部空留，植物保护带	—
	第四带	100	60	2×3	空留丘顶，占 40%	—

1958 年版风沙防治工程体系的方案其总原则是以路基为中心，右侧主导风向为重点防护区，防护宽度为 5 000 m，左侧是次要防护区，防护带宽为 500 m，总宽度为 5 500 m。在路基两侧布设草方格、阻沙栅栏、在方格内种植耐旱植物。路基两侧由近及远，防护强度依次减弱。实践证实，这种防护宽度过大，由于在早期并不能完全掌握沙坡头地区沙丘的移动规律，为确保路基不受沙埋，并有一定的安全储备而将防护总宽度定为 5 500 m。

(1) 1958 年版风沙防治体系工程的效果

包兰铁路通车初期，风沙危害非常严重，曾因沙害造成中断行车、脱轨等事故10 多起，1958 年 1 次七级大风，造成包兰铁路沙坡头段铁路多处被沙埋，路基积沙最大厚度达 511 cm。1963 年 5 月 1 次大风致线路道心积沙长达 7 km，防沙工区一遇大风就需清沙，1963 年 10 月调查发现，方格沙障损坏率达 51.8%。从包兰线通车初期的风沙危害情况分析，1958 年版风沙防治体系工程对保证列车正常运行起到了一定的作用，但存在的问题也较为严重。

(2) 1958 年版风沙防治工程体系存在的严重问题的原因分析

针对 1958 年版风沙防治工程体系存在的严重问题，科研、设计、施工及运营养护人员进行了系统分析，发现原因如下：

①草方格沙障带布置松散

线路左侧的第二、四带及右侧的第二、三带的沙丘顶部未扎设草方格，空留面积约为 40%。原设想借助风力，削平丘顶，降低沙丘高度以便种植固沙植物。但裸露的丘顶流沙向周围扩散，埋压方格沙障导致沙障迅速失效。

左侧的第三带全部空留，右侧第四带空留了 90%的面积，在不同风向的作用下，流沙不断埋压附近的草方格沙障，破坏性极大，据观测，右侧每年可埋压草方格沙障7～10 m。

②大尺寸的草方格不适应风力条件

草方格的高度为 0.15 m，左侧的第四带及右侧的第三、四带草方格规格为 2 m×3 m，施工中改为 2 m×2 m。1964 年调查，1960 年以来扎设的 1 m×1 m 草方格，保存面积为 64.2%；而 2 m×2 m 草方格，保存面积为 20%，表明 2 m×2 m 草方格不适应风力条件。

③防护带的外缘未设置阻沙栅栏

在路基两侧坡脚外约 30 m～50 m 处，设置了约 1 m 高的高立式沙障，在包兰铁路运营前期，对保护路基免受沙埋起到了临时应急作用。但没有考虑在防沙工程体系外缘的前沿阻沙，致使外部的流沙源源不断埋压防沙工程体系内的各种沙障。

④植物的早期生长缺乏稳定的环境

扎设草方格沙障的地带分布松散，草方格在不断经受风蚀和沙埋过程中失效，没能为方格内植物的早期生长提供稳定的环境，植物幼苗在风蚀、沙埋后，成活率低，未能发挥出防沙效用。

⑤各种防沙措施的功能未能实现有效互补，未能形成完整的风沙防治工程体系

方格沙障的功能是固定地面的流沙。由于方格沙障外露高度只有 0.15 m，外部少量的过境流沙埋压方格沙障，就会致使方格沙障失效。所以，方格沙障需要其他防沙措施阻挡外界的流沙，保护其免受流沙埋压。阻沙栅栏的功能是阻挡外界的流沙，因此布置在路基坡脚外 30～50 m 处，位置不合适，没有实现阻挡防沙工程体系外的流沙以达到保护工程体系内的方格沙障。植物成林后具有较强的防沙功能，但幼苗时需要草方格保护，为其提供稳定生长的环境。阻沙栅栏、草方格、植物防沙措施都有一定的功能缺陷，三种防沙措施没有实现互补，未能形成完整的工程体系，在强烈风沙作用下，逐一失效。

2. 1958年版风沙防治工程体系方案的优化

1964年，经过9年的试验研究，结合大量的工程实践经验，对1958年版风沙防治工程体系方案进行了优化。

（1）调整风沙防治工程宽度

通过9年的定位观测，确定了沙丘每年移动速度为2～4 m，以防护铁路100年为限，沙丘百年前进距离为200～400 m。防沙工程体系的宽度根据沙丘百年的前进距离确定，右侧为主动风向，防护带宽度为400 m，同时在防护带外设置100 m宽的植被保护带；左侧防护宽度为200 m。

（2）全面扎设草方格

在防护带宽度内全面扎设草方格，不留空隙，避免就地起沙。对草方格进行了改进，尺寸改为1 m×1 m和1 m×2 m两种，第一带都扎设1 m×1 m草方格沙障，其他防护带设1 m×2 m草方格沙障。

（3）右侧防护带外设置高立式栅栏

在右侧防护带外与流沙接壤处设置高立式栅栏沙障，阻截过境风沙流，防止流沙埋压防护带。左侧地势低，非主导风向，不设置栅栏。

优化后的设计使右侧和左侧的防护带构成完整的风沙防治工程体系。风沙防治工程右侧的前缘是高立式阻沙栅栏，阻截风沙流，内侧是具有一定宽度的草方格和植物固沙带，控制就地起沙，各防沙措施功能互补，形成了完整的防护体系。五十多年的运营效果证明，1964年对1958年版风沙防治体系工程方案的各项优化措施是科学有效的。

3. 风沙防治工程体系的最终方案

草方格为易燃材料，铁路沿线曾发生过火灾现象，因此在1964年版风沙防治工程体系方案的基础上，铁路路基两侧坡脚外增设了卵石土防火带，引黄河水治沙，在卵石土外侧设置40～60 m宽的灌溉造林带。至1984年逐步建成了以固为主、固阻结合的铁路风沙防治工程体系，总面积达到1 120 m×104 m（如图7.4所示）。

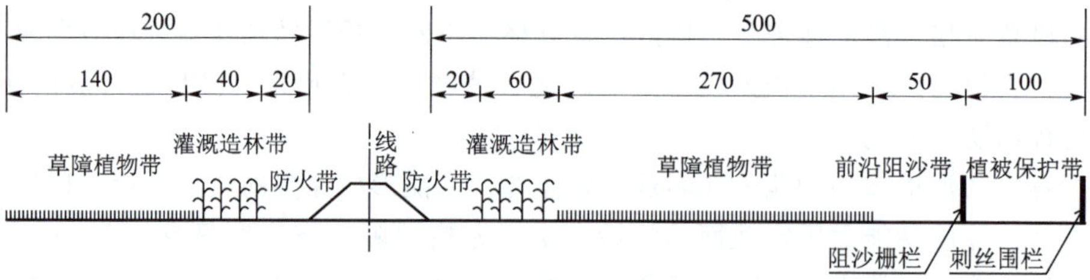

图7.4 风沙防治体系工程的最终方案示意图（单位：m）

根据风沙防治工程体系方案最终版中各防护带的技术特点，将右侧防沙工程划分为五带，由近至远分别为卵石土防火带、灌溉造林带、草障植物带、前沿阻沙带、植被保护带，左侧防沙工程划分为三带，由近至远分别为卵石土防火带、灌溉造林带、草障植物带。

4. “五带一体”的风沙防治工程体系

(1) 卵石土防火带

于路基坡脚外 20 m 范围内平铺卵石，覆盖于沙丘或沙地表面，起到固定地表浮沙的作用，由于用卵石覆盖替换了早期的麦草方格沙障，避免铁路沿线发生火灾现象，卵石覆盖带被称为卵石土防火带，如图 7.5 所示。

图 7.5 卵石防火带

(2) 灌溉造林带

沙坡头段铁路南临黄河，具有利用黄河水营造防护林的便利条件，通过建立了四级扬水泵站，将黄河水引上 100 多米高的沙丘进行灌溉造林（如图 7.6 所示），埋设输水管道 13 km，修渠 30 km，植树造林 5 222 万株，直播造林 11 334 m^2，不仅削弱了风速，阻挡过境流沙，同时又改变了沙地性质，改善了当地生态环境。

图 7.6 灌溉造林带

（3）草障植物带

经过多年大面积的平铺麦草压沙以及圆形、三角形、格状、带状等各种不同形状的麦草沙障治沙方式试验，麦草方格沙障（如图 7.7 所示）成为包兰铁路治沙的工程措施。通过大面积铺设草方格，削弱了风力，有效消减了风的输沙能力，起到了固沙作用。该区域累计扎设方格草障 82.6 万亩。

图 7.7　草方格沙障

图 7.8　草障植物带

同时，在草方格内栽种沙蒿、花棒、籽蒿、柠条等沙生植物，在无灌溉条件下，建立耐旱植物带（如图 7.8 所示）。

（4）前沿阻沙带

在防沙工程前沿设置高立式沙障，阻挡远方来沙。高立式沙障材料有玉米秸、树枝、竹芯编笆、木条、废旧枕木以及网式等，如图 7.9、图 7.10 所示。

图 7.9　草席栅栏沙障

图 7.10　网式沙障

（5）植被保护带

在右侧防护带外缘 100 m，建立植被保护带（如图 7.11 所示）。用刺铁丝围栏，禁止樵采、放牧牲畜和不合理开垦，同时撒播草籽，以提高植被覆盖率，提高植被保护带的固沙能力。

7.1.4 风沙防治效果

由卵石土防火带、灌溉造林带、草障植物带、前沿阻沙带、植被保护带组成的“五带一体”的风沙防治工程体系，在沙漠铁路的两侧依次展开，一条护卫着铁路绿色长廊出现在腾格里沙漠上，有效地阻止了风沙流对铁路的侵袭，消除了风沙造成的中断行车事故，包兰铁路得以安全运行、畅通无阻。包兰铁路沙坡头段是在风蚀荒漠地区，通过生态工程建设改造沙漠的成功范例，是中国最早的、最成功的铁路风沙防治工程。

图 7.11 植被保护带

治沙措施不仅有效地阻止了风沙对铁路的危害，有效地保证了铁路运输的畅通，而且改善了当地的生态环境（如图 7.12），“人进沙退”的新局面代替了“沙逼人退”的被动局面。

(a)防沙前

(b)防沙后

图 7.12 防沙前、后火车通过沙坡头的景观

人工绿色防护林带的建立，使本地区的生态环境发生了巨大变化，生态环境逐步由恶性向良性循环发展，年平均风沙天气由过去的 330 天减少为 122 天，天然植物种类由 25 种增加到 453 种，植被覆盖率由原来不足 1%达到 42.3%，野生脊椎动物达 140 多种。沙坡头段绿色防护林景观如图 7.13 所示。

1984 年，中国将沙坡头列为“中国第一个沙漠自然生态保护区”。1988 年，中国为沙坡头治沙成果颁发了“科技进步特等奖”。1994 年沙坡头被联合国评为“全球环境保护 500 佳单位”。2007 年 5 月，沙坡头被正式列入中国 5A 级旅游景区，极大地促进了当地社会、经济发展，旅游产业成为当地的经济支柱产业。

图 7.13 沙坡头段绿色防护林景观

7.2 青藏铁路

青藏铁路跨越青海省、西藏自治区，是连通青藏铁路沿线地区与内地发达地区的生命线，同时也是我国西部地区陆运交通网的重要组成部分。新中国成立前，青藏高原交通封闭，物流不畅。1984 年，青藏铁路西宁至格尔木段建成通车，2001 年开始修建青藏铁路格尔木至拉萨段，2006 年格拉段通车，至 2016 年青藏铁路换轨工程正式完工，全线 1 956 km 的青藏铁路实现了“千里青藏一根轨”的现代化铁路干线标准。青藏铁路是中国新世纪四大工程之一，是通往西藏腹地的第一条铁路，也是世界上海拔最高、线路最长的高原铁路。青藏铁路的通车，沿线地区的经济发展水平迅速得到提升，打通了西部地区与经济发达地区的交流沟通障碍。

青藏铁路沿线生态环境脆弱，气候特征高寒干旱，海拔 4 000 m 以上的路段长达 965 km，海拔最高点位于唐古拉山口达到 5 072 m，昆仑山口至念青唐古拉山段海拔也达到 4 500 m 以上，连续多年冻土区长达 550 km。同时青藏铁路沿线经过的多条断裂带也为铁路的建设运营维护工作造成了严重的地震灾害隐患。除此之外，青藏铁路沿线的风沙灾害也是影响线路建设以及线路运营的工程技术难题，青藏沿线的风沙灾害主要处于西格段的柴达木盆地及格拉段沿线的江河湖泊干河滩地，风沙段总长达 199 多 km，其中西格段 79 km，格拉段 120 km。由于西格段风沙地段于 20 世纪 90 年代以前得到彻底治理，故本节重点介绍举世瞩目的高寒、高海拔青藏铁路格拉段风沙危害的治理。

青藏铁路格拉段，由格尔木向拉萨方向，分别为格尔木—昆仑山分水岭段内的昆仑山北麓的格尔木河、昆仑河的河谷地带，昆仑山分水岭—唐古拉山分水岭段内的草原荒漠地带以及唐古拉山高山草原风沙段、唐南错那湖沿岸段、唐南退化草原段。沙害具体分布于铁路沿线的红梁河、秀水河、北麓河、沱沱河、通天河、扎加藏布和措那湖等地区。其中藏北高原措那湖东岸的洪积平原，是青藏铁路格拉段沿线风沙活动最为强烈的地段，该段的风沙防治工程规模最大、也最具代表性。按沙源特征划分，风沙活动的地貌主要分为两类：(1) 铁路两侧有半固定沙地、半固定沙丘，铁路附近有明显的沙源的沙害地段；(2) 铁路附近无明显沙源的砾质荒漠地段，经洪水搬运，表面有一层较薄的砾石，常混杂 30%～40%的细颗粒，在风的吹蚀下形成严重的风沙流地段。

7.2.1 沿线铁路工程环境背景

1. 地质背景

青藏铁路沿线处于高原地区，地质环境复杂多样（如图 7.14 所示），构造运动强烈、地震活动频繁，是构造性活动最强的地质单元之一。沿线穿越了 10 条区域性地震构造带，发现全新世以来活动断层多达 114 条，其中强烈活动断层 4 条，较强烈活动断层 35 条，同时湟源、关角山、昆仑山、羊八井等峡谷路段两侧地势陡峭，沟谷密布，岩石破碎，有些路段土质松散，河床坡度也较大。

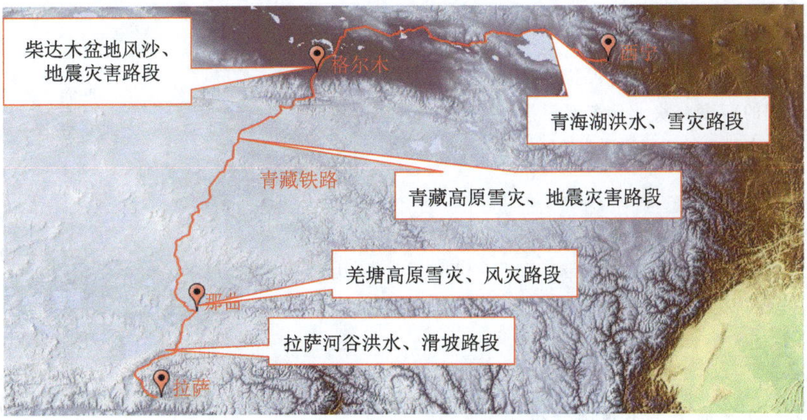

图 7.14　青藏铁路沿线自然灾害地域组合分区

青藏铁路沿线经过的主要地貌单元有青海湖、柴达木盆地、昆仑山、楚玛尔高平原、可可西里山、北麓河、沱沱河、通天河、布曲河谷、温泉盆地、唐古拉山、扎加藏布、安多河谷、错那湖柴曲谷地、拉萨河谷等河谷低地与高海拔平原。山地包括日月山、关角山、昆仑山北坡、可可西里山、风火山、唐古拉山、念青唐古拉山等，地势险峻、山势巍峨；其余部分山地多呈穹隆状，山势浑圆坡度平缓。盆地和谷地则大体呈 NWW-SEE 向分布，河谷宽浅，地形平缓。因此，线路通过地区除昆仑山北坡路段、拉萨路段等坡降较大的山区河谷以及其间的风火山、可可西里山、唐古拉山、念青唐古拉山等路段坡降较大外，其余地段则均属高原平地，地形平坦开阔。沿线总体上呈现出高山丘陵和山间高原平地与盆地相间分布。

青藏铁路风沙灾害主要分布在格拉段，沿线的风沙地貌主要分布于措那湖等地，其中 DK1553＋200～DK1562＋950 区间段线路长度 9 750 m，风沙路基长度 8 333 m（桥长 1 417 m）。风沙地貌包括以下两种：

①半固定沙丘分布在 DK1553＋200～DK1556＋510、DK1556＋680～DK1557＋390 段，其松散状的细砂厚度一般 0.5～3 m。

②流动沙丘分布于 DK1560＋690～DK1561＋450、DK1561＋980～DK1562＋530 段。沙丘高度一般为 1～5 m，间距 10～50 m，迎风坡长度 10～30 m，坡度 8°～15°，

背风坡度 30°～50°，地层为松散的砂。在勘测过程中，位于沙丘上的导线桩在两个月之后出现露头或悬空现象，说明线路沙丘活动性较强。

青藏铁路格拉段沿线自北向南的途经地点为：格尔木、五道梁、风火山、沱沱河、安多、那曲，其主要地质概况见表 7.10。

表 7.10 青藏线格拉段沿线的地质概况

站名	地理位置	海拔(m)	地形地貌	气候
格尔木	位于欧亚大陆中部，柴达木盆地南端，南临昆仑山脉，北临察尔汗盐湖	2 807.6	地貌复杂，地形南高北低，由西向东倾斜	干燥
五道梁	位于昆仑山和唐古拉山之间的西藏台块上，东部沼泽遍布，为长江黄河源头地区	4 612.2	地形平缓	严寒、干旱，为高原亚寒带半干旱气候区
风火山	位于青藏高原腹部，属高平原上的山地丘陵地带，为可可西里山的一部分	4750.0	山地、丘陵地带	具有半干旱大陆性气候特征
沱沱河	在平面上呈不规则分布，长轴方向呈北西西展分布，北界受乌丽弧形构造带的控制，南界受开心岭北坡北西西向断裂构造的控制	4 533.1	沱沱河盆地东宽西窄，地形开阔，起伏不大，地面冲沟较发育，地表零星出露热熔湖塘，局部地段发育固定沙丘及半固定沙地	属于青藏高原冰雪型气候区，气候干燥，气温气压低，春秋季节短暂，冻结期九月至次年四月，疾风暴雨、雷电等变化剧烈且无常
安多	位于羌塘高原，介于青海、甘肃、四川与西藏接壤的高山峡谷地带	4 800.0	呈中间高南北低，西高东低之势，整体成撑菁篰状	属于高原亚干旱气候区，气候多变，急风、暴风雪、暴雨、冰雹，雷电、霜冻、寒潮等变化剧烈无常
那曲	整个地区位于唐古拉山脉、念青唐古拉山脉和冈底斯山脉怀抱之中，西边达尔果雪山，东边布吉雪山	4 507.0	地形呈西高东低趋势	属于亚寒带，亚湿润气候，高寒缺氧，多大风天气

2. 气候与水文概况

青藏铁路横穿青藏高原，属于高原大陆性气候，气候特征为低温、干燥、空气稀薄、昼夜温差大、紫外线强。青藏铁路那曲—拉萨段年平均气温 7～8 ℃，冬季平均气温低于－4 ℃，其中安多、那曲、当雄、拉萨 1 月平均气温分别为－14.2 ℃、－12.8 ℃、－8.6 ℃、－1.3 ℃。青藏铁路昆仑山—唐古拉段年平均气温－5～4 ℃，冬季最冷月平均气温为－15～－17 ℃，夏季最热月平均气温仅为 5～8 ℃。青藏高原腹地冬季极度寒冷，白天气温一般为－25～－15 ℃，夜晚气温一般为－35～－25 ℃，五道梁和沱沱河冬季最低气温分别为－37 ℃和－45 ℃。大部分地区每年 6～8 月为雨季，2～4 月为风季，海拔 5 000 m 以上地区降水以雪和冰雹为主。风季以西北风、西风为主，8 级以上大风多集中在每年 10 月～次年 4 月，最大风速达 20～28 m/s。青藏铁路沿线大部分地区每年仅 5～9 月适合进行野外地质工作，每年野外可工作时间一般少于 6 个月。青藏铁路昆仑山—安多北段属多年冻土区，常年冻土厚度达数十至百余米，安多—拉萨段属季节性冻土地区，局部发育岛状冻土。

青藏高原地面平均气温与同纬度地区相比要低 10～14 ℃，特别是在夏季，藏北高原比同纬度的我国平原地区日平均气温低 20 ℃，比西伯利亚地区也要低 16～20 ℃。但是，与同纬度、同高度的自由大气相比，夏季高原比平原气温要高 5～7 ℃，成为北半球一个独立的暖中心，相对于四周大气是一个热岛，对中国西部的整个气候环境都有重要的作用。

根据国家气象局所提供的格尔木气象站、五道梁气象站、沱沱河气象站、清水河气象站、安多气象站、那曲气象站以及中铁西北科学研究院风火山综合观测站共 7 个气象站的资料，近 40 年来青藏高原各地的气候处于升温状态，与全球气候变化趋势一致。但是青藏高原腹部地带气温增幅明显低于高原周边地区，这主要是由于多年冻土带所积累的大量低温，对多年冻土区的气温升高的影响造成的。

青藏铁路格拉段各气象站气候状况如表 7.11 所示。

表 7.11 青藏线格拉段沿线气候状况

站名	年均风速 (m/s)	年均气温 (℃)	极端最高温 (℃)	极端最低温 (℃)	年均相对湿度 (%)	年降水量 (mm)	年蒸发量 (mm)
格尔木	2.8	5.3	35.5	－26.9	32	42.1	2 504.1
五道梁	4.5	－5.4	22.4	－37.7	57	274.8	1 300.8
风火山	4.1	－6.0	24.7	38.5	55	299.7	1 470.0
沱沱河	4.2	－4.2	24.7	－45.2	53	275.5	1 599.6
安多	4.3	－2.8	23.5	－36.6	52	435.7	1 710.7
那曲	4.3	－1.2	23.6	41.2	53	426.4	1 690.7

根据区域位置、植被、气候可将青藏铁路沿线环境分为东、西两段，共四个气候带，见表 7.12。东段为格尔木南山口段至羊八岭段，西段为羊八岭至拉萨段。

表 7.12　铁路沿途环境与气候状况

区域		地表植被现状	气候带
东段	格尔木南山口—昆仑山口	山体裸露，植被稀疏	大陆性干旱和半干旱气候
	昆仑山口—唐古拉山口	植被低矮、稀疏，主要有高寒草甸和高寒草原	亚寒带半干旱气候
	唐古拉山口—羊八岭	高寒草原、高寒荒漠草原和高寒荒漠	亚寒带半干旱气候
西段	整段	干暖、温性灌丛为主	温带半干旱气候

青藏铁路沿线水系密布，河流与湖泊众多，如图 7.15 所示。青藏铁路穿越的主要河流包括楚玛尔河、秀水河、北麓河、沱沱河、通天河、布曲、扎加藏布、那曲与藏布曲、拉萨河等河流。在昆仑山和唐古拉山之间的青海西部高原，很多水系属长江源头水系，包括巴拉大才曲、清水河、楚玛尔河、秀水河、北麓河、日阿尺曲、沱沱河、通天河和布曲河。在唐古拉山南侧，扎加藏布属内流水系，向西南汇入色林错；那曲属怒江水系，拉萨河、尼洋河、易贡藏布、帕隆藏布等河流经雅鲁藏布江汇入恒河。青藏铁路沿线发育清水湖、茶错、巴斯错、措那湖、崩错、懂错、蓬错、错鄂、纳木错等高原湖泊，南侧发育羊卓雍错湖，西侧分布库赛湖、卓乃湖、可可西里湖、乌兰乌拉湖、错仁德加、色林错等著名湖泊。青藏铁路沿线还发育不同类型的地下水和大量不同温度的泉水，地下水与泉水因季节变化而产生的冻融、冻胀现象非常普遍，容易造成不同程度的地质灾害。

图 7.15　沿线水系分布

7.2.2 沿线沙害分布与风沙要素特征

1. 沿线沙害分布

青藏铁路开通运营以来，在铁路沿线的红梁河、北麓河、秀水河、沱沱河、扎加藏布和错那湖地段出现了较为严重的铁路风沙灾害，威胁铁路安全运营。

（1）红梁河地段沙害

红梁河地区属于山前洪积高平原地区，地表草皮覆盖率 10%～25%。红梁河大桥附近为典型的沟口地形，沟口的方向与主导风向一致。该地段年平均风速 3.9 m/s，主导风向西风（W），一年中 3 月和 12 月风速最大，3 月平均风速 5.2 m/s，12 月平均风速 5.0 m/s，月风向频率最大均为西风，铁路线路为南北走向。

红梁河地段积沙的沙源主要来自于铁路右侧高大山梁，宽 400～500 m，也有少部分来自山梁南部的河流冲积平原，如图 7.16、图 7.17 所示。距铁路最近的大型沙丘高 15～20 m，直线距离 790 m，在风力作用下极易形成风沙流，对线路安全运营造成较为严重的影响。

（2）北麓河及秀水河地段沙害

北麓河及秀水河地区属于冲洪积高平原，地表草皮覆盖率 5%～30%，植被厚度 5～10 cm，多年冻土上限以上依次为冲积、洪积、粉质黏土、粉土。主导风向以偏西风为主，铁路线路走向为南偏东 16°。

该地区线路路基坡面积沙较严重，在部分片石护坡地段已有沙埋现象，线路右侧羽毛排挡沙墙背风侧积沙高度为沙障高度的二分之一，石方格沙障内已形成较稳定的蚀积凹面，失去防沙功能，在护道和坡角处均有积沙现象，如图 7.18、图 7.19 所示。

图 7.16 红梁河大桥附近积沙

图 7.17 红梁河大桥右侧山梁上积沙

图 7.18 北麓河路基左侧边坡积沙

图 7.19 北麓河路基右侧坡脚积沙

北麓河及秀水河段沙源主要来自河漫滩上的现代河流冲积物，也有部分来自沙质冲积平原及分布其上的活化沙丘，线路右侧的草场也严重退化，对线路周边地区的固沙作用明显下降，是典型的草场沙漠化区域，在风力作用下形成严重的风沙流侵袭铁路，严重影响线路安全运营。

（3）沱沱河地段沙害

沱沱河地段的地层岩性分别为第四系全新统的粉质黏土、细砂、砾砂、圆砾土、上第三系的泥岩、砂页岩和泥灰岩等软弱岩层。表层1～2 m为亚砂土或砂、角砾石，2～3 m为残积碎石亚黏土层，下部以砂页岩和泥灰岩为主。该区在地貌上属长江源小起伏高山宽谷盆地，其中分布辽阔的冲积平原及洪积平原，边缘地带分布着剥蚀台地和河湖相沉积台地。

该地区年均风速3.6 m/s，主导风向西北偏西（WNW），风速以3月、12月、4月份较大，3月份平均风速5.1 m/s，以西北偏西风为主；12月份平均风速4.3 m/s，以西风为主；4月份平均风速4.1 m/s，以西北偏西风为主。线路走向为南偏西60°。

该区段线路右侧挡沙墙和栅栏后均有明显积沙（如图7.20所示），但并没有阻挡住全部风沙流，在线路右侧积沙现象也很明显，沙害严重。沱沱河特大桥的低路堑处积沙最为严重，已影响到列车的安全运营，每年大风季节，对沙埋钢轨地段要派大量工人才能清理沙害、恢复通行。

（4）扎加藏布地段沙害

扎加藏布地区属于山间谷地，地形平坦，地表植被覆盖稀疏，戈壁风沙流活动频繁，地层为第四系全新统冰水沉积层，多年冻土上限以上为细砂，主导风向为西南偏西风。

该区段左侧路基沙害严重，坡面和排水沟内均有积沙现象；线路右侧坡面有风蚀现象，无明显的积沙现象，如图7.21所示。

图7.20 沱沱河沙害区积沙掩埋道床

图7.21 扎加藏布沙害区路基右侧边坡积沙

（5）措那湖地段

措那湖地段位于错那湖东岸洪积平原，地形平坦，地层为第四系全新统冰水沉积层，地表覆盖物为细砂，K1529＋874～K1530＋234段的细砂为地震液化层，K1532＋034～K1532＋474段为湿地。K1532＋483～K1534＋283段属于巴索曲河谷及两岸洪积平原，地层为第四系全新统风积、洪积细砂。1～4月以西南偏西（WSW）风为主，5～12月以东北偏北（NEN）风为主，11月至翌年4月风速较大，5～10月风速较小，线路为南北走向。

措那湖段沙源主要来自湖滨沉积物和河流冲积物。措那湖靠近水面线有大片的固定沙丘，由于严重风蚀和过度放牧，逐步演变为活化沙丘。在风沙流活动季节，措那湖湖岸丰富的沙物质在风力作用下逐渐向线路推进，堆积在线路附近，不仅给线路运营养护工作造成了较大的困难，还严重威胁线路安全运营，如图 7.22、图 7.23 所示。

图 7.22 措那湖沙害区大桥左侧积沙

图 7.23 措那湖沙害区路基左侧防护栅栏积沙

该区线路左侧申格里贡山的沙地表面浮沙在暖季 NEN 风的输送和洪水的携带下吹到桥右侧，暖季河床湿润，容易积沙；寒季 WSW 风又把河床积沙和措那湖对面的流沙吹到线路左侧及山坡上。

2. 沿线风况特征

沿线沙区冬春季大风日数多，尤其是以沱沱河为中心，包括五道梁、安多等地区的高原主体大风日数在 100 天以上。

区间内的风火山综合定位观测站位于青藏高原多年冻土腹部地区风火山北麓，介于昆仑山与唐古拉山之间，海拔 4 700 多 m。沿青藏公路北距五道梁 60 km，南距沱沱河 90 km，青藏铁路从站后 1 km 处通过。

根据观测站测试数据，风火山地区风速、风向基本特征是从 11 月至次年 5 月为多风季节。由于压差关系，一般冬末春初最强烈，风速较大，暖季风速较小。风速、风向传感器安装在气象观测场内距地面 10.5 m 的风速风向杆上。

风火山 2010 年年平均风速 4.1 m/s，风速月平均 2 月最大为 5.6 m/s，月平均 9 月最小为 3.0 m/s，主导风向西南偏南（SSW）图 7.24）。最大风速 20.4 m/s，风向为西南（SW）。瞬时极大风速 30.2 m/s，风向为西南（SW）。

风火山 2010 年月平均风速曲线如图 7.24 所示，月平均风速从 2 月份以后逐渐减小，暖季是少风季节，10 月份又逐渐增加，寒季是多风季节。

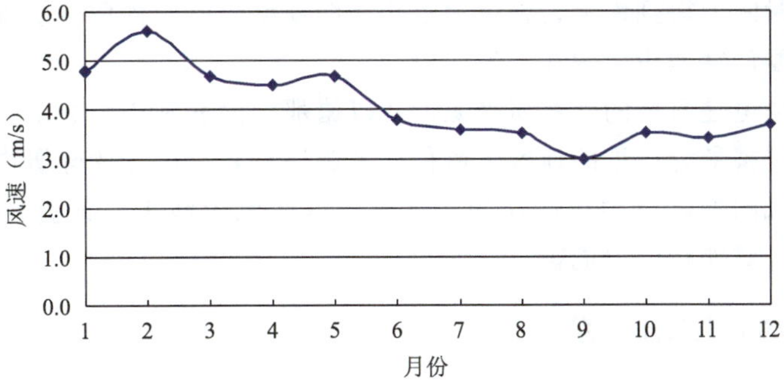

图 7.24 2010 年月平均风速曲线

图 7.25 为风火山地区 2010～2012 年度每日最大风的风向和风速玫瑰图。秀水河段与沱沱河段之间的主导风向为西风或西北风，几乎垂直于铁路线的趋势。如风速玫瑰图所示，大多数日最大风速高于起沙风（7.0 m/s），这种风力条件为沿线风沙流的产生提供了能量来源。

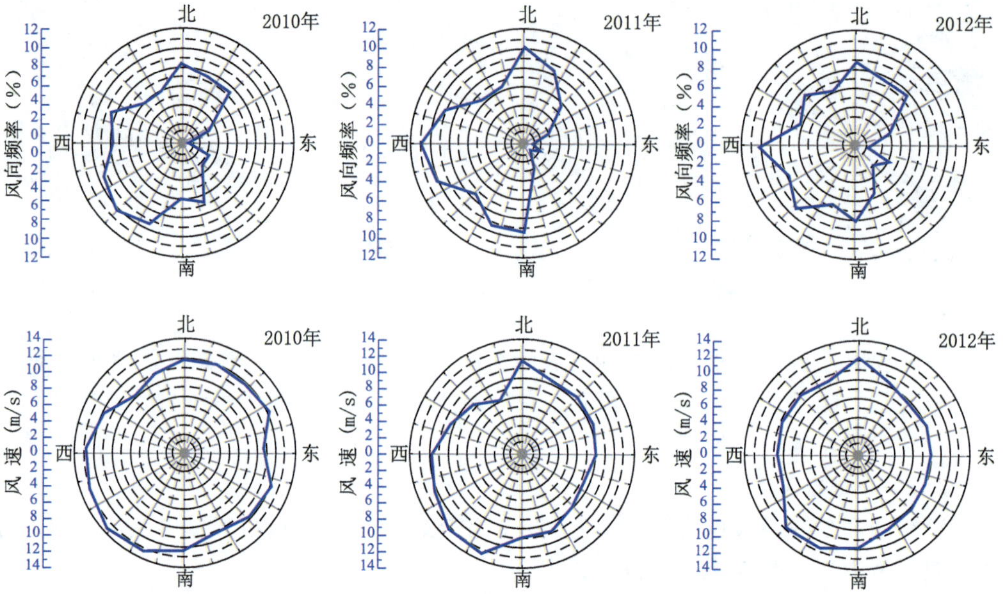

图 7.25　2010 年～2012 年度日最大风速的风向和风速玫瑰图

3. 沿线沙源分布特征

从风沙灾害的空间分布来看，青藏铁路格拉段风沙灾害主要分布在青海格尔木（K815+380）至西藏安多错那湖（K1531+280）段。在红梁河（K1104+690）、秀水河（K1123+020）、北麓河（K1127+070）、沱沱河（K1224+810）、通天河（K1266+569）、扎加藏布（K1445+560）等河谷及两岸地区以及错那湖段（K1528+710～K1531+280）风沙灾害相对集中且严重。

沙化草甸和沙化草地是重要的沙源地之一，其对铁路的影响主要表现在两个方面：一方面是沙粒在风力作用下积沙上道，直接对铁路造成危害；另一方面，沙物质随水流或被风携带进入河谷，并在河谷地区沉积，成为河相沉积物的重要来源。一旦草甸和草地大面积沙化，地表结构和下垫面性质发生改变，生态环境脆弱的高寒地区，很难在短时间内得到恢复，将促使整个青藏铁路沿线风沙危害加剧。该类沙源分布较广泛，主要危害地段出现在沱沱河段。

湖相沉积物也是重要的沙物质来源，尤以错那湖段表现更为突出，使之成为青藏铁路沿线风沙灾害最为严重的地区。风积沙来源还有岩石风化的碎屑物质、沙砾质戈壁与古沙丘的风蚀物以及固定沙丘的活化等。这些风积沙来源或直接对铁路造成危害，或互相叠加对铁路产生危害。

7.2.3　沿线风沙防治工程

青藏铁路建成初期，线路沙害严重，甚至有沙埋线路的现象发生，严重影响行车安全。经过几年风沙防治工程建设，铁路沙害有所减弱。红梁河、北麓河、沱沱河和错那湖四处沙害较为严重，采用的防沙措施也复杂多样。部分防沙措施也取得了明显的效果，对风沙流进行了有效拦截，对地表沙砾进行了有效固定。不过依旧有部分工程措施未成功发挥控沙作用，甚至在严重的风沙流侵害之下发生破坏。

青藏铁路沿线采用了多种防沙、治沙措施相结合的模式，其中大多均为机械固沙模式，由于线路主要分布于青藏高原地区，因此具有特殊的地域特点，难以实施植物治沙措施。沿线主要采用的机械治沙措施包括羽毛排挡沙墙、铃铛式挡沙墙、PE 网沙障以及石方格等多种沙障。

红梁河、北麓河、沱沱河和措那湖四处的沙害较为严重且既有防沙措施种类多样，基本涵盖了青藏铁路沿线的已有防沙措施种类，现分述如下。

1. 红梁河段风沙防治工程

红梁河沙害地段是青藏铁路沿线较为典型的草场退化和河道沙害地段之一，在前期设置的阻沙措施种类和数量较多，使该段的沙害得以缓解。

红梁河地区的防沙措施主要分布于铁路两侧，包括高立式 PE 网沙障、铃铛式挡沙墙、挂板式挡沙墙、插板式挡沙墙、石方格沙障和羽毛排沙障等，如图 7.26～图 7.29 所示。

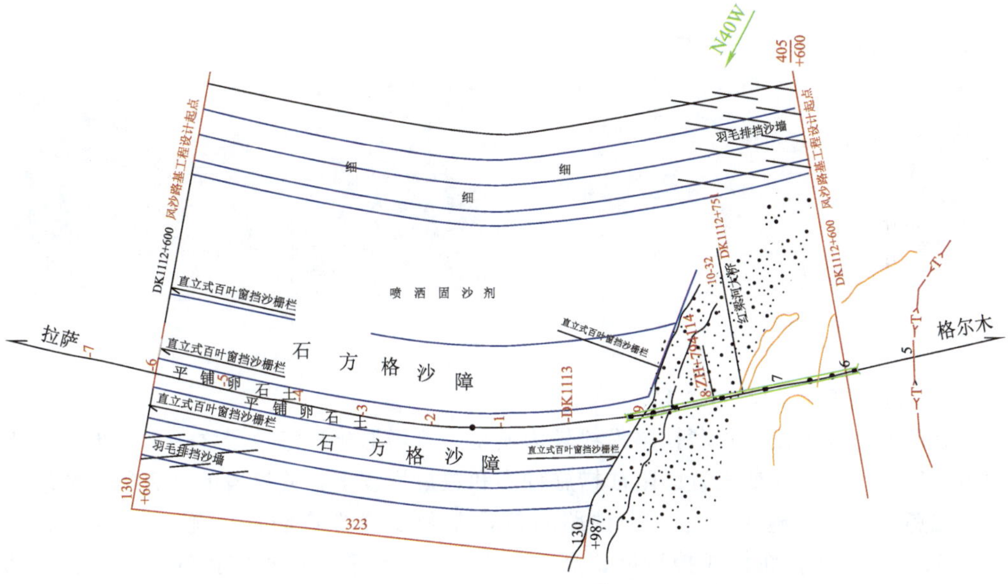

图 7.26 红梁河段防沙工程措施布置设计图

青藏铁路红梁河区段沙源主要来自于铁路右侧高大山梁上的积沙，高大沙梁宽度 300～600 m，也有少部分沙源为山梁南侧的河流冲积平原上的冲积物。距离铁路最近的流动沙丘高度 10～15 m，距离铁路直线距离约为 790 m，在强劲风力的作用下，沙物质极易被吹扬、搬运和堆积，造成线路积沙。同时红梁河处草场严重退化，附近山梁上发育有流动沙丘，大风季节输沙量非常大。高立式 PE 网沙障在防沙体系中起了较重要的作用，积沙量非常大，积沙形态呈弧形分布，充分说明 PE 网沙障有较强的阻沙能力。铃铛式挡沙墙积沙与同地区的其他沙障相比，积沙量偏小，可见其阻沙能力偏弱。挂板式挡沙墙阻沙能力较强，积沙量和积沙的高宽比较大，积沙距沙障有一定距离，不会堵塞沙障空隙且不对沙障产生侧压力，达到了较为理想的阻沙效果。插板式挡沙墙积沙量相对挂板式挡沙墙较少，且积沙分布位置没有后者集中，说明插板式挡沙墙阻沙能力弱于后者。石方格沙障位于防沙体系的最后部，固沙效果明显。

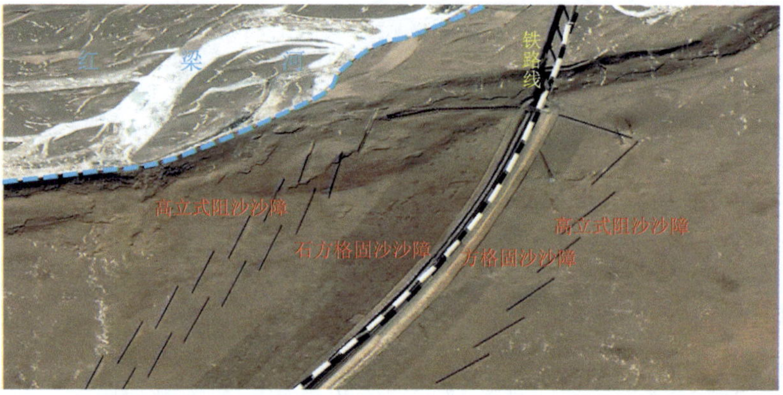

图 7.27 红梁河风沙防治工程体系

图 7.28 红梁河插板式挡沙墙

图 7.29 红梁河挂板式挡沙墙

2. 北麓河段风沙防治工程

北麓河沙害地段是青藏铁路沿线较为典型的草场退化沙害地段之一，该地段由于沙害危害较大，在前期设置的阻沙措施种类和数量均较多，使该段的沙害得以减缓。

北麓河防沙措施主要分布于铁路右侧，左侧设置少量防沙措施，如图 7.30～图 7.32 所示，包括轨枕式挡沙墙、高立式 PE 网挡沙墙、挂板式挡沙墙、铃铛式挡沙墙、PE 网方格沙障等。

北麓河段沙源主要来自北麓河河漫滩上的现代河流冲积物和冲积平原上的活化古沙丘。北麓河处于草场退化地区，最前沿防沙措施为轨枕式挡沙墙和高立式 PE 网沙障。轨枕式挡沙墙积沙较多且积沙范围比较集中，且离开沙障一定距离，积沙不会影响轨枕式挡沙墙的防沙效果，起到了较好的挡沙效果。PE 网沙障的积沙量较大，积沙范围集中，但积沙紧贴在 PE 网的两侧，产生的侧压力容易将沙障损坏。挂板式挡沙墙位于多道阻沙措施之后，挂板式挡沙墙的积沙量仍然较多，积沙位置集中，且积沙离开沙障一段距离，积沙不影响挡沙墙防沙作用的发挥，起到了较好的挡沙效果。

铃铛式挡沙墙积沙较少，说明铃铛式挡沙墙对风场的干扰较小，从现场来看铃铛式挡沙墙的挡沙效果比较差。PE 网方格沙障的原理是增加地表粗糙度，从而增加地表气流扰动，使沙物质沉积。北麓河地段的 PE 网方格沙障拦截沙物质较多，起到了较好的固沙效果。

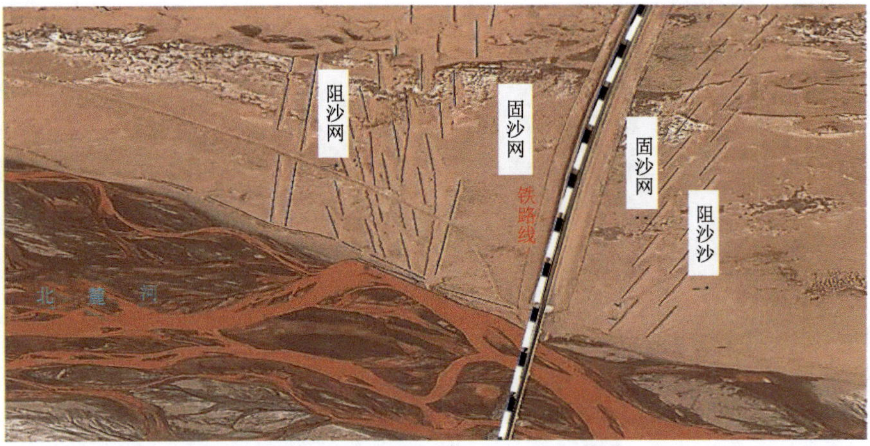

图 7.30 北麓河风沙防治工程体系

图 7.31 北麓河 PE 网固沙方格

图 7.32 北麓河挂板式挡沙墙

3. 沱沱河段风沙防治工程

青藏铁路沱沱河地段属长江源小起伏高山宽谷盆地区，包含冲积平原和冲洪积平原，在其边缘地带分布着剥蚀台地和河湖相沉积台地。沱沱河常年流水，河床宽阔，网状水系发育。风季沱沱河地区会有大量的沙物质从沱沱河西岸吹向沱沱河车站，由此沱沱河地区的防沙工程主要围绕沱沱河车站进行布设。

沱沱河段风沙防治工程主要布置于铁路右侧，包括高立式 PE 网沙障、铃铛式挡沙墙、羽毛排状输导沙障、挂板式挡沙墙、PE 网方格沙障、石方格沙障等，如图 7.33～图 7.35 所示。

沱沱河地区整体防沙体系为 PE 网沙障作为前沿阻沙措施，结合羽毛排输沙沙障、铃铛式挡沙墙、挂板式挡沙墙共同进行控沙，靠近线路为石方格固沙。高立式 PE 网沙障障后积沙较少，障前积沙堆向 PE 网，PE 网在积沙压力作用下被挤压变形，严重削弱 PE 网沙障的挡沙效果。羽毛排状输导沙障积沙较少，这是由于沱沱河地区风向与羽毛排布置方向相近。铃铛式挡沙墙的积沙形态与北麓河铃铛式沙障情况基本一致，积沙量较少、分布范围大。挂板式挡沙墙在沱沱河防沙体系中位于多道阻沙措施之后，过境风沙经过前沿阻沙带的大量削减之后，挂板式挡沙墙前的风沙流强度已经较小，挂板式挡沙墙的挡沙功效没有得到充分的发挥，从积沙形态上看，积沙范围比较集中。PE 网方格沙障位于防沙体系的最后部，积沙量较多，起到了较好的控沙作用。

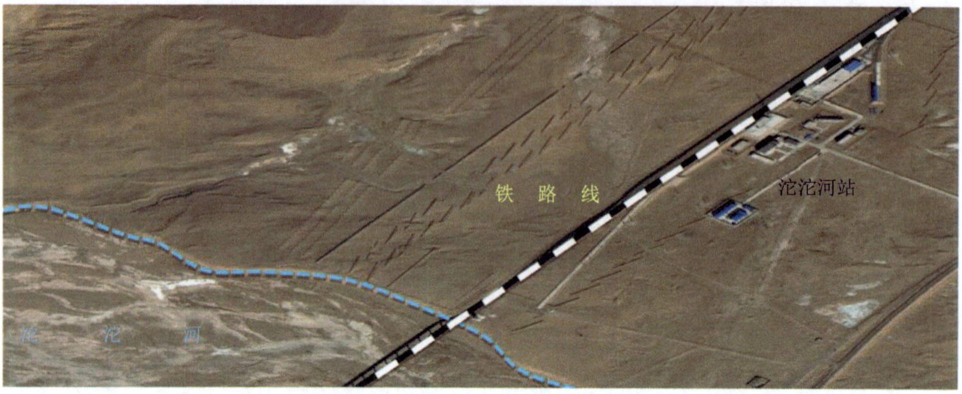

图 7.33 沱沱河风沙防治工程体系

图 7.34 沱沱河低立式石方格沙障

图 7.35 沱沱河 PE 网导沙沙障

4. 措那湖段风沙防治工程

措那湖段风沙防治工程主要布置于铁路右侧，主要包括插板式挡沙墙、高立式 PE 网沙障、PE 网方格沙障、石方格沙障和覆网措施等，如图 7.36～图 7.39 所示。

措那湖段大量使用了插板式挡沙墙，插板式挡沙墙的积沙位置比较集中，是一种较好的阻沙措施。高立式 PE 网沙障阻沙量较大，在 PE 网沙障附近形成了一座大沙丘。高立式 PE 网沙障在此发挥了较大的阻沙作用，否则将会影响行车安全。低立式 PE 网方格沙障以固沙为主但在该区段同时起到阻沙作用，低立式 PE 网方格沙障拦沙量相对石方格较大，但方格被填满以后沙障不能重复使用，清沙困难。措那湖地区沙漠化非常严重，沙源丰富，石方格多已呈现饱和积沙状态。措那湖还采用了覆网措施，即在流动沙丘上覆盖 PE 网。但需要每年翻新回收，否则污染环境，且铺在地面的 PE 网会影响当地植物的生长。

措那湖段沙源主要来自湖滨沉积物和河流冲积物，湖岸边大片的固定沙丘，由于严重风蚀和过度放牧，逐步演变为活沙丘，在风力作用下逐渐向线路推进，堆积在线路附近，不仅给线路运营养护工作造成了较大的困难，还严重威胁到安全行车。措那湖沙害地段是青藏铁路沿线较为典型的湖岸沙害地段，铁路沙害最为严重。经过现场调查发现，该地段由于风沙危害较大，前期设置的阻沙措施种类和数量均较多，使该段的沙害得以减缓，但该地段沙源丰富，防沙任务依旧较大。

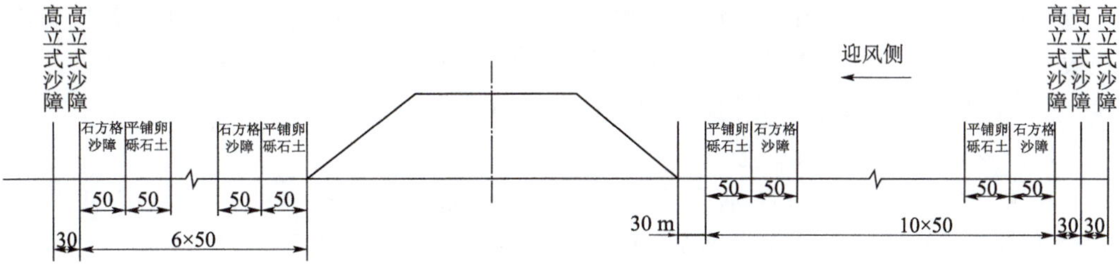

图 7.36 措那湖风沙防治工程体系布置图（单位：m）

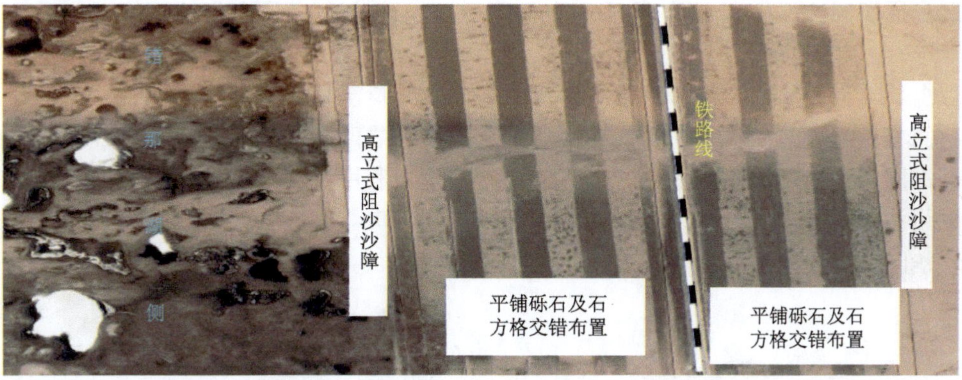

图 7.37 措那湖风沙防治工程体系

图 7.38 高立式 PE 网沙障

图 7.39 覆网措施

7.2.4 沿线风沙防治工程的服役与创新

随着青藏铁路沿线各种防沙工程措施的建设加强，青藏铁路沿线的风沙危害程度相对线路开通初期有比较明显的降低，青藏铁路沿线的风沙防治工程为铁路行车安全提供了较大的保障。

在青藏铁路沿线进行风沙防治工程建设，由于可用于防沙、治沙的材料有限，特殊的工程环境背景特征对防沙材料在耐久性等方面的要求较高，导致防沙材料受到环境适应性限制，这些原因使得青藏铁路的防沙、治沙材料来源单一。为此，要达到治理效果，必须根据实际情况对现有材料的应用加以优化，同时积极采用各种“以沙治沙”“以水治沙”以及输导等创新性方法以期达到较理想的控沙效果。

1. “以沙治沙”创新理念

在青藏铁路沿线采用各种手段对沙害进行控制和治理过程中，从 2009 年开展治沙初期，治沙工程技术人员就注重“以沙治沙”的创新理念。“以沙治沙”的理念，主要是在风沙防治工程的前沿，通过设置 2～3 道高立式 PE 网沙障，沙障的间距设置成 20 m，通过尽快在这沙障内自然积沙，积沙达到一定高度后形成宽大沙坝，利用沙体本身作为挡沙墙阻截流沙前移。这种方式，在红梁河沙区、北麓河沙区和措那湖沙区体现最为明显。从观测看，当沙障内积沙高度达到 1～1.2 m 时(沙障高度 1.5 m)，沙障前后积沙与风蚀达到平衡，流沙前移速度减缓甚至停止。这种理念，与近两年来娄志平治沙工作室在内蒙古磴口至乌海公里利用悬袋网沙障顺公路两侧堆积起来的砂基线顶部或在沙梁顶部设置悬袋网形成拦沙坝治沙的方式不谋而合。不同之处在于，青藏铁路这种人为设置沙障，利用风沙自然堆积也可以形成沙基线成为沙墙拦沙坝，如果风沙自然堆积超过 1.5 m 时，可在沙障顶部重新设置 1 道高立式沙障（如图 7.40 所示）。

图 7.40　沙障间人造沙体挡沙墙

2. “以水治沙”创新理念

“以水治沙”创新理念的实施主要是指利用铁路沿线沙区个别地段具有季节性流水的条件，利用工程措施拦截水流蓄水，夏季以水压沙，在冬季大风季节以冰覆盖沙面从而到达治理沙害的实际效果（如图 7.41、图 7.42 所示）。

图 7.41 治理前的沱沱河——风蚀沟道

图 7.42 治理后的沱沱河——蓄水压沙

如沱沱河沙区属于多年冻土区，车站对面有一风蚀沟道和沱沱河连通，夏季这一沟道是这一区域很少的一部分冻结层上水集中流向沱沱河的通道，冬季干涸，沟道风蚀严重，沱沱河同样也处于枯水期，从沱沱河干河岸吹来的流沙通过这一通道漫流，造成这一区域积沙严重，沱沱河车站站台也因此受到积沙漫道形成站区内环境污染。为此，工程治沙人员通过在这一沟道里建立拦水坝，夏季拦截冻结层上水，冬季则利用抬高的冰面压沙，同时拦水坝也阻挡了从沱沱河河面来的流沙，达到了较好的治沙效果。

措那湖沙区，同样利用夏季桥下有山体雪融水流水的条件，将桥下淤积的风沙清理至桥下 150 m 处筑成沙坝围堰，夏季蓄水，冬季利用沙坝本身阻沙，同时利用沙坝内积水结冰压沙减少铁路近地表再次风蚀，达到了以水（冰）压沙的目的。

措那湖人工蓄水坝的建成，无意间调节了河道漫流冲刷，使下游河道就地起沙得到控制，早期河道冲刷区域，也形成了冬季以冰压沙的情况，冬季风沙活动减少。近年来，措那湖沙区冬季风沙扬尘问题再难见到（如图 7.43 所示）。

图 7.43 措那湖桥下游沙坝蓄水效果

3. 利用有利地形进行输导工程建设

青藏铁路风沙区域，多集中在河流沿岸（如红梁河、秀水河、北麓河、沱沱河、通天河等）区域。在这些区域，风沙主要来源于冬季枯水期的干河岸，造成处于跨河大桥的桥梁两端端头、桥后路基段大范围受沿河岸吹来的流沙掩埋堆积严重。为此，在风沙治理中重点对这些河道两端河岸，沿岸边设置沙障构建风沙输导工程措施，使风沙流顺桥孔过境至线路下风侧（如图 7.44 所示）。

图 7.44 沱沱河岸输导工程设置后的植被恢复情况

4. 沙地覆网促使植被恢复

在活化沙丘表面覆网即采用平铺式沙障进行治沙，主要是对措那湖湖岸边活化沙丘、退化草地部分区域进行 PE 网覆压，促使草地植被恢复。2015 年以来覆压 3 万 m^2，目前退化草地植被得到恢复（图 7.45）。

图 7.45 措那湖活化沙丘覆盖后的植被恢复情况

通过上述工程防沙措施的实施，目前青藏铁路格拉段风沙危害得到彻底治理，红梁河、北麓河、秀水河、沱沱河、通天河及措那湖沙区天然植被（草）得到恢复，最主要的是红梁河、北麓河、秀水河、沱沱河沙害基本消除。

7.3 库格铁路（新疆段）

库格铁路是连接新疆维吾尔自治区库尔勒市和青海省格尔木市的Ⅰ级客货共线铁路，分为新疆段和青海段两部分，是连接青藏铁路和南疆铁路的一条新建铁路，是中国西北路网骨架的重要组成部分。库格铁路全长 1 214.6 km，其中新疆段长 708 km，是出疆新的铁路通道，也是南疆环线的重要组成部分，是新疆完善路网结构、“四纵四横”铁路主骨架之一，是西部地区关系国计民生的重要交通基础设施项目，对西部经济有着较明显的促进作用。库格铁路的修建对于全面构建和谐社会、增强民族团结、建设边疆和巩固国防具有重要的意义和作用。库格铁路在新疆段和青海段都存在风沙灾害问题，其中库格铁路新疆段风沙地貌类型复杂多样，沙漠、荒漠、戈壁相间分布，风沙线里程长，占到新疆段总里程的 60%以上，且沿线具有风力强劲、风沙流强度大、起沙风速低、治理难度较大等特点，风沙对本线的安全运营造成极大危害，为保证铁路安全运营，路基两侧都必须进行风沙防治工程建设。以下以库格铁路新疆段为例进行风沙防治工程案例介绍。

7.3.1 库格铁路（新疆段）沿线工程环境背景

1. 沿线地质背景

库格铁路沿线经过塔里木盆地、阿尔金低中山区和柴达木盆地三个一级地貌单元，总体地势为中间高、两头低，新疆段境内线路主要位于塔里木盆地内以及阿尔金山低中山区。

塔里木盆地区为内陆型盆地，海拔 700～1 300 m，地势由西南向东北微倾，在东、西部分别有库鲁塔格沙漠和塔克拉玛干沙漠，塔里木河在两沙漠间穿过。线路通过阿尔金山山前洪积扇、洪积平原和塔里木河湖积、冲积平原及库鲁塔格山前洪积扇上，沿线发育有洪积扇群、风沙地貌及盐渍化土地等地貌单元，在塔里木河两岸局部发育有绿洲。线路通过山前倾斜洪积平原的前缘及湖积、洪积平原时，沿线分布有风沙、泥石流、地震液化等不良地质和盐渍土、软弱地基土等特殊岩土。阿尔金山低中山区山脉呈北东走向，海拔 3 000～4 000 m，属构造剥蚀山地，山势东南缓西北陡，基岩裸露，沟梁相间，分布有山间盆地。线路穿越阿卡腾能垭口、索尔库里盆地及巴什考供垭口，越岭地段山体较窄，宽约 30～50 km，局部有危岩、落石发育。

沿线出露的地层主要有第四系、第三系、侏罗系、元古界蓟县系等，并伴有华力西期花岗岩、加里东期和元古代花岗岩、闪长岩等侵入体。第四系岩性为冲积、洪积、湖积、沼泽堆积的黏土、粉质黏土、粉土、粉砂、细砂、中砂、粗砂、砾砂圆（角）砾土、卵（碎）石土。部分地表分布有风积粉砂、细砂、中砂，在湖沼地段分布有淤泥、淤泥质黏土、淤泥质粉土；第三系岩性主要为泥岩、泥岩夹砂岩、砂岩、砾岩等，大部分成岩作用较差，泥质胶结为主，泥岩多具弱膨胀性；侏罗系岩性为砂岩夹砾岩；元古界蓟县系岩性为白云岩、灰岩、石英岩、板岩、千枚岩、片岩、变质砂岩、大理岩、片麻岩。

线路位于一级构造单元塔里木—中朝板块内，跨越柴达木微板块和塔里木微板块两个二级构造单元。线路在新疆区境内自东向西依次穿越了塔里木阿尔金山断隆、塔里木中央地块、库鲁塔格断隆三个次级构造单元。

阿尔金山断块位于塔里木东南缘，南以阿尔金山断裂为界与柴达木、东昆仑相邻。断块区以太古宙麻粒岩为基底，古元古代和中元古代沉积，蓟县纪末受阿尔金山运动聚合碰撞成山，后以剥蚀为主，局部间有沉积，多受岩浆岩侵入。塔里木中央地块为塔里木板块最大的古陆区，与现代塔里木盆地范围相近似。盆地为震旦纪—第三纪多类型之原型盆地的叠加，中—新生代沉积物覆盖其上，古老基底岩石未见出露。库鲁克塔格地块，向北为辛格尔断裂带，向南被塔里木盆地的中新界所覆盖。地块区以太古宙—元古宙为基底，被震旦纪—早古生代沉积覆盖，后以剥蚀为主，区内各时代岩浆岩特别发育。

2. 沿线气象与水文特征

库格铁路沿线属于典型的大陆型干旱气候区，分属高原干旱柴达木区、高原亚干旱青南区、南温带干旱南疆区三个气候大区。气候异常干旱、寒冷、多风少雨，昼夜温差大。尤其在戈壁沙漠中，风频较高，且风力强劲，一旦起风，便飞沙走石，能见度极低。库格铁路新疆段途径区域分属高原亚干旱青南区、南温带干旱南疆区。最大冻结深度 1 m。

阿尔金山低中山区，年平均气温略高，年平均降水量、降雪量稍大，风速大，最大冻结深度 2 m。

塔里木盆地区，年平均气温 11.5～12.5 ℃，极端最高气温 40～44.3 ℃，极端最低气温－21.5～－30.9 ℃，年平均降水量 24.7～54.1 mm，年平均蒸发量 2 033.3～2 900.0 mm，每年 4～7 月为风季，主导风向以东风、东北风为主，年平均风速 1.6～3.2 m/s，最大风速 13.3～20.5 m/s，年平均八级以上大风日数 5～29 d。

库格铁路沿线地表径流由塔里木河、车尔臣河和孔雀河三条河流组成。塔里木河由阿克苏河、叶尔羌河、和田河汇流而成，流域多年平均地表水天然径流量 398.3 亿 m^3，流域面积 19.8 万 km^2，最后流入台特玛湖。车尔臣河是新疆巴音郭楞蒙古自治州境内昆仑山系、阿尔金山系中最大的河流，发源于昆仑山北坡的木孜塔格峰，全长约813 km，年径流量达8亿 m^3，水源以雪山融水为主，最终也注入台特玛湖。孔雀河位于新疆巴音郭楞蒙古自治州库尔勒市，源头来自博斯腾湖，从湖的西部溢出，流经库尔勒市、尉犁县，注入罗布泊，在流经恰拉水库、大西海子水库之后会出现季节性断流，全长785 km，年径流量12亿 m^3。三条河流均属塔里木河流域，为典型的季节性河流，径流量不稳定。

全线地下水分布受水文、气象、地形地貌、地层岩性、地质构造等多种因素的控制和影响，地下水含水特征差异性大，根据含水介质判断沿线地下水类型为第四系松散层孔隙水。水位随季节变化强烈，一般冲积、洪积平原的后缘及地势较高处的地下水位较深，一般深度为10～30 m，局部深度大于100 m，含水层为圆砾土及砂类土，矿化度较低。冲积、洪积平原的前缘地下水位较浅，为1～10 m，含水层多为砂类土。

3. 沿线植物立地条件

沿线土质成分主要为风沙土和棕漠土构成，土壤质地主要为粉土、黏性粉土和细砂三种，土壤表层有机碳含量较低，土地贫瘠且大部分区域透水性强。土体（0～100 cm）平均含盐量在1.8%～5.2%之间，属盐土范围，盐渍化程度较强，部分区域地表分布有0.2 m左右的盐咸壳，盐分类型以氯盐渍土、亚硝酸盐渍土、亚氯盐渍土为主。土壤的碱性较强，pH值大于7.0，以微碱性和碱性土壤为主。

沿线自然植被种类少、群落结构简单、覆盖率低、大部分地区是裸地。自然植被多具有耐盐碱、耐干旱、耐风沙等特性，适应于极端干旱的气候。整体上可以划分为胡杨群落、柽柳群落、盐生植被群落以及芦苇群落四大类，主要分布在河道两岸1～2 km范围内。在沙漠地段植被类型主要有胡杨、柽柳、疏叶骆驼刺、铃铛刺、罗布麻、黑果枸杞、花花柴、泡果白刺、胀果甘草等；在沙漠至台特玛湖过度区域，土壤盐渍化程度较高，多以盐生植物为主，主要有盐穗木、盐节木、盐爪爪等，伴有少量的柽柳和芦苇；台特玛湖湖盆区地表多裸露，零星可见芦苇和柽柳等植物。

7.3.2 沿线风沙要素特征

1. 沿线风况要素特征

若羌县至米兰区采用若羌循环工业产业园周边国家气象局气象监测站2012～2018年1 h频率风速、风向资料分析该区域风况要素特征。在此观测期间内，区域10 m高极大风速最大值为37 m/s，多年平均风速为4.4 m/s，平均极大风速6.9 m/s。极大风速所在主要风向为NE、ENE和NNE，占极大风速频率的58.78%，主要次风向为SSW和SW，占极大风速频率的9.32%（如图7.46所示）。区域内路基走向大致为E-W。因此，沿线在主风向（NE和ENE）和次风向（SW和WSW）都进行了风沙防护。

从极大风速分级看，在7 m/s以上的风速中，7～20 m/s风速段占到了94.84%，20～25 m/s风速段占到了4.35%，25～30 m/s风速段仅占0.73%，而30 m/s以上的风速仅占0.08%（如图7.47所示）。可见，该区大于起沙风的风速中，极大风速主要集中于7～20 m/s风速段。

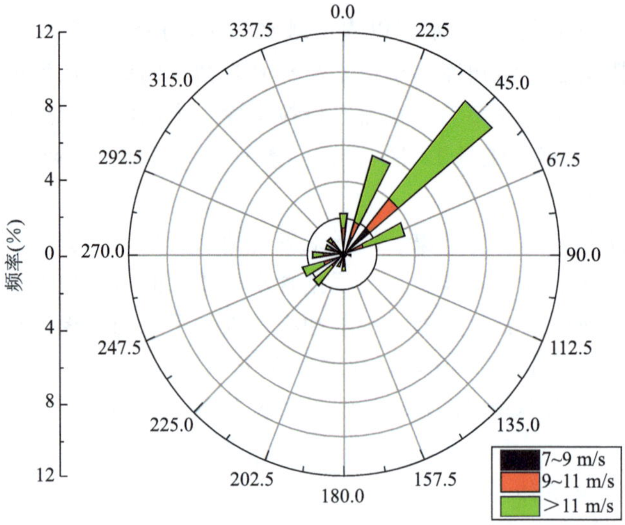

图 7.46 若羌循环工业产业园极大风速所在风向及频率

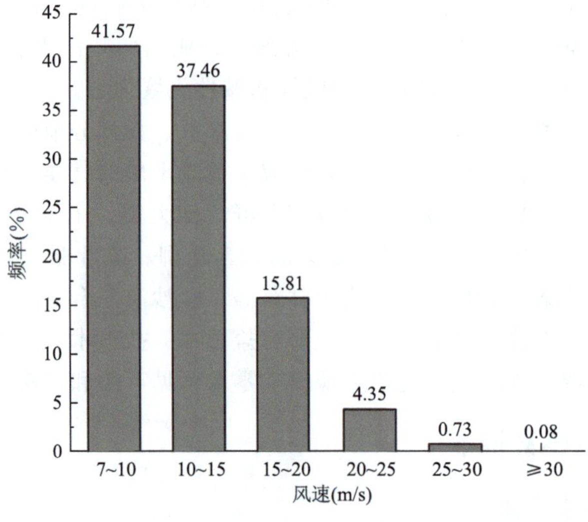

图 7.47 若羌循环工业产业园极大风速分级频率

台特玛湖干湖盆区域内采用国家气象局罗布庄气象站 2010～2018 年内 1 h 频率风速、风向资料分析区域风况要素特征。区域 10 m 高极大风速最大值为 34.2 m/s，多年平均风速为 4.8 m/s，平均极大风速为 7.2 m/s（如图 7.48 所示）。极大风速所在主要风向为 NE、ENE 和 E，占极大风速频率的 75.18%，主要次风向为 SSW 和 SW，占极大风速频率的 3.78%。区域内路基走向大致为 N-S。因此，与若羌至米兰戈壁区一致，沿线在主风向（NE、ENE 和 E）和次风向（SSW 和 SW）都进行了风沙防护。

从极大风速分级来看，10 m 高度处 7 m/s 以上的风速中，7～20 m/s 风速段占到了 96.24%，20～25 m/s 风速段占到了 3.73%，25 m/s 以上的风速仅占 0.03%（如图 7.49 所示）。以上结果表明，该区起沙风速也是主要集中于 7～20 m/s 风速段。

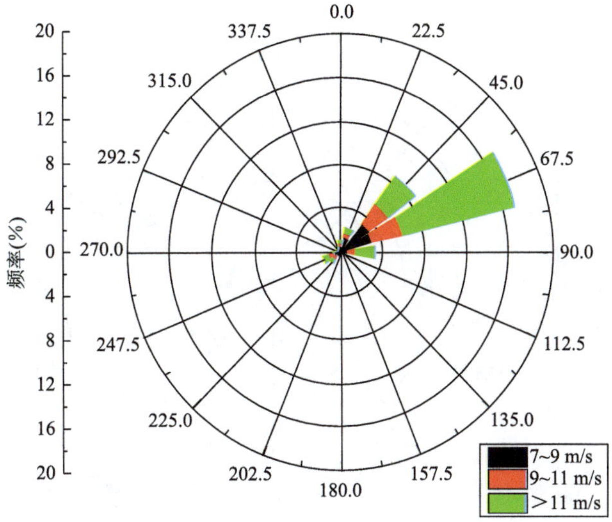

图 7.48 台特玛湖罗布庄多年极大风速所在风向及频率

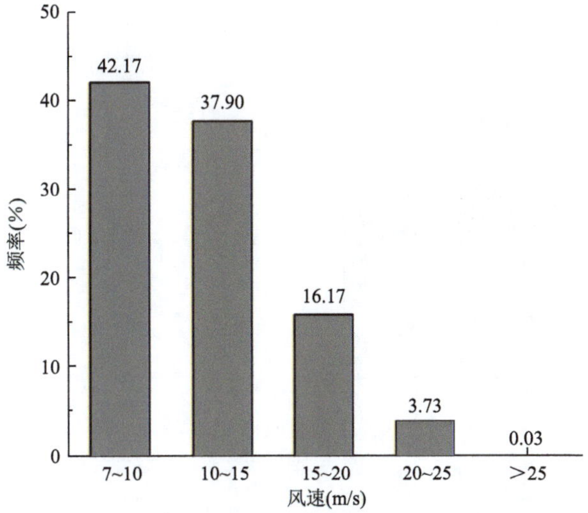

图 7.49 台特玛湖罗布庄多年极大风速分级频率

塔河下游泥漠区根据国家气象台气象监测站点库尔干站 2009～2018 年 1 h 极大风速、风向资料的统计分析结果表明，区域 10 年内最大瞬时风速为 25.7 m/s（10 m 高度），风向为 ENE，对应风级为 10 级。极大风速对应风向的统计结果表明，极大风速主要发生在 ENE、NE 和 E 方向，三组风向共占起沙风频率的 80.67%（如图 7.50 所示）。其中，ENE 方向占起沙风频率的 46.50%；其次为 NE 方向，占起沙风频率的 20.92%；第三为 E 方向，占起沙风频率的 13.24%。次风向主要包括 WSW 和 SW 方向，占起沙风频率的 5.84%。区域内路基走向大致为 ENE-WSW。从中可以看出，与台特玛湖干湖盆区一致，沿线在主风向（NE、ENE 和 E）和次风向（WSW 和 SW）都进行了风沙防护。

从极大风速分级来看，10 m 高度处 7 m/s 以上的风速中，7～20 m/s 风速段占到了 99.43%，20～25 m/s 风速段占到了 5.45%，25 m/s 以上的风速占 0.02%（如

图 7.51 所示）。因此区域内极大风速也分布在 7～20 m/s 风速段。

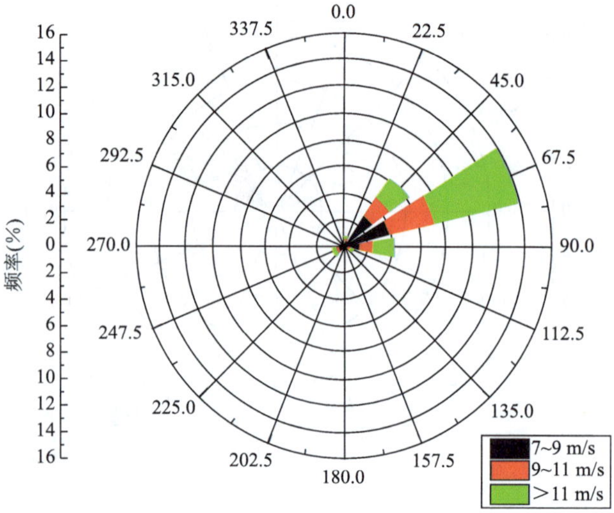

图 7.50 库尔干多年极大风速所在风向及频率

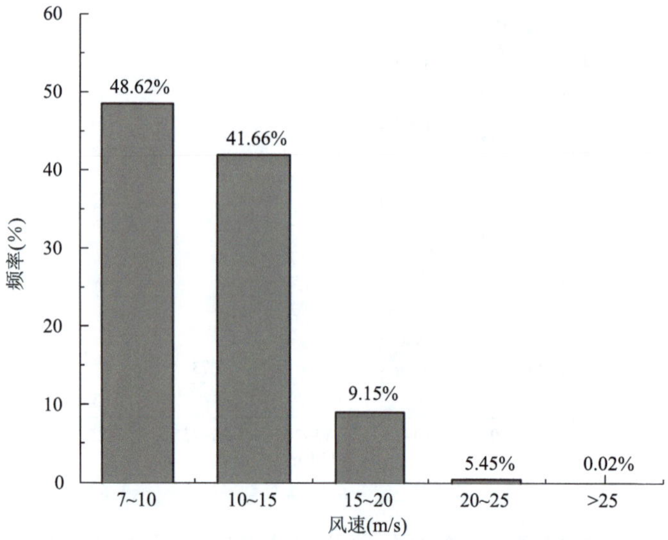

图 7.51 库尔干多年极大风速分级频率

绿洲 34 团—尉犁区段国家气象台站气象监测站点 33 团 2017～2018 年 1 h 极大风速、风向资料的统计分析结果表明，区域最大瞬时风速为 19.1 m/s（10 m 高度），风向为 NW，对应风级 8 级（如图 7.52、图 7.53 所示）。极大风速对应风向的统计结果表明，极大风速主要发生在 E、ESE 和 ENE 方向，三组风向共占起沙风频率的 48.98%。其中，E 方向占起沙风的频率的 24.79%；其次为 ESE 方向，占起沙风频率的 18.29%，第三为 ENE 方向，占起沙风频率的 5.90%。次风向主要包括 WNW、W 和 NW，占起沙风频率的 20.22%。区域内路基走向大致为 ENE-WSW。从中可以看出，沿线在主风向（E、ESE 和 ENE）和次风向（WNW、W 和 NW）都进行了风沙防护。

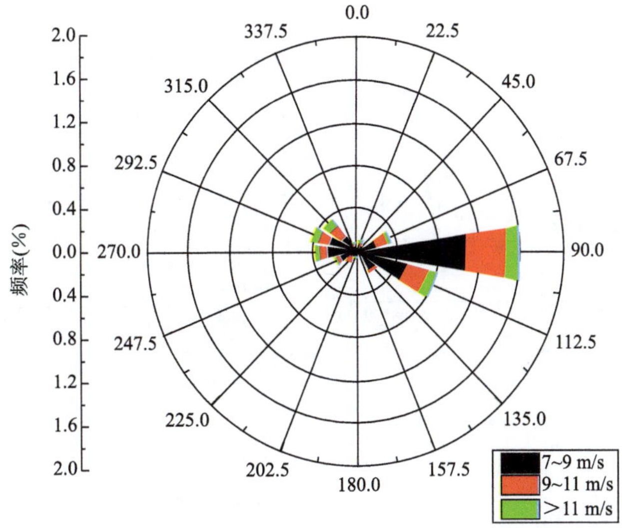

图 7.52 33 团 2017—2018 年极大风速所在风向及频率

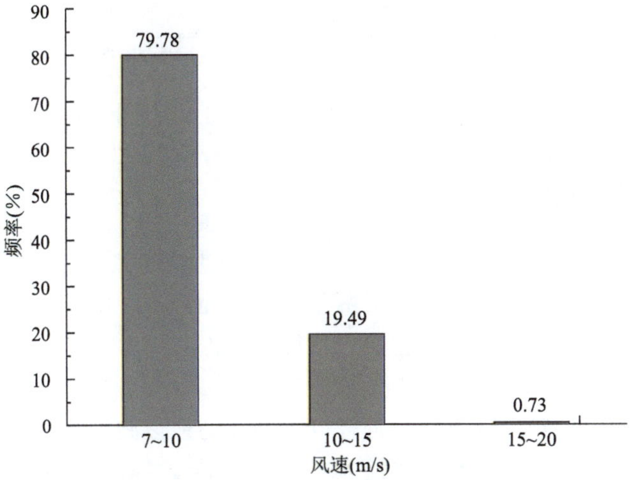

图 7.53 33 团多年极大风速分级频率

2. 沿线输沙势特征

利用国家气象局气象监测站点若羌、铁干里克、尉犁 2005～2017 年和考干 2009～2017 年风速、风向资料计算沿线输沙势，并分析该时间段内区域年输沙势的变化规律，获得风动力环境随时间变化规律。计算结果表明，2005～2017 年若羌和铁干里克区域输沙势呈降低趋势，相比 2005 年，若羌 2017 年年输沙势减小 24%，铁干里克减小 61%，而尉犁县略有增加趋势，最大输沙势出现在 2014 年。2009～2017 年考干输沙势同样降低，相比 2008 年，2017 年考干年输沙势减少 47%（如图 7.54 所示）。以上结果表明，近 10～15 年来，除尉犁县外，库格铁路新疆段沿线风能整体呈降低趋势。

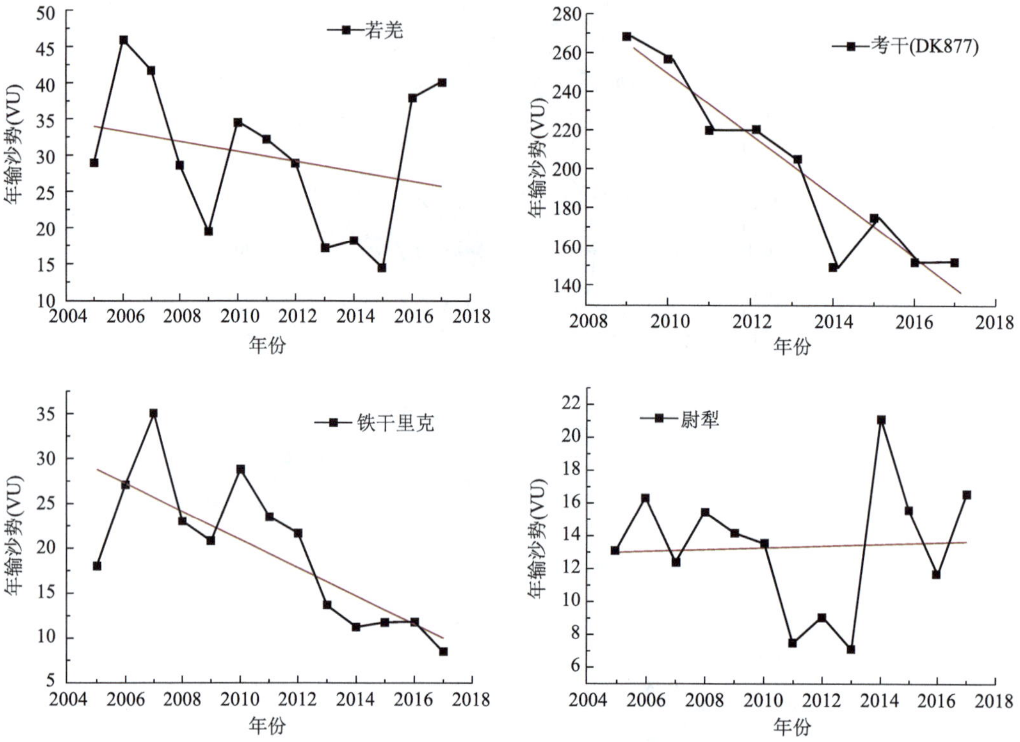

图 7.54　库格铁路新疆段多年输沙势变化规律

7.3.3　沿线沙害程度分级

按照库格铁路初步设计批复意见，路基填筑成形之后，进一步调查沿线沙害情况，确保风沙防治工程准确布设，开工两年后经实地调查，沿线沙害情况可以分为轻微、中等、严重三种情况。具体沙害类型特征如下。

1. 沿线严重沙害地段

基于铁路沿线实地踏勘调查，将符合以下条件的地段归纳为严重沙害地段：

(1) 线路两侧沙源丰富，存在流动沙丘、半固定沙丘等起沙来源；(2) 线路路基处于风沙流强劲的风口地段；(3) 路基积沙规模较大，路基本体坡脚积沙成规模（宽度一般大于 1 m，厚度大于 50 cm），路基踏步积沙很明显（厚度大于 15 cm），路基道砟砟脚积沙成规模（宽度一般大于 60 cm、厚度大于 10 cm），或者涵洞内积沙成规模（长度大于 5 m，高度大于 1 m），或者已铺设枕木地段，枕木上积沙很明显（厚度大于 5 cm）；(4) 线路附近短期内不存在改变风沙流分布的城市建设、农业开发等发展趋势。

沿线严重沙害地段部分典型沙害现场情况如图 7.55～图 7.58 所示。

2. 沿线中等沙害地段

将符合以下条件的地段归纳为中等沙害地段：

(1) 线路附近沙源明确，存在半固定沙丘、半固定沙地等起沙来源；(2) 路基积沙明显，路基本体坡脚积沙明显（一般厚度 20～50 cm）、踏步积沙较明显（厚度 5～15 cm)、路基道砟砟脚积沙较明显（一般厚度大于 5 cm)，或者涵洞内积沙明显（一般高度大于 0.3 m)，或者已铺设枕木地段，枕木上积沙明显（厚度大于 3 cm）；(3) 线路附近短期内不存在改变风沙流分布的城市建设、农业开发等发展趋势。

图 7.55 DK883+350 积沙

图 7.56 DK885+800 轨枕被埋

图 7.57 DK925+850 附近道心、踏步、涵洞积沙情况

图 7.58 DK966+680 左侧坡脚及道心积沙严重

沿线中等沙害地段部分典型沙害现场情况如图 7.59～图 7.62 所示。

图 7.59 DK789+500 路肩及坡脚积沙

图 7.60 DK789+500 涵洞及踏步积沙

图 7.61 DK918+500 路肩及坡脚积沙

图 7.62 DK988+800 涵洞积沙

3. 沿线轻微沙害地段

将符合以下条件的地段归纳为轻微沙害地段：

(1) 线路附近沙源主要为半固定沙丘、半固定沙地，但因植被、地下水位、地形条件等因素起沙较少；(2) 路基存在积沙但不明显，路基本体坡脚和踏步存在一定程度积沙：或路基道砟砟脚积沙、枕木未见明显积沙，或者涵洞内积沙主要分布于八字墙附近且不明显；(3) 线路附近存在改变风沙流分布的城市建设、农业开发等发展趋势。

沿线轻微沙害地段部分典型沙害现场情况如图 7.63～图 7.66 所示。

图 7.63 DK765+500 戈壁风沙流段坡脚轻微积沙

图 7.64 DK912+000 半固定沙丘段障碍物处有明显积沙

图 7.65　DK1002+000 半固定沙地段砟脚轻微积沙

图 7.66　DK1023+500 固定沙地段砟脚和坡面有轻微积沙

7.3.4　沿线风沙环境特征

根据库格铁路新疆段沿线造成路基沙害的风沙要素、风动力环境特征指标将库格铁路新疆段风沙灾害划分为四个主要的区段：(1) 阿尔金山山前戈壁区，此区为戈壁风沙流区；(2) 台特玛湖干湖盆区，此区为干湖盆地风沙流区；(3) 塔河下游泥漠区，此区主要为干河床泥漠风沙流区；(4) 绿洲边缘流动性沙丘区，此区为沙漠、沙地风沙流区，如图 7.67 所示。

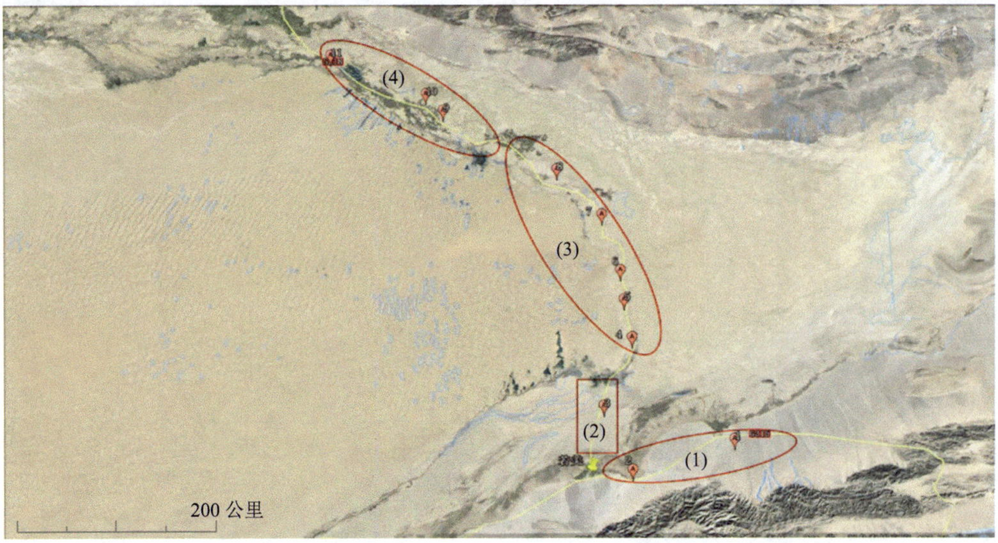

图 7.67　库格铁路新疆段风沙环境分区

1. 戈壁风沙流环境特征

据现场调查，若羌县至米兰戈壁区铁路风沙灾害严重段落主要分为两个区段，一段是 DK787～DK793 段，另一段为 DK704～DK742 段（如图 7.68 所示）。经调查该区戈壁砾石覆盖率介于 40%～50%之间，戈壁表面稳定，不易风蚀起沙。但是，戈壁地表以下 50 cm 内含有大量的沙物质，地表一旦被工程活动扰动其稳定性遭受破坏，易风蚀起沙，工程活动扰动后的戈壁地表成为沙源地，如图 7.69、图 7.70 所示。粒度分析结果显示，戈壁地表以下颗粒物粒径主要以 0.125～0.25 mm 的细沙为主，该部分沙粒极易被风吹起动，形成风沙流。

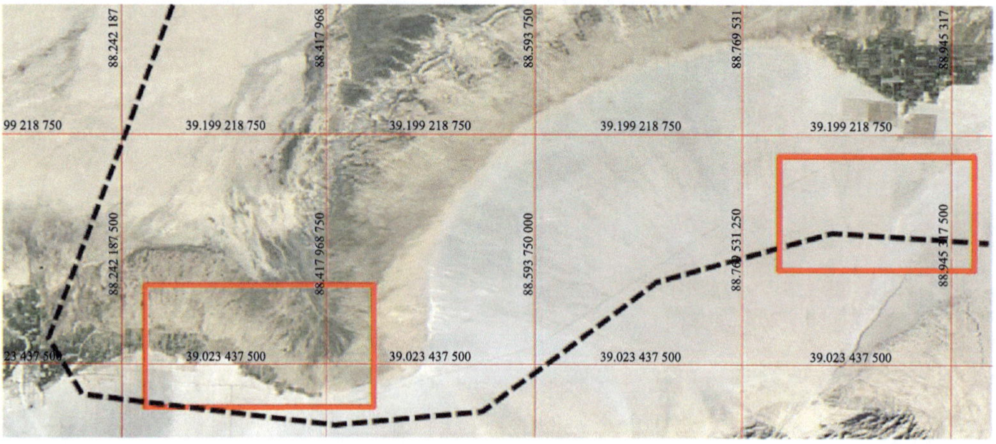

○ 图 7.68 阿尔金山山前戈壁区库格铁路沙害严重段落

注：图中方格细线为经纬度坐标。

○ 图 7.69 若羌至米兰铁路沿线典型戈壁地表

图 7.70 戈壁下伏沙砾与地表破坏后沙颗粒出露

若羌至米兰阿尔金山山前戈壁区，路基沙害沙源主要有两种类型，一种是柽柳沙包，面积约为 40 km²，是影响路基 DK787～DK793 段落的主要沙源（如图 7.71 所示）；另一种是新月形沙丘及沙丘链，面积约 22 km²，主要集中于河流沟谷西南侧（主风向下风侧），如米兰河西南侧河岸处沙丘群，是影响路基 DK704～DK742 的主要沙源（如图 7.72、图 7.73 所示）。

图 7.71 灌丛沙包区及沙包

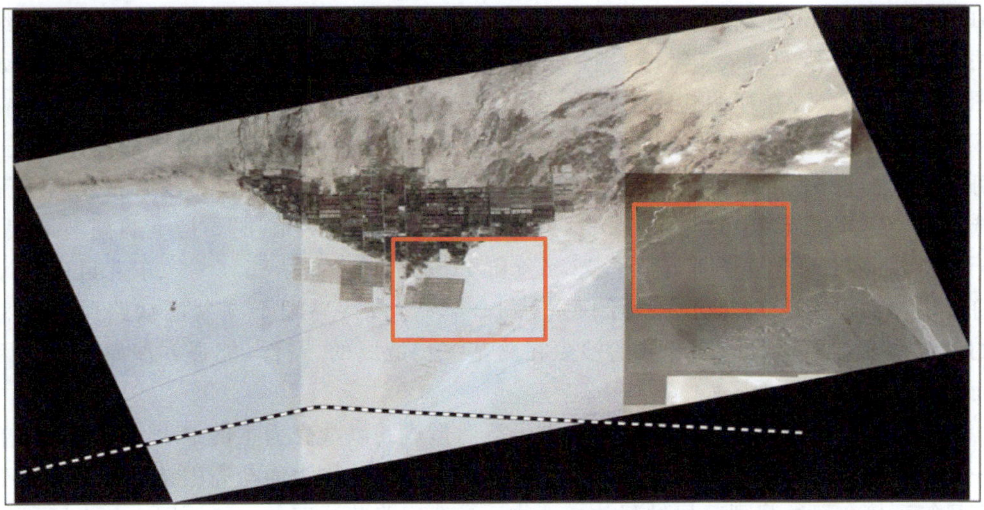

图 7.72 新月形沙丘及沙丘链区（图中红框）

图 7.73 米兰河西岸新月形沙丘及沙丘链

阿尔金山山前戈壁区风沙地貌类型以戈壁为主，是冲洪积地质作用下形成的地貌，地表主要为粒径小于 6 cm 的细砾。戈壁多为砾质戈壁，局部存在沙砾质戈壁，随着铁路路基与阿尔金山之间的距离发生变化，戈壁地表情况有所不同，靠近山体，洪水冲击力强，砾石粗大且含沙量较少；山下地势较缓，细颗粒物质沉积较多，戈壁砾石较小，多为沙砾质戈壁，为区域风沙流的重要沙源。根据区域内戈壁床面特征、沙害沙源差异，可将该区段进一步分为三个亚区，分别涉及铁路沿线的 DK696～DK742 段、DK742～DK780 段和 DK780～DK807 段。DK696～DK742 段落内，在米兰河等河流的河道下风侧分布着沙丘与沙丘链，其中中等沙害区分布在 DK704～DK742 段落内，其余多以轻微沙害为主。DK781～DK 807 段落在若羌河的作用下，由于铁路路基离山体较远，冲洪积作用减弱，戈壁多为沙砾质，且除戈壁外，还包括大量柽柳灌丛沙丘，局部河流和冲沟的西侧分布着流动或半流动沙丘。DK743～DK 780 段落除砾质戈壁外，无其他沙源，多为轻微风沙危害。

2. 干湖盆风沙流环境特征

台特玛湖干湖盆沙害区域的范围大小受湖面影响，大体位于 DK817～DK858。台特玛湖干湖盆地表颗粒物粒度组成中，粉砂和黏土（<0.063 mm）含量极高，占 51.94%，0.1 mm 以下细颗粒占到了近 70%，如图 7.74 所示。同样，利用复合指纹法对该区潜在沙源进行定量判别，选取 DK839～DK841 试验段为研究对象，如图 7.75 所示。潜在沙源包括台特玛湖东北方向 3～20 km 的片状流动沙丘区，在区域上属于库鲁克塔格沙漠的南缘，还包括干涸湖盆地表和干湖盆中的灌丛沙丘。每个区同样取 15 个样，每个样为 10 个样的混合。通过元素分析、复合指纹因子筛选以及贡献率的定量判别，结果表明，DK839～DK841 沙源主要是干涸湖盆地表、干湖盆及灌丛沙丘，分别贡献了 43.3%和 42.3%，总和为 85.6%，东北风向的库鲁克塔格沙漠南缘的流动性沙丘仅贡献 14.4%。台特玛湖干湖盆区铁路风沙危害的形成主要是干湖盆风蚀释放的沙尘在路基沉积造成的，且风能强、沙源无限，因而风沙危害极为严重。

台特玛湖干湖盆区地表为台特玛湖干涸后形成的以盐壳为主的地表，地貌类型单一，局部分布着灌丛沙包，灌丛植物大多死亡，且积沙体表面盐壳固结。该区域属于高风能环境，风蚀强烈，风蚀释放的沙物质是造成路基沙害的主要原因，整个区段风沙危害严重。

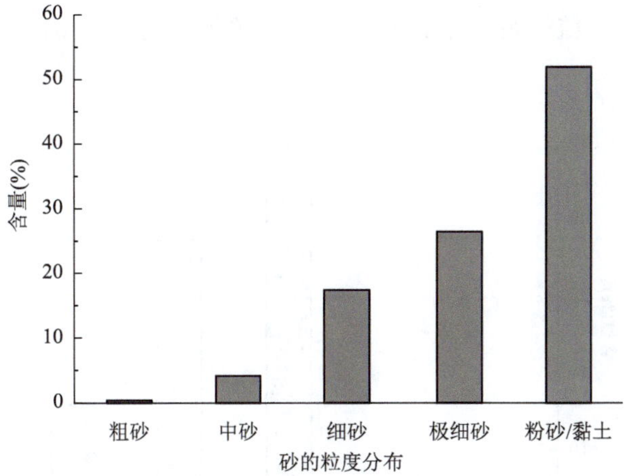

◎ 图 7.74 台特玛湖湖盆粒度组成

◎ 图 7.75 DK839～DK841 路基风沙危害沙源定量判别采样分布示意图

3. 塔河下游泥漠风沙流危害

塔河下游泥漠区大致范围为 DK876～DK1007，该区沙害沙源表现形式主要为塔河季节性河床处的流动性沙丘，隶属于库鲁克塔格沙漠，沙源丰富。流动性沙丘沙粒粒径组成中，细砂占 43.19%，极细砂占 37.36%，两者共占 80.55%（如图 7.76 所示）。该区内沙丘移动速度较快，极易形成风沙危害，沙害较为严重的区段为 DK885～DK910 和 DK923～DK928，段落内沙源多为干河床上的流动性沙丘（如图 7.77 所示），移动沙丘和风沙流是危害路基的两种主要方式。

塔河下游泥漠区广泛分布着干涸河床、河漫滩地表，地表坚硬，地表分布有上流动沙丘、半流动的灌丛沙丘。根据干河床或河漫滩出露面积，可将该区分为三个子区：DK876～DK910、DK910～DK950 和 DK950～DK1007。DK876～DK910 区段内风能强，泥漠地表面积广，地表基本无植被或极少量灌木，风蚀活动强烈，风沙危害最为严重；DK910～DK950 区中等风能，泥漠地表面积减少，风蚀残丘生长灌木，风沙流相对饱和，风沙危害减小；DK950～DK1007 区中等风能，由于塔河河道迂回面积大，植被覆盖率相对较高，沙源供给显著降低，风沙危害较上一区域有所降低。

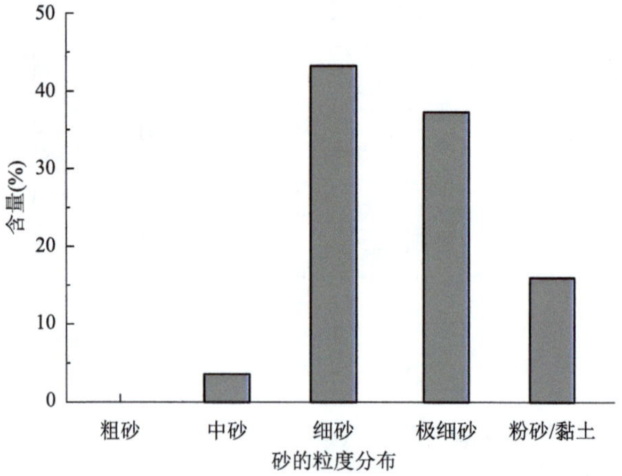

图 7.76 塔河下游流动性沙丘粒度组成

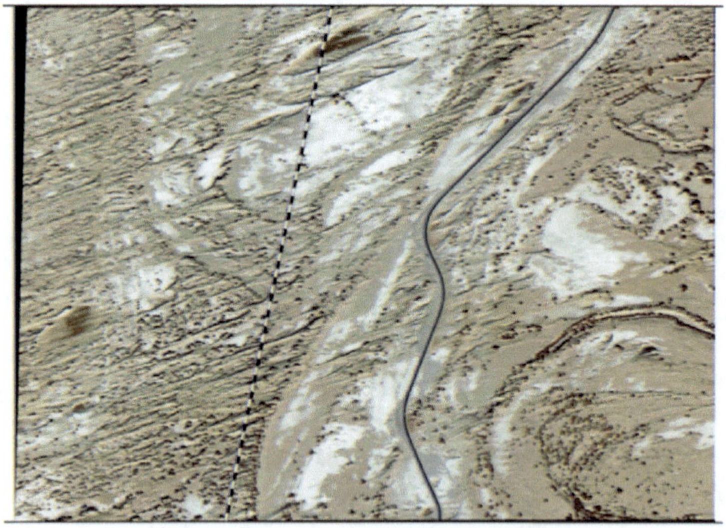

图 7.77 DK900～DK902 段路基两侧灌丛沙丘

4. 绿洲边缘沙漠及沙地风沙流环境特征

绿洲边缘沙漠以及沙地风沙流危害区大致范围为 DK1008～DK1187，区域内沙害沙源表现形式主要为片状沙漠地表，主要包括 DK1084～DK1088、DK1071＋000～DK1073＋500、DK1058＋000～DK1061＋500 等区段，区域内片状流动性沙丘广泛分布，如图 7.78 所示。片状流沙区地表沙粒粒径组成中，细砂占 51.57%，极细砂占 30.82%，两者共占 82.39%，与该区孤立流动性沙丘沙粒粒度组成基本一致，如图 7.79 所示。该区沙源充足，风能相对较弱，沙源充足，风沙流相对饱和，移动沙丘是该区路基风沙危害的主要表现形式。

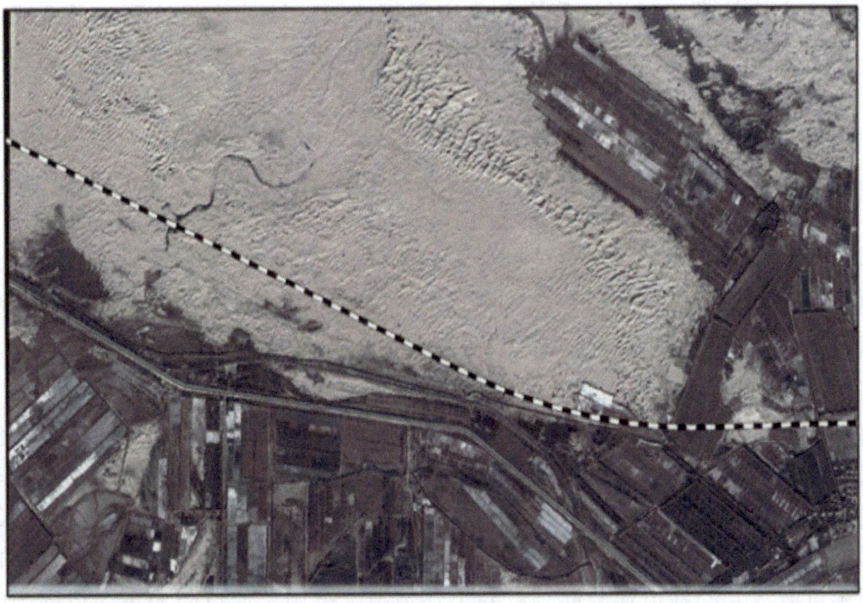

图 7.78　DK1083＋400～DK1088＋500 绿洲边缘流动性沙丘区

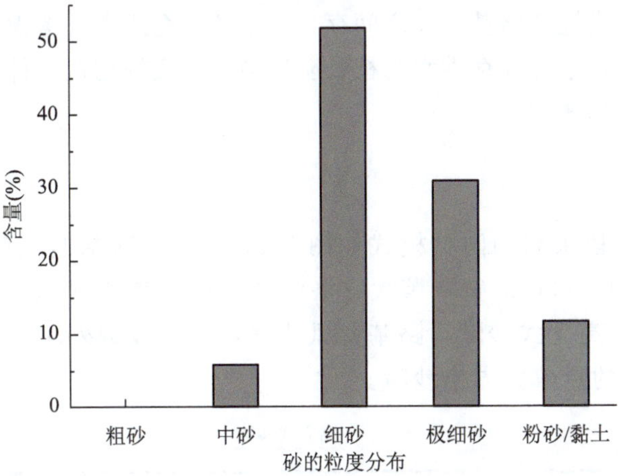

图 7.79　绿洲边缘流动性沙丘区沙粒粒度组成

绿洲边缘流动性沙丘区内沿塔河形成的团场绿洲与沙漠地表相间分布（图 7.84），风能环境为低风能，沙源充足，风沙流饱和，风沙危害主要表现为沙丘前移掩埋路基。风沙危害严重的区域多分布在路基穿过沙丘或沙地的位置，其他区域多为风沙危害轻微地段。

7.3.5　库格铁路（新疆段）风沙防治工程

在库格铁路沿线的风沙防治工程建设中，铁路科研与设计人员根据线路途径的不同荒漠区类型进行了针对性的风沙要素调查、风沙危害分级以及风沙环境指标判断，针对性地提出了风沙防治的工程模式。库格铁路沿线的风沙防治工程采用了许多创新性的治沙技术和新型沙障结构，新技术诸如植物纤维固沙技术、芦苇格式固沙技术、阻固合一大方格技术；新型沙障诸如米字形板沙障、HDPE板沙障、可循环利用挡沙墙、芦苇束阻沙障、外疏内密式阻沙结构、帘式阻沙障、棋盘式阻沙障、门帘式阻沙障。

沿线的机械式沙障主要有阻沙和固沙两类，基本都为芦苇材质。根据风沙流结构特征差异，阻沙沙障设置高度有3种，分别为1.2 m、1.5 m、2 m；固沙沙障主要规格为1 m×1 m×0.3 m芦苇小方格和10 m×10 m×1.5 m芦苇大方格两类。

库格铁路沿线风沙防治工程的模式根据不同荒漠区进行了因地制宜的设计，在每一荒漠区又根据当地受到的风沙危害程度进行了相应强度、规模的工程设计，因此针对该线的风沙防治工程也分区、分部位进行。

1. 戈壁荒漠区风沙防治工程模式

戈壁地势起伏平缓、地面覆盖大片砾石。戈壁地面因地表粗糙度较大，在低风速下不易出现风沙活动。库格铁路新疆段途经的戈壁荒漠区主要集中在阿尔金山至先锋段，为阿尔金山山前冲、洪积平原区和若羌河冲积平原区，铁路里程为DK660～DK807。区域内地势平坦开阔，地表主要为圆砾覆土，一些区段内存在盐霜和结皮，地表粗糙度较大，起沙风速较高。针对上述情况，采用了“以阻为主、以固为辅、阻固结合”的防护理念。其目的是通过阻沙措施，逐层阻截过境风沙流，避免沙物质堆积在线路附近。同时在路基和阻沙措施之间布设小范围的固沙措施，在避免就地起沙的同时，保证阻沙措施和路基本体之间存在一定的安全距离。考虑到当地局部地区有季节性洪水存在，可进行续存洪水为植物防沙措施的实施创造条件，所以选择性地提出了两种风沙防护模式。

(1) 轻微风沙区

①模式一

在轻微风沙区段采用的防护模式如图7.80所示，路基迎风侧（右侧）坡脚外40～70 m处设置10～30 m宽芦苇大方格沙障，在沙障外侧30～40 m处再设置一道2 m高的芦苇束高立式沙障。路基背风侧（左侧）坡脚外40～70 m处向外延伸设置10～30 m宽的芦苇大方格沙障。

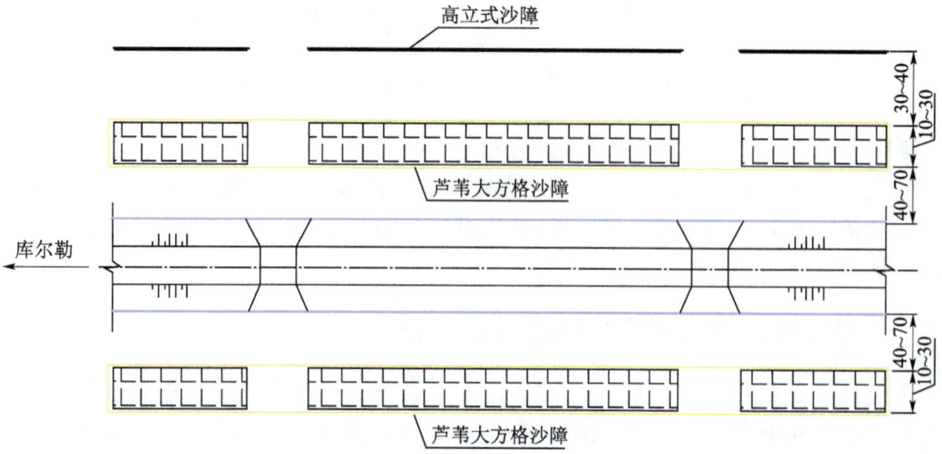

图7.80 戈壁荒漠区轻微沙害段风沙防护示意图—1（单位：m）

②模式二

在有季节性洪水存在的戈壁地段采用了如图 7.81 所示。路基迎风侧（右侧）坡脚外 60～80 m 处布设 1 道 11 m 宽、1 m 深的蓄水沟，连通了涵洞与蓄水沟。在蓄水沟外 5～7 m 处和 55～67 m 处分别用开挖的土方填筑一道堤坝，土堤高 1.5 m、顶面宽 2 m、坡率为 1∶2，在堤坝顶部设置 1.5 m 高的芦苇束沙障。路基背风侧（左侧）坡脚外 40～70 m 处向外延伸设置 10～30 m 宽的芦苇大方格沙障。

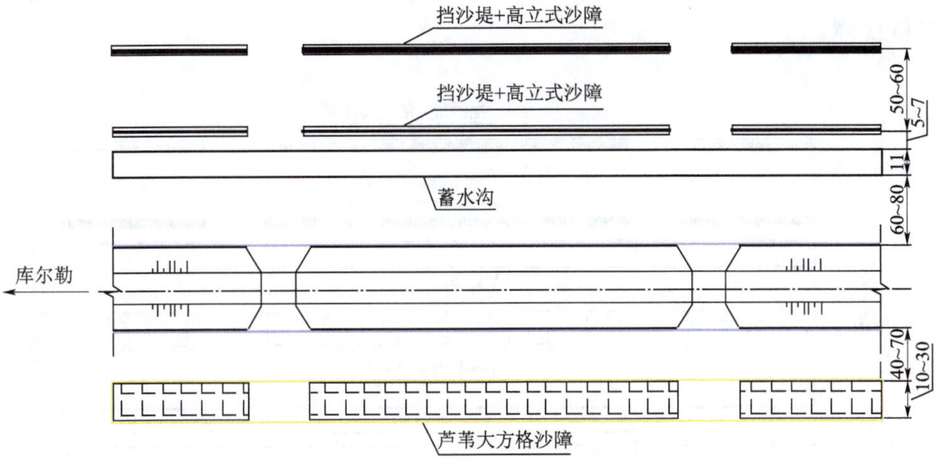

图 7.81　戈壁荒漠区轻微沙害段风沙防护示意图一2（单位：m）

(2) 中等风沙区

①模式一

在中等风沙区段采用的防护模式如图 7.82 所示。路基迎风侧（右侧）坡脚外 40～70 m 处向外延伸设置 20～30 m 宽芦苇大方格沙障，在沙障外侧 30～40 m 处和 60～80 m 处分别设置一道 2 m 高的芦苇束高立式沙障。路基背风侧（左侧）坡脚外 40～70 m 处向外延伸设置 20～40 m 宽的芦苇大方格沙障。

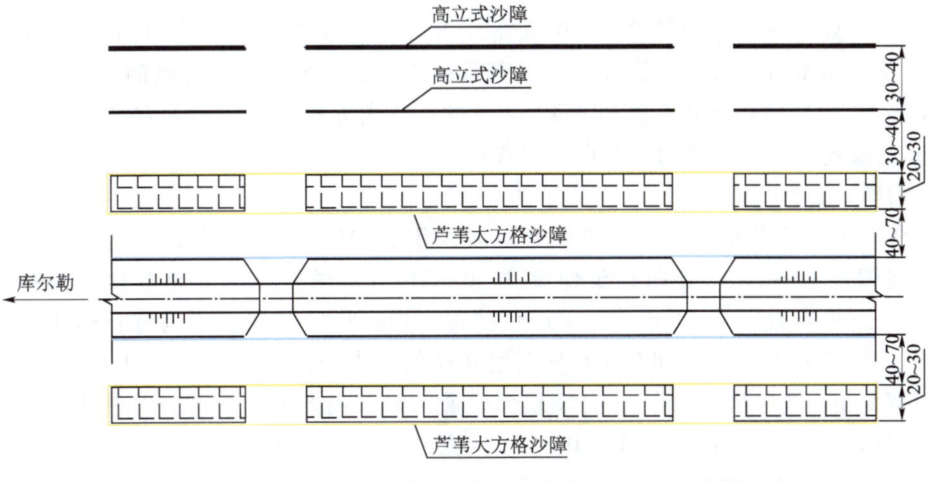

图 7.82　戈壁荒漠区中等沙害段风沙防护示意图一1（单位：m）

②模式二

在有季节性洪水存在的中等沙害地段采用了如图 7.83 所示。路基迎风侧（右侧）坡脚外 40～70 m 处向外延伸设置 20～30 m 宽的芦苇大方格沙障，在沙障外 40～60 m 处布设一道 11 m 宽、1 m 深的蓄水沟，将涵洞和蓄水沟进行连通。在蓄水沟外 5～7 m 处和 55～67 m 处，分别用开挖的土方填筑一道堤坝，土堤高 1.5 m、顶面宽 2 m、坡率为 1∶2，在堤坝顶部设置 1.5 m 高的芦苇束沙障。路基背风侧（左侧）坡脚外 40～70 m 处向外延伸设置 20～40 m 宽的芦苇大方格沙障。

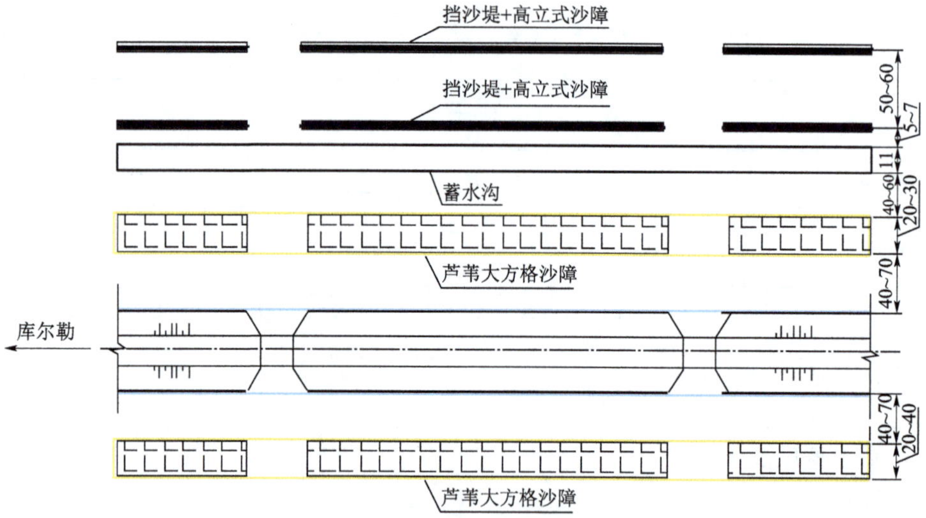

图 7.83 戈壁荒漠区中等沙害段风沙防护示意图—2（单位：m）

(3) 严重风沙区

①模式一

在严重风沙区段采用的防护模式如图 7.84 所示。路基迎风侧（右侧）坡脚外 40～70 m 处向外延伸设置 20～50 m 宽芦苇大方格沙障，在沙障外侧 30～40 m 处和 60～80 m 处分别设置一道 2 m 高的芦苇束高立式沙障。路基背风侧（左侧）坡脚外 40～70 m 处向外延伸设置 20～40 m 宽的芦苇大方格沙障，在大方格沙障外 30～40 m 处设置一道 2 m 高的芦苇束高立式沙障。

②模式二

在有季节性洪水存在的严重沙害地段采用了如图 7.85 所示。路基迎风侧（右侧）坡脚外 40～70 m 处向外延伸设置 30～50 m 宽的芦苇大方格沙障，在沙障外 40～60 m 处布设一道 11 m 宽、1 m 深的蓄水沟，将涵洞和蓄水沟进行连通。在蓄水沟外 5～7 m 处和 55～67 m 处分别用开挖的土方填筑一道堤坝，土堤高 1.5 m、顶面宽 2 m、坡率为 1∶1，在堤坝顶部设置 1.5 m 高的芦苇沙障。路基背风侧（左侧）坡脚外 40～70 m 处设置 20～40 m 宽的芦苇大方格沙障，在大方格沙障外 30～40 m 处设置一道 2 m 高的芦苇束高立式沙障。

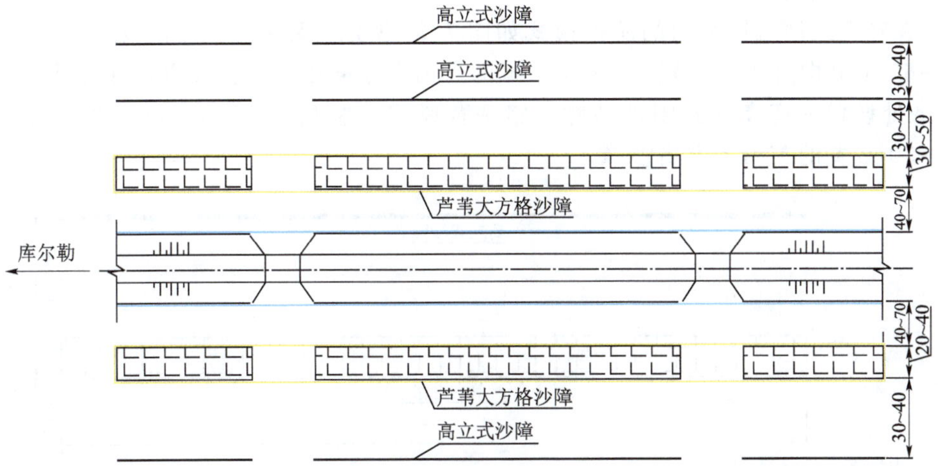

图 7.84 戈壁荒漠区严重沙害段风沙防护示意图一1（单位：m）

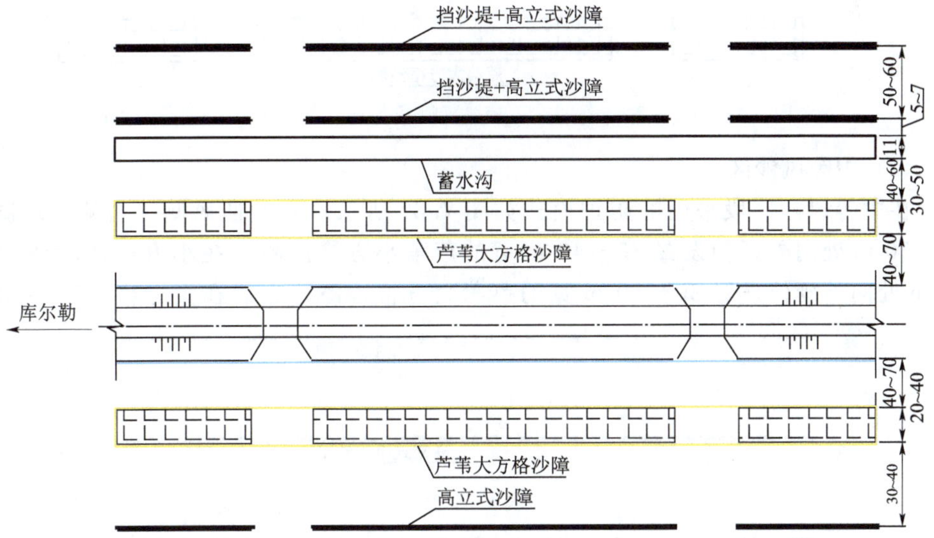

图 7.85 戈壁荒漠区严重沙害段风沙防护示意图一2（单位：m）

2. 湖盆盐渍化荒漠区风沙防治工程模式

库格铁路新疆段途经的湖盆盐渍化荒漠区主要集中在先锋至罗布庄区段，为台特玛湖湖积平原区，铁路里程为 DK817～DK858。区域内地势平坦开阔，大部分地表存在结壳，在干湿交替作用下易破碎，形成沙源。利用前述章节介绍的风沙要素调查和分析方法，判断本区域风沙流的沙源主要为干湖盆二次起沙。针对上述情况，拟采用"以阻为主，兼顾固沙"的防护理念。其目的是通过阻沙措施，逐层阻截过境风沙流，避免沙物质堆积在线路附近。考虑到本地区风力较大，大风携沙高度较沙丘地表高，阻沙措施采用抗风蚀、抗盐碱腐蚀的 HDPE 板、冲孔金属板、金属网、插板式挡沙墙等沙障类型，布设高度为 3 m；固沙措施采用 10 m×10 m×1.5 m 和 15 m×15 m×1.5 m 的芦苇大方格沙障。

(1) 轻微风沙区

在轻微风沙区段采用的防护模式如图 7.86 所示。路基迎风侧（右侧）坡脚外 40～60 m 处向外延伸设置 20～30 m 宽的芦苇大方格沙障，在大方格沙障外侧50～60 m 处设置一道高立式阻沙沙障。路基背风侧（左侧）40～60 m 向外延伸布设 20～30 m 宽的芦苇大方格沙障。

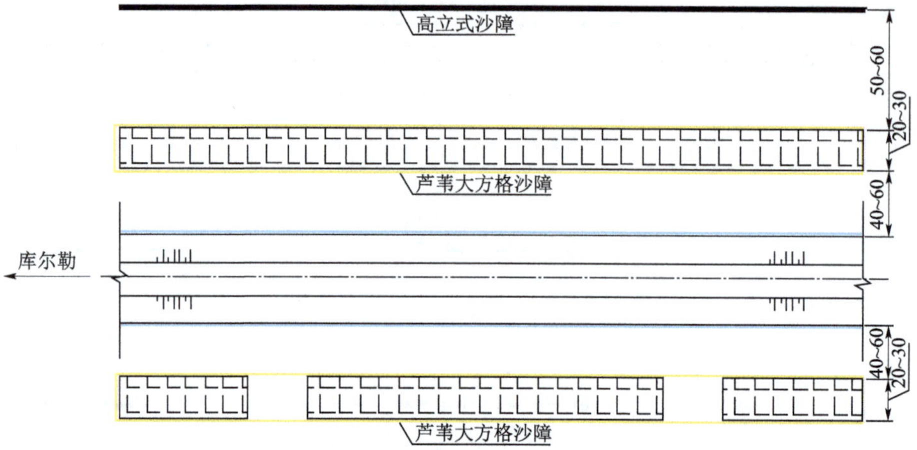

图 7.86 库格铁路干湖盆区轻微沙害段风沙防护示意图（单位：m）

(2) 中等风沙区

在中等风沙区段采用的防护模式如图 7.87 所示。路基迎风侧（右侧）坡脚外 20～30 m 处向外延伸设置 30～40 m 宽的芦苇小方格沙障，在小方格沙障外 20～30 m 处向外延伸设置 30～50 m 宽的芦苇大方格沙障，之后在大方格沙障外 50～

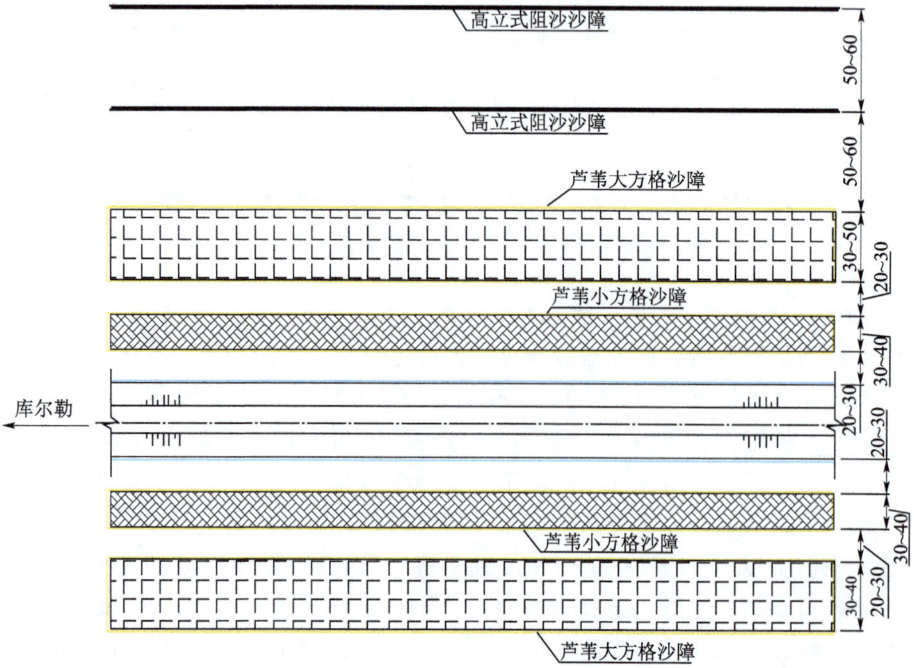

图 7.87 库格铁路干湖盆区中等沙害段风沙防护示意图（单位：m）

60 m和100～120 m处向外延伸分别设置一道3 m高的高立式阻沙沙障。路基背风侧（左侧）20～30 m处设置一条30～40 m宽的芦苇小方格沙障，在小方格沙障外20～30 m处向外延伸设置30～40 m宽的芦苇大方格沙障。

（3）严重风沙区

在严重风沙区段采用的防护模式如图7.88所示。路基迎风侧（右侧）坡脚外20～30 m处向外延伸设置30～40 m宽的芦苇小方格沙障，在小方格沙障外20～30 m处向外延伸设置40～50 m宽的芦苇大方格沙障，之后在大方格沙障外20～40 m处再向外延伸设置40～50 m宽的芦苇大方格沙障，最后在大方格外侧50～60 m和100～120 m处分别设置一道3 m高的高立式阻沙沙障。路基背风侧（左侧）20～30 m处向外延伸设置一条30～40 m宽的芦苇小方格沙障，在小方格沙障外30～40 m和60～80 m处分别设置一道2 m高的高立式阻沙沙障。

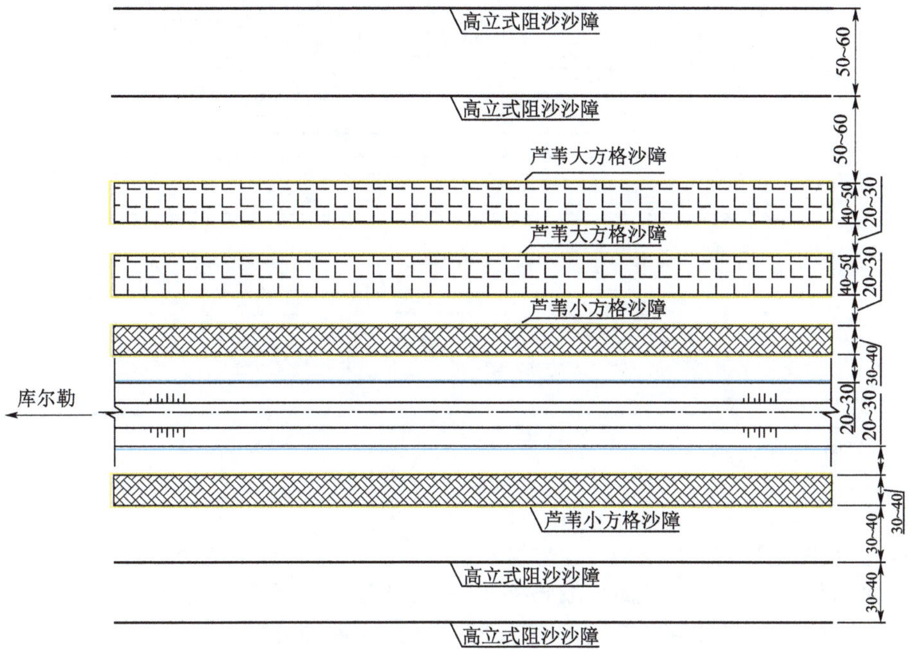

图7.88 库格铁路干湖盆区严重沙害段风沙防护示意图（单位：m）

3. 泥漠区风沙防治工程防护模式

库格铁路新疆段途经的泥漠区主要为沙丘（沙地）区段的一种特殊地貌，其沙丘间有干河床，形成输沙床面，沙丘移动速度较快，对线路危害较大。沙害较为严重的区段为DK885～DK910和DK923～DK928，区域内沙源多为干河床上的流动性沙丘，沙丘移动和过境风沙流是危害路基的主要方式。在全面掌握该地区风沙要素特征基础上，采用了“因地制宜，阻固并用”的防护理念。其目的是根据地貌单元的差异，在干河床等位置采用阻沙措施切断输沙通道；在大型沙丘点位用固沙措施来防止沙丘前移。阻沙措施除采用芦苇束沙障外，在靠近台特玛湖的高风能区采用抗风强度大的板式沙障，布设高度为3 m，其他风能相对较低的区域，沙障高度可适当降低；固沙措施采用规格为1 m×1 m×0.3 m的芦苇方格沙障。阻沙措施设置时，在地形地貌起伏较大的地区，将沙障设置在沙脊线上，避免在地洼的风积区设置沙障。

（1）轻微风沙区

路基右侧（主风向上风侧）坡脚外 20～30 m 处向外延伸设置 70～100 m 宽的规格为 1 m×1 m×0.3 m 的芦苇小方格沙障，之后在沙障外 30～40 m 处设置一道高立式沙障；在路基左侧（次风向上风侧）坡脚外 20～30 m 处向外延伸设置 50～70 m 宽的规格为 1 m×1 m×0.3 m 的芦苇小方格沙障，之后在沙障外 30～40 m 处设置一道高立式沙障。在两侧固沙带中的光板地上，设置多个低矮的带状阻沙带，逐层拦截风沙流（如图 7.89 所示）。

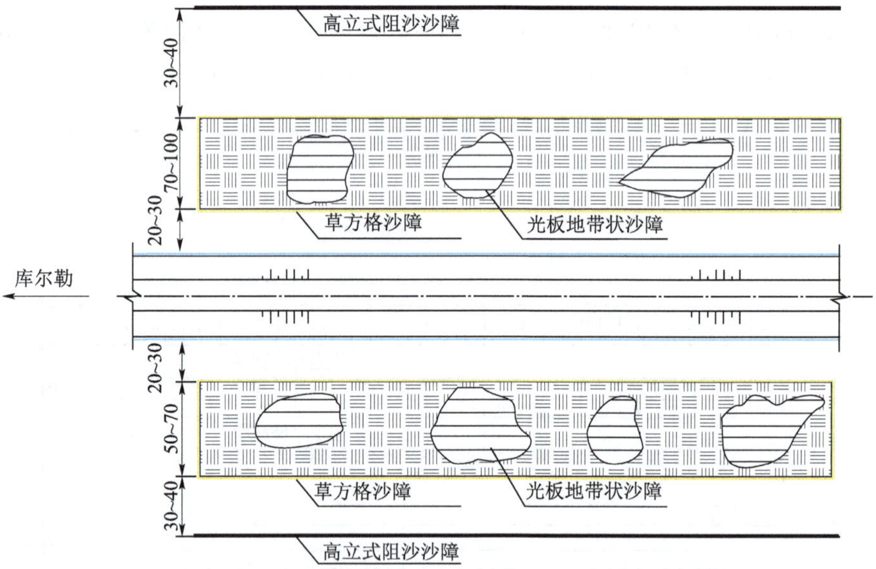

图 7.89 库格铁路泥漠区轻微沙害段风沙防护示意图（单位：m）

（2）中等风沙区

路基右侧（主风向上风侧）坡脚外 20～30 m 处向外延伸设置 150～300 m 宽的规格为 1 m×1 m×0.3 m 的芦苇小方格沙障，之后在沙障外 30～40 m 和 60～80 m 处分别设置一道高立式沙障；在路基左侧（次风向上风侧）坡脚外 20～30 m 处向外延伸设置 70～100 m 宽的规格为 1 m×1 m×0.3 m 的芦苇小方格沙障，之后在沙障外 30～40 m 处设置一道高立式沙障。在两侧固沙带中的光板地上，设置多个低矮的带状阻沙带，逐层拦截风沙流（如图 7.90 所示）。

（3）严重风沙区

路基右侧（主风向上风侧）坡脚外 20～30 m 处向外延伸设置 300～600 m 宽的规格为 1 m×1 m×0.3 m 的芦苇小方格沙障，之后在沙障外 30～40 m、60～80 m 和 90～120 m 处分别设置一道高立式沙障；在路基左侧（次风向上风侧）坡脚外 20～30 m 处向外延伸设置 150～200 m 宽的规格为 1 m×1 m×0.3 m 的芦苇小方格沙障，之后在沙障外 30～40 m 处设置一道高立式沙障。在两侧固沙带中的光板地上，设置多个低矮的带状阻沙带，逐层拦截风沙流（如图 7.91 所示）。

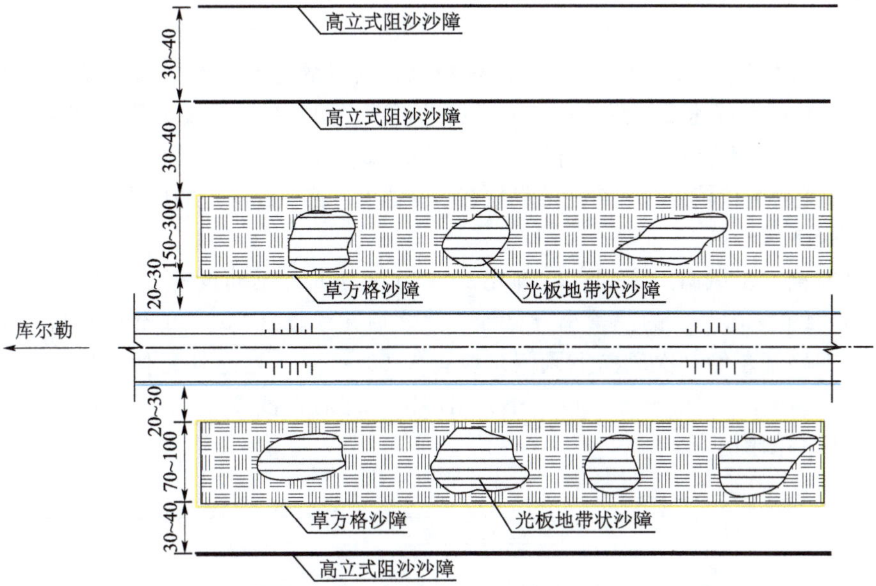

图 7.90　库格铁路泥漠区中等沙害段风沙防护示意图（单位：m）

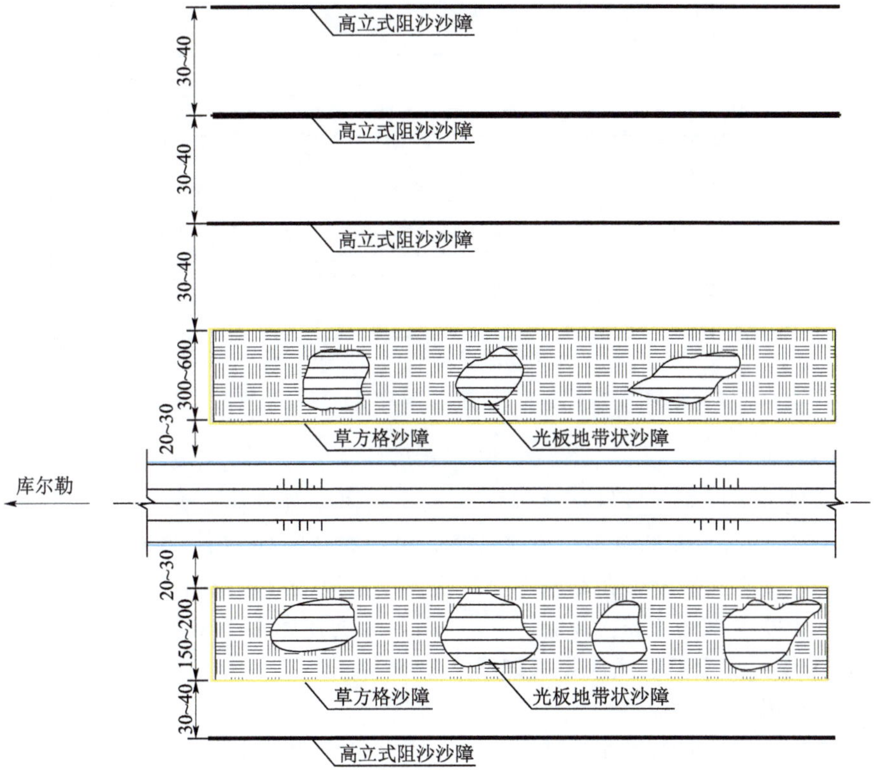

图 7.91　库格铁路泥漠区严重沙害段风沙防护示意图（单位：m）

4. 沙丘（沙地）区风沙防治工程防护模式

库格铁路新疆段途经的沙丘（沙地）主要集中在铁路里程 DK1008～DK1186。

沙丘地表相对起伏较大、地表沙源丰富、起沙风速小、降雨量少、植被稀疏等特点。地表沙源充沛，在风力作用下，会出现强烈的风沙运动，沙埋、沙积等现象频发。本段采用了“以固为主，阻固并举”的防护理念，其目的是在切断外来沙源补给的前提下，减缓沙丘的前移速度，降低风沙对铁路的侵袭。阻沙措施主要采用芦苇束沙障，布设高度为 1.5 m；固沙措施采用规格为 1 m×1 m×0.3 m 的芦苇方格沙障。阻沙措施设置时，遇地形地貌起伏较大时，将沙障设置在沙脊线上，避免在洼地的风积区设置沙障。

(1) 轻微风沙区

路基右侧（主风向上风侧）坡脚外 20～30 m 处向外延伸设置了 100～150 m 宽规格为 1 m×1 m×0.3 m 的芦苇小方格沙障，之后在沙障外 20～30 m 处设置一道高立式沙障；在路基左侧（次风向上风侧）坡脚外 20～30 m 处向外延伸设置 70～100 m 宽规格为 1 m×1 m×0.3 m 的芦苇小方格沙障，之后在沙障外 20～30 m 处设置一道高立式沙障（如图 7.92 所示）。

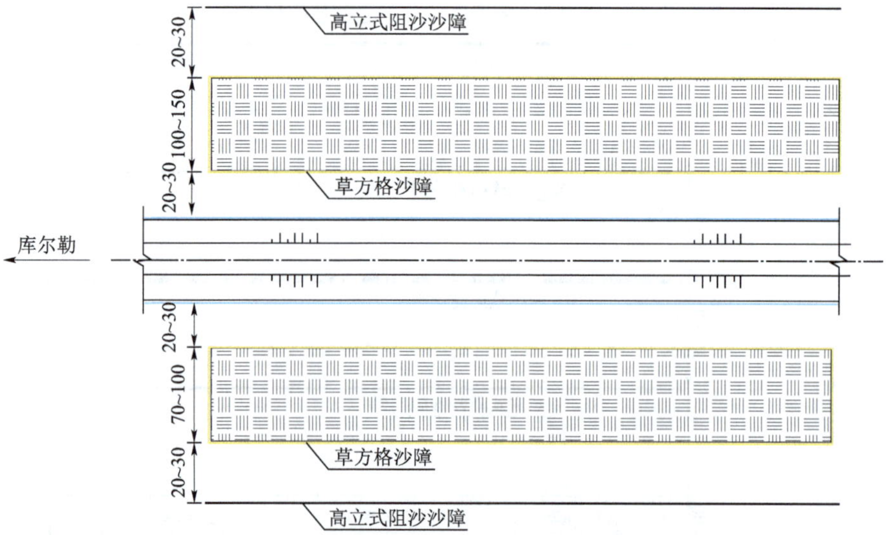

图 7.92 库格铁路沙丘区轻微沙害段风沙防护示意图（单位：m）

(2) 中等风沙区

路基右侧（主风向上风侧）坡脚外 20～30 m 处向外延伸设置 150～300 m 宽的规格为 1 m×1 m×0.3 m 的芦苇小方格沙障，之后在沙障外 20～30 m 和 40～60 m 处分别设置一道高立式沙障；在路基左侧（次风向上风侧）坡脚外 20～30 m 处向外延伸设置 70～100 m 宽的规格为 1 m×1 m×0.3 m 的芦苇小方格沙障，之后在沙障外 20～30 m 处设置一道高立式沙障（如图 7.93 所示）。

(3) 严重风沙区

路基右侧（主风向上风侧）坡脚外 20～30 m 处向外延伸设置了 300～600 m 宽的规格为 1 m×1 m×0.3 m 的芦苇小方格沙障，之后在沙障外 20～30 m、40～60 m 和 60～90 m 处分别设置一道高立式沙障；在路基左侧（次风向上风侧）坡脚外 20～30 m 处向外延伸设置 150～200 m 宽的规格为 1 m×1 m×0.3 m 的芦苇小方格沙障，之后在沙障外 20～30 m 处设置一道高立式沙障（如图 7.94 所示）。

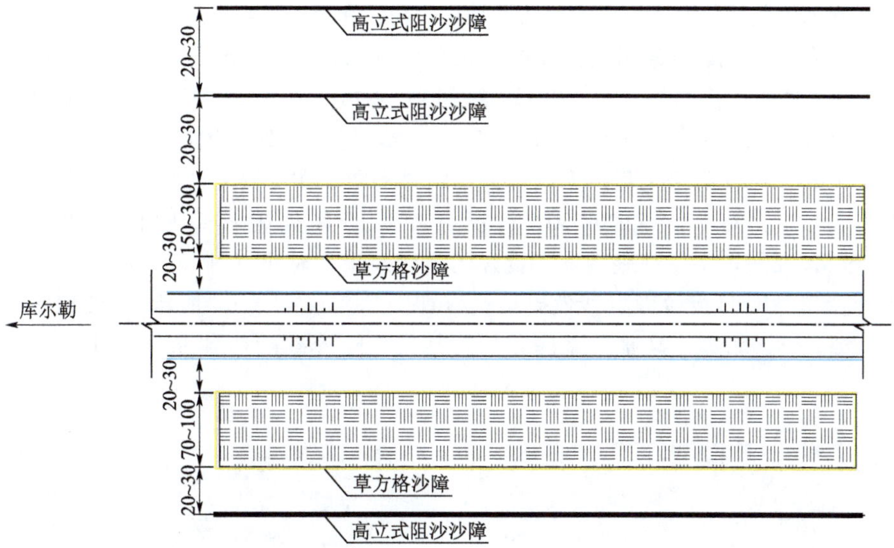

图 7.93 库格铁路沙丘区中等沙害段风沙防护示意图（单位：m）

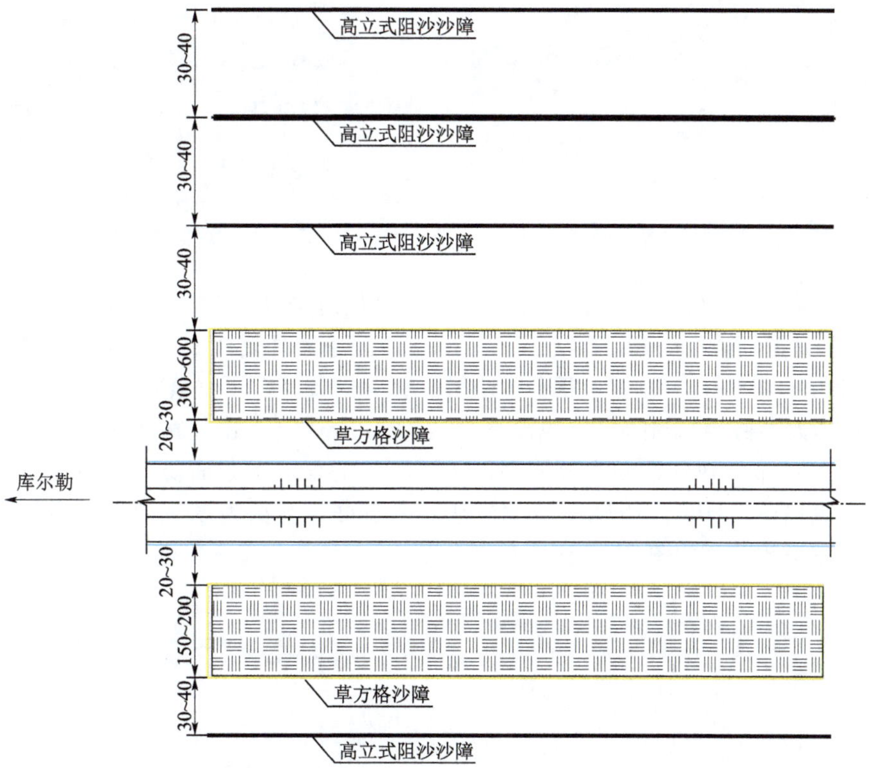

图 7.94 库格铁路沙丘区严重沙害段风沙防护示意图（单位：m）

7.3.6 试验段风沙防治工程效益评价

野外监测结果表明：库格铁路试验段风沙防治工程防护效果整体较优，风沙流经过沙障时所携带的沙物质大量沉积在沙障周边，路基本体较为干净。

若羌到米兰戈壁荒漠区，无人机监测结果表明：在2017年12月至2018年11月期间，外侧直线形芦苇束沙障和金属网沙障的平均积沙量约为3.342 m^3/m和2.339 m^3/m，每200 m铁路延米积沙量约为547.198 m^3和466.751 m^3；折线形HDPE板沙障和芦苇束沙障的平均积沙量约为3.730 m^3/m和4.277 m^3/m，每200延米积沙量约为511.581 m^3和562.983 m^3。风沙防治工程体系断面监测结果表明，在戈壁风沙区的单道沙障阻沙率依次为96.42%、93.85%和76.60%；双道沙障的累计阻沙率则依次为97.95%、98.71%和92.78%，整体都表现出了良好的阻沙效果。对比三种类型沙障还可以看出，芦苇束沙障和HDPE板沙障阻沙效果最优（如图7.95、图7.96所示），镀锌铁丝网沙障相对较差，但经过整个防护体系净化后，其累计阻沙率能达到99%以上，防护效果优良。

图7.95 HDPE板沙障阻沙效果

图7.96 芦苇束沙障阻沙效果

台特玛湖干湖盆区，经过无人机监测数据比对分析发现，在2017年11月至2018年11月期间，DK839+000～DK841+260段中最外侧0.8 m芦苇束沙障的每延米积沙量为3.563 m^3，每200延米累计积沙量为579.087 m^3。规格为10 m×10 m×1.5 m芦苇大方格沙障周边平均积沙量可达4.143 m^3/m，积沙宽度约为12 m，最大积沙高度110 cm，风沙活动十分剧烈。风沙防治工程体系断面防护效益监测结果表明，冲孔金属板、HDPE板阻沙沙障防沙效果较好，其次为米字形板阻沙沙障，门帘式防沙效果较差（如图7.97所示）。

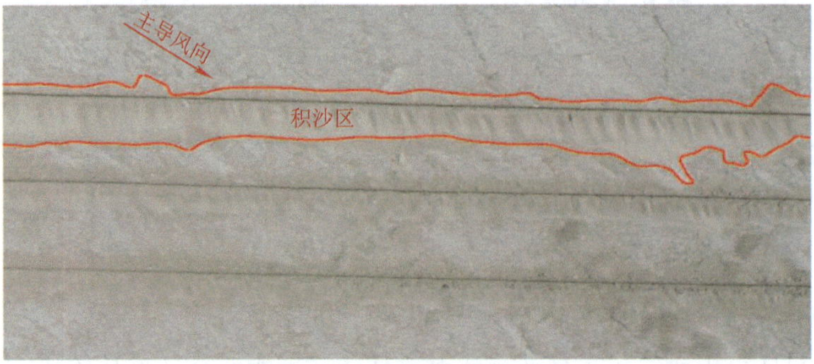

图7.97 芦苇束前沿沙障前后的积沙效果

半固定沙丘地区，由于植被稀疏，地表沙源较多，在风力作用下，风沙地貌存在一定的变化。经过无人机监测数据比对分析发现，在 2017 年 12 月至 2019 年 3 月期间，DK1057＋500～DK1059＋500 段 5～7 m 高的新月形沙丘的移动速率约为 0～1 m/a。主风向侧 2.0 m 高米字形板沙障的前后积沙量约为 2.636 m^3/m，2.0 m 高芦苇束沙障的前后积沙量约为 3.343 m^3/m，1.5 m 高棋盘式沙障积沙主要在两侧的格状沙障部位，积沙量约为 1.318 m^3/m。工程防沙体系断面防护效益监测结果表明，不同类型的阻沙措施体现了不同的防护效果，但是整体防护效果较优：米字形沙障的单道阻沙率为 82.36％，双道叠加阻沙率为 90.63％，防护体系的阻沙率高达 97.1％；棋盘式沙障的单道阻沙率为 92.17％，双道叠加阻沙率为 87.70％，防护体系的阻沙率高达 99.22％；芦苇束沙障的单道阻沙率为 70.45％，双道叠加阻沙率为 76.48％，防护体系的阻沙率高达 97.68％。

流动沙丘地区，风沙运动强度明显大于固定沙丘地段，外侧沙障底部风蚀严重。经过无人机监测数据比对分析发现，在 2017 年 10 月至 2019 年 3 月期间，DK1071＋750～DK1072＋250 段的主风向沙丘对草方格沙障的掩埋速率约为 1～3 m/a，主风向侧阻沙措施的平均积沙量约为 3.285 m^3/m，风沙运动强烈。工程防沙体系断面防护效益监测结果表明，经第一道 HDPE 网沙障净化后，阻沙率为 22.3％～25.8％；经过二道 HDPE 网沙障净化后，其累计阻沙率为 41.5％～49.0％；经过 3 道后，累计阻沙率可达 66.4％～67.0％，之后经过 300 m 宽的低立式芦苇方格沙障，累计阻沙率达到了 98％以上，起到了良好的防护效果。

固定沙丘地区，由于风力条件强劲，风沙运动也较为频发。在 2017 年 10 月至 2019 年 3 月期间，DK1126＋400～DK1126＋900 区段草方格内积沙的沙埋速度约为 2～3 m/a，主风向侧阻沙措施的平均积沙量约为 3.006 m^3/m，风沙运动强烈。

轻微戈壁风沙流地段，由于风力条件较弱，风沙流活动强度偏弱，地表积沙形态基本无大的变化。在 2017 年 10 月至 2019 年 3 月期间，DK1186＋000～DK1186＋500 里程段外侧 HDPE 网沙障和 2 m×2 m×0.3 m 的 HDPE 网方格沙障内无明显积沙。

7.3.7 新材料、新技术成果

在库格铁路沿线风沙防治工程现场实施的同时，研究人员还广泛开展了科学研究试验，取得了丰硕的成果，其中包括植物纤维网固沙障、米字形阻沙板、HDPE 板等新型沙障以及新型固沙材料，并在沿线投入使用，取得了良好的固沙阻沙效果。

（1）植物纤维网固沙沙障通过增大下垫面的粗糙度，明显降低了底层风速，进而减弱了输沙强度，使流沙表面得以稳定。选用透隙率 40％、高 20 cm 的植物纤维网格固沙沙障防沙效果显著，此外，植物纤维网格固沙沙障也可完全降解，待其耐久性能提升且造价降低后将具有很大应用价值和推广前景。

（2）通过认真调查研究利用当地盛产芦苇的现状，创造了芦苇把高立式沙障芦苇把大方格沙障，大大节省了工程投资，芦苇帘、固沙网格功效高单价低，改善了用工紧张的问题。

（3）利用以沙治沙的原理开发出棋盘式沙障，该沙障具有可持续性，积沙后上提可重复来利用，为减少后期投入，方便维修创造了条件。

7.4 和若铁路

和若铁路位于新疆南部和田地区和巴音郭楞蒙古自治州境内，线路全长 825.476 km，设计标准为Ⅰ级，设计时速为 120 km，和若铁路经和田、洛浦县、策勒县、于田县、民丰县、且末县、若羌县 7 个市（县），终点接入库格铁路的若羌站，是喀和铁路的东延工程。和田—若羌段铁路将在南疆塔里木盆地形成一条环形铁路线（如图 7.98 所示），和田群众出疆可通过若羌经青海直通内地城市，不必再绕道吐鲁番，出疆路程将缩短 1 000 km 左右。

图 7.98 南疆环塔里木盆地铁路环线

和若铁路大范围通过塔克拉玛干南缘沙漠地区，沿线气候干燥，风速大、频率高，沙源丰富，地形开阔，风沙活动频繁。大面积流动沙丘、流动沙地主要分布于洛浦至策勒、于田东至牙通古孜、五苇场至塔什萨依地段。局部流动沙丘、沙地、半固定沙丘在博斯塔库勒至托万兰干、固合拉玛至先拜巴扎、阿其克依木至塔特勒克、安迪尔至三十八团、洋塔克至三十七团等地都有分布。固定沙丘、沙地在塔特勒克至安迪尔、康阿克至洋塔克等地分布。戈壁风沙流沿线分布在策勒附近、于田东至若克雅、瓦石峡至若羌西等地，风蚀主要分布于若羌西至若羌段。受风沙影响的线段长 419 km，约占全线的 50.9%，其中流动沙丘与沙地段长约 113 km，半固定沙丘与沙地段长 159 km，戈壁风沙流段长 147 km。此外，沿线分布固定沙丘约 120 km，风蚀路段 7.1 km。针对风沙危害的防治是该线在建设和后期运营需要解决的关键性问题。该线 2019 年全面开工建设，线路尚未形成全面沙害局面。

7.4.1 沿线工程环境背景

1. 沿线地形地貌特征

沿线经过的一级地貌单元为塔里木盆地，经过的次一级地貌单元为塔里木盆地南缘山前冲洪积倾斜平原区、塔里木盆地南缘冲洪积倾斜平原区、塔里木盆地南缘冲积平原区。沿线总体地势南高北低，沿线地形平坦开阔、植被稀疏，纵向地势为中间高、两头低。

（1）塔里木盆地南缘山前冲洪积倾斜平原区（若羌 DK0＋000 至瓦石峡 DK80＋500）

该区段地面高程 890～1 000 m，相对高差 3～20 m，以戈壁地貌为主，局部有残丘并呈孤丘状分布，境内的河流主要为若羌河，线路走行在冲洪积倾斜平原的前缘上，沿线主要发育有戈壁地貌（如图 7.99 所示）、风蚀地貌（如图 7.100 所示）。

图 7.99 戈壁地貌

图 7.100 风蚀地貌

（2）塔里木盆地南缘冲洪积倾斜平原区（瓦石峡 DK80＋500 至若克雅 DK548＋900）

该区段地形平坦开阔地面高程 970～1 420 m，相对高差 1～10 m，地层以粉细砂为主，大部分地表有风积沙分布，局部呈丘状，境内的河流主要为车尔臣河、安迪尔河、亚通古孜河，线路通过冲洪积倾斜平原的中部，沿线主要发育有绿洲、湿地地貌（如图 7.101 所示）、风沙地貌等地貌类型（如图 7.102 所示）。

图 7.101 湿地地貌

图 7.102 风沙地貌

（3）塔里木盆地南缘山前冲洪积倾斜平原区（若克雅 DK548＋900 至奥乡 DK637＋000）

该区域地形平坦开阔，沿线路纵向中间高两头低，地面高程 1 410～1 630 m，相对高差 3～20 m，以戈壁地貌为主，局部地表有风积沙分布，局部呈丘状，植被覆盖率极低，境内的河流主要为尼雅河，线路在冲洪积倾斜平原的前缘通过，沿线主要发育有戈壁地貌（如图 7.103 所示）、固定沙丘地貌等地貌类型（如图 7.104 所示）。

○ 图 7.103 戈壁地貌

○ 图 7.104 固定沙丘地貌

（4）塔里木盆地南缘冲积平原区（奥乡 DK637＋000 至和田 DK824＋700）

该区域地形平坦开阔，地势南高北低、东高西低，地面高程 1 320～1 470 m，相对高差 1～10 m，境内分布有农田与村庄，局部地表呈荒漠化，植被分布不均，境内的河流主要为玉龙喀什河、策勒河、克里雅河等河流，地下水埋深较浅，线路在冲积平原的前缘上通过，沿线主要发育有绿洲地貌（如图 7.105 所示）、风沙地貌（如图 7.106 所示）、戈壁地貌等类型。

○ 图 7.105 绿洲地貌

○ 图 7.106 过渡带地貌

2. 沿线气象特征

沿线属典型的大陆型干旱气候区，分属暖温带干旱南疆区气候大区。气候异常干旱、多风少雨，昼夜温差大。尤其在戈壁沙漠中，风的频率高，风力强，一经起风，便飞沙漫天、遮天蔽日，能见度极低。表 7.13 是沿线各地点的气象概况参数。

表 7.13 各气象站点主要气象参数多年平均值表

气象站点	和田	于田	民丰	且末	若羌
温度（℃）	12.72	11.76	11.68	10.57	11.82
湿度（%）	41.66	44.99	40.80	41.62	39.57
降水（mm）	0.12	0.15	0.12	0.07	0.08

由表 7.13，和若铁路沿线各气象点的年均温度在 8～15 ℃之间浮动，多年平均温度处于 10.57～12.72 ℃。图 7.107 显示，沿线各气象点平均温度从 1954 年到 2012 年，上下浮动，但整体呈上升趋势，1997 年后上升趋势比较明显。和田年平均温度最高，且末年平均温度最低，在月变化上，七月最高，一月最低。

由图 7.108 可见，和若铁路沿线各气象点的年均湿度在 32%～56%之间浮动，多年平均湿度处于 39.57%～44.99%之间。平均湿度整体呈上下浮动，并且在 1995 年的前后 10 年内浮动较大。月变化上，四月最低，12 月或 1 月最高。8 月附近有波动，并且各气象点变化不同，和田、于田、民丰呈先上升后下降的趋势，且末、若羌呈先下降后上升的趋势。

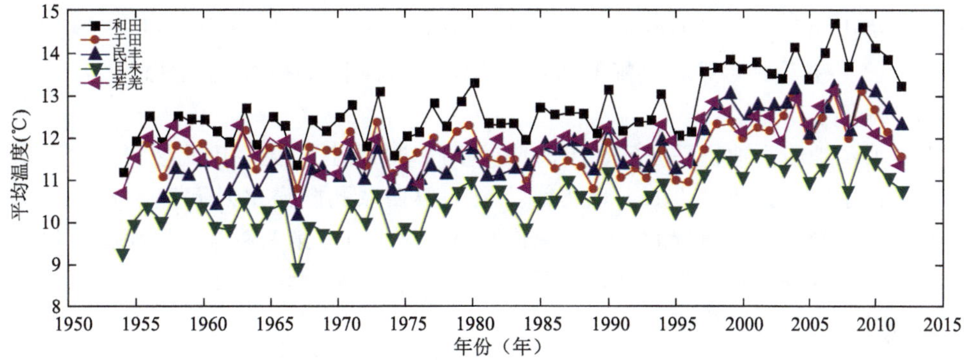

图 7.107 主要气象站点年平均温度的变化情况

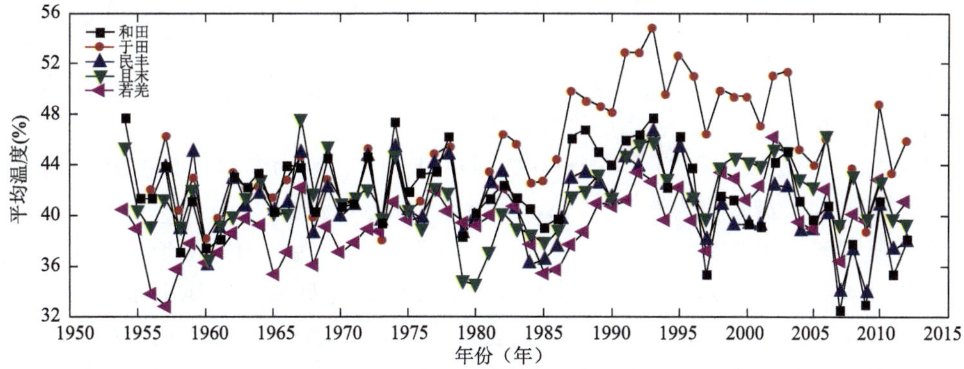

图 7.108 主要气象站点年平均相对湿度的变化情况

由图 7.109 可见，和若铁路各气象点的日平均降水在 0～0.6 mm 之间浮动，多年平均值处于 0.07～015 mm 之间。1953 年～2012 年间，于田降水浮动较大，且末降水浮动较小。月变化上，降雨主要集中在 5～8 月，10 月、11 月降水最少。

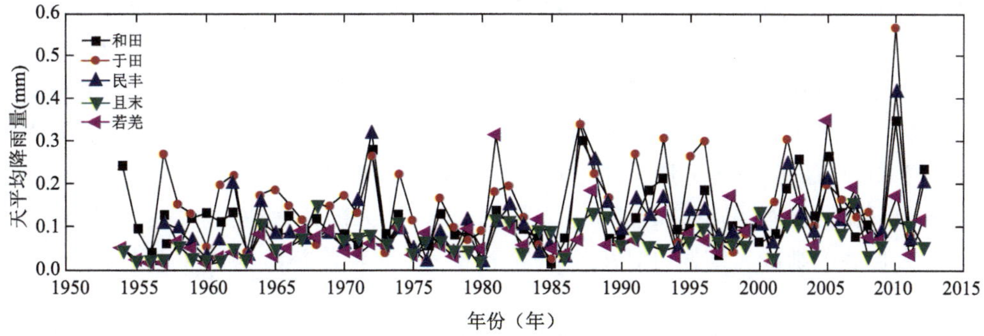

图 7.109 主要气象站点年平均降水量的变化情况

3. 沿线水文特征

(1) 地表水系

线路附近地表水均为东昆仑山—阿尔金山水系，常年性河流有若羌河、瓦石峡河、塔什萨依河、车尔臣河、喀拉米兰河、莫勒切河、安迪尔河、尼雅河、土米亚河、皮什盖河、克里雅河、策勒河、努尔河、玉龙喀什河；季节性河流有塔特勒克河、亚通古孜河、叶亦克河、其其汗河。这些河流丰枯流量相差悬殊，水量来源于大气降水、高山融雪、冰川消融补给，以冰雪消融为主，洪峰出现在一年气温最高的6～8月，冬、春为枯水期，洪峰期间，下游戈壁倾斜平原存在洪水隐患。

(2) 地下水

沿线所经地貌为冲积平原区、山前冲洪积倾斜平原区、昆仑山北坡河流冲洪积平原区。第四系厚度大于200 m，地下水主要为第四系孔隙潜水及孔隙潜水—微承压水，其水位等受地形、地貌的影响，变化明显。对于巨厚第四系含水层而言，地下水赋存条件一般较好，水量较为充沛，可以满足植物治沙工程的需求。

(3) 沿线水文地质分述

若羌至塔特勒克（DK0＋000～DK41＋200）为山前倾斜平原中部，潜水位大于50 m，含水层为细圆砾、砾砂、细砂，单井出水量100～1 000 m^3/d。

塔特勒克至塔什萨依（DK41＋200～DK112＋750）为山前倾斜平原中下部，潜水位一般4～33 m，在瓦石峡河床处为0.3～4 m。

塔什萨依至依木拉克（DK112＋750～DK145＋400）为沙漠区，位于冲洪积平原区前缘，潜水位1～10 m，含水层岩性以细砂为主。

依木拉克至三十七团（DK145＋400～DK281＋800）为车尔臣河（且末河）冲积、冲洪积平原，潜水位为0.1～4 m，浅层地下水水质极差。

三十七团至布滚鲁克（DK281＋800～DK337＋700）为沙漠，位于冲洪积平原区前缘，含水层类型为潜水—微承压水，含水层岩性以粉砂为主，地下水位埋深1～7 m，单井出水量100～1000 m^3/d，富水性弱至中等，微承压水水质优于潜水水质。

布滚鲁克至阿其克（DK337＋700～DK478＋400）为山前倾斜平原，含水层类型也逐渐由单一潜水含水层过渡为潜水—微承压含水层，含水层岩性为粉砂、细砂，地下水位埋深1～10 m，沼泽地为地下水出露点，单井出水量100～1 000 m^3/d，富水性弱至中等，微承压水水质优于潜水水质。

阿其克至若克雅（DK478＋400～DK545＋350）以沙漠为主，位于冲洪积平原区前缘，含水层类型为潜水—微承压水，含水层岩性以粉砂为主，地下水位埋深0.1～37 m，单井出水量100～1 000 m^3/d，富水性弱至中等，微承压水水质优于潜水水质。

若克雅至咯和下勒（DK545＋350～DK612＋500）为山前倾斜平原，为单一的潜水含水层，含水层岩性以砾砂、圆砾土为主，尼雅河以西（DK566＋400）地下水位埋深大于100 m，单井出水量100～1000 m^3/d，富水性弱至中等。

咯和下勒至洛浦（DK612＋500～DK793＋200）大部分为冲积、洪积平原，含水层岩性为粉砂、细砂、细圆砾，地下水埋深2～40 m，单井出水量大于1 000 m^3/d，富水性中等。

洛浦至和田（DK793＋200～DK824＋700）为冲积平原，含水层岩性为粉砂、细砂、圆砾、卵石，地下水埋深 1～24 m，单井出水量大于 1 000 m^3/d，富水性中等。第四系孔隙潜水、微承压水的补给主要为地表水的渗漏和上游地下水侧向径流补给。其排泄途径主要靠地面蒸发和植物蒸腾作用、人工开采及地下水的侧向径流流出。

7.4.2　沿线风沙要素特征

1. 沿线地表沙源特征

基于长期的野外风沙要素调查、统计分析，沿线研究区各点的粒度参数如图 7.110 、图 7.111 所示。

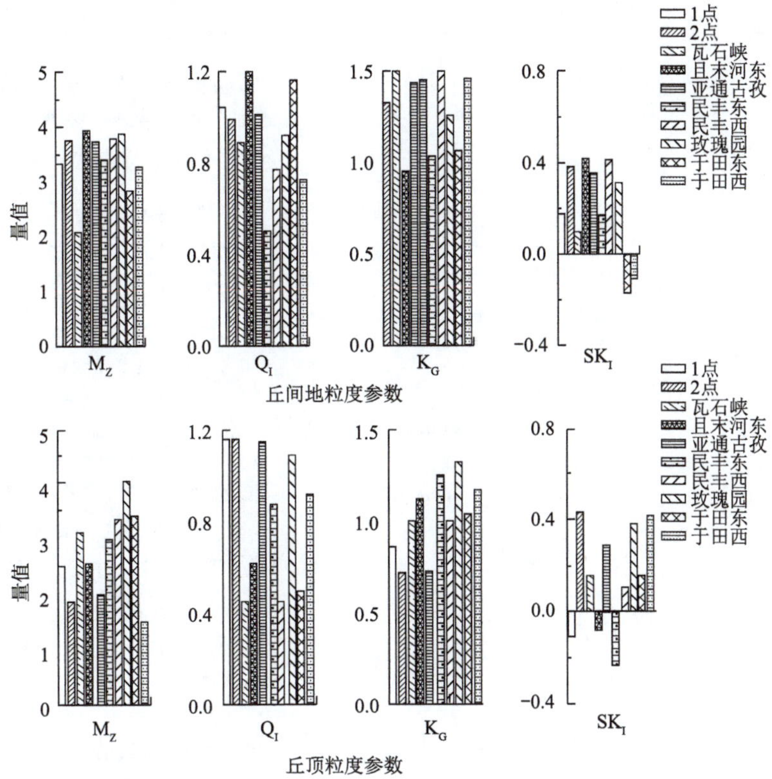

图 7.110　不同测点的粒度参数

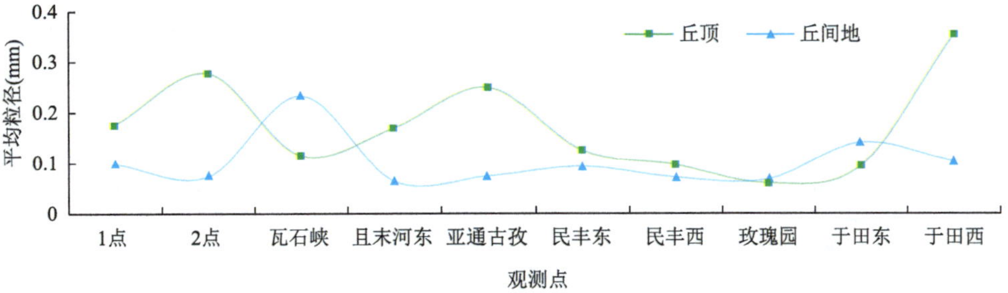

图 7.111　沿线地表沉积物平均粒径变化

通过图中数据进一步整理分析得到各研究区工点颗粒粒度分级参数（见表 7.14）。

表 7.14　各研究区工点颗粒粒度分级参数表

工点	测点位置	平均粒径 D(mm)	粒组分类	分选评价		丘顶颗粒组成描述
				分选值	分选性	
1 点	丘顶	0.175	细沙	1.152Φ	较差	以极细沙、细沙、中沙为主，含量都在20%以上，不含砾石和黏土，含有 8.91%的粉沙
	丘间	0.100	极细沙	1.044Φ	较差	
2 点	丘顶	0.278	中沙	1.150Φ	较差	以中沙和粗沙为主，含量分别为 34.4%、28.42%，不含极粗沙及以上组分，也不含黏土，粉沙含量较少，为 3.85%
	丘间	0.074	极细沙	0.992Φ	中等	
瓦石峡	丘顶	0.116	极细沙	0.448Φ	较好	以极细沙和细沙为主，含量分别为52.65%和 43.27%，不含中沙及以上组分，不含黏土，粉沙含量 4.08%
	丘间	0.234	细沙	0.891Φ	中等	
且末河东	丘顶	0.170	细沙	0.608Φ	较好	以细沙为主，含量可达 60.55%，其次为极细沙，含量 21.16%，不含极粗沙及以上，不含黏土，粉沙含量较少，为 1.12%
	丘间	0.065	极细沙	1.224Φ	较差	
亚通古孜	丘顶	0.250	中沙	1.140Φ	较差	以极细沙、细沙、中沙、粗沙为主，其中中沙含量最多，为 34.03%，其余均在20%左右，不含极粗沙及以上，不含黏土，粉沙含量 4.47%
	丘间	0.075	极细沙	1.014Φ	较差	
民丰东	丘顶	0.126	细沙	0.867Φ	中等	以极细沙、细沙为主，含量分别为45.82%、31.71%，不含砾石和黏土，粉沙只含粗粉沙 8%
	丘间	0.094	极细沙	0.505Φ	较好	
民丰西	丘顶	0.097	极细沙	0.442Φ	较好	以极细沙为主，含量为 69.02%，其次为细沙，含量 20.45%，不含砾石及黏土，粉沙含量 8.55%
	丘间	0.072	极细沙	0.771Φ	中等	
玫瑰园	丘顶	0.061	粗粉沙	1.082Φ	较差	含量最多的是极细沙，达到 39%，其次为粗粉沙，含量 22.4%
	丘间	0.069	极细沙	0.918Φ	中等	
于田东	丘顶	0.095	极细沙	0.493Φ	较好	以极细沙为主，含量 66.91%，其次为细沙，含量 20.8%，不含中沙及以上组分，含有极少量黏土，为 0.03%
	丘间	0.141	细沙	1.158Φ	较差	
于田西	丘顶	0.355	中沙	0.913Φ	中等	以中沙及粗沙为主，含量分别为42.27%和 34.97%，不含极粗沙及以上组分，不含黏土，粉沙含量较少，为 1.15%
	丘间	0.103	细沙	0.729Φ	中等	

注：常采用 Φ 进行粒度比较分析，$\Phi=-\log_2 D$。

由表 7.14 并结合图 7.112 的数据成果可见，戈壁沉积物颗粒在组成上主要由石、砾、砂为主，其颗粒的级配变幅很大，从直径大于 5 mm 的中砾到黏粒均有分布，粒径级配范围跨越多个数量级。沿线民丰西、于田西、1 点和 2 点含有中砾石且砾石含量较多，亚通古孜和于田东含有细砾，砾石含量较小，其余地点基本只含有沙粒及以下粒径的颗粒，不含大于砾石粒径的物质。丘顶相对于丘间地，丘顶各点基本不含砾石，且黏土和粉沙含量也没有丘间地高。

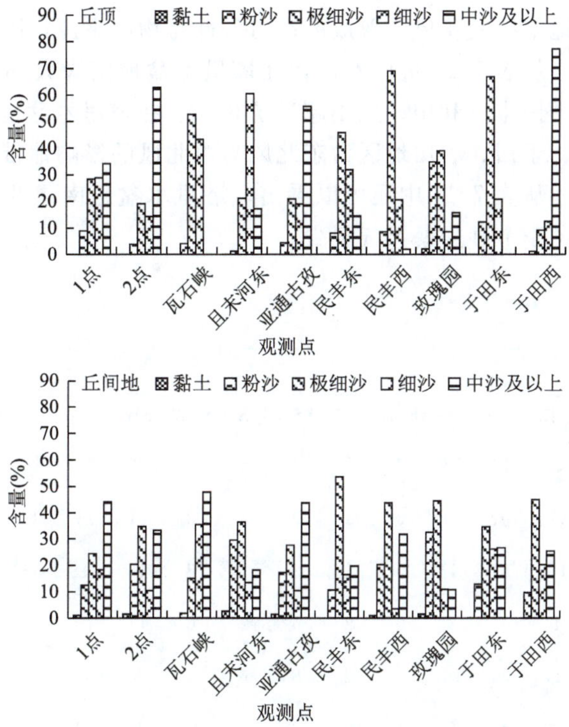

图 7.112　沿线地表沉积物粒度参数

2. 沿线风况要素特征

不同区域、不同时间盛行风向的强度存在差异，塔里木盆地南缘平均风速在空间变化上都存在着明显规律性。从时间变化来看，各站平均风速春、夏季最大，冬季最小，秋季介于中间。月平均风速最大值一般都出现在4～5月份，见表7.15。

表 7.15　塔里木盆地南缘各站平均风速（m/s）

站名	1月	2月	3月	4月	5月	6月	7月	8月	9月	10月	11月	12月	全年
若羌	1.8	2.3	3.2	3.9	3.9	3.4	3.0	3.1	2.8	2.2	1.7	1.7	2.7
且末	1.7	2.2	2.9	3.2	3.2	2.8	2.6	2.7	2.5	2.2	1.7	1.6	2.5
安迪尔	1.3	1.9	2.7	3.2	2.9	2.7	2.7	2.7	2.4	1.9	1.5	1.2	2.3
民丰	1.3	1.5	2.1	2.3	2.2	2.0	1.8	1.7	1.4	1.2	1.1	1.2	1.7
于田	1.3	1.6	2.1	2.3	2.3	2.2	2.0	1.7	1.6	1.5	1.4	1.4	1.8
和田	1.5	1.8	2.4	2.5	2.6	2.6	2.3	2.1	2.0	1.9	1.8	1.6	2.1
皮山	1.2	1.6	2.2	2.1	2.1	2.1	1.6	1.5	1.4	1.3	1.3	1.1	1.6
莎车	1.2	1.6	2.2	2.4	2.5	2.5	2.3	1.9	1.7	1.5	1.2	1.1	1.8

表 7.16 给出了塔里木盆地南缘各站起沙风（6.0 m/s）的作用时间。起沙风作用时间最长的是东端的若羌，达到 1 387 h，占全年总时间的 15.8%，最小的是莎车、于田两站，只有 106 h 左右，仅占到全年总时间的 1.2%，其他各站起沙风作用时间在 175～765 h 之间。

由于塔里木盆地南缘具备风沙形成的动力条件与物质来源，因此该区域属我国沙尘暴天气多发区域。从表 7.17 可以看出，在塔里木盆地南缘大部分站的全年沙尘暴日数超过 20 d，其中民丰、和田、皮山超过了 30 d。在塔里木盆地南缘沙尘暴多发的主要原因是，民丰、于田、和田地区为东北风与西北风的影响地带，地表沙尘来源充足同时风环境稳定。从表 7.17 中还可以看出，塔里木盆地南缘的沙尘暴主要发生在春、夏两季，而秋冬季节沙尘暴天气很少。

表 7.16 塔里木盆地南缘各站起沙风作用时间（h）

站名	风向															
	N	NNE	NE	ENE	E	ESE	SE	SSE	S	SSW	SW	WSW	W	WNW	NW	NNW	SUM
若羌	8	59	528	524	18	3	2	7	5	24	90	95	16	1	2	2	1 384
安迪尔	10	11	41	101	55	3	1	6	3	2	21	14	6	4	0	6	284
民丰	7	32	18	8	1	0	1	2	7	8	46	118	66	14	12	9	349
于田	2	0	4	3	2	0	2	0	2	6	11	15	39	13	7	0	108
策勒	4	3	1	3	10	1	1	8	6	4	6	50	133	39	4	3	276
和田	3	1	1	4	6	1	0	2	18	12	5	27	96	112	13	5	306
皮山	4	0	0	0	0	1	5	0	4	6	12	1	86	41	65	4	229
莎车	7	2	9	4	0	0	2	2	4	3	2	0	1	13	34	22	106

表 7.17 塔里木盆地南缘各站沙尘暴日数表

站名	月份												
	1月	2月	3月	4月	5月	6月	7月	8月	9月	10月	11月	12月	全年
若羌	0.3	1.3	3.2	3.4	3.3	2.1	2.0	1.4	1.3	0.4	0.3	0.2	19.2
且末	0.3	1.7	3.7	4.4	5.1	3.3	2.4	1.8	0.7	0.6	0.2	0.3	24.5
安迪尔	0.1	1.0	3.0	4.3	4.7	4.6	4.0	2.4	0.9	0.0	0.2	0.1	25.1
民丰	0.6	0.8	4.4	5.7	6.6	5.5	5.3	4.0	1.3	0.5	0.3	0.4	35.4
于田	0.1	0.4	2.0	3.1	5.1	3.9	2.0	0.8	0.3	0.0	0.1	0.1	17.8
和田	0.3	0.6	3.4	6.1	6.8	6.0	3.9	3.2	1.5	0.5	0.3	0.1	32.9
皮山	0.2	0.6	3.4	4.9	6.6	7.5	3.3	1.8	1.1	0.5	0.4	0.1	30.4
莎车	0.0	0.1	1.3	4.2	5.0	4.0	2.6	1.6	0.6	0.2	0.2	0.0	20.0

塔里木盆地南缘主风向出现频率从东到西的若羌、安迪尔、民丰、于田、和田及皮山等 6 个站，东北风所占比例依次为 80.3%、53.9%、16.6%、6.6%、2.0%、0.0%，西北风所占比例依次为 0.4%、3.5%、10.0%、18.9%、42.5%及 48.0%，即从东到西，东北风系影响逐渐减弱而西北风系的影响逐渐加强。

与上述风向组合相对应，塔里木盆地南缘的起沙风合成方向也呈现出明显规律。合成方向一般都以东北和西北方向为主，并且自东而西具有明显的变化。若羌、安迪尔、民丰、于田、和田、皮山 6 个站的起沙风合成方向依次为 51.96°、62.23°、273.54°、270.97°、275.23°、287.26°，如图 7.113 所示。

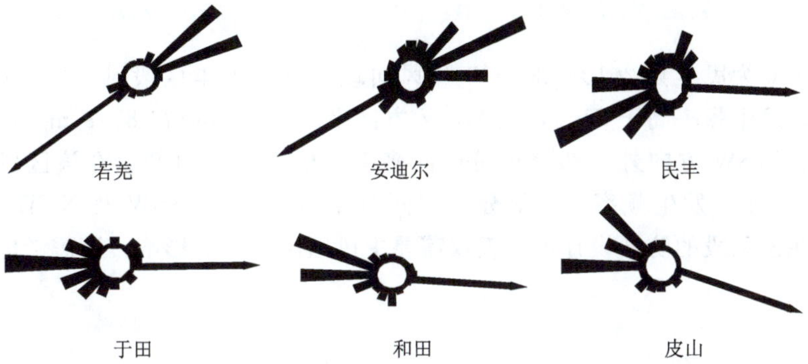

图 7.113 塔里木盆地南缘起沙风合成方向变化

依据气象站资料绘制的和若铁路沿线典型的 5 个地区的风向玫瑰图，如图 7.114～图 7.118 所示。其中，风况数据采集高度为 10 m。

图 7.114 为若羌县 2015～2017 年际风向玫瑰图。若羌区段风向以 NE 及其相邻的 ENE 方向为主，发生频率高于 21.70%，其中 ENE 方向发生频率最高，多年发生频率超过 30%；该区多年平均风速相对较大，平均最大风速在 8～9 m/s，同时在该地区存在部分与 ENE、NE 方向相反的 WSW 风向，多年发生频率在 5%～10%左右，反向风 WSW 平均风速相对主风向较小，反向风速大小不超过 8 m/s。根据以上可知，在该区段以 ENE 和 NE 风向为主，发生频率高，且风动力较强，同时伴随着 WSW 方向的风。从 2015～2017 年各年内的风向玫瑰图的变化可知，年内风向没有明显的差异，均以主风向 NE 风为主，且伴随反向风，但是在 2015 年、2017 年主风向 NE 风动力相对其他各年较强，主风向超过 8 m/s 的频率较高。

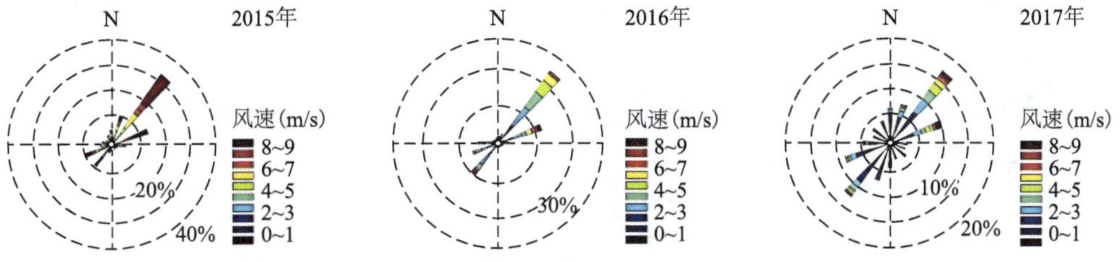

图 7.114 2015～2017 年铁路沿线若羌区段风向玫瑰图

图 7.115 为且末县 2015～2017 年际风向玫瑰图。且末区段风向以 NE 及其相邻的 ENE 方向为主，发生频率高于 30%；该区多年平均风速相对较大，平均最大风速

在8～9 m/s，同时在该地区，除了主风向外，其余个方向风频率极小，且风速不大，因此在该区段，实际防沙设计中主要考虑主风向的影响。

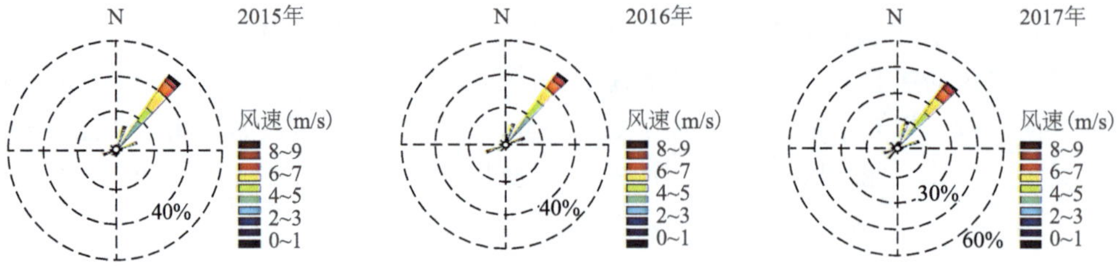

图 7.115　2015～2017 年铁路沿线且末区段风向玫瑰图

图 7.116 为民丰县 2015～2017 年际风向玫瑰图。民丰区段风向以 NE 及 WSW 方向为主，发生频率高于 21%，且 WSW 方向平均最大风速在 8～9 m/s，该区除了盛行 NE 及 WSW 方向外，部分年份风向多变，根据以上可知，在该区段以 NE 和 WSW 风向为主，发生频率高，部分时间同时伴随着 SW、SSW 及 NNE 方向的风。铁路沿线在该区段的防沙设计中不仅仅需要主风向风沙流的影响，还需考虑多向风对其的影响。

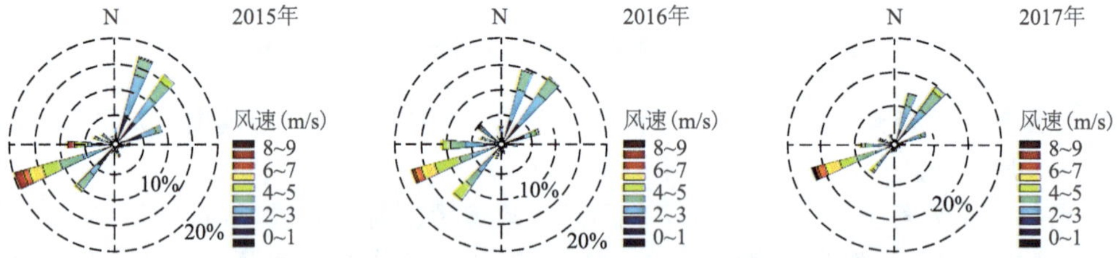

图 7.116　2015～2017 年铁路沿线民丰区段风向玫瑰图

图 7.117 为于田县 2015～2017 年际风向玫瑰图。于田区段风向以 W 方向为主，发生频率高于 30.70%，其余各向风速发生频率较小，不超过 10%，该区多年平均风速相对较小，最大平均风速不超过 9 m/s，对比各年内各向风速的变化，在 2015 年存在 ENE、NE 风向，风频率较低。根据以上可知，在该区段以 W 风向为主，发生频率高，且风动力相对较弱，同时部分时间风向也多变。铁路沿线在该区段的防沙设计中仅需要考虑主风向风沙流的影响，虽然存在其他风向，但是风动力较弱。

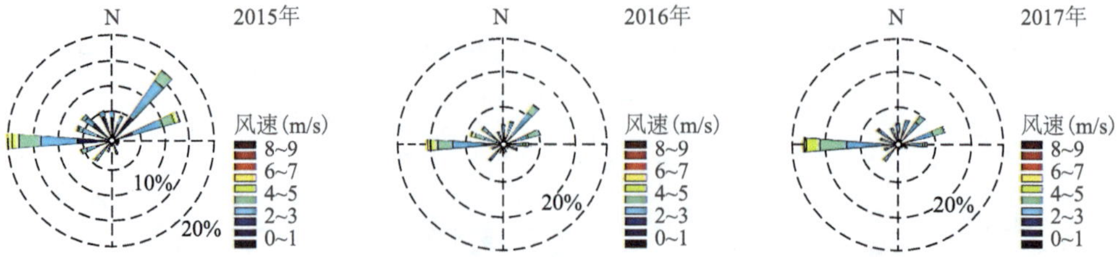

图 7.117　2015～2017 年铁路沿线于田区段风向玫瑰图

图 7.118 为和田县 2015～2017 年际风向玫瑰图。和田区段风向多变，存在 WSW、SW、SSW、NW、NNW 以及 NE 风向，发生频率最高的是 NW 风向，频率

接近20%，其余各向风速发生频率低于10%，该区段风动能较弱，主风向最大风速在8 m/s左右。根据以上可知，该区段风向多变，NW风向发生频率高，且风动力较弱，可考虑防止发生频率较高的NW方向的风沙危害进行防护。

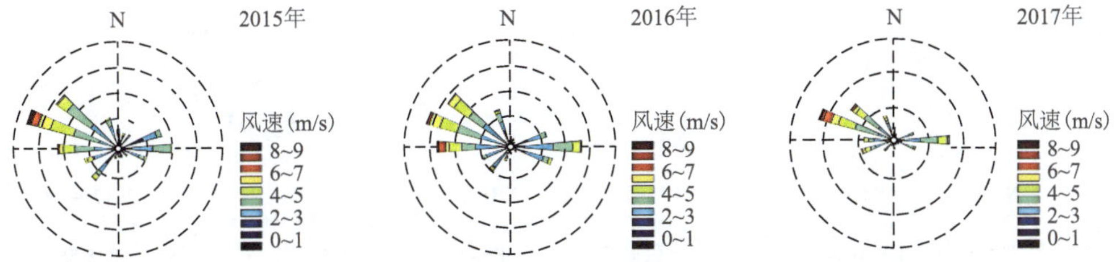

图7.118 2015～2017年铁路沿线和田区段风向玫瑰图

分析可见，在若羌区段风动力较强，风向较为单一，从若羌至于田，风动力逐渐减小，若羌以东北风为主，平均风速9～12 m/s的频率超过10%；且末也以东北风为主，平均风速相对若羌略有减小；民丰风向多变，以东北偏东，西南风为主；相比若羌与且末地区，风力明显较弱。于田风向多变最为明显，主风向多为西南偏南风，且风力较弱。

3. 沿线输沙势特征

图7.119为铁路沿线若羌区段2015～2017年输沙势玫瑰图，从图可知，输沙势（DP）的方向主要以ENE和NE两个方向为主。合成输沙势（RDP）的变化规律和输沙势（DP）一致，但是由于受到年内风向多变的影响，不同的年份合成输沙的方向和大小有较大的差异，在2017年风向变率相对其余各年较大为0.53。根据输沙势分级可知，若羌沿线路段风沙活动较为强烈，风动能较大，输沙风向相对单一，因此在实际防沙设计中应该为重点防护区段。

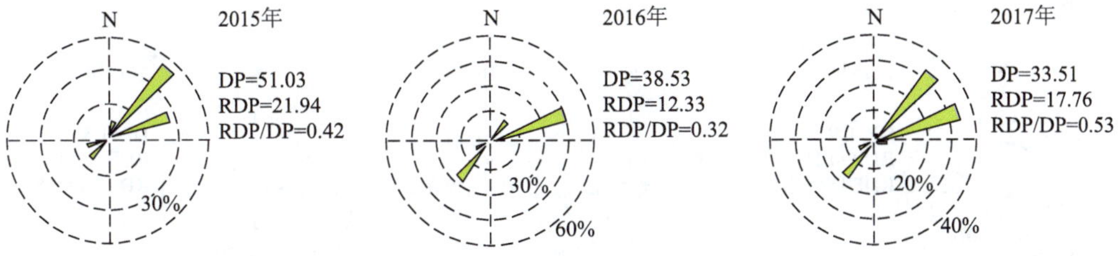

图7.119 2015～2017年铁路沿线若羌区段输沙玫瑰图

图7.120为铁路沿线且末区段2015～2017年输沙势玫瑰图，从图可知，输沙势（DP）的方向在2015～2017风向变率相对其余各年较大分别为0.54、0.61、0.53。根据输沙势分级可知，且末沿线区段风沙活动较为强烈，输沙方向变率较大，因此在实际防沙设计中应该为需重视主风向的影响。

图7.121为铁路沿线民丰区段2015～2017年输沙势玫瑰图，从图可知，输沙势（DP）的方向主要以WSW方向为主，伴随有SW方向。合成输沙势（RDP）的变化规律和输沙势（DP）一致。该区域风向变率相对较大，从2015～2017年各年风向变率超过了0.8，根据输沙势分级可知，民丰区段输沙风向的变率较大，风沙危害强烈。

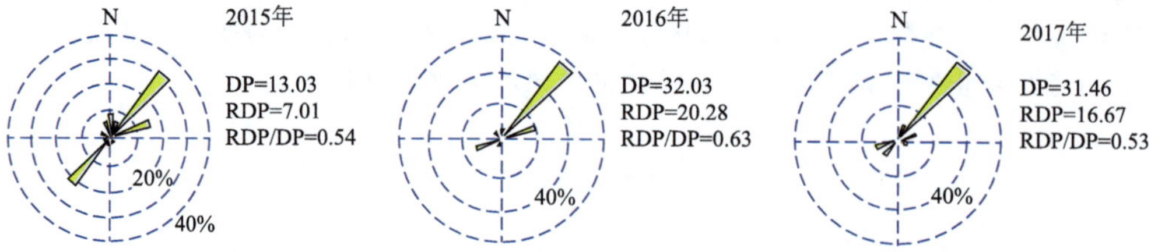

图 7.120　2015～2017 年铁路沿线且末区段输沙玫瑰图

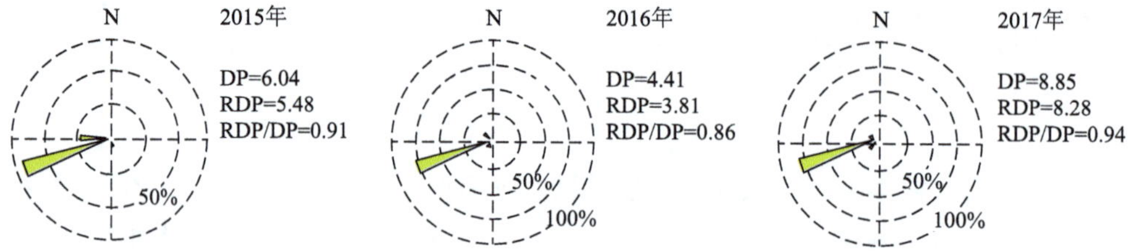

图 7.121　2015～2017 年铁路沿线民丰区段输沙玫瑰图

图 7.122 为铁路沿线于田区段 2015～2017 年输沙势玫瑰图，从图可知，输沙势（DP）的方向主要以 W 方向为主。合成输沙势（RDP）的变化规律和 DP 基本一致，但是由于受到年内风向多变的影响，该区风向变率较大，其值高于 0.75。根据输沙势分级可知，该区风沙活动较弱，输沙方向变化较大，防沙体系的布设可适当减弱。

图 7.123 为铁路沿线和田区段 2015～2017 年输沙势玫瑰图，从图可知，输沙势（DP）的方向主要以 W 和相临近的风向为主。合成输沙势（RDP）相对于田较大，该区风向多变，因此风向变率大于 0.8。根据输沙势分级可知，该区风沙活动相对若羌较弱，相对前四个区段，风动能更小，因此防护力度应小于前四个站点。

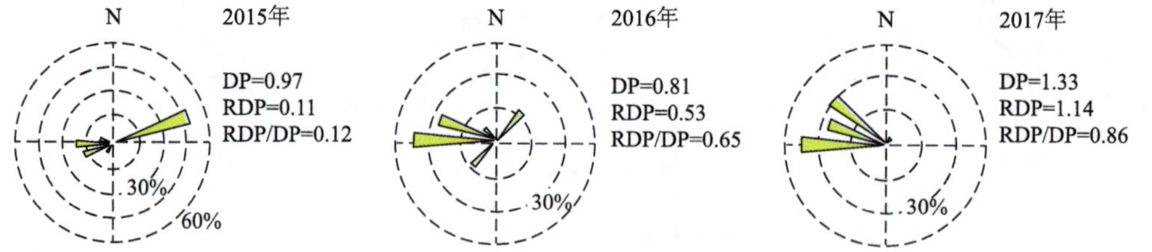

图 7.122　2015～2017 年铁路沿于田线区段输沙玫瑰图

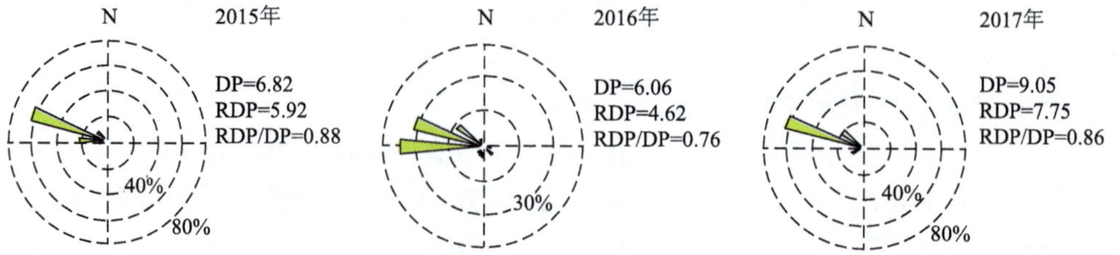

图 7.123　2015～2017 年铁路沿和田线区段输沙玫瑰图

4. 沿线输沙量特征

通过实地调查及 12 年气象数据分析可以看出，总体而言输沙量是由西至东逐渐降低的。2006 年、2007 年、2008 年、2011～2013 年为平均值年，2009 年、2010 年为贫年，自 2014 年至今属于风沙活动盛期。

综合实地调查与卫星照片分析结果，对和若铁路风沙段落的输沙量、沙丘移动距离等进行了测算，并提出相应的建议值。由于具体工程段落较长，输沙量和沙丘移动等参数无法逐一测定，可依据表 7.18 估算。

表 7.18 和若铁路输沙量段落建议设计值

序号	起始	结束	地貌类型	覆盖率	输沙量 [m^3/(m·a)]	移动距离 (m/a)	备注
1	DK0	DK50	戈壁	0～5%	3～5	—	
2	DK50	DK55	戈壁	0～5%	10～15(沙源不足，建议按 5 m^3 设计)	>9	与国道立交附近
3	DK55	DK80	戈壁	0～5%	5～10(沙源不足，建议按 5 m^3 设计)	6～9	
4	DK113	DK149	流动沙丘	0～5%	>20	6～9	塔什萨依至布尕库木
5	DK149	DK161	半固定沙丘	10%～30%	3～5	6～9	靠南严重
6	DK252	DK261	流动沙丘	0～15%	>20(人工林建造，建议采用 5～10)	3～6	且末东
7	DK283	DK391	半固定沙丘	20%～40%	3～5	1～3	
8	DK399+500	DK436	半固定沙丘	15%～40%	1～3	1～3	
9	DK436	DK496	半固定沙丘	15%～40%	3～5	1～3	
10	DK496	DK512	流动沙丘	0～10%	5～10	3～6	亚通古孜
11	DK512	DK518	半固定沙丘	15%～35%	1～3	1～3	
12	DK518	DK529	半固定沙丘	15%～30%	1～3	1～3	
13	DK535+800	DK546	流动沙丘	0～5%	>20	6～9	民丰东
14	DK546	DK563	戈壁	0～5%	1～3	—	
15	DK567+500	DK586	流动沙丘	0～10%	>20	>10	民丰西
16	DK586	DK617	流动沙丘	0～10%	1～3	1～3	
17	DK617	DK626	流动沙丘	0～5%	10～13	6～9	玫瑰园
18	DK632	DK638	戈壁	0～15%	5～10	6～9	奥依托格拉克乡

续上表

序号	起始	结束	地貌类型	覆盖率	输沙量[m^3/(m·a)]	移动距离(m/a)	备注
19	DK641+500	DK665	流动沙丘	0～15%	1～3	1～3	
20	DK666	DK671	半固定沙丘	20%～40%	1～3	1～3	
21	DK674	DK683	半固定沙丘	15%～30%	1～3	1～3	
22	DK750	DK765	半固定沙丘	15%～40%	1～3	1～3	

5. 沿线沙丘移动规律

基于多时相的高分影像对和若铁路沿线风沙输沙量进行估算。估算的参数主要为沙丘移动距离及两个不同时期（至少大于1年）沙丘脊线的移动距离。沙丘形态由风向及沙源丰度决定，沙丘不同部位由于光照度和反射光谱不同，其在卫片上显示差别较大，容易识别，尤其是迎背风坡及沙丘脊线。因此，利用这一特性在每个测量点选取了典型沙丘进行测量估算，共选取22个测点，如图7.124所示。

影像获取后，在ArcGIS10.1软件平台下利用特征点进行地理几何校正。利用人工解译的方法提取22个样点处的沙丘或者灌丛沙丘在不同历史时期的边界线或者沙丘脊线。利用ArcGIS10.1软件统计22个样点历史时期的沙丘侧移或延伸距离，然后除以时间间隔，获得沙丘的年平均移动速度。

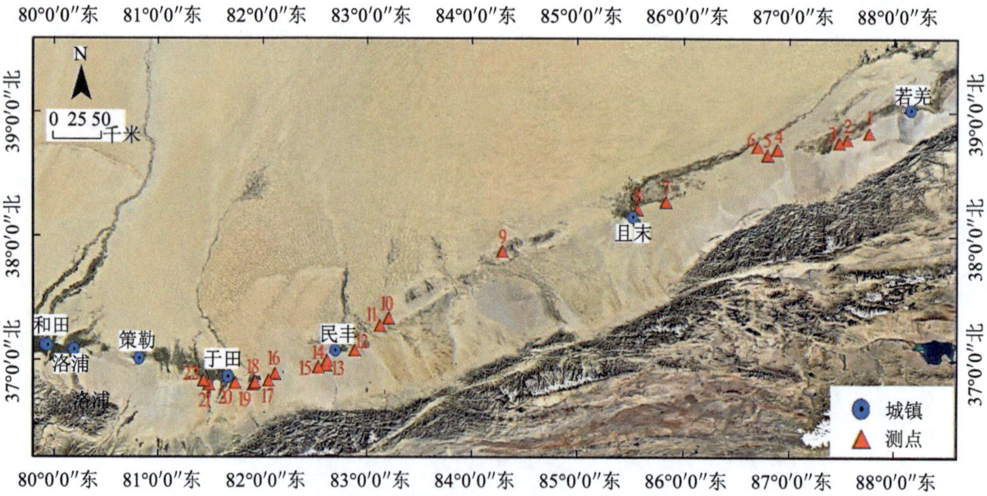

图7.124 和若铁路沿线风沙输沙量测点分布图

基于影像分析的测量沙丘移动包括以下四步：(1) 获取监测点附近两个时相的高分影像，确保云量少，影像清晰。(2) 图像预处理，包括图像配准，几何校正等。配准过程中选取的控制点应具有不变性。(3) 确定易识别（脊线清晰、迎背风坡明显）、形状完好的目标沙丘。(4) 垂直于主风向，测量第一景影像沙丘脊线顶部位置并记录，再测量记录第二景影像沙丘相同位置的经纬度。最终得到两个时期该沙丘移动距离。各个测量点沙丘形态信息及测量结果见表7.19。

表 7.19 各测量点沙丘形态及测量结果表

测点	开始结束时间	经度	纬度	高程(m)	沙丘类型	下垫面	移动距离(m)	平均年移动距离(m)
1	2005～2011	87.762 31	38.829 56	1 009.74	穹状沙丘	戈壁	—	—
2	2003～2011	86.789 87	38.651 54	1 042.724	新月形沙丘	戈壁	57	7.20
3	2003～2013	85.833 32	38.270 23	1 222.139	新月形沙丘	戈壁	98	9.81
4	2005～2011	83.119 18	37.270 41	1 378.049	横向沙丘链	沙漠	10	1.58
5	2005～2011	82.874 17	37.067 53	1 543.668	横向沙丘链	沙漠	37	6.18
6	2005～2013	82.602 36	36.949 20	1 628.123	横向沙丘链	沙漠	38	4.73
7	2009～2017	82.117 92	36.881 88	1 570.845	横向沙丘链	沙漠	30	3.75
8	2006～2014	81.900 28	36.793 79	1 640.632	横向沙丘链	沙漠	28	3.29
9	2004～2013	81.485 24	36.795 29	1 523.731	灌丛沙丘	固定沙漠	11	1.35（延伸速度）
10	2004～2011	87.550 80	38.775 39	1 005.673	横向沙丘链	沙漠	8	1.24
11	2004～2017	81.436 26	36.828 92	1 490.7	横向沙丘链	沙漠	10	<1
12	—	—	—	—	—	—	—	—
13	2009～2012	81.916 84	36.814 29	1 619.774	新月形沙丘及沙垄	戈壁	28	9.04
14	2009～2012	82.051 47	36.826 01	1 716.86	新月形沙丘链	戈壁	26	8.63
15	2009～2012	82.530 75	36.931 62	1 613.267	新月形沙丘及沙垄	戈壁	35	11.30
16	2009～2011	82.614 01	36.983 98	1 599.726	新月形沙丘及沙垄	戈壁	13	6.64
17	2003～2011	83.202 45	37.329 67	1 369.735	沙丘链	沙漠	19	2.18
18	2003～2011	85.566 94	38.212 97	1 244.221	新月形沙丘及沙丘链	沙漠	20	2.54
19	2003～2012	86.695 10	38.716 53	1 024.48	新月形沙丘链	沙漠	32	3.57
20	2003～2011	86.883 54	38.698 14	1 015.667	横向沙垄	沙漠	26	3.05
21	2004～2017	87.472 01	38.752 25	1 029.38	沙饼	戈壁	108	8.32
22	2004～2010	84.287 61	37.873 21	1 316.626	新月形沙丘	戈壁	63	10.1

根据沙丘形态基本参数、沙丘密度和沙丘移动距离可计算得出该沙丘年输沙量。

于田西测量点 21 位于于田绿洲西部、G315 国道南部的流动沙漠区，下垫面多以河道冲刷戈壁砾石为主，从下垫面情况及沙丘密度来看沙源较为不充足，沙丘类型主要为稀疏的新月形沙丘，沙丘年移动距离为 8.3 m。

于田县东部测点 20 和 19 沿国道 315 分布。测点 20 沙丘为新月形沙丘为主，存在部分沙丘链。沙丘分布较为稀疏且沙源不十分充足。沙丘移动距离超过了沙丘两坡投影距离，因此在估算输沙量时，以整体沙丘体积为准。该区域沙丘平均移动距离为 4 m；测点 19 以横向沙丘为主，沙丘走向垂直于主风向，从多年影像对比中的变化情况来看，沙丘的位置变化不明显，这说明该区域合成输沙量为 0，即该区域盛行相反双风向（西南风和东北风），导致沙丘移动缓慢甚至无变化。区域内局部地区形成多风向，形成复杂风况下的金字塔沙丘。

民丰县西南和东部测点 13 和 11，两地沙丘类型都为塞夫沙丘，说明该地存在双向风条件。但两地沙丘走向明显不同，测点 13 沙丘左翼延长而测点 11 为右翼延长。两地风况条件以民丰县为界发生变化，这种情况可能由微地形引起的。测量点 12 邻近亚通古孜河，受河水冲刷、交互作用的影响，附近无沙丘存在，因此无法基于沙丘移动距离估算输沙量。

测点 7 位于且末县东侧 7 km 处。流动横向沙丘遍布，主风向以东北风为主，沙源充足，一定程度上威胁着位于下风向的且末县，经过寻找典型沙丘并测量得到该地沙丘年移动速度为 3.75 m。

测点 2、测点 3 和测点 5 位于且末至若羌沿国道 315 分布。从影像上可以看出测点 2 为新月形沙丘链、测点 3 为塞夫沙丘、测点 5 沙丘不明显。测点 2、测点 3、测点 5 的沙源丰度在逐步降低，主风向为东北风。

以沙丘脊线为参考，可以有效识别和测量沙丘移动距离，保证测量结果有较高的可靠性。但是，由于沙丘沙源丰富，以其为参考对象估算输沙量，对下垫面风沙输沙情况考虑不足，因此输沙量普遍较实际偏大，如图 7.125 所示。

通过图 7.126 可知，测点 2、测点 3、测点 15、测点 21 和测点 22 沙丘移动速度较大，即瓦石峡、民丰西段和策勒附近风沙活动剧烈，该测量结果和气象站风况数据所得输沙势相符。

7.4.3 沿线风沙防治工程模式选择

和若铁路风沙防治工程的方案主要以植物治沙措施为主，基于大量调查、野外试验等科学研究工作，形成了能够直接适宜于沙漠腹地的植物治沙工程技术体系，除此之外相关科研单位有关苦咸水灌溉造林技术和肉苁蓉接种技术等的技术储备，也比较成熟，可以直接应用于和若铁路沿线。同时用于干旱区灌溉的技术设备已日趋完善，完全可以支撑沙漠铁路防护林生态工程建设的需求。

在塔里木沙漠公路生物防沙试验示范区及沙漠公路防护林生态工程建设中，已大量采用了以色列、美国滴灌设备及国内燕山滴灌、绿源滴灌、山东莱芜滴灌等设备，并进行了可行性对比试验，这些滴灌设备大都经受住了沙漠地区恶劣环境的考验。

在新疆各地进行的沙漠治理中，肉苁蓉接种技术已经成熟，并在新疆各地州进行推广。在塔中进行了试验并取得成功，该技术可以直接运用到和若沿线植物治沙工程建设中，并将取得直接经济效益，起到降低养护成本的作用。

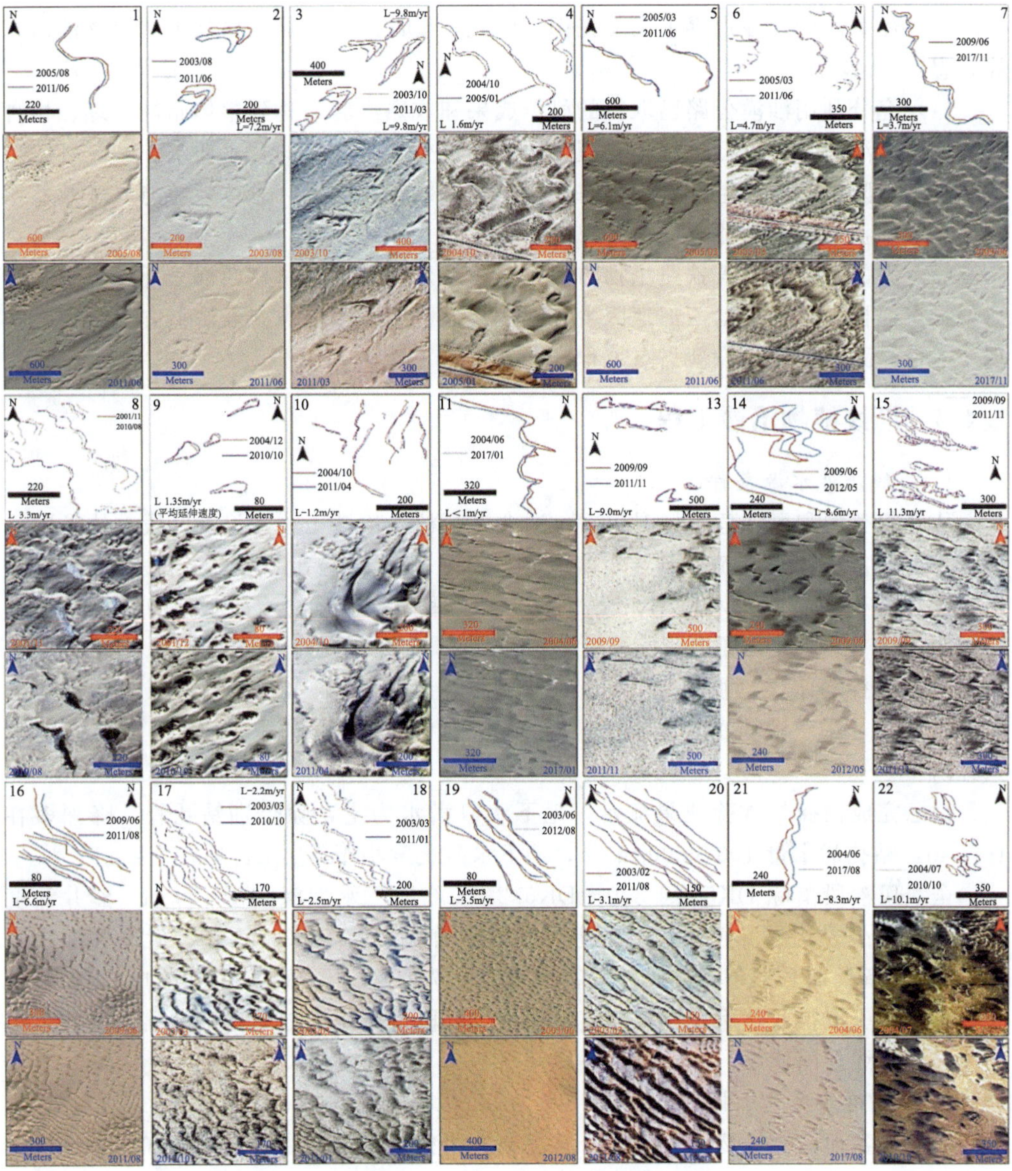

图 7.125 沿线沙丘移动距离和速度

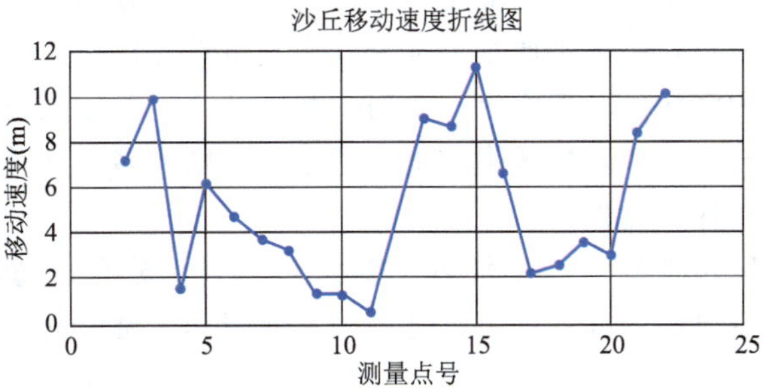

图 7.126 沙丘移动速度折线图

在环境条件严酷、立地类型复杂多变的大型流动沙漠边缘开展大规模的铁路植物治沙工程体系建设，在世界上尚无先例。因此，设计应该遵循严格规范的植物治沙指导思想：

(1) 充分利用沙漠公路已取得的科研成果和成熟经验，达到整体布局合理、树种选择得当、灌溉方式可行、维护管理方便和投资少、见效快的技术要求。

(2) 以防沙效益为主，实现生态效益与经济效益相结合，总体效益与局部效益协调，长期效益与当前效益兼顾。

(3) 力争使新建和若铁路生物防沙工程体系建设成为新时期西部大开发生态环境建设重点样板工程，推动西部地区生态工程建设由生态型向生态经济型方向转变，实现“一带一路”铁路建设新亮点工程。

7.4.4 沿线植物治沙工程

1. 沿线治沙水源条件

从地貌类型和风沙危害情况来看，适合进行植物治沙工程建设的区段总体长度为515 km，地貌类型包括流动沙丘、半固定沙丘、地下水溢出带，考虑未来生态工程用水与地方生态农业用水协调，全线风沙段落适宜实施植物治沙工程的线路总长度缩短为368.480 km，据此进行了植物治沙工程前期水文地质勘察工作，并布置了一定量的勘探与水文地质试验工作。在此基础上，根据取水总量进行了植物治沙工程里程调整，最终确定的植物治沙工程段落长度为303.687 km，其余零星段落为工程防护。

据已完成勘探与试验成果显示，地下水以潜水为主，除个别钻孔外，降深多在1～5 m，钻孔涌水量100～600 m^3/d，地下水矿化度小于5 g/L，见表7.20。

全线风沙段落除DK584＋530～DK612＋500地下水埋深大于100 m，建井深度大于200 m外，均具备建井条件。建议在单井涌水量大于500 m^3/d、设计井深小于200 m、具备长期开采条件的风沙危害严重地段选取部分段落，建立植物治沙工程试验段，在试验取得成功后，对拟建植物治沙工程段进行水文地质详细勘察，结合工程实际进行沿线全面建设。

2. 沿线治沙植物选择

塔里木盆地南缘植物区系形成于第三纪，为独特环境中蜕变，其中有部分是从本地的荒漠环境中发展起来的。第四纪由于气候进一步变干燥，植物的耐旱能力又有新的提升，铁路沿线的乡土植物大多为耐干旱的旱生和超旱生荒漠植物。

与地貌相对应，塔里木盆地南缘土壤及植被也呈现出较明显的带状分布规律。南部低山区为山地棕漠土，中部平原区上部戈壁为地带性棕漠土，下部扇缘附近及河流两岸的绿洲地带多为灌淤土、棕漠土、草甸土和风沙土。除土层覆盖区域外，低山及山前戈壁地表多砾石、粗砂，扇缘附近细土平原土质则大多沙性重、质地轻、通透性好、缺磷少氮、保水保肥力性差。

低山丘陵荒漠区植被稀疏，覆盖率一般小于20%，分布以超旱生的半灌木为建群种的植物群落，主要有白杆沙拐枣、琵琶柴、驼绒藜、圆叶盐爪爪、合头草、假木贼、戈壁藜、昆仑沙拐枣等。

表 7.20 水源孔深度、单孔涌水量及水质情况简表

调查范围	长度（m）	钻孔编号	测点位置	试验类型	孔深（m）	静止水位（m）	孔/管径（mm）	降深 S（m）	出水量 Q（m^3/d）	矿化度（g/L）
DK7＋999～DK59＋906	51 303	H4SZ－1	DK12＋000 右 100	抽水	150	58.6	350/180	4.9	146.9	—
		H4SZ－10	DK47＋000 右 100	抽水	150	32.6	350/180	13.05	126.4	—
		H4SZ－12	DK55＋000 右 100	抽水	150	8.53	350/180	4.87	296.0	1.98
		H4SZ－13	DK59＋000 右 100	抽水	120	9.9	350/180	4.08	296.1	1.92
DK63＋037～DK81＋580	17 655	H4SZ－16	DK71＋000 右 100	抽水	120	8.6	350/180	5.8	181.4	1.54
		H4SZ－17	DK75＋000 右 100	抽水	120	10.33	350/180	1.61	256.6	—
		H4SZ－18	DK79＋000 右 100	抽水	100	8.66	350/180	2.51	296.1	—
DK112＋840～DK161＋070	39 336	H4SZ－19	DK114＋700 右 100	抽水	120	9.36	350/200	2.5	432.1	1.85
		H4SZ－21	DK122＋700 右 100	抽水	120	2.2	350/200	2.6	566.4	1.74
		H4SZ－22	DK126＋700 右 100	抽水	120	4.3	350/200	2.5	554.3	2.0
		H4SZ－23	DK130＋800 左 300	抽水	160	6.4	350/200	4.83	442.5	—
		H4SZ－24	DK134＋700 右 100	抽水	120	2.6	350/200	2.2	554.3	3.84
DK176＋600～DK221＋520	6 720	H4SZ－30	DK189＋435 右 85	抽水	120	0.8	350/180	1.2	107.4	3.76
		H4SZ－31	DK203＋755 右 100	抽水	120	1.9	350/180	1.3	241.8	3.16

续上表

调查范围	长度(m)	钻孔编号	测点位置	试验类型	孔深(m)	静止水位(m)	孔/管径(mm)	降深 S (m)	出水量 Q (m^3/d)	矿化度(g/L)
DK251＋230～DK257＋980	6 750	HRS－48	DK252＋800 左 150	抽水	120	2.25	350/180	1.03	271.9	0.98
		HRS－47	DK256＋800 左 150	抽水	100	3.15	350/180	10.85	385.2	0.81
DK282＋645～DK337＋450	54 805	HRS－36	DK323＋800 右 100	抽水	180	—	350/180	—		—
		HRS－33	DK336＋200 右 150	抽水	150	1.1	300/180	14.2	227.5	2.12
D2K403＋724～D2K404＋885	1 161	HRS－30	D2K404＋200 右 150	抽水	150	4.8	300/180	6.2	116.6	1.48
DK414＋500～DK420＋070	5 570	HRS－29	DK415＋800 左 150	抽水	150	1.6	350/180	2.3	163.6	1.36
		HRS－28	DK420＋200 左 150	抽水	100	2.6	350/180	19.1	256.6	1.8
DK427＋400～DK427＋800	400	HRS－27	DK427＋300 右 150	抽水	180	2.0	350/180	3.0	338.8	4.36
DK435＋000～DK437＋325	2 325	HRS－26	DK436＋300 左 150	抽水	100	7.4	350/180	4.7	213.7	2.74
DK476＋080～DK478＋340	2 260	HRS－24	DK477＋300 右 150	抽水	120	2.6	350/180	3.7	241.7	3.22
DK512＋600 ～DK514＋170	1 570	HRS－16	DK513＋800 右 150	抽水	200	8.5	300/180	3.3	256.6	—
DK516＋630～DK529＋780	13 150	HRS－14	DK522＋900 右 150	抽水	100	5.1	300/180	23.3	220.5	1.79

昆仑山前洪积—冲积扇上部荒漠受大气降水和微弱的地表径流影响，分布有稀疏的红砂、盐生草、泡泡刺、膜果麻黄、木霸王、裸果木等群落，而广大的山前平原中部的砾石戈壁和光裸沙丘区则植被极为稀疏或无植物生长，仅在戈壁砾石的表面见有黑褐色的荒漠漆皮。

河流两岸、扇缘以北的低洼地以及沙漠南缘的固定、半固定沙丘上生长有依赖地下水生存的各类草甸、灌丛、荒漠河岸林以及盐生荒漠等隐域性植被，主要有芦苇、拂子茅、蓼子朴、沙蓬、叉枝鸦葱、塔里木沙拐枣、多枝柽柳、疏叶骆驼刺、胡杨、沙棘、盐节木等植物，覆盖率较高，可达40%以上。

人工绿洲主要分布于河流谷地、冲洪积扇缘附近及其以北地区，呈团块状、串珠状分散分布，植被覆盖率一般较高。受水资源西多东少的影响，绿洲面积也呈现西多东少的特征。研究区北缘的流动沙地区则以各种类型、各种高度的沙丘为主，几无植被分布。

此外，区内土地利用类型还主要有耕地、园地、林地、居民点用地、交通用地等，另外，还有部分交通用地（道路）及水利设施用地（沟渠）分布于戈壁等其他非绿洲区域。

基于和若铁路沿线的自然环境和野生植物资源的分布以及铁路防沙的需求，植物种选择要特别关注植物的耐盐、耐旱、耐寒、耐高温、耐风蚀沙埋等特性。根据前期的研究成果，并借鉴已建工程的成功经验，植物种以沙拐枣、柽柳、梭梭三类优良固沙灌木树种为主，但根据实际情况，可考虑其他乡土植物种。根据柽柳属植物不同种耐盐能力和对土壤适应性的差异，在高大沙丘上选用多枝、多花等生长迅速的柽柳种类。在土壤含盐高和地下水矿化度高的地段，可选用刚毛柽柳、盐穗木等耐盐能力强的植物种。

3. *植物治沙林带设计原则*

依据所划分的立地类型，防护林带的整体布局原则为：

(1)“重害重防，轻害轻防”的原则

鉴于上风向侧风沙危害重于下风向侧，因此防护林带的宽度上风向侧应宽于下风向侧，主风向与公路走向的夹角越大，上风向侧的林带相对越宽。

(2)“因害设防，阻固结合”的原则

①在垄间平沙地和小沙丘分布区，风沙危害方式以风沙流滞留积沙或小沙丘前移为主，防护林带可采用“以阻为主、阻固结合”的结构布局。

②在垄间密集沙丘区，风沙危害以沙丘前移压埋和风沙流卸载积沙为主，防护林带可采用“阻固并重”的结构布局。

③在高大复合沙垄区，风沙危害方式以沙丘前移压埋和风蚀为主，防护林带可采用“以固为主”的结构布局（当沙丘特别高大时，林带可适当加宽）。

(3)“植物措施为主，机械措施辅助”的原则

为保护林带早期的幼苗不被沙埋或风蚀，在林带外缘扎设行列式沙障，宽度根据具体情况掌握。风速较大地区，在种植初期，还采取相应措施保护幼苗不被大风拔出吹走。

根据上述原则，防护林带可考虑如下两种整体布局模式，即铁路与主风向夹角较

大时的林带布局（如图 7.127 所示）和铁路与主风向夹角较小时的林带布局（如图 7.128 所示）。需要进一步详细调查，掌握更加科学翔实的调查数据后，进行详细立地类型的确定，并对具体区段的布局，因实地情况做相应优化和调整。

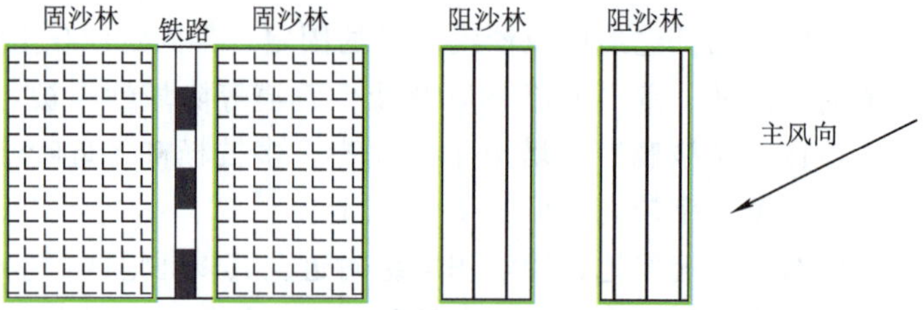

图 7.127　铁路与主风向夹角较大时的林带布局模式

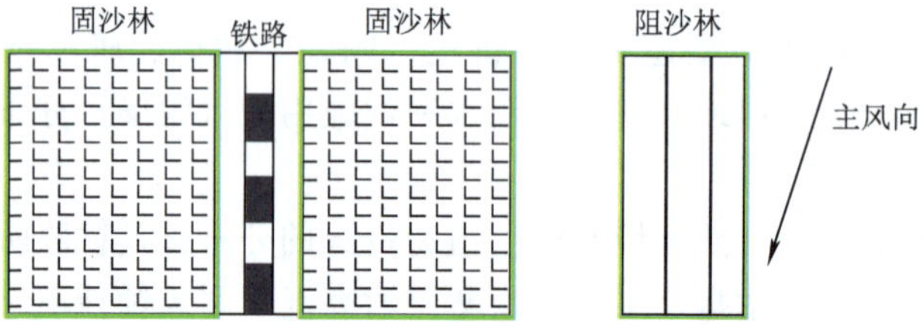

图 7.128　铁路与主风向夹角较小时的林带布局模式

4. *灌溉方式的确定*

灌溉方式的确定是防护林建设的关键，通过对比分析沙漠腹地中沟灌、喷灌和滴灌三种灌溉方式优缺点以及不同灌溉方式条件下试验地的水盐在土壤中的分布状况和植物生长发育状况，并结合沙漠腹地的环境条件和立地条件，在沙漠铁路的植物治沙工程体系建设过程中，灌溉方式宜选用滴灌。

7.5　临策铁路

临策铁路（如图 7.129 所示）东起巴彦淖尔市临河区，穿越河套平原，跨过戈壁大漠，向西依次经过阿拉善盟的左旗、右旗、额济纳旗，至额济纳西车站与嘉策线接轨，向西北至中蒙边境额济纳旗策克口岸，线路全长 768.415 km，是国家中长期铁路建设规划中临河至哈密铁路的重要组成部分，既是连接我国西北、华北的重要通道，也是新疆第二条与内地连接的铁路通道和最便捷的北部出海通道，同时也是内蒙古向华北、东北输出优质煤炭资源的重要运输通道。

临策铁路于 2009 年 12 月 26 日开通以来，因沿线沙害严重，影响列车运行安全而多次停运。2010 年 5 月 10 日至 11 日试运行时，发生了 2 次脱轨事故，严重危及了行车安全，风沙灾害一度使临策线的运营处于瘫痪状态，治理沙害刻不容缓。在临策铁路已经开通的 702 km 线路当中，受到沙害影响的区段长达 456 km，其中发生沙害的地段占 44.2%，长达 303.2 km。在直接发生沙害的地段中沙害严重的地段有 257.6 km、一般沙害地段有 45.6 km。临策铁路沿线的沙害在过去一段时间一直呈现逐渐发展的态势。

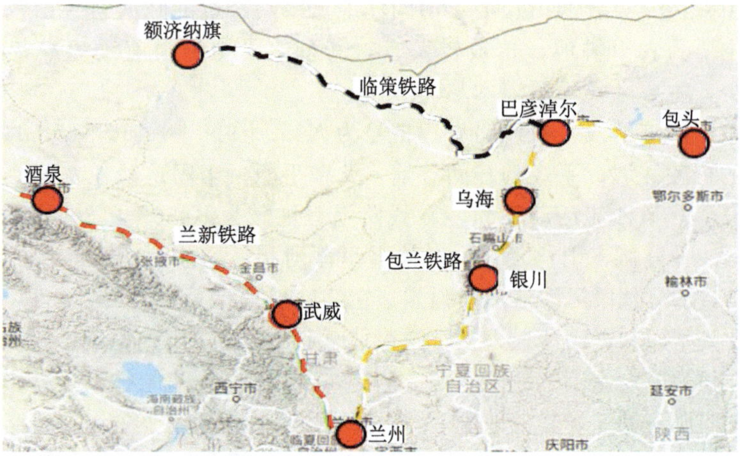

○ 图 7.129 临策铁路

临策铁路是全球遭受沙害最严重的沙漠铁路之一，线路穿越乌兰布和、亚玛雷克、巴丹吉林三大沙漠边缘以及戈壁荒漠地区，自然条件恶劣，降水稀少，年平均降水量仅 42～102.9 mm，年均蒸发量达到 2 258.8～3 755 mm。沿线主风向为西南风、西北风，年均风速为 4.1 m/s。对于临策铁路的沙害治理工作直接关系到沿线物流运输以及列车的安全运行，同时对于促进沿线地区经济发展、加强内地边疆的联系以及加强周边各民族团结具有重要意义。

7.5.1 沿线工程环境背景

1. 沿线地形地貌特征

临策铁路自临河至额济纳接入包兰线，线路地处内蒙古阿拉善剥蚀高平原区，巴丹吉林沙漠的北部边缘，海拔高度为 900～1 160 m，大部分地区山势平缓。地形总体趋势为由北向南、由东向西倾斜，山势逐渐降低，最终过渡为平原绿洲。沿线区域内剥蚀低山丘陵、谷地、戈壁平原、冲湖积平原、风积沙丘相间分布，其中残山丘陵、戈壁荒漠占比较大。

沿线剥蚀低山丘陵主要分布在乌兰敖包—八道桥沿线，由二迭系、侏罗系、白垩系等碎屑沉积岩和火山侵入岩组成。由于长期受到风化剥蚀作用，导致该地区山势平缓，山头浑圆状，局部发育有陡崖或浑圆状孤丘，沟谷多呈 U 形。戈壁平原平坦开阔，地面有微起伏，植被稀少，零星生长梭梭、白刺等灌木。表层大都覆盖有第四系上更新统洪积沙砾石层，是区内砾质或砂质荒漠地带。冲积平原主要分布在额济纳绿洲，地形平坦开阔，河谷宽浅，支流众多，阶地不发育，平原宽达 15～20 km，胡杨、红柳、梭梭等植被众多。湖积平原主要分布于天鹅湖一带，表面平坦微向湖心倾斜，由于强烈的蒸发作用使地表形成白色盐碱壳。风积沙丘仅在苏红图东侧和额济纳绿洲外沿八道桥一带有分布，在苏红图东侧以固定、半固定沙丘及平沙地为主，八道桥一带则以新月形沙丘链为主。

其中临河至乌兰敖包（K0＋000～K352＋900）沿线经过黄河河套平原区、山前洪积平原区、阴山山脉的狼山低中山区以及巴彦淖尔—阿拉善剥蚀平原区。狼山中山区与黄河河套平原区的交接地带，分布着大型冲洪积扇和丘陵，在巴彦淖尔—阿拉善剥蚀平原区中夹杂分布着低山丘陵、山间洼地。线路经过的临河至青山镇段为黄河河套平原区，主要为农田耕地，植被较发育，其余地段均为山前洪积半荒漠、荒漠地区，植被稀少，主要生长低矮灌木丛。

乌兰敖包至额济纳段，在线路里程桩号为K352＋900～K466＋658的范围内主要分布有低矮的丘陵缓坡、平缓的丘间谷地、戈壁平原、半固定沙丘及流动沙地，区段内地势平坦开阔，风沙流活动强烈。在线路里程桩号为K466＋658～K594＋320的范围内主要为剥蚀丘陵区，山势平缓、丘体多呈浑圆状，局部发育有陡崖，沟谷多呈U形、植被稀少，部分地段风沙流活动强烈。在线路里程桩号为K594＋320～K671＋000的范围内以戈壁平原和流动沙丘为主，湖积平原主要分布于天鹅湖一带，表面平坦微向湖心倾斜，在强烈蒸发作用下地表呈现白色盐碱壳，导致地表植被不发育，除流动沙丘地段已经设置明洞防护外，其他地段平缓、开阔，风沙流活动强烈。在线路里程桩号为K671＋000～K683＋818的范围内为冲积平原区，地形平坦开阔、河谷宽广、阶地不发育，部分地段分布固定沙丘，地表胡杨、红柳、梭梭等植被发育，形成额济纳绿洲。

临河至乌兰敖包，沿线主要为第四系全新统、上更新统、中更新统、下第三系、白垩系下统、石炭系上统、震旦系中统、前震旦系地层和华力西期侵入岩。其中全新统冲积层主要分布于黑河流域和沿线的现代干河床沟谷中，为现代河床和河漫滩相堆积，岩性为灰褐色、土黄色砂砾石、含砾中粗砂、粉细砂及粉质黏土层，厚度0.5～3.2 m。全新统湖积层在进素土海子地区有一定范围的出露，为河湖相及湖沼相堆积。岩性为灰黄色、土黄色中细砂、粉砂、粉质黏土、黏土层，厚度一般为2～10 m。全新统化学沉积层在达不舒湖盆、进素土海子周围零星出露，为干燥气候条件下的化学沉积，主要由天然碱、芒硝、岩盐和含盐碱砂土组成，厚度一般为0.5～3 m。

全新统风积层主要集中分布于海尔汉至苏红图、八道桥至额济纳两处，中部沿线也有零星覆盖。岩性为灰～浅黄色中砂及细砂层，成分主要为长石、石英、云母和岩屑，磨圆度好、分选性好。在地貌上呈波状、链状、新月形状的流动性沙丘和半固定沙丘，沙丘高达20余米，一般迎风面砂粒较粗，背风面较细。

2. 沿线气候与水文特征

临策沿线地处亚洲大陆腹地的内陆高原，周围群山环抱，属于典型的中温带大陆性干旱气候。区内光照充足、热量丰富、蒸发量大、干旱少雨，春秋两季大风弥漫，风大沙多，夏季酷热，冬季严寒，无霜期较长，昼夜温差悬殊，四季气候特征明显，春、冬季常常狂风怒吼，沙尘弥天。狼山山脉的两侧，南北气候有所差异，主要表现为气温北部较南部冷，冻结期北部较南部长，无霜期北部较南部短，风速北部较南部大。

沿线年平均气温7.3～9.2 ℃，月平均温度最高多出现在6～8月份，为24.9～28.0 ℃，极端最高气温44.8 ℃，最低气温在1月和12月份，为－20～－11.9 ℃，极端最低气温－31.6 ℃。一般10月下旬结冰，次年3月末解冻，土壤最大冻结深度1.20～1.63 m。

沿线降水量少，降水集中在6～8月，年平均降水量河套平原区为154.2 mm，狼山以北至额济纳为35.2～99 mm，并多以暴雨形式降落。蒸发量很大，年平均蒸发量为2 265.6～4 523.7 mm，是降水量15～102倍。表7.21是临策铁路沿线拐子湖气象站和额济纳气象站30年间的气象资料总结。

表 7.21　临策沿线主要气象资料

站台名称		拐子湖气象站				额济纳气象站			
地理位置及海拔高程		N40°45′、E107°25′	1 039.30 m	N41°22′、E102°22′	960.0 m	N40°10′、E104°48′	1323.90 m	N41°57′、E101°04′	940.5 m
数值及统计年限		数值	统计年限及出现时间	数值	统计年限及出现时间	数值	统计年限及出现时间	数值	统计年限及出现时间
气温（℃）	年平均	8.1	1971～2000	9.2	1971～2000	7.3	1971～2000	8.91	1971～2000
气温（℃）	极端 最高	39.4	1971～2000，1999.7.29	44.8	1971～2000，1988.7.24	41.1	1971～2000，1997.7.22	42.5	1971～2000，1999.7.27
气温（℃）	极端 最低	−35.3	1971～2000，1971.1.21	−30.7	1971～2000，1977.1.3	−31.6	1971～2000，1998.1.18	−31.3	1971～2000，1981.1.25
气温（℃）	最热月平均	24.1	1971～2000	27.3	1971～2000	24.1	1971～2000	26.7	1971～2000
气温（℃）	最冷月平均	−9.9	1971～2000	−10.7	1971～2000	−10.9	1971～2000	−10.9	1971～2000
降水（mm）	年平均	154.2	1971～2000	42.9	1971～2000	99.0	1971～2000	35.2	1971～2000
降水（mm）	年最大	267.9	1971～2000，1988	87.8	1971～2000，1981	198.4	1971～2000，1977	77.3	1971～2000，1995
降水（mm）	年最小	55.9	1971～2000，1986	12.2	1971～2000，1972	37.5	1971～2000，1982	7.0	1971～2000，1983
降水（mm）	日最大	113.4	1971～2000，1988.8.30	26.3	1971～2000，1981.7.31	44.0	1971～2000，1998.6.11	21.9	1971～2000，1998.6.11
降水（mm）	年平均降水日数	36.8	1971～2000	18.3	1971～2000	36.0	1971～2000	18.7	1971～2000
蒸发量（mm）	年平均	2 265.6	1971～2000	4217.8	1971～2000	3136.6	1971～2000	3399.6	1971～2000
蒸发量（mm）	年最大	2 691.9	1971～2000，1982	4 523.7	1971～2000，1987	3598.1	1971～2000，1972	4030.7	1971～2000，1972
雪冻（cm）	降雪初终期	11.6—3.28	1971～2000	11.23～3.21	1971～2000	10.29—4.12	1971～2000	11.30—3.20	1971～2000

临策铁路沿线地表水不发育，水系主要有黄河以及内陆水系的额济纳河。黄河位于本线东端，水流呈西北至东南方向，水势较为平缓，水量的年际和年内变化主要取决于上游水量的补给条件，黄河河套地区农业灌溉用水取自于黄河，经黄河总干渠自流灌溉。额济纳河发源于祁连山北麓，水量来源于祁连山的冰雪融水和雨季洪水，上游叫黑河，在狼心山之后分为东河和西河，西支流汇入嘎顺诺尔（亦称西居延海），东支流分别汇入苏古淖尔（亦称东居延海）、京斯田淖尔（又称古居延海、天鹅湖）和沙日淖尔，属季节性内陆河。

临策铁路沿线地下水情况如下：

（1）临河至乌兰敖包段，沿线第四系孔隙潜水主要连续分布于临河至敖伦布拉格之间、河套平原及狼山山前洪积平原中，在其余地段大型沟床中呈条带状分布。其中河套平原区地下水位埋深为 0～8 m，山前洪积平原区及其余地段大型沟床中地下水位埋深 1～20 m 不等，局部地段大于 20 m；含水层主要为细砂或粗砾砂，其补给来源主要为黄河河水、农田灌溉水及基岩裂隙水。根据水质分析结果，沿线第四系孔隙潜水水质较差，对混凝土具硫酸盐侵蚀性。沿线基岩裂隙水主要分布于狼山中山区及剥蚀平原区基岩中。由于该区位于我国内陆高原干旱地区，年降雨量较少，基岩分布地段河流水系不发育，基岩裂隙水补给来源较贫乏，主要依靠大气降水补给。因此，沿线基岩裂隙水水量较小。

（2）乌兰敖包至额济纳段，该区段地下水类型主要为第四系孔隙潜水和基岩裂隙水（包括红层孔隙裂隙水、玄武岩裂隙水、碎屑岩裂隙水和岩浆岩孔隙裂隙水）。在乌兰敖包～塔拉哈尔（K352＋900～K452＋200）区间，地下水类型有第四系孔隙潜水和基岩裂隙水。第四系孔隙潜水含水层主要为冲积的砂砾石、砂层，分布于现代沟谷中，以大气降水和沟谷两侧基岩裂隙水补给，由于分布范围狭窄，沉积厚度较薄，富水性较差。基岩裂隙水主要属于红层孔隙裂隙水，含水层为白垩系上统泥岩、泥质粉砂岩，由于长期遭受强烈的剥蚀作用导致残积层较少，所以一般不发育孔隙裂隙潜水，仅在局部地段受到微地貌和岩性的共同作用形成少量的孔隙潜水。在苏红图局部地带的玄武岩与白垩系下统泥质沙砾岩互层地区范围，由于白垩系下统地层的隔水，在玄武岩中裂隙承压水发育，承压含水层顶板埋深 85 m 左右。在塔拉哈尔—天鹅湖（K452＋200～K622＋300）区间，第四系孔隙潜水含水层主要为冲积的沙砾石层、砂层，分布于现代沟谷中，以大气降水和沟谷两侧基岩裂隙水补给。矿化度大于 5 g/L，pH 值为 7.5～8.5，属弱碱性，对混凝土具有侵蚀性。在天鹅湖—进素图（K622＋300～K648＋600）区间，线路经过地区为花岗岩剥蚀丘陵及低山区，沟谷极不发育，地下水主要依靠大气降水补给，为水量极度贫乏区。在进素图—额济纳（K648＋600～K683＋820）区间，为额济纳河冲积平原区，第四系地层深厚，其间蕴藏有丰富的第四系孔隙潜水和承压水，含水层为多层透镜体状中砂和细砂层。

7.5.2 沿线风沙要素与沙害分布特征

7.5.2.1 沿线风沙要素特征

临策铁路沿线年平均风速 3.2～4.7 m/s，最大风速 25～27 m/s，大风（≥8 级）

日数 38.4～61.1 d，沙尘暴日数 10.7～28.6 d，扬沙日数 34.0～53.1 d；除拐子湖地区主风向为西风和东风外（图 7.130），巴彦淖尔贡、乌力吉等阿拉善北部高平原区和额济纳旗平原区，主风向为西南风、西北风，年均风速 4.1 m/s。

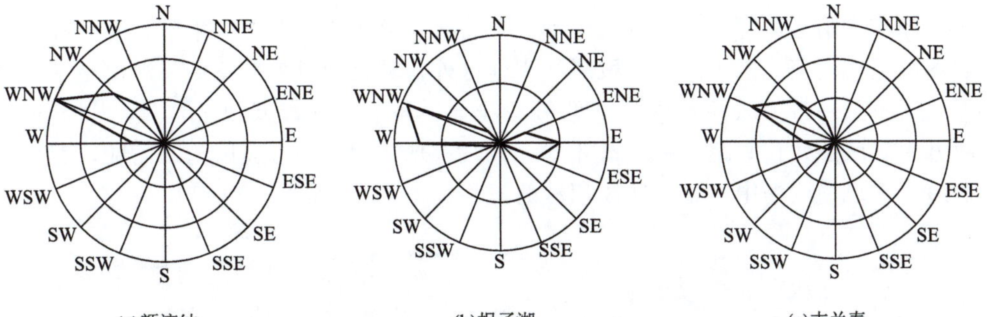

图 7.130 临策铁路沿线主要站点风向频率玫瑰图

临策铁路沿线风能充沛，以拐子湖站点为例，拐子湖 1971～2010 年的平均风速变化如图 7.131 所示。40 年中平均风速为 4.68 m/s。年平均风速最低值为 4.19 m/s（1995 年），最高值为 5.36 m/s（1987 年），两者相差 1.17 m/s。从年平均风速变率表看，40 年间平均风速变率总体不大，平均变率为 4.10%，变率最大正值为 14.43%（1987 年），变率最大负值为－10.53%（1995 年）。

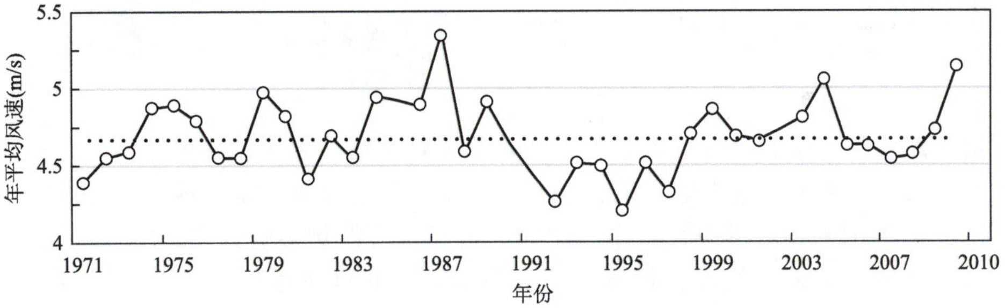

图 7.131 拐子湖年平均风速距平变化（1971～2010 年）

7.5.2.2 沿线沙害分布特征

临策铁路途径著名的巴丹吉林、乌兰布和、亚玛雷克三大沙漠。巴丹吉林沙漠以高陡著称，绝大部分为复合沙山，相对高度从外缘的 5～20 m，向内逐渐升高至 200～400 m，最高达 500 m，高大沙山之间互不连接。乌兰布和沙漠地处内蒙古阿拉善盟和巴彦淖尔市境内，北至狼山，东近黄河，南至贺兰山麓，西至吉兰泰盐池。多为新月形流动或半流动沙丘链，一般高为 10～200 m。亚玛雷克沙漠东南与乌兰布和沙漠相望，西与巴丹吉林沙漠相连，东被狼山所截。地势东高西低，地表覆盖有沙砾石层，流动沙丘约占沙漠总面积的 80%，其余为固定、半固定沙丘占沙漠总面积的 20%，沙丘形态以新月形链状、垄状沙丘为主。线路主要通过沙漠的北部，以风积沙形成的荒漠区和戈壁滩地为主。线路通过的风沙地区按其特征可分为沙漠地区和戈壁风沙流地区两大类（如图 7.132 所示）。其中在太阳庙至查干德日斯之间，途经乌兰布和沙漠北缘，经过地段以半固定沙丘和生长白茨灌丛的固定沙丘为主，高 1～3 m，沙垄间有古河床洼地存在，沙漠地区路段长约 40～50 km，其余为戈壁风沙流地区。在狼山北麓至八道桥之间，沿线途经亚玛雷克沙漠和巴丹吉林沙漠北部边缘地带，最近处距沙漠 2～5 km，其间多为固定、半固定沙丘、沙地和戈壁滩，植被以白茨灌丛为主，图克木附近局部穿越新月形流动沙丘边缘。除图克木至图克木庙、呼和扎干至苏红图、天鹅湖至进素土海子等段属沙漠地区外，其余地段多属戈壁风沙流地区。天鹅湖、达不舒一带为风蚀地貌，可见风蚀洼地、风蚀残丘以及风蚀沟槽，主导风为 NW 方向。风蚀残丘间距 1～20 m 不等，高度一般小于 1 m，迎风侧凹而陡，背风侧凸而缓，在风蚀沟槽中多见一些风积沙的沉积。

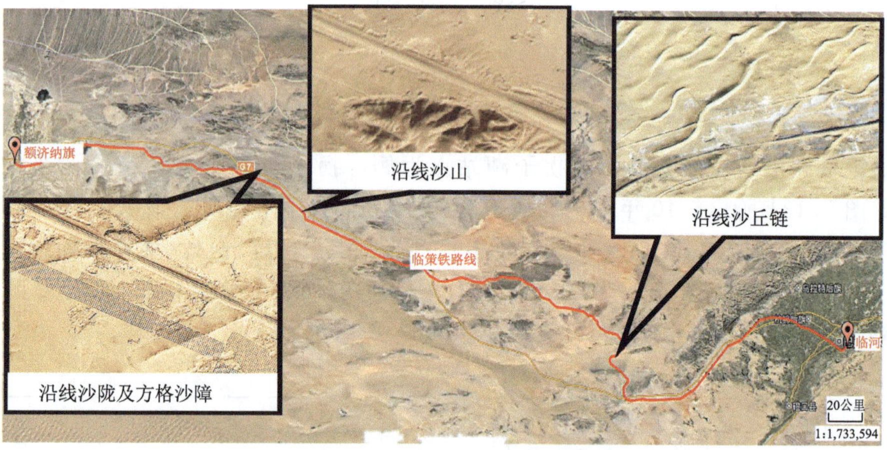

图 7.132　临策铁路沿线沙害分布图

由于对铁路沿线的风沙危害认识不足，临策铁路在线路设计阶段未考虑进行风沙防治工程的设计部分，施工建设过程中，风沙危害逐渐显现，临策线于 2009 年 12 月 26 日开通，当时只运行了一列火车后就因为沿线沙害严重影响列车运行安全而停运。2010 年 5 月至 6 月对沿线沙害情况进行了调查，发现沙害情况非常严重，除狼山低中山区外，各地貌单元内均有较长段落风积沙侵入道心、覆埋轨道、堵塞涵洞、掩埋侧沟、沙进隧道现象以及风蚀病害（如图 7.133、图 7.134 所示）。

图 7.133　沙埋轨道

图 7.134　沙堵涵洞

调查分析总结之后，临策铁路沿线沙害成因大致可归纳为以下几点：

(1) 临策铁路沿线通过乌兰布和、巴丹吉林两大沙漠地带，秋冬以西北风为主，春夏以东南风为主，在风的反复作用下，沙害非常强烈。大部分地段以风化剥蚀环境为主，沙源丰富，是沿线形成沙害的主要原因之一。沿线途经区域位于内陆高原干旱气候区，长年干燥少雨，风作用强烈，风沙流明显，当地的起沙风速约为 4.0 m/s，常风状态下就可能起沙，具备形成沙害的基本条件。

(2) 早期在部分地段施做的防护工程没有达到设计要求，其功能很快丧失，没有发挥应有作用。固沙措施实施后，管理不到位，当地牧民放牧将草方格做了羊群饲料，部分防护设施被踩坏，致使固沙设施没有起到作用。

(3) 由于对沙害认识不足，在砾质戈壁地段没有设置阻沙工程，使积沙侵入轨道内。戈壁地貌的风沙饱和度不高，但流速快，风沙流弹跳高度大，具有突发性和隐蔽性，短时间内不易发现。苏宏图至进素图之间大部分沙害为戈壁风沙流，并且风向与线路夹角较小，虽已设置沙障，由于沙障有一定的防护范围，防护措施本身就有缺陷，导致线路沙害频发。

7.5.3 沿线风沙防治工程

7.5.3.1 风沙防治工程的总体方案

1. 沿线积沙清理

在临策铁路的建设过程中，由于未能正确评估沙害的严重程度，针对沙害防治的工程设计不足。因此，早期由于沙害的影响导致线路在一段时间内丧失运营的能力。在当时，使线路尽快恢复通行是临策铁路展开风沙防治的首要工作。由此在沿线灾区 6 月至 9 月风沙较少的时段里，在沙害严重的地段线路两侧外适当的位置设置了一道高立式沙障，阻止外围沙流进一步进入路基及道床内，同时彻底清除路基及道床内积沙，并运至路基坡脚 20 m 以外固定（如图 7.135、图 7.136 所示）。

图 7.135 夜间清除线路积沙

图 7.136 清除线路积沙

对线路上影响行车的积沙清理至路肩 2 m 以下，并用 PE 方格网或黏土覆盖。路肩、道床内的积沙均采用人工清除至路基边坡后用当地泥岩、石块等进行覆盖。

临策铁路全线清筛道床段落长度共计达到 320.530 km，清沙结束后，根据沙害的分布和严重程度进行防沙工程设计，在水文条件基本满足沙生植物的地段尝试采用植物治沙工程措施。

2. 总体布置方案

在对临策铁路沿线进行详细调查的基础上，掌握了沿线沙害分布特点，对沙害的成因也有进一步的认识。根据外业调查情况和航空影像的对比分析之后，首先在线路的 K296＋145～K313＋640、K329＋550～K331＋800、K375＋605～K403＋000、K586＋550～ K590＋000 四段共计长 5.59 km 的戈壁风沙灾害严重地段，进行了平面范围内的阻沙防护。而临策全线平面防护共计有 23 段，累计线路长度达 54.6 km，在其他段落内根据风沙的危害程度设置 1～2 行阻沙沙障，阻沙沙障由 1 行干树枝条和两侧各 1 m 宽范围内 1 m×1 m 规格的草方格沙障组成。迎风侧封沙育林带宽 100～300 m；背风侧封沙育林带宽 50～200 m。在有水源的地段栽植或直播沙生植物，通过禁止不合理的开垦、放牧、砍伐，保持沙面植被的长期存在。

根据“先通后备、控制投资”的设计指导思想，除海尔汉—塔拉哈尔之间的流动平沙地考虑了平面防护措施外，其他戈壁风沙流地段只是针对吹蚀作用采取了路基面加宽、碎石土包坡等路基本体的加固防护措施。沿线以机械式沙障防沙措施为主，主要采用了机械压沙、栽草方格、设阻沙沙障和刺铁丝网封沙育林带等。经过林地时，在线路中心线 25 m（同时不得小于路基坡脚外 5 m）的范围内两侧设置了防火带，防火带表层铺黏性土或铺设卵石、砾石、沥青砂等防护，防止车轮和铁轨摩擦飞出的火星燃烧林带草障。

沿线经过河套平原区、额济纳冲积平原区以及狼山南侧山前洪积平原区，地下水位埋藏较浅，具备植物固沙条件，在 K560 附近有水源的地段，采取了灌溉造林，树种用根系发达的灌木和枝干发达的乔木，在植物治沙工程实施过程中采用先锋树种和后期树种相结合的方案，逐步巩固植物固沙成效。

沿线固沙带迎风侧宽 100～300 m，背风侧宽度 50～200 m。在 K210 和 K536 附近的极贫水区采用了综合固沙模式：用粉细沙围成方格土埂，在土埂上平铺卵碎石或设方格草障固定流沙，栽植和直播耐旱的沙生植物，提高植被覆盖率。

7.5.3.2 风沙防治工程的设计实施

1. 风沙防治工程的设计参数

临策铁路沿线风沙防治工程在总体方案的指导下，进行了详细的工程设计与实施。线路两侧依次设置防火带、防护带（固沙带、阻沙带）、封沙育林带和围栏（如图 7.137 所示）。在风沙危害严重地段，迎主风向侧设防带宽度为 300～400 m，植被保护带宽度为 400～600 m，背主风向侧设防带宽度 100～200 m，植被保护带宽度300～400 m；风沙危害程度中等地段，迎主风向侧设防带宽度 200～300 m，植被保护带宽度 300～400 m，背主风向侧设防带宽度 50～100 m，植被保护带宽度 100～200 m；风沙危害轻微风沙地区，迎主风向侧设防带宽度 100～200 m，植被保护带宽度 200～300 m，背主风向侧设防带宽度 50 m 左右，植被保护带宽度 50～100 m。

除了对线路路基两侧进行相应的平面防护之外，临策铁路在进行风沙灾害整治的过程中还对路基进行了相应的本体防护改造，通过改善路基本体的材料、结构形式达到减小沙害的目的。具体采取的措施如下：

（1）用粉细砂填筑的路堤，高度小于 6 m，边坡坡度为 1∶1.75，高度大于6 m，边坡坡度为 1∶2，刷坡采用一坡到顶的方式。边坡高度大于 8 m 的路堤两侧边坡水平宽度 2.0 m 范围内，自坡脚至基床表层下每隔 0.6 m 铺设了一层土工格栅。路堤两侧边坡包填黏性土、卵砾石或铺设沥青砂或土工网垫等不易被风沙吹蚀的新型材料。

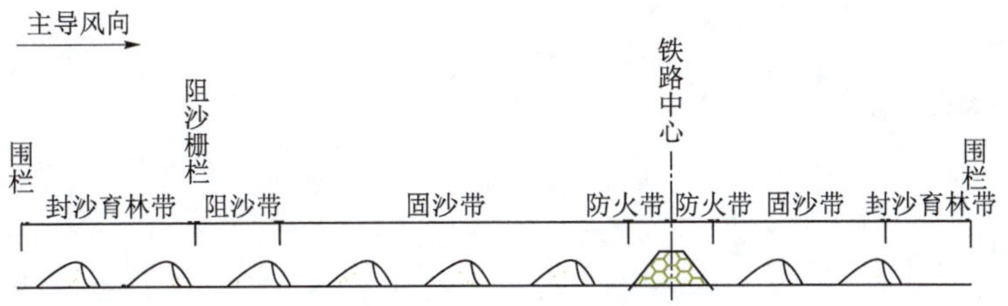

图 7.137　路基两侧防护布置图

（2）以易风化软质岩为填料的路堤，路基面每侧加宽 0.3 m，边坡采用碎石土包坡、黏性土覆盖、混凝土预制块板等防护措施，其他地段采用卵石土、碎石土、砾石土等填料时，路基宽度每侧加宽 0.3 m。

（3）路堑边坡高 0～6 m，边坡坡度为 1∶1.75，边坡高度大于 6 m 时，坡度采用 1∶2。当风向与线路交角较大时，采用展开式路堑，根据沙源、风向及积沙情况，在路堑两侧坡脚外设置积沙平台，边坡采用黏性土、卵砾石包坡、混凝土预制块板进行坡面防护。

2. 机械式防沙工程实施模式

临策铁路沿线进行风沙防治工程建设的段落长为 230.38 km，沿线采用的机械式沙障分别由 0.3 m 高固沙网式沙障、1.5 m 高 PE 网高立式沙障、1.5 m 高 PE 网方格、0.8 m 高 PE 网方格组成。根据地形、风向、输沙量等风沙要素的特征情况，采用不同高度、不同形式下的 PE 网式沙障组合进行拦沙、固沙、落沙，形成立体式的风沙防治工程模式（如图 7.138、图 7.139 所示）。

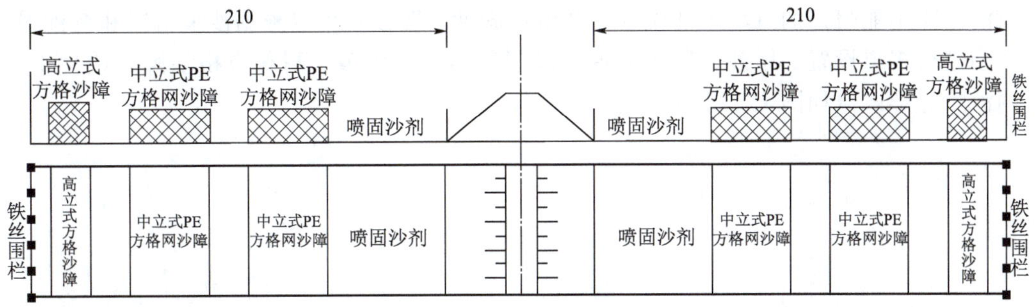

图 7.138　沿线机械式沙障布置示意图（单位：m）

临策铁路沿线设置高立式沙障的区段（如图 7.140 所示），路基边坡及坡脚外 20～100 m 范围内用 PE 网格固沙（如图 7.141 所示），路基边坡上的粉细沙或及坡脚的积沙，采用了 PE 小方格网固定，方格网高 30 cm，规格为 1 m×1 m。

图 7.139　沿线机械式沙障布置的俯视图

图 7.140　高立网式阻沙沙障

图 7.141　PE 网方格固沙沙障

临策铁路沿线在主防护带范围内除了进行了阻沙沙障的实施外，还预留设置了一定宽度范围的固沙、落沙带。外围阻沙措施在发挥阻沙作用的同时，其阻沙功能会因沙障被掩埋或沙障材料使用寿命限制而逐渐衰退，在防护带内设置的固沙、落沙带将前沿沙障不能阻挡的过境风沙流进行截留，固沙、落沙带可以根据沙害情况和输沙量大小进行多道设置。固沙、落沙带主要采用芦苇方格沙障、树枝方格沙障、改性 PE 网沙障等形式（如图 7.142 所示）。

图 7.142　芦苇方格沙障

3. 防沙明洞在临策铁路风沙危害严重地段的使用

防沙明洞是一种全路段覆盖的隧洞式建筑物，内部铺设轨道，使轨道与周围风沙环境隔绝，避免了风沙流对线路和机车的直接危害。临策铁路在巴丹吉林沙漠路段建立了防沙明洞，也是国内最早长距离采用这种明洞结构进行防沙的铁路（如图 7.143、图 7.144 所示）。在临策铁路途径巴丹吉林沙漠边缘地区的线路，周边遍布流动沙丘，风沙地貌为新月形沙丘及新月形沙丘链、干涸的古河道、处于初级发育形态的雅丹地貌。这些地段来流风向与线路大角度相交，过境风沙流形成的输沙量较大，过境风沙流与移动沙丘都对线路造成危害，沙害极其严重。为了根治风沙对铁路的危害，在临策线 K651＋020～K657＋700、K662＋700～K664＋150 两段内设置了防沙明洞。防沙明洞沿该区季节性河道布设，全长 8.08 km，分为两段，西段长 1.42 km，东段长 6.66 km。防沙明洞高 9 m，宽 8 m，顶部拱形，拱形半径3 m，明洞顶部每隔 200 m 留一个通风口，通风口规格为 3 m×3 m。在设置防沙明洞的同时，在形成风沙危害的主风向距线路 100～150 m 外设置高立式沙障，阻挡远方沙源，在线路两侧各 100 m 范围内设置土工网格进行固沙。采用防沙明洞为主、其他控沙措施为辅的综合治沙模式，使该段沙害得到控制（如图 7.145 所示）。

图 7.143 临策铁路防沙明洞

图 7.144 防沙明洞外的积沙

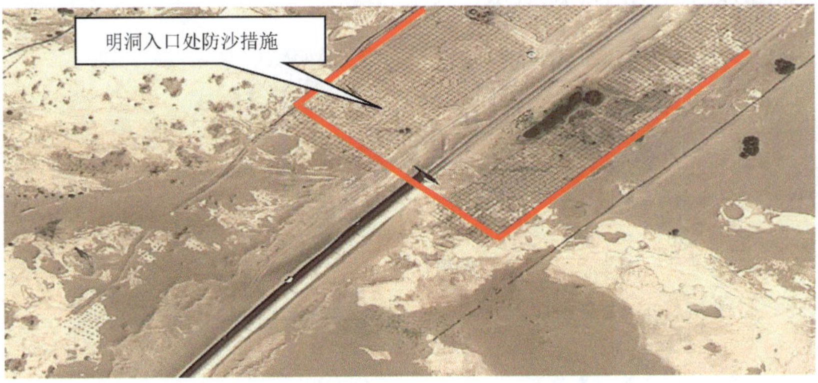

图 7.145 防沙明洞与其他控沙措施的联合使用

4. 植物治沙工程

临策铁路沿线大面积采用机械式沙障进行防沙的同时，在具有水源条件的地段也积极开展了植物治沙工程建设。临策铁路沿线的植物治沙工程建设涉及两部分，即为保证植物在培育、生长期的生态环境稳定而采取的临时控沙措施和达到生长稳定期的沙生植物带，临时措施采用改性PE网固沙沙障或固沙袋围成方格进行固沙，改性PE网固沙沙障高30 cm，规格为1 m×1 m，固沙袋方格高0.3 cm，其平面尺寸为1 m×1 m的方格。主防护带以外设置了以阻沙为主的高立网式沙障，沙障采用1.5 m高的改性PE阻沙网或2 m高固沙袋阻沙垄。除了进行主防护带固沙以外，对个别集中沙源地也进行了固定。主防护带宽度在100～500 m之间，具体宽度根据输沙量的大小来确定。

临策铁路沿线植物治沙工程情况如下：在K209＋400～K222＋800段布置长度为12.05 km的植物治沙带，树种为1～2年生的梭梭。K618＋620～K679＋800段的植物治沙带布置长度为37.6 km，树种为1～2年生的梭梭和红柳，外侧防护带为梭梭，其余为红柳。在K85＋500～K 90＋790段采用滴灌系统植树（如图7.146所示），树种多为梭梭，局部地段外侧植有两排沙枣树。不同的树种需要合理地进行浇灌，沙枣树轮灌时间一般比梭梭时间要短，两种树在不同轮灌区进行浇水，分开轮灌是为了避免梭梭水量过大或沙枣树水量过小，导致树种成活率低下或不能成活（如图7.147所示）。

图7.146 铺设滴灌网

图7.147 梭梭固沙

在K67～K77、K86～K90段内地下水位较高，采用围栏封育促进天然植被恢复，土工网格内栽植沙生灌木杨柴、梭梭、柠条等取得成效显著，其中沙生灌木、沙蒿长势良好（如图7.148、图7.149所示）。

图7.148 临策线播种籽蒿效果

图7.149 临策线种植梭梭效果

K78＋000～K159＋200段属山前洪积平原区，其中K78＋000～K130＋000段地下水位较高，约在0.5～5 m，段落内既有活动沙丘沙地，也有固定沙丘沙地。对活动沙丘沙地设置阻沙设施，铺设管网后进行固沙植树，达到永久治沙目的。对固定沙丘沙地，根据情况在沙丘间采用PE网方格固沙，方格网中植树。固定沙丘间的沙地采用 PE 网固沙或植生袋固沙，采用 PE 网固沙时，需进行植树，采用植生袋固沙时不再植树。植树时需打水源井构建滴灌系统轮灌浇水。

K209＋400～K222＋800 段属巴彦淖尔—阿拉善剥蚀平原区，线路附近存在少量基岩裂隙水，水量小，主要天然降雨补给。图克木镇附近有地下水埋藏，勘测时在图克木镇有水源井，出水量较大，与地方协调采用管道输送解决水源问题。因此本段利用管道输水来进行植物治沙工程建设，达到治沙目的。

K616＋400～K651＋150 段属剥蚀低山丘陵缓坡和戈壁平原，本段内无地下水开采条件，地表覆盖有 0.5～5 m 的风积沙，有植物生长的立地土壤条件，因此本段采用在 K658＋700 附近打水源井，利用长管道输水来解决水源问题，构建植物治沙工程达到防沙、治沙目的。

K651＋150～K679＋800 段属额济纳平原，降雨量小，沙层含水量小，地下水来自黑河的渗透，因此在本段打水源井，采用滴灌系统轮灌浇水构建植物治沙工程，达到永久治沙目的。

7.5.3.3 风沙防治工程的补强与修护

2009 年通过对原有风沙防治工程的防护效益进行调查之后，发现已经进行风沙防护的段落，效果显著，边坡、基床道砟仅有轻微积沙。但仍有部分路段依旧存在较严重的沙害，因此经过论证之后决定进行下一步风沙防治工程的补强工作。

K290＋000～K403＋200、K537＋500～K605＋030 段风沙活动强烈，造成未进行防护地段的边坡坡脚、排水沟、道砟基床的严重积沙（如图 7.150～图 7.153 所示）。已经实施平面防护地段的高立式沙障、碎石方格等控沙体系里积沙严重，特别严重地段已经完全掩埋排水沟、路基基床，高立式沙障被积沙掩埋后形成一条沿沙障展布、平行铁路线路的沙陇（如图 7.154、图 7.155 所示）。

图 7.150 DK297＋600 排水沟积沙

图 7.151 DK363＋400 坡脚积沙

图 7.152 DK537＋925 基床积沙

图 7.153 DK295＋500 边坡积沙

图 7.154　DK297＋450 沙障积沙形成沙陇

图 7.155　DK299＋300 碎石方格积沙

通过沿线调查全面掌握风沙危害的实际情况，参考有风沙防治工程的路基风沙防护效果，对 K537＋500～K605＋030 段内 6 处合计 52.98 km 范围内的沙害线路进行风沙防治工程的补强，对 K290＋000～K403＋200 段内 6 处合计 14.58 km 范围内的沙害线路进行了风沙防治工程的新增或补强。

2010 年 6 月初临策公司组织设计院对沿线沙害情况进行了第二次全面调查，并将调查结果与 2009 年的调查情况进行了对比，从中可以看出以下特点：

(1) 平面防护设施完好的地段，道床及路基边坡基本未出现积沙。

(2) 已经设计但未施工完成的平面防护地段，道床及路基边坡积沙严重。

(3) 已经进行平面防护地段的基床积沙情况比未进行平面防护地段发展更为缓慢。

(4) 基床及路基边坡积沙的纵向范围进一步扩大。

7.5.3.4　风沙防治工程的防护效益

自 2010 年 6 月 1 日开始至 2012 年 10 月 31 日，临策铁路沿线的风沙防治工程共投资 1.3 亿元，清除线路积沙 116 万 m^3，设立高立式沙障 850 km，设置土工网格 1 523 万 m^2，并用黏土、碎石覆盖 384 m^2，播种草籽 45 万 m^2，围栏封育沿线路长 20.8 km、面积为 600 hm^2，植树造林沿线路长 30 km，面积为 8 500 亩，栽植各种树木 252 万株，飞播造林 10 000 亩。在已经进行风沙防护的路基段落，防沙效果显著，铁路路基边坡、基床道砟仅有轻微积沙。沿线防护效果如图 7.156～图 7.165 所示。

图 7.156　K313＋200 碎石覆盖段路基状况

图 7.157　K296＋020 风沙防护段边坡状况

图 7.158 K075 沙害治理后线路状态

图 7.159 K088 沙害治理后线路状态

图 7.160 K215 沙害治理后线路状态

图 7.161 方格沙障内的梭梭树

图 7.162 K333 隧道口沙害治理后效果

图 7.163 K076+300 沙害综合治理效果

图 7.164 K88+000 滴灌造林（梭梭）

图 7.165 K360 人工播种籽蒿效果

7.6 哈罗铁路

哈密至罗布泊铁路位于新疆维吾尔自治区哈密地区、吐鲁番地区和巴音郭楞蒙古族自治州境内，由兰新铁路哈密枢纽的哈密南站引出，经哈密工业园区、大南湖煤田，至线路终点罗布泊镇罗中区，沿途经过花园、南湖、沙哈、巴特、鲢鱼山、黑龙峰、多头山、东台地、罗中等9个车站，直接挺进有着“死亡之海”之称的罗布泊(如图7.166所示)，全长374.38 km。哈罗铁路沿线属戈壁碱滩地貌，临近塔克拉玛干沙漠东部，自然环境恶劣、夏季酷热、冬季寒冷、昼夜温差大。铁路沿线均为人烟稀少的戈壁地段，无植被覆盖，铁路沿线风沙流活动极强，对铁路的危害极大。

哈罗铁路风沙段长195.5 km，占线路全长的52%，其中严重风沙段长达48.335 km，初期风沙防治工程投资6 349.8万元。2016年7月对风沙严重地段K87+450～K113+900段落内的风沙防治工程进行了补强，补强段长26.45 km，增加工程投资1 887.5万元，至2017年3月，风沙防治工程累计投资为8 237.3万元。风沙侵袭是哈罗铁路运营最大的病害。自运营以来，在已有的风沙防治工程防护下，沿线风沙灾害仍导致线路多次被迫停运，大风季节风沙漫道后，线路养护人员不堪重负，每月清沙达十多次，风沙危害严重影响了哈罗铁路的正常运营，对既有风沙防治工程的补强与功能提升工作刻不容缓。

图7.166 哈罗铁路

哈罗线路大部分路段位于罗布泊腹地，沿线大部分为戈壁地貌。戈壁地貌环境下的风沙流具有饱和度低、流速快、沙颗粒弹跳高度大等特点，在地表无障碍物时，风沙活动为过境风沙流，其具有突发性和隐蔽性，短时间内不易发现，如遇路堤、路堑等造成地表边界层发生突变的地形地貌，则风沙流很快堆积在路堑内或沿路堤边坡上移漫道。因此，哈罗铁路沿线路基工程的实施改变了微地貌形态，路基成形后形成一道拦沙墙，风裹挟着沙粒直接堆卸在路基坡脚或路肩上，甚至掩埋轨道(如图7.167所示)。另外，哈罗铁路沿线为干涸的盐湖沉积环境区，地表物质含盐量高，形成的风沙流具有腐蚀性，在干旱少雨、高温以及大风肆虐的恶劣环境下，采用PE网等材料构件的机械式沙障结构很快被风蚀破坏，导致沿线风沙环境进一步恶化(如图7.168所示)。

图 7.167 线路路肩与坡脚积沙

图 7.168 风蚀破坏的 PE 网方格沙障

7.6.1 沿线工程环境背景

7.6.1.1 沿线地质地貌特征

哈罗铁路起始于兰新铁路的哈密南站，沿哈密盆地东部的冲洪积平原区，向南途经大南湖地区，进而穿越天山东部的库鲁克塔格低山丘陵区，最终进入塔里木盆地东部的罗布泊湖积平原区。线路跨越天山褶皱带及塔里木地台两个构造单元，沿线出露的地层主要有第四系、第三系、上元古界系、泥盆系地层。

K00～K46 段途径区为哈密盆地的冲洪积平原区，哈密盆地北高南低，地形平坦开阔。区间的花园乡西侧分布有半固定沙地、沙丘，植被覆盖较少。该区地层主要为第四系冲洪积粉土、细砂、中砂、圆砾土、卵石土以及下伏的第三系泥岩、砂岩、砾岩，含水层岩性则以细砂、中砂、圆砾土及砂岩为主。

K46～K294 段落途径区为库鲁克塔格低山丘陵区，该区为剥蚀低山、丘陵地貌，山体平缓，局部为剥蚀准平原。大部分地区基岩裸露、局部山间凹地、沟谷为第四系洪积圆砾土。由于气候干旱少雨、蒸发大、地表植被稀疏。局部地段表现为风成地貌，如风蚀残丘、沙丘、沙垄以及第三系形成的雅丹地貌。区内还分布有第四系洪积薄层砾砂和圆砾土，第三系泥岩、砂岩砾岩以及上元古界系片岩、大理岩，泥盆系凝灰岩、安山岩等。

K294～K383 段落途径区为罗布泊湖积平原区。罗布泊地区位于塔里木盆地东部，线路主要经过罗布泊的罗北、东台地、最终到达罗中的罗布泊镇。罗北地区北高南低中间有微小起伏，总体地形平坦开阔，东台地为风蚀台地，地形起伏，沟梁相间，台地顶部平坦狭窄，地表可见风蚀地貌。罗中区位于干涸湖盆中部，线路经过的罗布泊盐湖区地形平坦开阔，地表有大量盐壳覆盖，无植被、无地表水，为盐漠景观及风蚀地貌。罗中区内的第四系地层岩性主要为粉土、粉细砂、石盐、含淤泥粉砂的石膏、含钙的芒硝黏土等钙质矿物，第三系岩层岩性主要为泥岩、砂岩、砾岩夹薄层石膏等。

7.6.1.2 沿线水文气候特征

哈罗铁路沿线的水系在接近哈密附近主要为哈密地区的南湖水库。南湖水库是以灌溉为主兼顾水产养殖的注入式中型水库，水库水源主要来自哈密北的石城子水库、榆树沟水库下泄流量及大气降水。水库通过渠道蓄水排水，无蓄洪能力灌溉渠道出口位于水库东南侧，并通过灌溉渠道进入南湖乡。哈罗铁路沿线在水库上游经过，线路长约 3 km。

哈罗铁路沿线经过的哈密盆地冲洪积平原区，地下水类型为第四系孔隙潜水—承压水以及第三系碎屑岩类孔隙—裂隙承压水。其中第四系孔隙潜水—承压水的潜水含水层厚度一般为 1～5 m，埋深相对较浅，矿化程度大于 1 g/L，承压水含水层埋深为 10～15 m，矿化度为 0.6～2.0 g/L。第三系碎屑岩类孔隙—裂隙承压水的含水层厚 5～15 m，主要的含水层部分埋深 57～145 m，矿化度为 0.22～0.32 g/L。

盆地的地下水主要受到相邻的中高山自然水体的流入补给和部分深层地下水通过构造层的薄弱点的越流进行补给，地下水向盆地中心的径流以天然露头或人工露头的方式排泄。

库鲁塔格剥蚀低山区地下水贫乏，仅分布了少量基岩裂隙水，地表则主要由雨后在部分低洼处积水形成了极少的孔隙潜水，水质较差其矿化度一般在 10～35 g/L，以下降泉及大气蒸发的方式排泄。

罗布泊湖积平原区主要分为罗布泊湖盆潜水、承压水含水区以及罗北的凹地潜水—承压水区，潜水埋深 1.5～3.3 m，承压水含水层厚度 15～20 m，该地的地下水已经盐碱化为卤水。地下水的补给主要来自大气降水以及周围山区部分的地下水侧向补给以及凝结水的补充，排泄方式则主要为地面蒸发。

7.6.2 沿线风沙要素与沙害分布特征

7.6.2.1 沿线风沙要素特征

哈罗铁路由北向南途径库木塔格沙漠并深入罗布泊腹地，风向以西北风为主，风沙流由鄯善吹向敦煌和罗布泊东南。哈罗铁路沿线有约 200 km 长的线路位于该风沙通道上，在当地西北风的作用下，沙害非常强烈。铁路经过的大部分地段以风化剥蚀环境为主，沙物质来源丰富，为沿线的沙害提供了充足的沙源条件。

哈罗铁路经过地段的风向相对稳定，主导风向以西北风为主（从右向左），次风向也存在，经过调查一些沿线的风沙灾害也说明从左向右的东南风向是存在的，只是概率较低，因此背风侧同样需做一些风沙防治工程。

根据沿线风况资料调查，2010～2012 年的沿线风速资料见表 7.22。

由表 7.22 可见，哈罗铁路沿线风能充沛，月平均风速值较高，大于起沙风的风况条件出现比较频繁，其中一年中月平均风速较大值出现在春秋季节，而在空间分布上主要集中在土屋铜矿站以及哈密若羌交界处。在 2010～2012 年的月平均风速统计中，土屋铜矿站的极大风速达到 40.6 m/s，时间为 2011 年 8 月，而哈密若羌交界处的极大风速达到 36.8 m/s，为 2010 年 8 月与 2011 年 8 月。

2018 年风况观测发现，哈罗铁路沿线的风况复杂，不同区段的风向变化差异较大：

桩号 K73＋100 所代表路段范围内的主风向为东南风（E-SEE），次风向为西北风（WNW-NNW），其中大于 10 m/s 以上的较大风速主要为西北风（WNW-NNW）。

桩号 K87＋700 所代表路段范围内的主风向为东南风（ESE-S），次风向为西北风（W-NNW），其中大于 10 m/s 的较大风速主要为西北风（NW-NNW）。

表 7.22 哈罗铁路沿线 2010～2012 年月平均风速统计表

时间 沿线 主要站名	2010/3	2010/4	2010/5	2010/6	2010/7	2010/8	2010/9	2010/10	2011/3	2011/4	2011/5	2011/6	2011/7	2011/8	2011/9	2011/10	2012/3	2012/4	2012/5	2012/6	2012/7	2012/8	2012/9	2012/10
哈密	3.3	5.05	3.17	3.15	5.05	—	4.35	3.84	3	2.35	3.5	—	—	—	—	3.84	3	6.06	4.7	2.38	3.5	5.15	6.03	4.15
毛湖	—	4.36	2.43	3.9	5.55	—	4.06	4.61	4.5	4.55	4.05	—	—	—	4.08	6.02	—	5.17	3.68	3.73	4.15	4.7	3.87	6.02
十三间房	—	6.96	4.38	3.2	—	1.8	4.2	2.83	9.9	6.4	2.45	—	—	1.8	3.6	3.78	—	9.13	3.93	1.7	2.5	3.1	3.7	3.78
红柳河	9.9	5.43	4.29	2	3.6	2.7	5.1	4.69	7.95	5.36	4.76	—	—	2.7	3.97	4.34	6.5	6.83	4.57	4.73	4.1	6.9	3.38	4.34
土屋铜矿	28.1	23.85	22.95	22.05	22.05	34.1	24.29	23.14	35.75	23.95	22.79	—	—	40.6	23.6	23.16	21.4	23.95	23.53	22.03	25.9	22.05	24.25	23.15
大南湖站	—	5.6	3.08	5.1	3.2	7.7	4.85	4.67	—	4.22	7.8	—	—	7.7	5.38	5.89	—	5.87	1.75	—	7.75	4.75	5.8	5.86
西山乡	2.5	4.66	3.68	6.65	4.85	—	2.92	3.66	2.5	4.31	3.7	—	—	—	3.13	2.87	—	4.4	3.88	3.35	5.1	2.5	3.45	2.87
骆驼圈子	2.2	5.2	3.53	3.1	4.9	0.9	5	3.73	1.9	4.66	3.63	—	—	4.5	6.82	3.77	1.9	6	3.68	3.43	3.95	6.75	6.87	3.77
红星二场气象站	3.5	4.95	3.47	3.3	4.2	4.5	3.84	4.46	4.3	3.9	4.28	—	—	6.6	3.86	2.37	—	4.25	3.4	4.7	4.65	3.25	4.1	2.37
沙尔乔克站	3	6.4	3.07	5.8	3.9	—	3.96	4.14	—	2.68	3.62	—	—	1.8	3.82	2.93	—	2.9	2.45	3.23	3.53	4.3	3.72	2.93
哈密若羌交界处	32.45	20.68	21.01	18.95	20.8	36.8	25.06	23.17	34.4	21.04	22.84	—	—	36.8	24.94	23.07	31.5	23.03	20.17	20.23	24.85	22.15	25.9	23.19

桩号 K94＋500 所代表路段范围内的主风向为西北风（W-NNW），次风向为东南风（ESE-SSE）和西南风（SSW-SW），其中大于 10 m/s 以上的较大风速主要为西北风（NW-NNW）。

桩号 K104＋700 所代表路段范围内的主风向为东南至西北（SSE-NW），大于 10 m/s 以上的较大风速主要为西南风（SW-W）。

桩号 K110＋100 所代表路段范围内的主风向为北西北风、东北风（NNW-NE），次风向为西风、西北风（W-NW）和东南风（SE-S），其中大于 10 m/s 以上的较大风速主要为北西北风、东北风（NNW-NE）。

桩号 K291＋100 所代表路段范围内的主风向为东北风、东南风（NE-SE），其中大于 10 m/s 的较大风速同样为东北风、东东南风（NE-ESE）。

7.6.2.2 沿线沙害分布特征

哈罗铁路途径内陆干旱气候区，沿线长年干燥少雨，风蚀作用强烈，过境风沙流效应显著。当风速大于 6.0 m/s 时，风沙流现象出现，说明沿线的沙源既有远方来沙条件，也有就地起沙条件。哈罗铁路所经过地区多为戈壁，风沙类型多为典型的戈壁风沙流。戈壁风沙流的特点是非饱和性、风携沙运动的跃移高度值较大。戈壁地表为粗砾石覆盖或为硬盐壳地表，在一般风速条件，来流中的沙为远方沙源地提供，当戈壁粗砾石地表或盐壳被破坏，则形成就地起沙条件，由于戈壁地表一览无余，强劲的来流携沙顺下坡地势运动，对铁路路基的危害极大，如图 7.169 所示。

在全面掌握哈罗铁路沿线戈壁风沙流特点的基础上，结合铁路防沙的迫切需求，铁路科研与设计人员对哈罗铁路沿线进行全面详细的沙害调查，进一步确认了沙害在沿线的分布情况，为哈罗铁路的风沙防治工程的设计、施工提供了完整的技术资料。

K68＋500～K81＋400 段：该段线路走向与风向基本垂直，线路轨道内及路肩积沙轻微，路基坡脚积沙较多，坡脚外 20 m 范围内有积沙。

K97＋700～DK101＋500 段：该段线路走向与风向基本平行，线路轨道内及路肩积沙轻微，路基坡脚积沙较多，坡脚外 20 m 范围内有积沙。

K101＋500～DK105＋600 段：该段线路走向与风向夹角小于 150°，由于风向与线路夹角较小，K104＋735 处公铁立交桥处封闭较低，风沙沿铁路坡脚移动，使风沙沿路堤边坡爬上路基轨道。线路轨道内及路肩积沙较多，路基坡脚及坡脚外 20 m 范围内有积沙。

K105＋600～K113＋900 段：该段线路走向与风向基本垂直，线路轨道内及路肩积沙轻微，路基坡脚积沙较多，坡脚外 20 m 范围内有积沙。

K113＋900～K117＋600 段，该段线路走向与风向垂直，低填浅挖及路堑挖方段占比较多，因风速遇障碍物减低而沉积，原设计中的排水沟、侧沟及侧沟平台，已经积满细沙，轨道内积沙严重。

K293＋200～K295＋700 段，该段线路走向与风向夹角小于 200°，本段的沙源主要为地表粉、细沙，轨枕内轻微积沙。

K299＋900～K303＋300 段，该段线路走向与风向夹角为 20°～250°，大地貌为雅丹风蚀地貌，风蚀残丘形成的沟梁垭口为风口，将地表风蚀剥落的细粉尘，吹到铁路轨枕内，积沙较严重。

K97+700～DK101+500

K101+500～DK105+600

K105+600～K113+900

K113+900～K117+600

K293+200～K295+700

K299+900～K303+300

图 7.169 沿线沙害现状

7.6.3 沿线风沙防治工程

哈罗铁路沿线的风沙防治工程设计采用了创新的设计理念，首先通过调查全面掌握沿线的风沙要素特征，在先导试验段上开展风沙防治的前期工程，采用因地制宜、动态观测、逐步实施的设计思路，构建了阶段性的风沙防治工程综合体系。从平面宽度的逐步延伸和立体高度的逐步抬升，阻沙与固沙结构组合逐渐形成立体的综合防沙体系。防沙措施的选择从简单网式沙障到经久耐用型插板式、土堤轨枕式材料变化，达到一次投入长期使用的效果。

7.6.3.1 沿线风沙防治工程先导试验

根据铁路修建前期进行的风沙调查情况，在沿线选取了 48.3 km 的线段作为先导试验段与路基本体同时实施，根据风沙危害程度，确定了三种风沙防护标准，利用传统的 HDPE 方格网固沙并采用了直线以及折线两种布置方式、创新了翼型布置形式的阻沙措施，防沙工程初见成效。

1. 轻微风沙地段

轻微风沙防护段长度为 18.3 km，风沙危害轻微，布置直线形 PE 网沙障进行阻沙。路基迎主导风向侧坡脚外 100 m，背主导风向侧坡脚外 80 m 处各设置一道 1.5 m 高立式网式沙障（如图 7.170、图 7.171 所示）。

2. 中等风沙路基

中等风沙防护段长度为 10 km。由于该段线路一侧的风向与线路的夹角在不断发生变化，在该段高立式沙障的布置采用了折线形的方式，同时创新性的采用了翼

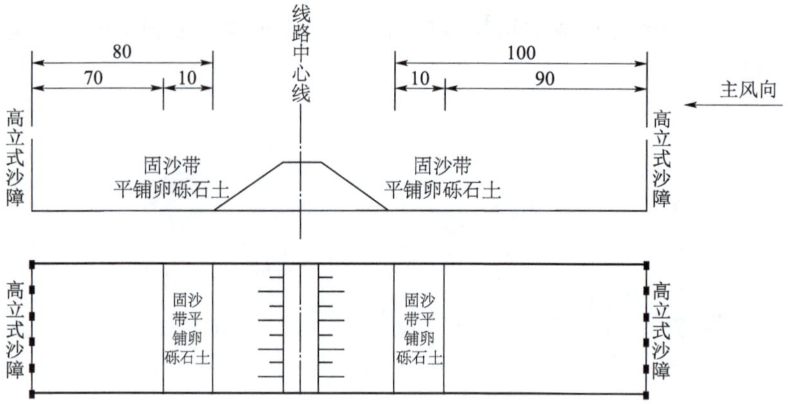

图 7.170 路基两侧工程防护带设计图（单位：m）

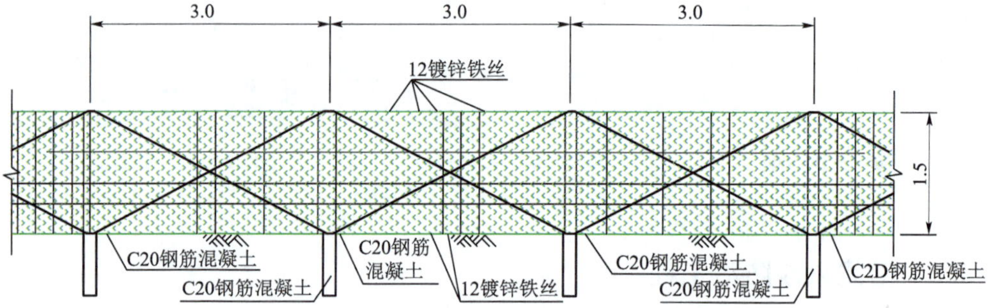

图 7.171 高立网式沙障立面设计图（单位：m）

形布置形式。坡脚外迎主导风向侧布置两道沙障，在背主导风向侧布置一道直线形沙障。迎主导风向侧根据地形和风向间隔横向设置一组翼形沙障，沙障高 1.5 m。其主要目的是在风向有变化时，能多方位阻止风沙的流动（如图 7.172、图 7.173 所示）。

采用翼形布置形式，随着主导风向与线路的夹角在不断变化，布置方位也随之变化，能最大限度地起到阻沙作用。采用折线形沙障，无论风向是哪个角度，都能起到很好的防沙作用。

3. 严重风沙路基

严重风沙段防护段长度为 20 km，在该段风向与线路基本垂直。迎主导风向侧路基坡脚外 120 m 范围内，分别设置两道直线形沙障和一道折线形沙障；背风向侧 100 m 处设置一道直线形沙障（如图 7.174、图 7.175、图 7.176 所示）。

7.6.3.2 沿线风沙防治工程总体模式

哈罗铁路沿线风沙护段总长度为 195.5 km。根据风沙的危害程度、风沙要素特征情况，结合先导试验段结果，轻微风沙和中等风沙地段的风沙防治工程模式参照先导试验段的防沙模式进行全面施工，严重风沙地段则在先导试验段的基础上做了加强处理，迎风侧防护宽度增至 260 m，增加了 0.5 m、0.8 m、1.5 m 三种不同高度的方格沙障。路基右侧坡脚外 10 m 至 30 m 设置了高为 0.5 m、规格为 2 m×2 m 的 HDPE 网方格沙障，坡脚外 80 m 至 100 m、140 m 至 160 m、180 m 至 200 m 设置高为 0.8 m、规格为 3 m×4 m 的 HDPE 网方格沙障，坡脚外 220 m、240 m、260 m 处分别设置了 1.5 m 高的折线形布置的 PE 网式沙障。

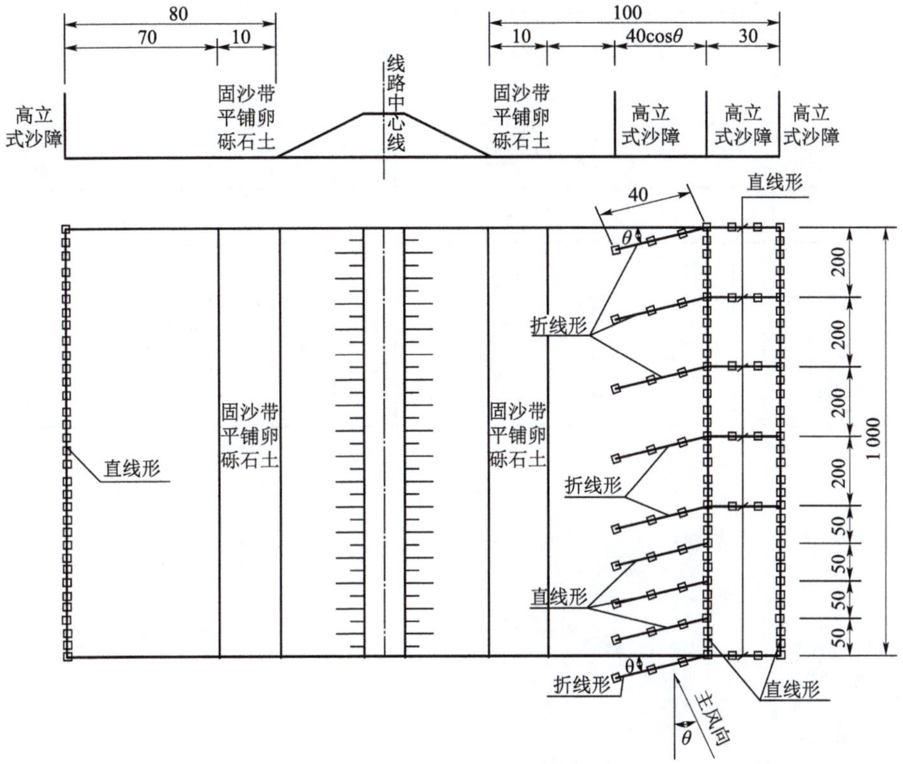

图 7.172 路基两侧工程防护带设计图（翼形布置形式）(单位：m)

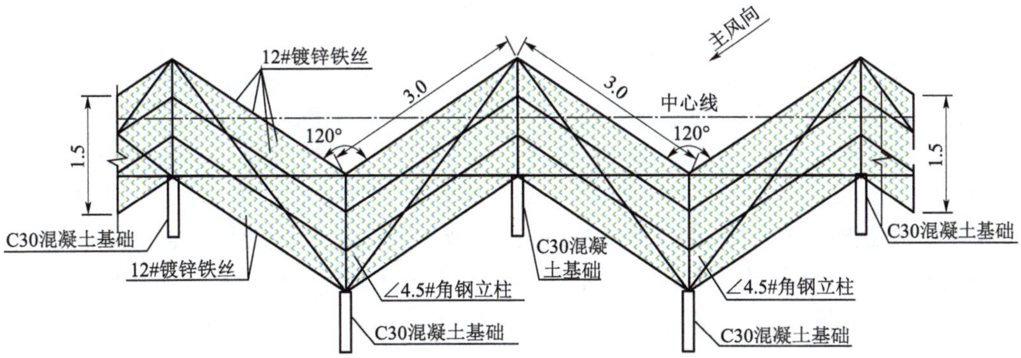

图 7.173 折线形布置立面设计图（单位：m）

1. DIK60＋680～DIK78＋770 段

路基两侧坡脚及堑顶外设置固沙带，平铺 0.1 m 厚的卵砾石土，右侧坡脚及堑顶外 20～200 m 范围内设置规格为 1.5 m×1.5 m 的 HDPE 网方格沙障，分别在 220 m、250 m 处设置 2 道高立式沙障，沙障高 1.5 m。左侧坡脚及堑顶外 20～

120 m 范围内设置规格为 1.5 m×1.5 m 的 HDPE 网方格沙障，150 m 处设置一道高立式沙障。

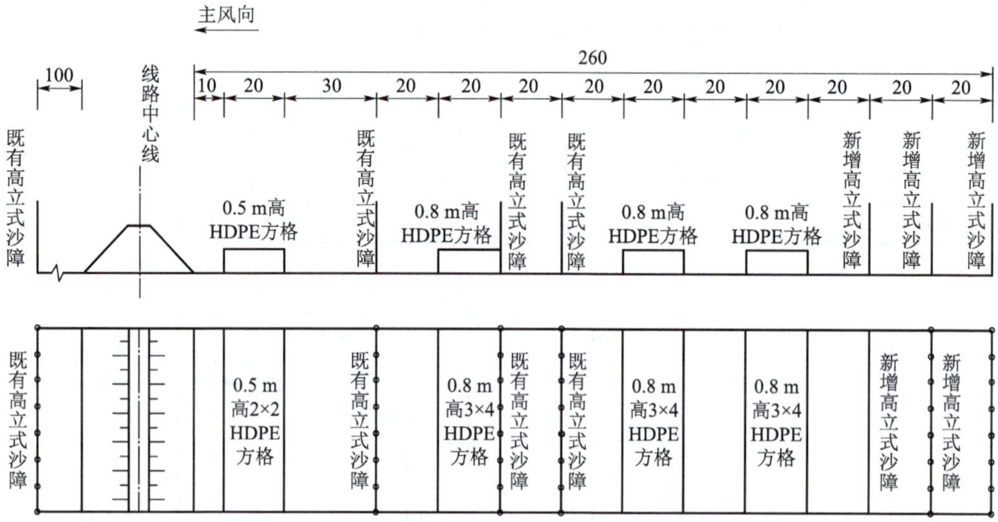

图 7.174 严重风沙路基两侧工程防护带设计图（单位：m）

图 7.175 严重风沙路基右侧工程防护

图 7.176 沿线防沙宽度

2. DK68＋500～DK81＋400 段

两侧路基坡脚外为固沙带，平铺 0.10 m 厚的卵砾石土。DK68＋500～DK68＋850 段右侧设置两道 1.5 m 高 HDPE 阻沙沙障，分别设于坡脚外 120 m、150 m 处；左侧设置一道 1.5 m 高 HDPE 网式沙障，设于坡脚外 100 m 处。DK68＋850～DK73＋300 段右侧设置两道 1.5 m 高的 HDPE 网式沙障，分别设于坡脚外 70 m、100 m 处，左侧设置一道 1.5 m 高的 HDPE 网式沙障，设于坡脚外 80 m 处。DK73＋400～DK81＋400 段两侧设置一道 1.5 m 高的 HDPE 网式沙障，右侧设于坡脚外 100 m 处；左侧设于坡脚外 80 m 处。

3. DK86＋000～DK86＋900 段

路基两侧坡脚外为固沙带，平铺 0.10 m 厚的卵砾石土，右侧设置两道 1.5 m 高的 HDPE 网式沙障，分别设于坡脚外 70 m、100 m 处，左侧 80 m 处设置一道 1.5 m 高的 HDPE 网式沙障。路基右侧坡脚外 10 m 至 30 m、40 m 至 60 m 设置高为 0.8 m、规格为 3 m×4 m 的 HDPE 网方格沙障。

4. DK97＋700～DK101＋500 段

两侧路基坡脚外为固沙带，平铺 0.10 m 厚的卵砾石土，右侧设置三道 1.5 m 高 HDPE 网式沙障，分别设于坡脚外 60 m、100 m、120 m 处。DK86＋600～DK87＋450 段路基左侧设置两道 1.5 m 高的 HDPE 网式沙障，分别设于坡脚外 80 m、100 m 处。DK87＋450～DK101＋500 段左侧设置一道 1.5 m 高的 HDPE 网式沙障，设于坡脚外 100 m 处。

5. DK101＋500～DK105＋600 段

路基坡脚外为固沙带，平铺 0.10 m 厚的卵砾石土，右侧设置三道 1.5 m 高的 HDPE 网式沙障，分别设于坡脚外 60 m、100 m、120 m 处。左侧设置两道 1.5 m 高的 HDPE 网式沙障，分别设于坡脚外 60 m、80 m 处。

6. DK105＋600～DK113＋900 段

路基坡脚外为固沙带，平铺 0.10 m 厚的卵砾石土，右侧设置三道 1.5 m 高的 HDPE 网式沙障，分别设于坡脚外 60 m、100 m、120 m 处。左侧设置一道 1.5 m 高的 HDPE 网式沙障，设于坡脚外 80 m 处。

7. DK113＋900～DK115＋200 段

路基坡脚外为固沙带，平铺 0.10 m 厚的卵砾石土，两侧各设置一道 1.5 m 高的 HDPE 网式沙障，右侧设于坡脚外 100 m 处，左侧设于坡脚外 80 m 处。

8. DK115＋200～DK117＋600 段

路基坡脚堑顶外为固沙带，平铺 0.10 m 厚的卵砾石土，两侧各设置一道 1.5 m 高的 HDPE 网式沙障，右侧设于坡脚外 100 m 处，左侧设于坡脚外 80 m 处。

9. DK290＋200～DK295＋700 段

路基坡脚堑顶外为固沙带，平铺 0.10 m 厚的卵砾石土，其中 DK290＋200～DK291＋900 段两侧各设置一道 1.5 m 高的 HDPE 网式沙障，右侧设于坡脚外 100 m 处，左侧设于坡脚外 80 m 处。DK291＋900～DK295＋700 段右侧设置两道 1.5 m 高的 HDPE 网式沙障，分别设于坡脚外 70 m、100 m 处，左侧设置一道 1.5 m 高的 HDPE 网式沙障，设于坡脚外 80 m 处，并在垂直主导风向侧，右侧设置长折线形沙障，左侧设置长直线形沙障，沙障高为 1.5 m。

10. DK311＋000～DK314＋000 段

路基右侧坡脚外 70 m 处设置 1.5 m 高的直线形 HDPE 网式沙障，向外延伸 100 m 处设置 1.5 m 高的折线形 HDPE 网式沙障。

7.6.3.3 沿线新增机械式沙障类型

通过不断的防沙尝试发现，网式沙障难以抵御戈壁强劲的风沙流侵袭，沿线的机械式沙障从网式沙障逐渐过渡到混凝土式高强度沙障，经过遴选比对，沿线采用的机械式沙障类型主要有如下几种：

1. 插板式挡沙墙（高 3 m）

插板式挡沙墙采用混凝土立柱与混凝土插板组成，立柱高 3.1 m，间距 2.0 m。混凝土式挡沙墙耐久性强，能有效增加防护高度，且后期清沙便捷。可以把立柱一次

图 7.177 插板式挡沙墙

性加高预制，积沙超过挡沙墙的时候可以继续补插板实现增加防沙高度，达到继续进行阻沙服役（如图 7.177 所示）。

2. 土堤轨枕式挡沙墙（高 4 m）

截沙沟、阻沙堤与轨枕进行组合。截沙沟宽 3.0 m，深 2.0 m，沟坡坡率为 1∶1.0，将截沙沟的挖土用于土堤的填筑，土堤顶宽 2.0 m，高 2.3 m，边坡坡率为 1∶1.0。土堤中央插混凝土轨枕，埋深 0.8 m，轨枕用∟75×50×6 角钢连接。使土堤加轨枕的高度为 4 m，加上截沙沟的深度，垂直防沙高度达到 6 m，防沙效果非常明显。其特点为：充分利用了微地形特点，将土方移挖作填，将废弃轨枕变废为宝，用最低的投入收益最大的防沙效果（如图 7.178 所示）。

3. 插板式挡沙墙（高 4 m）

土堤顶宽 2.0 m，高 2.0 m，边坡坡率为 1∶1.0。土堤中央设置插板式挡沙墙。其特点为：充分利用微地形特点，借运土方填在石质地层上，插板式挡沙墙安装快捷，便于施工，防沙效果明显（如图 7.179 所示）。

图 7.178 土堤轨枕式挡沙墙

图 7.179 土堤插板式挡沙墙

7.6.4 沿线风沙防治工程效果评价

7.6.4.1 暂时性工程效益

哈罗铁路沿线的风沙防治工程建成 4 年后，既有高立式阻沙沙障已被风沙积满，部分风沙已越过沙障至线路轨道，路基坡脚、路肩已积沙。现场踏勘发现，立体防护高度增加至 4 m 时，采用的插板式挡沙墙、土堤轨枕式挡沙墙、土堤插板式挡沙墙、截沙沟与挡沙堤等综合措施后达到了预期的控沙效果。

1. 取得的综合效应

（1）经济效益。哈罗铁路风沙路基长度 195.5 km，风沙灾害形成条件复杂，以盐漠戈壁风沙流占主要形式。风沙路基防护 9 322 万元，占总投资的 3.1%，通过现场观测，有选择性、针对性地进行设计，不仅使防治措施更合理、效果更明显，而且节约了大量风沙防治投资。

（2）社会效益。哈罗铁路由铁道部、新疆维吾尔自治区人民政府和国投新疆罗布泊钾盐有限责任公司共同出资建设，主要满足罗布泊钾盐资源开发的交通需求。中国作为农业大国，对钾肥的需求量大，哈罗铁路的投入使用，畅通了钾盐的生产—运输—销售工业链，由此产生的社会效益显著。

该线作为规划中南疆铁路环线的重要组成部分，它的建设对沿线资源开发，加快南疆地区脱贫致富，促进我国东西部地区优势互补，实现全面建设小康社会的目标，加强民族团结、巩固国防，以及完善区域路网结构等具有十分重要的意义和作用。

（3）技术效益。哈罗铁路风沙防治前后经历了三次设计施工，以先导试验段为前期工程，采用因地制宜、动态观察、逐步实施的设计理念。通过平面宽度的延伸和立体高度的抬升，防护形式结构新颖、有针对性的变化，使工程措施充分发挥最大效应，为确保铁路运行安全发挥了巨大作用。这也为以后防沙治沙工程提供了一定的设计参考价值。

2. 本线防沙工程的主要创新点

（1）本线以先导试验段为前期工程，采用因地制宜、动态观察、逐步实施的设计理念，是风沙防治设计的必然趋势。

（2）防沙形式的创新，相比原有直线形布置和折线形布置的阻沙结构，本次所采用翼形阻沙结构不仅能够阻沙，而且对多方向的风沙进行有效阻拦；以双峰阻沙结构为引导，先行完成单峰阻沙结构，使阻沙形式多样，随着风沙的迁移积累，完成双峰阻沙结构。

（3）阻沙材料使用寿命更加长久，相比传统的 HDPE 网使用寿命有十几倍的增加，在哈罗铁路环境恶劣地区，传统的 HDPE 网大多两年寿命，失效后风沙更加肆虐。在风沙补强工程中采用插板式挡沙墙、土堤轨枕式挡沙墙、土堤插板式挡沙墙、截沙沟与挡沙堤等工程措施，使阻沙寿命延长至 30 年以上，减少了后期对风沙防治工程的养护维修费用。

7.6.4.2 后续风沙防治工程补强及治沙挑战

哈罗铁路沿线风沙肆虐、风力强劲、风向稳定、无植被生存条件且沙源既有远方来沙条件也有就地起沙条件，沙中含盐成分对路基结构物、PE 网沙障等都有腐蚀性。因此，哈罗铁路沿线尤其是罗布泊腹地的沙害治理对于防沙科研与工程技术人员都是一种前所未有的挑战。

哈罗铁路在修建之初，对风沙危害程度预估不足，未做针对减轻风沙危害方面的选线和风沙防治工程设计，前期的可行性研究和关注点都在盐岩路基病害方面，实践证实，当铁路修建后，风沙对铁路的危害远大于盐岩膨胀引起的危害。铁路路基结构的修建形成风沙通道上的障碍，导致过境风沙流中的沙粒卸载在路基边坡、轨道枕木缝隙等部位，与铁路平行的原有哈罗公路却少见风沙漫道，说明铁路路基本身就是沙害形成的原因之一。未来对于类似哈罗沿线的沙害治理，应该广开思路，从远方沙源地进行固沙，路基附近考虑输导或有利于清沙的阻沙工程建设，而不是一味地进行阻截流沙，大量积沙堆积在沿线的迎风侧沙障前后，沙障失效后，易形成二次沙源，对线路的潜在危害更大。

作者简介

孙明智，吉林省通化人，1994 年毕业于西南交通大学，教授级高级工程师，就职于中国国家铁路集团公司，多次获得火车头奖、詹天佑奖、茅以升奖，一直从事铁路规划、建设管理、勘察、设计、咨询等工作。作为国铁集团建设管理者，曾参与京沪高速铁路、京津城际铁路、秦沈客运专线、哈大高速铁路，郑州至西安客运专线，武汉至广州客运专线，兰新第二双线等重大铁路工程建设。

程建军，河北衡水人，2008 年毕业于中国铁道科学研究院，工学博士，教授，现就职于石河子大学水利建筑工程学院。为兵团中青年科技创新领军人才，全国青年地质科技奖——银锤奖获得者，中国治沙暨沙业学会理事，一直从事铁路防沙方面的科研与教学工作，主持完成国家级项目 5 项，发表科研论文 80 篇，其中 SCI/EI 检索 20 篇，获批专利 6 项。

唐广辉，吉林省扶余县人，1997 年毕业于石家庄铁道学院，教授级高级工程师，就职中国国家铁路集团公司。一直从事铁路建设管理、勘察、设计、咨询等工作，作为国铁集团建设管理者，曾参与京津城际铁路、川藏铁路、秦沈客运专线、朔黄铁路、哈大高速铁路、鲁南高速铁路、杭黄高铁、库尔勒至格尔木铁路，和田至若羌铁路、京张高铁、京雄高铁、蒙西至华中铁路、丽江至香格里拉铁路等重大铁路工程建设。

丁录胜，甘肃甘谷县人，1986 年毕业于包头铁路工程学校，高级工程师，现任新疆铁道勘察设计院有限公司地路处总工程师，从事铁路路基设计及沙漠地区风沙防治工程的设计及研究工作。主持或参与完成了哈罗铁路、格库铁路、和若铁路等沿线的风沙防治工程设计工作，获各种工程奖励 5 项，获批国家专利 11 项。

蒋富强，甘肃镇原人，1993 年 7 月毕业于西南交通大学铁道工程专业。教授级高级工程师。现就职于中交铁道设计研究院有限公司。茅以升铁道科学技术奖获得者，享受国务院政府特殊津贴，入选国家百千万人才工程，国家有突出贡献的中青年专家。获得国家授权发明专利 4 件，实用新型专利 14 件。共有 12 项成果获得国家及省部级奖励，其中国家科技进步二等奖 1 项，省部级一等奖 4 项，二等奖 5 项，三等奖 2 项。

纪文利，天津武清人，1993 年毕业于北京交通大学，高级工程师，就职于中铁工程设计咨询集团公司，一直从事铁路和公路的勘察设计工和技术咨询技术管理工作，曾主持或参与京津城际铁路、京张高速铁路、吉图珲客运专线、烟台疏港公路、哈尔滨至满洲里增二线等重大工程建设。

参考文献

[1] 翁元庆,赵性存．包兰线中卫沙漠地区修筑铁路的初步研究报告[R].北京:铁道部铁道研究所,1955.

[2] 波得普梁多夫．铁路防沙[M].人民铁道出版社,译．北京:人民铁道出版社,1958.

[3] 中国科学院治沙队．沙漠地区的综合调查研究报告(第一号)[M].北京:科学出版社,1958.

[4] 中国科学院治沙队．沙漠地区的综合调查研究报告(第二号)[M].北京:科学出版社,1959.

[5] 拜格诺．风沙和荒漠沙丘物理学[M].钱宁,林炳南,译．北京:科学出版社,1959.

[6] 兹纳门斯基．沙地风蚀过程的实验研究和沙堆防治问题[M].杨郁华,朱震达,译．北京:科学出版社,1960.

[7] 中国科学院地理研究所地貌研究室．沙漠地区风沙地貌调查法[M].北京:科学出版社,1961.

[8] 夏伟生,王秉翰．风沙流运动特征及其控制的初步研究[J].兰州大学学报,1962(1):137-148.

[9] 中国科学院兰州冰川冻土沙漠研究所．中国沙漠概论[M].北京:科学出版社,1974.

[10] 内蒙古农牧学院林学系．风沙运动若干规律及其控制的途径[J].内蒙古林业科技,1977(3):5-14.

[11] 中国科学院兰州冰川冻土沙漠研究所．铁路沙害的防治[M].北京:科学出版社,1978.

[12] 叶金荣．包兰、兰新和干武沿线沙害调查研究报告[R].兰州:甘肃省铁道学会铁道工程学组,1980.

[13] 杨根生．风沙运动规律与风沙危害防治的研究[J].新疆环境保护,1983(3):13-21.

[14] 铁道部第一设计院．特殊条件下的路基[M].北京:中国铁道出版社,1984.

[15] 沙坡头沙漠科学研究站．腾格里沙漠东南缘铁路沿线流沙固定的原理与措施[J].中国沙漠,1986,6(3):1-19.

[16] 刘媖心．包兰铁路沙坡头地段铁路防沙体系的建立及其效益[J].中国沙漠,1987,7(4):1-11.

[17] 马世威．风沙流结构的研究[J].中国沙漠,1988,8(3):8-22.

[18] 张宝善,李滨生,王贤．半荒漠地带铁路固沙林带的营造[M].北京:中国铁道出版社,1988.

[19] 朱震达,刘恕,邸醒民．中国的沙漠化及其治理[M].北京:科学出版社,1989.

[20] 尹永顺．砾漠大风区风沙流研究[J].中国沙漠,1989,9(4):27-36.

[21] 张奎璧,邹受益．治沙原理与技术[M].北京:中国林业出版社,1990.

[22] 夏训诚,李崇舜,周兴佳,等．新疆沙漠化与风沙灾害治理[M].北京:科学出版社,1991.

[23] 铁道部第一勘测设计院．铁路工程设计技术手册:路基[M].北京:中国铁道出版社,1992.

[24] 徐峰．铁路沙害整治及其研究方向[J].中国沙漠,1994,14(2):69-74.

[25] 丁国栋．野外风沙流结构的定量研究[J].内蒙古林业科技,1994(4):38-40.

[26] 董飞,刘大有,何大良．风沙运动的研究进展和发展趋势[J].力学进展,1995,25(3):368-382.

[27] 邹学勇,董光荣,王周龙．隔壁风沙流若干特性研究[J].中国沙漠,1995,15(4):368-373.

[28] 刘贤万．实验风沙物理与风沙工程学[M].北京:科学出版社,1995.

[29] 张广军．沙漠学[M].北京:中国林业出版社,1996.

[30] 祁元祯．荒漠-半荒漠地区建设铁路中风沙流防护体系的研究[J].中国沙漠,1996,16(3):267-275.

[31] 王润心. 玉门地区铁路防沙体系建设的研究[J]. 中国沙漠,1997,17(4):427-431.
[32] 李振山,倪晋仁. 风沙流研究的历史、现状及其趋势[J]. 干旱区资源与环境,1998,12(3):89-97.
[33] 陈东,曹文洪,傅玲燕,等. 风沙运动规律的初步研究[J]. 泥沙研究,1999(6):84-89.
[34] 朱震达. 中国沙漠沙漠化荒漠化及其治理的对策[M]. 北京:中国环境科学出版社,1999.
[35] 柯从茂,金本青. 风沙流结构规律探讨[J]. 南昌水专学报,2000,19(3):30-33.
[36] 何兴东,段争虎,赵爱国,等. 植物固沙工程[M]. 北京:海洋出版社,2001.
[37] 赵廷宁,丁国栋,王秀茹,等. 中国防沙治沙主要模式[J]. 水土保持研究,2002(3):118-123.
[38] 王涛. 中国沙漠与沙漠化[M]. 石家庄:河北科学技术出版社,2003.
[39] 倪晋仁,李振山. 风沙两相流理论及其应用[M]. 北京:科学出版社,2006.
[40] 夏训诚. 中国罗布泊[M]. 北京:科学出版社,2007.
[41] 王涛,陈广庭. 西部地标:中国的沙漠·戈壁[M]. 上海:上海科学技术文献出版社,2008.
[42] 张克存,屈建军,俎瑞平,等. 戈壁、流沙地表风沙流特性研究[J]. 干旱区资源与环境,2008,22(10):55-59.
[43] 王翔宇,朴东均,丁国栋,等. 流动沙丘风沙流结构的定量研究[J]. 水土保持通报,2008,15(2):36-39.
[44] 杨维西. 中国防沙治沙 60 年[J]. 中国水土保持科学,2009,7(5):14-18.
[45] 丁国栋. 风沙物理学[M]. 2 版. 北京:中国林业出版社,2010.
[46] 顾兆林. 风扬粉尘:近地层湍流与气固两相流[M]. 北京:科学出版社,2010.
[47] 张鸣远. 流体力学[M]. 北京:高等教育出版社,2010.
[48] 程建军,蒋富强,薛春晓,等. 强风区铁路风沙防治最大输沙量及携沙风荷载计算方法[J]. 中国铁道科学,2012,33(1):1-5.
[49] 程建军,刘卫红. 哈罗铁路沿线岩盐地质特征及盐组分判别方法研究[J]. 新疆地质,2012,30(1):99-102.
[50] 程建军,庞巧东. 戈壁强风区挡风构筑物限制下列车气动力学特性分析[J]. 铁道标准设计,2013(1):1-5.
[51] 高永,虞毅,龚萍,等. 沙柳沙障[M]. 北京:科学出版社,2013.
[52] 张云鹏,程建军,朱文智,等. 野外全风向梯度集沙仪集沙流场特性数值分析[J]. 石河子大学学报(自然科学版)2014,32(1):117-122.
[53] 朱文智,程建军,薛春晓,等. 兰新线即有土堤式挡风墙的改造形式对背风侧流场的影响[J]. 石河子大学学报(自然科学版),2014,32(3):386-391.
[54] CHENG J J,XUE C X. The sand-damage-prevention Engineering System for the Railway in the Desert Region of the Qinghai-Tibet Plateau[J]. Journal of Wind Engineering & Industrial Aerodynamics,2014,125:30-37.
[55] 刘毅,程建军,马恩帅,等. 边坡地质体三维模型及数值模型构建方法研究[J]. 公路,2015,60(4):63-66.
[56] 朱文智,程建军,张云鹏,等. 土堤式挡风墙加高挡板稳定性分析及研究[J]. 铁道标准设计,2015,59(1):16-20.
[57] 毛东雷. 新疆策勒绿洲:沙漠过渡带地表风沙活动特性研究[D]. 乌鲁木齐:中国科学院新疆生态与地理研究所,2015.
[58] CHENG J J,JIANG F Q,XUE C X,et al. Characteristics of the disastrous wind-sand environment along railways in the Gobi area of Xinjiang,China[J]. Atmospheric Environment,2015,102:344-354.
[59] 辛国伟,程建军,杨印海. 铁路沿线挂板式沙障开孔特征与风沙流场的影响研究[J]. 铁道学

报，2016，38(18)：99-107.
[60] 景文宏，程建军，蒋富强．轨枕式挡墙挡风沙功效的数值模拟及试验研究[J]. 铁道科学与工程学报，2016，13(1)：181-189.
[61] 辛国伟，程建军，王连，等．铁路沿线地表条件与风沙流场的互馈规律研究[J]. 铁道标准设计，2016(9)：22-27.
[62] 王连，程建军，智凌岩，等．多孔介质方法对铁路沿线沙障模拟的适用性分析[J]. 铁道标准设计，2016(11)：18-22.
[63] 辛国伟，程建军，景文宏，等．来流廓线条件对风沙流场和风沙堆积影响的数值模拟[J]. 干旱区研究，2016，33(3)：672-679.
[64] CHENG J J，LEI J Q，LI S Y，et al. Disturbance of the Inclined Inserting-type Sand Fence to Wind-sand flow fields and its Sand Control Characteristics[J]. Aeolian Research，2016，21：139-150.
[65] CHENG J J，LEI J Q，LI S Y，etc. Effect of Hanging-type Sand Fence on Characteristics of Wind-Sand Flow Fields[J]. Wind and structures，2016，22(5)：555-571.
[66] 程建军，智凌岩，薛春晓．箱体式活动沙障风沙流场特征[J]. 交通运输工程学报，2017，17(5)：61-70.
[67] 程建军，智凌岩，薛春晓，等．铁路沿线下导风板对风沙流场的控制规律[J]. 中国铁道科学，2017，38(6)：16-22.
[68] 柯世堂，王同光．结构风工程概论[M]. 北京：科学出版社，2018.
[69] 辛林桂，程建军，王连，等．基于 DE 方法对铁路下导风工程关键设计参数的优化计算分析[J]. 中国沙漠，2018(6)：1193-1199.
[70] 辛林桂，程建军，王连，等．沙漠地区三种风沙侧向输导工程的数值模拟研究[J]. 水土保持通报，2018(4)：195-201.
[71] 辛林桂，程建军，张志平，等．铁路侧向导沙沙障流场演化规律研究[J]. 铁道科学与工程学报，2018(3)：621-628.
[72] 智凌岩，程建军．基于动网格的铁路沿线孔板式沙障流固耦合数值模拟[J]. 铁道标准设计，2018，62(3)：1-6.
[73] 智凌岩，程建军，王连，等．沙漠地区道路涵洞周围流场规律及积沙特征研究[J]. 铁道标准设计，2018，62(4)：61-67.
[74] XIN G W，CHENG J J，CHEN B Y，et al. The Motion Rule of Sand Particles under Control of the Sand Transportation Engineering[J]. Wind and structures，2018，27(4)：213-221.
[75] WANG L，CHENG J J，ZHI L Y，et al. Study on Sand-blocking Benefits of Aeolian- retaining Structures along the Railway[J]. Nature Environment and Pollution Technology，2018，17(2)：349-358.
[76] 程建军，王瑞，王连，等．铁路治沙 HDPE 网的数值模拟计算[J]. 中国铁道科学，2019，40(6)：1-8.
[77] 丁录胜，程建军，陈柏羽，等．铁路高立式芦苇沙障防风阻沙的现场测试与流场模拟计算[J]. 水土保持通报，2019(3)：156-162.
[78] 陈柏羽，程建军，辛林桂，等．基于离散伴随求解器的铁路下导风工程外形优化研究[J]. 铁道科学与工程学报，2019，16(8)：1923-1930.
[79] 辛林桂．输(导)沙工程措施控制下的风沙流场特征研究[D]. 石河子：石河子大学，2019.
[80] CHEN B Y，CHENG J J，XIN L G，etc. Effectiveness of hole plate-type sand barriers in reducing aeolian sediment flux：evaluation of effect of hole size[J]. Aeolian Research，2019，38：1-12.